淡江大學中國文學研究所主編

文學與美學

第七集

文史哲出版社印行

國家圖書館出版品預行編目資料

文學與美學．第七集 / 淡江大學中國文學研究
所主編．-- 初版．– 臺北市：文史哲，民 91
面： 公分
含參考書目
ISBN 957-549-476-8 (平裝)

1.文學 – 論文，講詞等 2.美學 – 論文，講詞等
810.7 91019481

文學與美學 第七集

著　者：淡江大學中國文學研究所
出版者：文史哲出版社
http://www.lapen.com.tw
登記證字號：行政院新聞局版臺業字五三三七號
發行人：彭正雄
發行所：文史哲出版社
印刷者：文史哲出版社
臺北市羅斯福路一段七十二巷四號
郵政劃撥帳號：一六一八〇一七五
電話886-2-23511028・傳真886-2-23965656
實價新臺幣六〇〇元
中華民國九十一年（2002）十月初版
中華民國九十三年（2004）七月發行

ISBN 957-549-476-8

文學與美學序

知、情、意三分是自希臘哲學以下的重要分類傳統。由人的理性說明知，由人的美感說情，由人的道德說意，無論吾人是否接受這樣的區分，我們都無法否認，美感做爲人的生命必要內容乃是一不爭的事實，而在諸多學問中，文學與藝術亦是最能突顯美的學問，果如此，則文學與美學其關係之密切自是不在話下了。

除了文學與美學的密切關係之外，我們舉辦此次會議的用心之一，不僅是客觀地討論文學與美學，而且更希望通過此次會議，能開始進一步反省中國美學的發展方向，尤其是中國古典詩詞中的美學意義與價值。無可諱言的，西方在美學理論系統的建構上有著十分精彩的表現，而且我們在討論中國美學之時，也往往援引以爲支持。然而，這樣的做法畢竟不是終極的，因爲我們仍期盼也能由中國美學的特殊經驗及立場中，挖掘出屬於中國的特殊美學觀及美學體系。這並不是一廂情願的民族主義的情緒發洩，而是有其正面而必然之意義與價值。首先，我們由晚近的生態學發展中得知，當一個生態中生物的種類愈多元、愈豐富時，便表示此生態之健康與活力是十分正面的，反之，則此生態必然因單調、貧乏而走向衰亡。推擴此義，則人類文化生態亦應保存其多元與豐富，由是才能使文化生態富於創造與進步。當然，做爲中國人，自然有義務將自身之文化、美學內容，公諸於世。易言之，中國美學不只是中國人的財產，也是全人類的共有財富。我們對中國美學的發揚乃是義務，也是責任與光榮。

其次，中國美學也的確表現出許多特殊之形式、內容與精神。例如，中國儒家便強調人格美的優先性，而道家便重自然美，而二者皆是以修養爲基礎，而有別於西方的理論思辨。同理，中國的古典詩詞也表現出獨特的美學意義，最明顯的，即是境界義的烘托與描述，而此義亦是連接著人格美與自然美而後有之整合發展。我們可以說，中國古典詩詞正是將種種抽象之美學觀念與系統，通過文學的具體表現，如實地呈現出來。正是因爲如此，詩與畫是相通的，所謂「詩中有畫，畫中有詩」；詩與哲學是相通的，孔子孟子皆勸人讀詩；詩與宗教是相通的，歷來道教、佛教不乏大詩人的人物，以詩表現其宗教之信念與意境。而以上所論，也都是可以在此次的會議論文中一一印證。

崔成宗教授是中國古典詩詞的專家，也是此次會議的主辦人，說他是此次會議的靈魂人物，一點也不爲過。黃麗卿老師本身亦精通詩詞吟唱，而且行政能力更是卓越，對會議行政功不可沒。開始習國畫的吳春枝助教，樂觀開朗和熱情，使會議行政充滿節奏與活力。現在正準備當母親的周靜芸助教，以及認眞負責的吳淑菁助教，也爲會議投注了無數的心血，在此，我要致上誠摯的謝忱。當然，我不會忘記在場的詩人、哲學家以及各方師友，因爲各位的參與與努力，讓我們有幸見證「淡江論劍」的豪邁與昂揚。大德不言謝，讓我們相約下次的淡江論劍盛會吧！

二〇〇二年三月七日　**高柏園**　序於淡江五虎崗

第七屆文學與美學國際學術研討會論文集

目次

序
漢賦中的宮苑之美……傅錫壬……一
後設美學概論……蕭振邦……一五
中西美學中的痛苦與美──以崇高範疇為例……曹順慶……七一
海外依人半受嫌──沈斯菴詩中的臺灣風物和故國心聲……陳慶煌……八七
日常生活的審美思維……龔鵬程……一〇九
從頹廢美學與都市文學角度閱讀〈任氏傳〉兼論〈琵琶行〉……陳大道……一三一
非佛非道只是觀省──有關生命觀照與美的聯想……王 樾……一六三
論名勝對聯及其藝術品位……余德泉……一七九
從《太上洞玄步虛章》談步虛詞的神人交感……鄭志明……一九三
古典詩詞與書畫理論之「虛實論」美學……李翠瑛……二一九
中國文學中的情意世界……連清吉……二四五

以新出楚國竹簡重遊中國的古典詩歌美學……顧史考……二六一
謝朝華而啓夕秀——論林文月的擬古散文……崔成宗……二八七
形象——藝術的本源、美感的體現……杜松柏……三二七
詩詞美學與現代禪畫……陳娟珠……三四七
「…者…也」與S是P——中西文論詩學的斷言式及譜系相關性……吳興明……三六三
禪詩的美感經驗及其治療意義……高柏園……三七九
橘子的果語……張曉風……三九九
唐宋煎茶詩與詩人寫實本能之考察……簡錦松……四四七
論文人畫系統成立的中心思想——以詩畫融通爲基點……馬銘浩……四八九

漢賦中的宮苑之美

淡江大學中文系教授　傅錫壬

前言

漢賦中的宮苑之美，是指賦篇中描寫的宮室和苑囿所呈現出來的美感。它不僅代表漢代貴族的審美觀，也透露出貴族階級對生命的體認。漢帝國是中國歷史上的一個盛世，而漢賦又正是漢代的代表性文學，也是貴族生活的寫照。班固〈兩都賦序〉說：「言語侍從之臣，朝夕論思，日月獻納，而公卿大臣，時時間作。……故孝成之世，論而錄之，蓋奏御者，千有餘篇。」《文心雕龍．詮賦篇》也說：「繁積於宣時，校閱於成世。進御之篇，千有餘首。」其中最具代表性的賦篇，都集中在宮室和苑囿的描寫。尤其武帝一生的行事多彩多姿，卻也充滿了激情矛盾。他一面主張「罷黜百家，獨尊儒術」①；一面又好大喜功，開疆闢土，對外展開數次大規模的討伐匈奴，對內大營宮室，窮極奢侈。尤其到了晚年，更是貪生怕死，迷信神仙②。這種生命的經驗，都讓依附在他左右的漢賦作家，巧妙的運用在宮苑的營建與描繪之中。

我嘗試從賦篇中整理出漢代貴族對宮苑的審美角度約有四端：

一、雄偉之美
二、華麗之美
三、虛幻之美
四、娛逸之美

其中雄偉之美與華麗之美是貴族在政治顛峰時的偉大抱負，而虛幻之美與娛逸之美則是面對人生無常與生命苦短時的及時行樂。漢賦中宮苑的描繪將審美觀與生命的經驗歷程已經緊密的結合在一起。

本文的文本材料主要是依據北京大學出版社發行，費振剛、胡雙寶、宗明華等輯校的《全漢賦》（1993.4月初版 1997.3月二刷）並參酌昭明文選的賦篇而成。

一、雄偉之美

雄偉之爲美是基於一種雄壯、偉大的贊嘆感覺，它的美感經驗是經過比較的結果。我們人類，尤其是文人，身處在大自然之中，常自覺渺小，於是看到雄壯與偉大的場景，一如「飛雪天上來」③、「大江一浩蕩」④、「平沙漠漠黃入天」⑤、「黃河之水天上來」⑥諸詩句，就會讓讀者興起一種贊嘆的感覺，它使心靈得到舒解和快慰，這就是一種美感。所以人類贊嘆高山、大海、一望無際的平原或沙漠、滾滾無盡的洪流……只要大就是美，詩、詞中不乏其例。漢代的貴族將這種美感融會在他們的生活之中。就像現代人一樣喜歡住挑高的別墅，擁有千坪的庭院。漢賦中所展現的宮室與苑囿之美，正是這種心態的表現。其中窮極誇飾之詞的莫如司馬相如的〈子虛〉與〈上林〉二賦。其中描寫楚使子虛爲了與齊王一較田獵之盛況，在楚國的七澤中，舉出一個最小的「雲夢」，已經是「大」的嚇人。他說：

雲夢者方九百里，其中有山焉。其山則盤紆岪鬱……

其土則丹青赭堊……

其石則赤玉玫瑰……

其東則有蕙圃……

其南則有平原廣澤……

其高燥則生葴菥苞荔……

其埤濕則生藏莨蒹葭……

其西則有湧泉清池……

其中則有神龜蛟鼉……

其北則有陰林巨樹……

其上則有鵷雛孔鸞……

其下則有白虎玄豹……

「雲夢」苑囿之廣大，從堆砌的描寫中不難窺探。而「烏有先生」聽了這番話後，卻以微言大義責備子虛。他說：

是何言之過也！足下不遠千里，來貺齊國，王悉發境內之士，備車騎之眾，與使者出畋，乃欲戮力致獲，以娛左右也，何名為夸哉！問楚地之有無者，願聞大國之風烈，先生之餘論也。今足下不稱楚國之德厚，而盛推雲夢以為高，奢言淫樂而顯侈靡，竊為足下不取也。必若所言，固非楚國之美也，有而言之，是章君之惡也，無而言之，是害足下之信也，章君惡，傷私義，二者無一可，而先生行之，必且輕於齊而累於楚矣。

這番微言大義正是所謂漢賦的「諷喻」之義。不過「烏有先生」繼而也毫不服輸的說：

且齊東陼鉅海，南有琅邪，觀乎成山，射乎之罘；浮渤澥，游孟諸。邪與肅慎為鄰，右以湯谷為界，秋田乎青丘，仿偟乎海外，呑若雲夢者八九，其於胸中曾無蔕芥。若乃俶儻瑰瑋，異方殊類，珍怪鳥獸，萬端鱗崒，充牣其中者，不可勝記，禹不能名，契不能記。然在諸侯之位，不敢言遊戲之樂，苑囿之大；先生又見客，所以王辭不復，何為無以應哉！

卻也不脫以「苑囿之大」爲美的窠臼。繼而〈上林賦〉中「亡是公」出場，也一樣說了一番「諷喻」的話，隨之就誇讚天子之「上林苑」。他說：

且夫齊楚之事又烏足道乎！君未睹乎巨麗也，獨不聞天子之上林乎？左蒼梧，右西極，丹水更其南，紫淵徑其北，終始灞滻，出入涇渭，酆、鎬、潦、潏，紆餘委蛇，經營其內，蕩蕩乎八川分流，相背異態，東西南北，馳騖往來，出乎椒丘之闕，行乎州淤之浦，徑乎桂林之中，過乎泱漭之野，汩乎混流……

繼而每到轉折處就用「於是乎」以爲連貫，極盡鋪張之能事，〈上林賦〉幾乎通篇如此，至文章結束時才以「二子愀然改容，超若自失，逡巡避席曰：『鄙人固陋，不知忌諱，乃今日見教，謹受命矣。』」服輸作結。而揚雄在〈羽獵賦序〉中說的更爲具體，他說：「武帝廣開上林，南至宜春、鼎胡、御宿、昆吾，旁南山而西，至長楊、五柞。北繞黃山，濱渭而東，周袤數百里。……」〈子虛〉、〈上林〉兩篇公認爲漢代苑囿賦之代表作，可見以雄偉、博大爲美，實是漢人習尚，也是國家殷富的象徵。一如揚雄在〈羽獵賦序〉中所言：

其十二月羽獵⑦，雄從。以為昔在二帝、三王，宮館台榭，沼池苑囿，林麓藪澤，財足以奉郊廟、御賓客、充庖廚而已。不奪百姓膏腴穀土，桑柘之地，女有餘布，男有餘粟，國家殷富，上下交足……昔者禹任益，虞而上下和，艸木茂，成湯好田，而天下用足；文王囿百里，民以為尚小；齊宣王囿四十里，民以為大，裕民之與奪民也。

又如班固〈西都賦〉侈言長安之勝，其中鋪敘苑囿之美則曰：

西郊則有上囿禁苑，林麓藪澤，陂池連乎蜀、漢，繚以周墻，四百餘里。離宮別館，三十六所，神池靈沼，往往而在。其中乃有九真之麟，大宛之馬，黃支之犀，條支之鳥，踰昆崙，越巨海，殊方異類，至三萬里。

這種以大爲美的鋪敘描寫，已經成爲漢代苑囿賦中不可或缺的材料。

二、華麗之美

華麗之爲美是一種目視的審美感覺，它建立在色彩與造型的多樣性以及調和感上。單調的色彩或造型雖然也有美的感覺，但它卻不能稱爲華麗，而色彩與造型的多樣，若不能協調也不足產生美感。我們熟讀漢賦，不難發現，它對華麗之美的運用恰到好處。如司馬相如〈子虛賦〉中描寫獠於蕙圃的一段：

婆娑勃窣，上金隄，揜翡翠，射鵔鸃，微矰出，孅繳施。弋白鵠，連駕鵝，雙鶬下，玄鶴加。怠而後發，游於清池，浮文鷁，揚旌枻，張翠帷，建羽蓋。罔毒冒，釣紫貝，摐金鼓，吹鳴籟……

就明顯的色彩而言，已有「金」「翡翠」「白」「玄」「紫」等色，再進一步觀察，駕鵝、鶬、文鷁等禽鳥也皆以灰白爲主色，所以基本上它們雖然多，卻都是屬於同色系列，是十分協調的，而且展現出一種古典且高雅之美感。又如在〈上林〉賦中描寫「離宮別墅」的一段文字：

彌山跨谷，高廊四注，重坐曲閣，華榱璧璫，輦道纚屬，步櫚周流，長途中宿，夷嵕築堂，絫臺增成，巖突洞房。

頫杳眇而無見，仰攀橑而捫天，奔星更於閨闥，宛虹拖於楯軒，青龍蚴蟉於東箱，象輿婉僤於西清，靈圄燕於閒館，偓佺之倫暴於南榮。

醴泉涌於清室，通川過於中庭。磐石振崖，嶔巖倚傾，嵯峨磼嶪，刻削崢嶸。玫瑰碧琳，珊瑚叢生，玟玉旁唐，玢豳文鱗，赤瑕駁犖，雜臿其間，晁采琬琰，和氏出焉。

這段文字，可以分三個層次來欣賞，第一段突顯了多樣性的造型上參差之美；有高低參差的廊廡，可以上下分坐，有委曲的閣道錯落其間。連綴的閣道旁，有華麗的榱頭、玉飾的壁璫。有步行的長廊可供小憩，有依山而築的層臺高堂，還有鑿巖穴而成的深邃洞房。

第二段刻劃了建築的高聳，運用了華麗的文字技巧；俯看時毫無所見，仰望則好似摸到了天，流星從閨闥閃過，虹霓跨過了窗軒，東箱像蚴蟉的青龍，西清有如婉僤的象輿。這樣的勝地該是靈圉的休閒館舍，偓佺的曝曬偃臥之處。您且細膩咀嚼，多美的一棟豪宅，而且裝飾更是精緻無比。

第三段則在鋪陳玉石的色澤與狀態之美；「磐石振崖，嶔巖倚傾，嵯峨磼嶪，刻削崢嶸」四句是狀態，而玫瑰是黑色的雲母石，碧琳是碧綠色的玉石，珊瑚是紅色的，玟玉是白色的，加之文彩作鱗狀的玢豳和赤色斑點的瑕玉，雜置其間，使和氏之玉顯得更為凸出。不僅琳瑯滿目而且色彩斑駁奪目，儼然像玉石珠寶的展示櫃。

又如張衡〈西京賦〉敘營建未央宮室之結構盛美時說：

正紫宮於未央，表嶢闕於閶闔。疏龍首以抗殿，狀巍峨以岌嶪。亙雄虹之長梁，結棼橑以相接。蔕倒茄於藻井，披紅葩之狎獵。飾華榱與璧璫，流景曜之韡曄。雕楹玉舄，繡栭雲楣。三階重軒，鏤檻文梐。右平左土戚，青瑣丹墀。刊層平堂，設切崖隒。坻崿鱗眴，棧齒彥巉嶮。重門襲固，姦宄是防……

從字面上了解：未央宮的正殿是模仿天庭紫微宮的，宮門叫閶闔，立高闕以爲表，其中有一座叫龍首的巍峨前殿、像彩虹的長梁、連結的屋椽，藻井上倒植藕莖，紅花下披。彩飾的榱椽、璧玉的垂璫，在日光下閃爍。雕刻的楹柱、玉質的門礎、繡繪的斗拱、畫雲的門楣。三層錯落的高軒、雕鏤欄干的文屋比比相連。石階的右邊是平的，左邊是有階層的。青色的窗櫺、丹紅的地板。殿堂建築在鑿平砌成的崖壁上，殿基的形勢險峻，堅固的雙重大門，是爲了防制姦宄。這種宮室的構築，無論在造型與色彩上都展現靈巧的構思，成爲美的傳世珍品。而漢賦宮苑之作中，比比皆是。

三、虛幻之美

虛幻之爲美是一種心靈上的體會與感覺。所謂「美」不一定都是可以實際觸摸或看得到的，美也可能是爲了填補心靈中的一些虛空而自己想像出來的。它同樣具有撫慰的作用。尤其在漢代貴族的奢靡生活中，他們不缺乏感官美的享受，但對生命的無常與難以掌握，卻越發的急切去探尋與追求，而「神仙思想」於焉產生。漢代的宮苑賦中，把這種思想與建築巧妙的結合在一起，成爲漢代特有的審美觀。如班固〈西都賦〉中一段描寫建章宮的景象：

步甬道以縈紆，又杳篠而不見陽。排飛闥而上出，若游目於天表，似無依而洋洋。前唐中而後太液，攬滄海之湯湯。揚波濤於碣石，激神岳之嶈嶈。濫瀛洲與方壺，蓬萊起乎中央。於是靈草冬榮，神木叢生，巖峻崔崒，金石崢嶸。抗仙掌以承露，擢雙立之金莖。軼埃堨之混濁，鮮顥氣之清英。騁文成之丕誕，馳五利之所刑。庶松喬之群類，時遊從乎斯庭。實列仙之攸館，匪吾人之所寧。

若據漢書的記載，這段描寫是虛實並用的手法。建章宮之北確有太液池，池中也確有瀛洲、蓬萊、方壺。但若稽之《列子》，這些都是渤海之中的神山，而「靈草冬榮，神木叢生」。據《史記》則是三神山上的不死草木，「仙掌承露」典出《漢書》，「文成之丕誕」在《漢書》中是李少翁的故事。「王子喬」是《列仙傳》中膾炙人口的故事。又如同篇寫到昆明池則說：「臨乎昆明之池，左牽牛而右織女，似雲漢之無涯。」據《漢宮闕疏》⑧昆明池中確有二石人，但也是衆人皆知的神仙故事。宮庭的建築刻意模仿神仙世界，顯然就是一種心靈的缺憾，欲借此以爲填補。這種境界所引起的美感是虛幻的。漢賦中這種神仙故事的引用甚多，亦見張衡的〈西京賦〉：

前開唐中，彌望廣潒。顧臨太液，滄池漭沆。漸臺立於中央，赫昈昈以弘敞。清淵洋洋，神山峨峨。列瀛洲與方丈，夾蓬萊而駢羅。上林岑以壘嶵，下嶄巖以喦齬。長風激於別島，起洪濤而揚波。浸石菌於重涯，濯靈芝以朱柯。海若游於玄渚，鯨魚失流而蹉跎。於是采少君之端信，庶欒大之貞固。立脩莖之仙掌，承雲表之清露。屑瓊蕊以朝飧，必性命之可度。美往昔之松喬，要羨門乎天路。想升龍於鼎湖，豈時俗之足慕？若歷世而長存，何遽營乎陵墓。

於昆明池的描述也說：

迺有昆明靈沼，黑水玄阯。周以今堤，樹以柳杞。豫章珍館，揭淹中峙。牽牛立其左，織女處其右。日月於是乎出入，象扶桑與蒙汜。

與〈西都賦〉兩相比較，其中神仙的素材有過之而無不及。當然〈西京〉與〈西都〉二賦篇本有承襲模仿之處。至於它篇也多不乏其例。如黃香的〈九宮賦〉幾乎通篇皆以神仙氣氛構成。其中直指神仙的素材如：「徑閶闔而出玉房」「對祝融而督勾芒」「使織女驂乘、王良爲御」「招搖豐隆騎師子而俠轂」「徵太一而聚群神」……都是十分明顯的。又如王延壽〈魯靈光殿賦〉中也運用了大量的神仙故事。其中尤爲明顯的如「神仙岳岳於棟間，玉女闚窗而下視，忽瞟眇以響像，若鬼神之髣彿。圖畫天地，品類群生，雜物奇怪，山神海靈。寫載其狀，託之丹青。千變萬化，事各繆形，隨色象類，曲得其情。上紀開闢，遂古之初，五龍比翼，人皇九頭。伏羲鱗身，女媧蛇軀……」也都是運用神仙素材以營造出的虛幻之美。

四、娛逸之美

娛逸之爲美則是一種感官與心靈上的綜合感覺。娛逸原本不一定是一種美的感覺，但娛逸之後的舒暢與鬆懈，卻也能調劑或撫慰心靈。漢代的貴族沉湎於感官的娛逸享受，也正反映出他們日常生活的極度緊張和心靈的空虛。貴族借以娛逸的種類甚多。就賦中所敘，其中最普遍的應是音樂、舞蹈、雜技的娛樂。此類皆屬耳目之感官的享受，漢賦中往往安排在描寫大規模的狩獵之後，或巡幸之餘，所以娛逸是一種肢體極度勞累後的調劑。如班固〈西都賦〉：

覽山川之體勢，觀三軍之殺獲。原野蕭條，目極四裔，禽相鎮壓，獸相診藉，然後收禽會眾，論功賜胙。陳輕騎以行炰，騰酒車以斟酌，割鮮野食，舉烽命爵。饗賜畢，勞逸齊。大路鳴鑾，容與徘徊。

較為輕鬆的，則如枚乘〈梁王菟園賦〉：

高冠扁焉，長劍閑焉，左挾彈焉，右執鞭焉，日移樂衰，游觀西園，芝成宮闕，枝葉榮茂，選擇純熟，挈取含苴，復取其次，顧賜從者，於是從容安步，鬥雞走兔，俯仰釣射，烹熬炮炙，極歡到暮。

至於娛逸之中，音樂與舞蹈又往往是同時呈現的。如傅毅的〈舞賦〉：

於是鄭女出進，二八徐侍，姣服極麗，姁媮致態，貌嬈妙以妖蠱兮，紅顏曄其揚華，眉連娟以增繞兮，目流睇而橫波。珠翠的皪而炤燿兮，華袿飛髾而雜纖羅。顧形影，自整裝，順微風，揮若芳，動朱唇，紆清陽，亢音高歌，為樂之方。歌曰：……

先把歌者的體貌作一番了描寫，繼而下文是一連串的歌樂的描寫。又如張衡〈西京賦〉敘「大駕幸乎平樂」之後有一段描寫是：

臨迴望之廣場，程角觝之妙戲。烏獲扛鼎，都盧尋橦，衝狹鷰濯，胸突銛鋒。跳丸劍之揮霍，走索上而相逢。華嶽峨峨，岡巒參差。神木靈草，朱實離離。總會僊倡，戲豹舞羆。白虎鼓瑟，蒼龍吹篪。女娥坐而長歌，聲清暢而蝼蛇。洪涯立而指麾，被毛羽之衣襳纚，度曲未終，雲起雪飛。初若飄飄，後遂霏霏。複陸重閣，轉石成雷。礔礰激而成響，磅磕象乎天威。巨獸百尋，是為曼延。神山崔巍，欻從背見。熊虎升而拏攫，蝯狖超而高援。怪獸陸梁，大雀踆踆。白象行孕，垂鼻轔囷。海鱗變而成龍，狀蜿蜿以蝹蝹。含利颬颬，化為仙車。驪駕四鹿，芝蓋九葩。蟾蜍與龜，水人弄蛇。奇幻儵忽，易貌分形。吞刀吐火，雲霧杳冥。畫地成川，流渭通涇。東海黃公，赤刀粤祝。冀厭白虎，卒不能救。挾邪作蠱，於是不售。爾乃建戲車，樹脩旃。侲僮程材，上下翩翻。突倒投而跟挂，譬隕絕而復聯。百馬同轡，騁足並馳。橦末之伎，態不可彌。彎弓射乎西羌，又顧發乎鮮卑。

這一段描寫，正是今日馬戲團的雜技表演。唱歌和雜技、魔術一起登場，簡直是熱鬧精彩極了。所以下文的結論是「於是衆變盡，心酲醉」，這「心酲醉」正是娛逸後撫慰心靈的作用。一如現今的「卡拉 OK」或「KTV」已經成爲台灣娛樂的風尙，老少咸宜，男女不忌，無怪乎「錢櫃」的連鎖店佔據了整條忠孝東路。

結論

賦體本來就是一種表現美感的文學形式。在漢代人的體會上，已經早有這種領悟：如揚雄說：「詩人之賦麗以則，辭人之賦麗以淫。」（法言吾子篇）司馬相如說：「合纂組以成文，列錦繡而爲質，一經一緯，一宮一商，此賦之跡也。」（西京雜記卷上二）漢宣帝說：「辭賦大者與古詩同義，小者辯麗可喜，譬如女工有綺縠，音樂有鄭衛；今世俗猶皆以此娛悅耳目。」（漢書王褒傳）都把賦看成是以華麗之美文。及至魏晉，文學審美觀念愈趨成熟，而這種觀念也愈被接受。如曹丕也有「詩賦欲麗。」的說法（典論論文），劉勰說：「麗辭雅意，符采相勝，如組織之品朱紫，畫繪之著玄黃，文雖新而有質，色雖糅而有本；此立賦之大體也。」（文心雕龍．詮賦）不過這些說法，大多數人都把它賦體的辭藻之美。基本上，辭藻之美是不具生命意義的，它不能和作者的生命體認相結合。我個人以為：美感必須產生心靈撫慰的作用。而漢賦中宮苑之美，既能與漢代貴族的生活相結合，又能透露出社會的思想發展與脈動，所以我嘗試從宮苑之美的探討切入，歸納為：雄偉之美、華麗之美、虛幻之美、娛逸之美四項脈絡，當然漢賦的美不僅於此。

【參考書目】

《全漢賦》 費振剛、胡雙寶、宗明華等輯校（北京大學出版社發行 1993.4 月初版 1997.3 月二刷）

《昭明文選》 梁 蕭統 編 唐 李善 注（台北五南圖書出版公司）

《文心雕龍》 梁 劉勰 民國 范文瀾注（台北 開明書局）

《史記》 漢 司馬遷（藝文印書館）

《漢書》　漢　班固（藝文印書館）

【附　註】

① 見《漢書・武帝紀贊》

② 見傅樂成《中國通史》第六章・漢帝國的盛世，頁一四三。

③ 謝朓〈答王世子〉詩。

④ 陰鏗〈晚出新亭〉詩。

⑤ 岑參〈走馬川行奉送出師西征〉詩。

⑥ 李白〈將進酒〉詩。

⑦《文選》作「孝成帝時羽獵」。

⑧ 見《文選》李善注。

後設美學概論①

Perspectives to the Metaesthetics

中央大學哲研所　蕭振邦

前　言

一、由西方古典美學到當代反－美學，大致可以領會一般美學的發展梗概。簡約地對照來看：

㈠十九世紀具代表性的 Hegel 美學觀指出，「〔美學〕其主題是美的事物之寬廣範圍，更精確地說，其主要課題是藝術——可以明確地把它限定在美術上」(Hegel, 1970:22)，以及「美學更精確地意指的是感受(feeling)學。……這門學問並非被指定去處理一般的美，而是僅僅去處理藝術的美」(Hegel, 1970:22)。在 Hegel 之後，西方美學的確發展出以藝術爲主要關懷的人工製品美學②。

㈡及至當代，西方美學又有了更多樣的發展，George Dickie 曾在其《美學導論》中指出③：

1. 從思想史的角度觀之，由希臘時代以迄當代，在美學問題上已發展出兩種主要關懷：⑴美的理論(theory of beauty)；⑵藝術理論(theory of art)。

*2.*二十世紀的美學可以說更細節地展現了三個明確的討論領域：⑴美感／感性哲學(the philosophy of the aesthetic)——取代了十九世紀的美的哲學，以美感態度論(aesthetic attitude)爲大宗；⑵藝術哲學(philosophy of art)；⑶批評或後設批評哲學(philosophy of criticism or metacriticism)——其中哲學批評視藝術哲學活動乃是爲了分析和釐清藝術批評（描述、解讀或評價特定的藝術品）所使用的概念，而哲學後設批評則視藝術哲學爲一種第二序的活動，這種活動將某些語言的第二序活動作爲其探究主題，並以此作爲美學之後設批評的進路。

㈢二十世紀末葉，美學研究領域的新言說層出不窮④，其中最具顛覆性的言說，可以說，應屬與反-美學(anti-aesthetcis)有關的論述。大體上說：⑤

*1.*所謂反-美學指的是當代藝術社群對「傳統美學」的反動，反-美學持論者認爲西方六〇年代以前的傳統美學都未能對藝術實踐作出適切回應，因此，美學應該隱退。

*2.*反美學持論者一般認爲，傳統美學所標榜的「審美概念」——「審美體驗獨立存在，無目的，超越歷史，或者，藝術……能夠同時作為（一種）泛主體性的、具體和普遍的世界」⑥——是有問題的，簡言之，他們不以爲概念化的藝術觀可以作爲一種被普遍接受的世界圖式，這樣的概念化行逕適足以妨礙藝術的發展。

*3.*反-美學持論者也認爲，從傳統以迄當代的發展看來，美學本身只不過是某種伴隨著藝術課題之論述的「意識型態」，它提出各種並行論(parallelism)——最顯著的是⑴「美感經驗」／

藝術實踐並行論；⑵眞／美／善並行論——作爲論述暨理解藝術課題的種種規範，而此類行徑對藝術本身的發展有害無益！

4. 反 - 美學持論者更積極批評的是，當代美學，特別是哲學美學(philosophical aesthetics)本身因應時代的變形，就如同當代藝術實踐的鉅變一般，同樣顯現爲一種病癥！而且，美學本身的應變力相對地較差——美學仍然秉持傳統以來一貫的「保守主義」(conservatism)態度，試圖去界定／定義藝術，繼續發展其藝術認識論——因此，美學與它所對應的藝術的合法性、重要性等價值議題徹底決裂。

5. 是此，對藝術而言，美學實一無是處，應予以徹底剷除！

二、由以上整理看來，不難想像美學研究已然走到一個必須改絃更張的關鍵時刻，美學研究到底要走向那裡呢？本文試圖由後設美學的觀點來考察和說明此中的關節。

㈠從後設批評的觀點看，美學，從基源形式上說，是一種爲了使人存活動歷程，避免工具異化(alienation)的自我辯證⑦。透過這種辯證，避開了人自身的工具異化危機，並促使生命的本質與特色，充分、眞實地呈現，進而使人面對、質問生命自身是否就是一種完滿與絕對，期使人自身獲得徹底的通透與完成。

㈡要進一步了解美學，首先就必釐清美學不只是一種藝術理論；只要是人的活動（特別是追求美的活動），均有可能涵蘊了一套美學，問題在於這項活動是否必要突顯美學向度(Aesthetic Dimension)⑧！以及，這項活動的最終目的是否需要在美的界域顯發自身的重要性！這就好比研究活動一定涵蘊了研究方法，但研究的目的並不在於突顯方法；運用方法只是爲了使研究更貞定、周延和具備開創性。相同的，美學研究也只不過是爲了使各項人存活動，更清楚地掌握美的底據⑨。

㈢相對於一般技術導引、心理建設的「美學」⑩而言，眞正的美學勢必進一步徹底豁顯「藝術理論之止境」，它揭露了現有美學理論體系乃交融於創作過程，成爲一種意識型態障礙的事實，而嘗試將所有的「理論指導」，予以揚棄。⑪

三、有關本文的幾點說明：

㈠本文的目的：學者專家們最在行的事，就是去處理簡單事實背後所隱含的複雜糾結的問題，但是也往往容易忘記了原初的簡單事實！本文的目的，重點不在於克服前揭議題中隱含的各種複雜糾結的難題，而是要帶引讀者回到原初的簡單事實。

㈡本文的進路：⑴先考察一般所謂的**後設－美學**(meta-aesthetics)及其相關議題；⑵再說明本文的主題**後設美學**(Metaesthetics)。

㈢本文在研究過程採取的主要方法：以追溯法(reduction)、假推法(abduction)，批評反思法爲主，兼或採用概念形成分析法。

四、以下即循⑴後設－美學的考察和反思；⑵後設美學經營初階；⑶後設美學經營次階；㈣後設

美學經營的完成；㈤美的俱現等論點進行論述。

一、後設－美學的考察和反思

一、截至目前，無論國內外，後設－美學的專著都不多見，甚至，David Cooper 所編的《美學手冊》中，也完全沒有提及「後設－美學」⑫！筆者所見相關著作，國外有 S. Ghose 於一九六六年出版的論文集 *Metaesthetics and other essays*，大陸方面則有莫其遜的《元美學引論》和曹俊峰的《元美學導論》⑬。

㈠一般而言，後設－美學乃循分析哲學和後設批評的進路，針對藝術理論或藝術批評進行語言、概念層面的反思，並特重語言學、語意學相關議題的後設處理。「後設－美學」一詞的用法多半與後設語言(metalanguage)緊密關連。

㈡在大陸方面，後設－美學除了滲有意識型態的特質，也另有涵義。

1. 後設－美學在大陸轉譯為「元美學」，這個語詞除了擁有前述語意之外，還有原型、基型或初始形式，甚至「元始」的意思。

2. 此如《審美價值系統》⑭的作者楊曾憲即指出，有的大陸美學工作者主張「融合東方和西方、傳統和現代美學的一切優點，建立有中國特色的馬克思主義美學」⑮，他認為，「有沒有必要『搞一個統一的無所不包的大體系』的問題，對當代中國學者來說是不成問題的。中國學

者大多懷有這種『大菜』情結，總希望在所有學科領域中都創立這種帶普泛指導性的『馬克思主義XX學』，美學界也不例外。試想，如果誰能把握這樣的『馬克思主義元美學』，解開美的所有奧妙，指導人類所有的審美體驗，那本身該是多美的一件事啊！因此，問題只在于是否有這種可能。」(同前引)

3. 這種把“meta”解爲「原型」、「基型」，甚至「元始」的看法，當然是大陸學者的獨創，有它一定的深意。

(三)大體上說，這門學問於七〇年代在西方開始發展，旋即遭遇到後現代主義思想家的激烈批判，也因此，目前雖尚有研究者，但未能成爲主要學思。以下三本書中若干章節的討論，有助於吾人的理解。

1. Mihai Nadin ⑯在《藝術的藝術：後設美學》(Die Kunst der Kunst: Metaaesthetik)⑰一書中就邏輯和語意學範圍，探究了美學、藝術史和藝術理論中，人類使用了那些專屬言語來描述構成藝術品之條件，這些語言在藝術世界中扮演了的那種角色，並歸結藝術的解讀必須在依循藝術產品之對象層面所界定的後設範圍內進行。

2. Neal Solomon ⑱在《現代性的問題》(The Problem of Modernity)⑲一書的第二章〈價值理論：美學的後設理論與價值學的方法論〉("A Theory of Values: Aesthetic Metatheory and Axiological Methodology")中，就美學脈絡分析了微觀－美學(micro-aesthetics)、鉅觀－美學(macro-aesthe-

tics)和後設-美學(meta-aesthetics)，而特別指出，後設-美學領域的反思，直接影響了認識論的再思考，舉凡不可公度性(incommensurability)等問題都促使認識論重新在價值學領域發掘新的解題資源。

3. Jean-Marie Schaeffer[20]在其書《現代的藝術》[21]第一部「何謂哲學美學？」(What is Philosophical Aesthetics？)第一章「Kant 的分析美學預篝」(Kantian Prolegomena to an Analytic Aesthetics)最後一節「美學、後設美學與藝術理論」(Aesthetics, Meta-aesthetics, and Theory of Art)中討論了後設-美學(Schaeffer, 2001: 55-64)。

① Schaeffer 指出 Kant, Schlegel, Novalis, Hegel, Schopenhauer, Nietzsche, 以及 Heidegger 等人的著作中都分享了共通的藝術進路——他稱之爲「思辨／玄想理論」(speculative theory)。依據這種理論，藝術乃提供某種特殊的直觀，擬似神祕的知識（徹底別異於科學所需求的理性的知識）！這種看法鼓勵理論家相信藝術家、藝術品揭露了看不見的世界本質，而認定藝術的目的就在於追求不可表達性，並拒絕討論其他次要環結的創作。

② Schaeffer 認爲，這種思辨／玄想理論有助於浪漫主義、現代主義、前衛藝術的誕生，但卻使藝術與欣賞、精緻藝術與通俗藝術、藝術家與觀衆離異(divorce)。此中，後設-美學就是 Schaeffer 主要批判的一種思辨理論。Schaeffer 本人則採取了較具包容力的藝術理論進路。

二、此外，比較重要而特別需要釐清的看法是Jean-Francois Lyotard㉒在批判現代主義的鉅構後設講述(grand metanarrative)㉓時，對「後設－美學」所作的深層分析和批判。

㈠Lyotard在《後現代形勢》㉔一書討論藝術和政治時提出了他的後現代美學觀，其中，後設講述就是他主要的批判對象。他認爲：㉕

1.⑴假如早期的現代或古典主義的歷史信念，試圖透過藝術品把歷史或世界再現成爲某種意義固定物、靜止畫面(tableau,不考慮事件的連續性)；⑵假如前衛現代主義(avant-garde modernism)之歷史性冒險，其目的就在於呈現(represent)或講述(narrate)事件自身（從一個固定位置，儘管外在於事件）；⑶設若早期現代美學的革新，找尋的是新的眞理，或訴說眞理的新方式，並設若後期的現代主義者的革新，找尋的是「訴說經驗」本身的眞理，後現代藝術則完全不找尋任何眞理，而是設法去驗證(testify)：對一事件而言，沒有任何眞理可以被指定(assigned)，它不能被造就成概念表象的一個對象。

2.當某事件同時是藝術又不是藝術時，其藝術形勢就是後現代的或超邏輯(paralogism)的。

①在後現代的語言中，藝術不再是某種後設講述(metanarratives)；反之，它是阻止成爲後設語言的基地。

②藝術是一系列的微型講述(little narratives)㉖：這些講述的目標不在於形成後設語言系統，也不承諾顯露某一新眞理〔——它們只是不斷置換和被置換〕。換一個方式說，藝術產生

的效果並不是新的眞理，亦即，微型講述並未形成任何文化轉型的後設講述，因爲它們是超乎經濟的(aneconomic)㉗。並沒有底線存在，藝術家所發明／創造的任何東西，其自身無不隸屬於另一個美學發明／創造的進一步置換。

③區分超邏輯的異教徒(pagan)或後現代美學的發明／創造和僅僅只有革新(innovative)意味之藝術作用的現代美學的發明／創造——它們以現代主義者所理解的前衛運動㉘爲特色。一般而言，革新意指⑴乃試圖在「藝術」的語言遊戲規則中製造新的轉變，以便使藝術眞理能夠復甦；⑵其轉變精練了系統的效力。超邏輯則意指⑴試圖找尋可以置換遊戲規則的轉變，這是一種「不可能的」或不可預知的(unforeseeable)轉變；⑵此轉變勢必改變知識實用的規則。

3.是此，在闡釋後現代美學時，Lyotard 注意到藝術品正處於某種置換的地位，它們同時是古典主義之歷史信念(不考慮事件的連續性)，以及現代主義之歷史冒險(要求由事件外部的位置去呈現或講述事件自身)的雙重置換。

①因爲藝術對象，不論是在技術上（如 Vasari ㉙）或精神上（如 Hegel），都不再形成爲歷史性的進步鉅構講述的一部分，所以，它要求以時間性(temporality)置換模倣的再現。因此，後現代藝術放棄了客觀性（古典或早期現代的）的模倣，或者放棄了主觀性（現代主義或前衛運動）的再現要求，也就是把藝術對象由講述的地位（世界之外的或後設講述

的），加以置換！

②藝術對象不再可能講述客觀的實在性（歷史）或它自己的主觀性（其事件性(eventhood)），藝術不能熱中於追求實現某種根源於眞理訴求的後設講述性(metanarrativity)。

③藝術和政治的任務就在於激發或見證某種爭論／糾紛(differend)，並使它們加劇(exacerbate)，以便阻止不義事件（止息那些不能說控制者之語言的人發言）的發生。唯有在政治、美學和哲學中保存了有關正義之性質的爭論／紛爭，才能眞正實現正義。

㈡關於 Lyotard 後現代美學的反思之一：內部的解決和外部的解決。

1. Lyotard 長期關注於藝術和政治的交集(intersection)及其議題，其著作似乎顯現爲某種對抗後-結構主義的批判（同樣都在批判後-結構主義(post-structuralism)，他與 Jacques Derrida(b. 1930)最大的不同在於，Derrida 主要關懷的是嘗試探詢在各種領域中我們可以做的解構(deconstruction)是什麼）。Lyotard 的學說也是現今許多學者專家希望之所寄——從大師及其門徒的機構性語言遊戲(institutional language game)中逃離的一線希望（這些機構性語言遊戲深深困擾著 Derrida 和 de Man，甚至被學者們稱爲「Derrida 和 de Man 的宿命」）。㉚是此，可以推斷，Lyotard 的美學觀就如同他重視藝術和政治的交集一樣，必須依循藝術和政治所置身的特定脈絡來理解！事實上，這就更切近於某種藝術社會學，而不是美學，也因此，本文認爲 Lyotard 的美學論議，因其目的在揭露和批判現代主義由外部來講述事件性(eventhood)的不

當，故循其因病予藥的實際操作，仍然要求的還是一種外部解決，而不是美學自身原理、原則的內部解決。

2.這一點，可以很清楚地由 Lyotard 闡釋的美學的崇高性看出來：Lyotard 所謂的崇高(sublime)，並不是就壯美(the sublime)和優美(the beautiful)相對而言的「崇高」，而是就高尚(the sublimated)和卑下(the desublimated)相對而言的「崇高」，事實上，其倫理涵義遠比美學涵義爲高。因此，在理解 Lyotard 所謂的崇高時，要考慮到社會-政治的(socio-political)特定脈絡。換言之，美學仍然是就此一外部脈絡進行考量的。

3.事實上，Lyotard 所批判的鉅構後設講述，在既定的目的訴求和既定的觀點——實用(the pragmatic)爲依歸的條件下，仍然是可以被局部或逐一地系統證成的，因此，可以說，Lyotard 的眞正意圖在於質問，人類是否爲了實用取向，要做那麼大的妥協、讓步和犧牲——甚至不惜促令不義成爲必要的罪惡！㉛

(二)關於 Lyotard 後現代美學的反思之二：後設講述與後設語言。

1.由以上討論，可以歸納 Lyotard 有關美學的看法是：(1)現代主義美學是某種鉅構講述，特別是某種後設講述；(2)反之，後現代美學則是某種微型講述，它試圖阻止美學言說成爲後設語言。

2.後設講述的特色在於：這種言說(1)它重視理論，是一種整體論(totalism)，甚或是極權主義式的(totalitarian)論述；⑵它主張僅能依據某言說系統或系統內的可表象性(representability)來理解事物，這些可表象性即一般言說可以說(speak)的意義(meanings)或涵義(significations)；⑶它把事件對象化，而訴諸於概念之描述，換言之，也就是由事件的外部去講述事件自身；⑷自認爲擁有眞理的規則或評價的判準；⑸它操作或形構某種後設語言；⑹它以追求眞理爲職志——甚至，藝術革新的目的也只不過是爲了使藝術眞理復甦。

3.是此，Lyotard所謂的後設講述，主要討論以知識建構爲主的言說，此正如他《後現代形勢》一書的副標題——關於/論及知識的報告——所示，它有形構知識的一定規則和標準，而Lyotard主張以微型講述徹底置換這些規則，取消這類標準。

三、如上所論，大體明瞭了⑴後設－美學一詞並未多見學界使用，⑵若有援用，也多半指的是後設語言義、後設批評義的語言學、語意學上的探究。⑶因此，本文所援用的「後設美學」，實與一般的後設－美學不同，本文在研究中所以要援用此詞，主要是爲了與當代西方美學理論有所區隔，並試圖加以置換之故！

㈠若從理論側面揀別之，則後設美學：⑴採用了「分析」的方法[32]，以探究既有的美學的內容；⑵並針對既有的美學加以批評。因此，⑴從消極面說，後設美學的確包含了第二序的批評——後設批評，它的目的在於解消既有的美學理論。但是，⑵從積極面說，後設美學在批評、解消中又有意義的釐清與重建，與理論的拓展和新構。換言之，後設美學正是試圖使（廣義或人存義的）藝術活動，無所滯礙地顯現它自身的理念與理則。

㈡若從實踐側面撿別之，則後設美學是一種美學經營，⑴它基於「人性」的尋索和衡定，而專就人自身的活動——特別是藝術活動，以探究人性「體現」與「完成」的最大可能和限度，⑵並試圖就「美的範域」窮究人性的意義，從而確立「人性」的眞實底蘊，闡發「美」的實義。

四、最後要指出，爲了有別於一般以後設語言之建構爲主要訴求的後設－美學(meta-aesthetics)，本文以後設美學(Metaesthetics)一詞代之。本文所闡釋的後設美學，雖在美學經營的初步階段，仍然因應既有美學理論的批評和重構，而有系統闡釋和後設講述的一干操作，然而，這些 Lyotard 所批判的操作，在後設美學經營的進一步發展中終必被揚棄。因此，本文所謂的後設美學，並非 Lyotard 所謂的後設講述，扼要地說，它是爲了依循後設批評的立場、內部解決的訴求，而批評地反思既有的美學思想，並進一步揚棄之，所講述的一種美學。

二、後設美學經營初階

㈠後設美學經營初階的理論面相

一、後設美學：

㈠後設美學的基本預設(basic presupposition)是：⑴所有的美學經營勢必以實踐作爲最後的歸趨；⑵理論的建構與解構，也只不過是發展過程的手段罷了；⑶美學理論最後必發展爲後設美學

(Metaesthetics)，而美學經營也終必由理論向實踐轉化。

(二)後設美學經營的初階屬於理論性的闡釋，它的主要職能在於解讀與解釋既有的美學思想體系，進而剝裂這類封閉／系統思想架設於創作歷程的網幕！因此，這一階段的美學經營勢必呈顯思辨和批評的特質，並指向思想運作系統的釐清與揚棄，㉝而這也是後設美學的主要特色所在。

(三)由經營目的說，桎梏的解放和自由的開展是後設美學經營目標。大體上，後設美學⑴是以一切既有的、發展中的和未來可能有的美學（含藝術）理論作爲探究對象，並對這些理論進行解構；⑵換言之，後設美學本身雖然是一種理論詮釋系統㉞，其經營的最終目的卻在於理論的解消與揚棄；⑶因此，可以說，後設美學的建構，正是思想桎梏的解放，與精神自由開展的努力；⑷若就這一面相看來，「藝術是哲學的極致」(杜若洲，1976：249)便是相當貼切的一種描述。

(四)由經營理念說，美和藝術是後設美學的兩大範疇。

1. 美就是萬物自身的秉賦，它構成美學中的自然／根本要素與特質。

2. 藝術則是某種人爲造作，它構成美學中的人化／人文要素與特質。而藝術在本質上是一種矛盾、對立的統合：⑴藝術品是人之精神墮落的印記；⑵藝術創作卻又是人之精神企求超拔的符徵；⑶藝術家則是人之精神墮落與超拔的統合者。

3. 一般而言，「美」這個字經常被誤用㉟，譬如，應該說「這張桌子很藝術」，而不應該說「這張桌子很美」！或許，這種看法令人有些不習慣，但對照來看，人們會覺得，說「這朵鮮花

很美」，而不說「這朵鮮花很藝術」，乃是一件很正常的事。

㈤由經營原理／原則(principle)說，藝術與美勢必以人性爲藍本，最終在人身上一體呈現。

二、後設美學的藝術面相：

㈠果爾如前所述，則藝術家有其使命！這一使命就在於追求人性的體現與完成——藝術與美的整體呈現，而此一追求歷程即謂之精神的超拔。然而，受限於自然（很弔詭地），當藝術家在精神超拔歷程面臨生命本身的止限(Limit)而無從突破時，遂成爲無奈的精神的墮落者，但是，他也在墮落同時，毅然留下了曾經面對、挑戰止限的印記(Mark)——藝術品，亦即，某種物質面和精神面的止限記憶之共同保存者——以作爲自己和後繼者來日突破止限，進而有所超拔的記憶指標。

㈡是此，藝術品在本質上呈現了它的「兩面性」：⑴它是生命止限無從突破，人之精神因而墮落的印記；⑵它也是企求人性的體現與完成，而超拔人之精神的符徵。職是之故，藝術品就成爲這種對立統合的最高表率。

㈢可以說，精神的墮落是藝術家的宿命，但是，當他墮落時，反是亟力尋求精神渲洩和寄託的可能，在此種歷程中，藝術品正是藝術家創作的產物，它代表了尋求突破止限的方法試煉，以及修正進路的暫時成果，是藝術家精神反撲的模式。

1. 創作藝術品，是藝術家仍舊繼續找尋精神出路的自白，藝術家必須不斷地生產，沒有終止創

作的權力，因爲，必須不斷爲自我－創造、爲後繼者留下超拔的線索，更要透過藝術創作，嘗試突破實然的止限，從而對一己之生命有交代。

2.藝術品的崇高價值在於：⑴它是人的精神面曾經自我超拔、突破的具體像徵；⑵它所透顯的無止境的創造理想之追索，是人自身趨向完滿的寫照；⑶它所涵蘊的創作理想的逐次提昇，反過來說，也正暗示了人自身圓滿完成的可能；⑷甚至，它所對應的由墮落、扭曲到超拔的每一個階段，都可能是創作者心魂棲息的歇所！

三、後設美學的知識面相：

㈠對一般人而言，藝術品只是衍生美感愉悅和品味鑑賞的具體對象，一般人並不一定都能如藝術家一樣從事創作，進而擁有超拔與墮落的契機，他們頂多只能把藝術品視同進一步釐清「精神墮落」內涵的客觀憑據。因此，藝術品遂成爲一般人追索精神何以會墮落的實際（但經驗意含闕如的）線索；人們嘗試透過知識運作，也依循此類線索以尋獲藝術家生命超拔時所遭遇的止限，並在理念上，相應地思索有以突破的可能途徑。

㈡各種墮落印記，多半以物質形態呈現，但因爲創作者本身在製作它的過程中投射了精神理念，所以，這些印記——藝術品——也因而同時兼具人專屬的「精神尺度」和物本身的物質符徵。

㈢後設美學的知識經營，正是爲了釐清類似精神與物質的嵌結，進而促使物各暢其用，而精神再度昇揚罷了。由此一觀點看來，後設美學知識探究的目的，在於復現墮落之前的原初精神，並透過保留止限記憶的各種印記，重新找出人精神超拔的可能。

1.當然，由此一脈絡探究，知識的運作也不只是止限的尋索，還包括了認知者自身與認知行爲的釐定，以及各種突破止限的方法重構。換言之，探究知識只不過是人爲了找尋更適切的表達方式，以便把既有的精神印記還原成那導致墮落的「止限」，而不斷在方法中經營的寫照，也因此，知識的探究、思想的辯證，才成爲美學經營歷程的重要過度。

2.知識系統建立後，足以保障思想辯證的精密有效，進而導引精神再趨圓熟，而精神的圓熟漸次將先前因反思而冷卻的生命，轉換成躍動的激越；激越來自於解悟之後的「自覺」所突顯的鮮活生命力；也正因爲有了「自覺」，生命自身乃豁顯突破止限的信念——突破經由知識體系驗明確定或保存下來的「止限（描述）」。

四、後設美學所闡釋的美學理念和美學經營，涵概了藝術創造的自我突破，以及美學知識體系的重構兩大向度，其基本結構可以表之如次圖：（見頁三二）

㈡後設美學經營初階的實務面相

一、後設美學的最終目的既然在於理論的解消與揚棄，則勢必徹底研究現有的美學理論，以便作適當處置。

㈠就現前美學發展實況考量，亟待優先處理的就是「人工製品美學的異化」㊱，以及「自然美學或環境美學重構」兩項任務。

後設美學

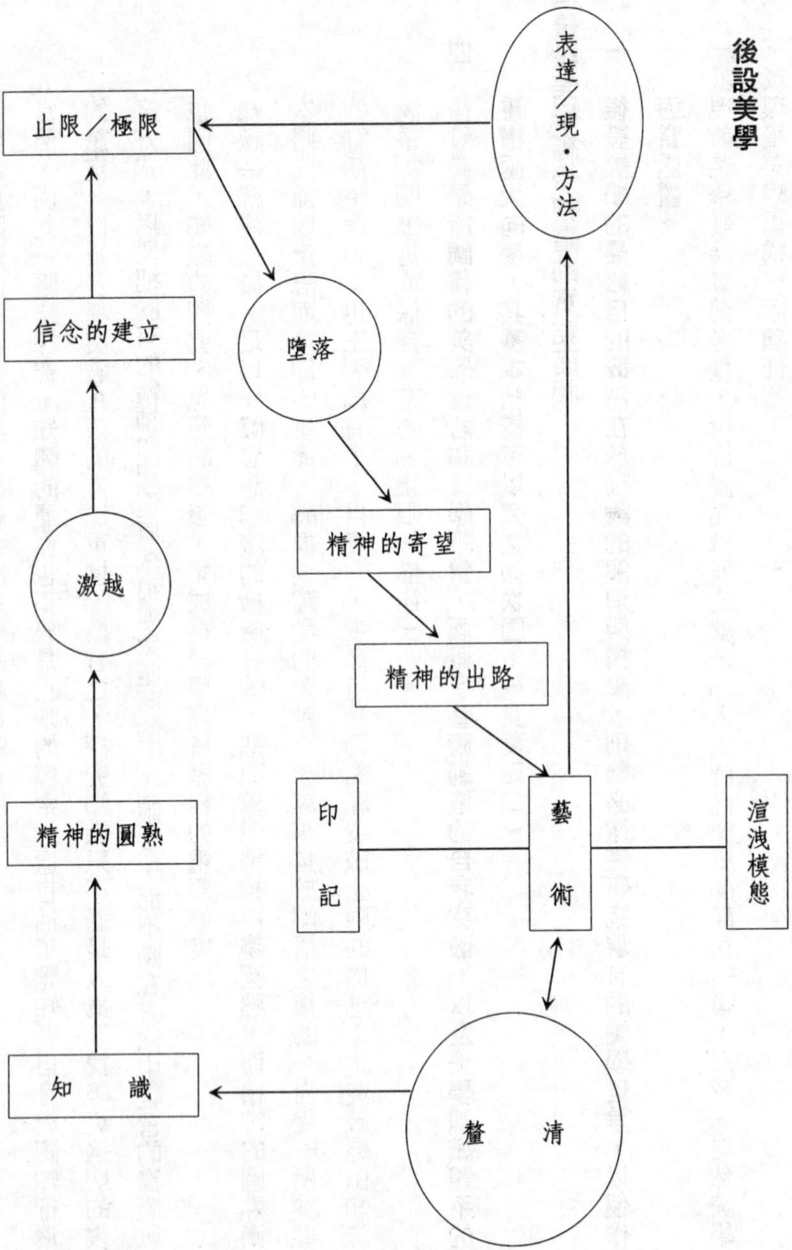

㈡這兩項任務是相關連的，極需要優先處理的其實是人工製品美學方面的問題，因爲，在人工製品美學的強勢發展帶動下，當代自然美學已然被強迫發展成人工製品美學的附庸或類比物㊲，早已喪失其自身本有的特質，所以，應先釐清的人工製品美學的一般影響。

㈢果爾如是，如果要先處理人工製美學引生的問題，便一定會涉及其核心關懷：「藝術特質」與「藝術功能」的貞定。

二、如是，勢必透過後設美學分析(pre-analysis)，以考察美學經營初階的實務工作。下文主要參考Walhout 的看法(Walhout, 1986)進行討論。㊳

三、從前－分析的觀點看，人工製品美學的美感經驗論所主張的「藝術特質」可以展示如下：

㈠由提問形式來展示：

*1.*關於「藝術特質」的核心問題是：

Q1：藝術品擁有什麼特色(characteristics)?

（但從邏輯上說，要提問「Q1」，就必須先提問：）

Q2：是否有任一特色是所有藝術品都可能擁有的？

（更精確地說，問題應該是：）

Q3：藝術品的存在是否擁有其充要條件？

（或者，也可以說：）

Q4：是否有充要條件制約「藝術品」一詞的用法？

2. 關於「藝術功能」的核心問題是：

Q5：藝術品的主要功能為何？

（此問題隱含了下列提問：）

Q6：就經驗而論，藝術品經常產生什麼樣的功能？

Q7：就規範的觀點看，藝術品所產生的那些功能最重要？

Q8：就型態的觀點看，藝術品所產生的那些功能是無可改變且必要的？

㈡問題的解決：

1. 前述「Q5～Q8」的解答，正可以作為「Q1～Q4」答案。這也就是說，人工製品美學預設了藝術品的配置(disposition of art work)將引發確定的功能。易言之，這種觀點的眞正含意，即認為「藝術功能」就指謂「藝術特質」！類似論點是許多人工製品美學界定「藝術特質」的方式，簡言之，這些產生特定功能的藝術品配置，就是藝術的「功能屬性」。

2. 理論上說，藝術可能被分析出若干既定的功能屬性，當然，也可能被分析出其他屬性，切合其他解釋，譬如，「Q1～Q2」中的「特色」、「Q3～Q4」中的「充要條件」，如果都指的是藝術品本身的內在構成要素，則它們可以稱為「構成（要素）屬性」。很明顯，抱持這種觀點的理論家主張由「構成屬性」看待「藝術特質」。

3.還有一些理論家撇開了功能、構成屬性，而試圖由藝術的緣起(inception)層面尋索其持質。這類理論家主張藝術品是某一特定緣起的產物㊴，而視各種緣起爲藝術的特質，並稱之爲藝術的「緣起屬性」。一般而言，緣起屬性又可區分爲：⑴附屬於藝術家的屬性；⑵附屬於贊助團體或藝術機構的屬性㊵。

4.另外一些理論家由藝術品反映了人生和宇宙的關係，尋找可以界定的藝術特質，他們或者主張藝術品是人、事、物或某些性質的近似物，或者主張藝術品是某種經由間接、象徵方式而呈現宇宙或人生的形態、力量。這一種藝術特質可以稱爲「模仿屬性」。

5.還有一些具備不同特色的功能論主張，譬如，以美感效應能直接使觀者對藝術品產生冥想、思辨，而稱之爲藝術的「思辨功能」，藝術也能激發道德情操，使道德情操覺醒，而稱之爲藝術的「道德功能」。此外，還有許多關於「藝術」一辭的用法，可以總稱之爲藝術的「工具性功能」，這些用法多半見於宗教藝術、政治藝術、民俗藝術、裝飾藝術、知性藝術、消費藝術之中㊶。

㈢問題的深化：

1.如上所述，藝術特質乃一輻湊性概念，可以摘錄許多相應的屬性，因此，「Q3～Q4」可以由下述提問取代：

Q9：是否有任何構成的、緣起的、模仿的、功能的屬性，是藝術品存在的充要條件？

2.事實上，在人工製品美學理論中，多半以「本質」(essence)取代「特質」一詞，而改稱「藝術特質」為「藝術本質」或「藝術品的本質屬性」，但是，一般所謂的「本質」意指的是「個體的本質」，而這裡所討論的「藝術」或「藝術品」意指的是某一個「種類」！因此，比照Roderick M. Chisholm㊷的定義：「事物x的本質是一屬性，此一屬性除了x可以必然地例示證明它之外，沒有其他事物可以例示它。」(Chisholm, 1981：11)可以把「事物x」限定為某一「種類」，然後界定「此一『種類』的『概括本質』是一屬性，而這一屬性只能由構成此『種類』的諸元予以例示或證明」。如是，可以推斷藝術的概括本質，並提問如下：

Q10：是否有任何概括的本質屬性，必然且唯獨由藝術品所例示？

Q11：下列「表一」中，是否有任何一類屬性，足以代表必然且唯獨由藝術品所例示之概括的本質屬性？

表一：

1.緣起的p	2.構成的p	3.模仿的p	4.功能的p
(一)托顯藝術家p	(一)元素p	(一)再現p	(一)思辨效應p
1.技能p	(二)形式p	(二)模擬p	(二)道德效應p
2.動機p	(三)內容p		(三)工具運用p
3.表現p			(四)藝人反思p
(二)機構、團體p			
1.意識型態p			
2.贊助p			

四、人工製品美學的實際關懷：

(一)在「Q6～Q7」中，已就藝術的功能作了描述與規範的區分，但這一「功能」，是由藝術本身所衍生的？或只不過是經由人對藝術品的接納所作的某種回應所衍生的？仍需要再作釐清。

1.因此，「Q5～Q8」必須補充如下：

Q12：理想中的藝術功能爲何？

細究之，(1)「功能」一詞本身就有歧義！有時它是指藝術品既有或應該有的功效、結果、影響等，有時它又指的是藝術品服膺或應該服膺的目的或意向；(2)前者的用法，深受藝術品本身的因果配置的控導，後者的用法，則受計畫、企圖如何運用藝術品的人所控導；(3)不論是那一種意義，都突顯了人工製品美學不遺餘力地服膺其追究原因／理由之解釋(aetiological explanations)的基本取向和特色。

2. 因此，前述問題必須再加入：

Q13：就人而言，什麼目的是藝術品所服膺的？

Q14：就藝術品所服膺的衆多目的中，是否有最主要的目的？

3. 這裡，終於觸及了問題的核心。根據上述分析，可以確認藝術品在實際世界中的確發揮了一定的功能（許多人也因此斷言它們具有功能屬性），而正因爲能夠發揮這些功能，藝術品才透過藝術家或鑑賞者保存下來！問題是，藝術品的這些功能是如何產生的？爲什麼會產生？這也就是「Q12～Q13」所以求解的關鍵所在。很明顯，問題涉及了「目的」的討論，換句話說，唯有透過「藝術目的」的進一步說明，才有可能洞悉「藝術特質」的全貌。

4. 關於「藝術目的」的說明，人工製品美學理論家並沒有採取「存有論」的進路處理它，反是轉而預設了「藝術必須有美學的解釋」這一特殊命題。此命題意指，假如人們不能說明美學的解釋具有使藝術品得以保存的必然且確定的功能，至少，人們也要能說明，如何區判藝術品之意義的方式（某種「目的論」），或者藝術品直接服膺於某種美學解釋的潛能或起碼的能力！同時，人工製品美學家也強調「服膺美學的解釋」這一藝術的本質屬性，只是圍繞著「人」這一主題，嘗試解答有關藝術品的各項問題，並無需預設「美學作用」在事實上始終

是藝術品的功能！㊸

㈡總結地說，人工製品美學有關藝術品本質的看法約略如下：

1. x是藝術品，唯若x是人之行動的工具或指向的對象。㊹這是藝術品的元始緣起屬性。

2. x是藝術品，唯若x在其組成之成品中，展現了一可能世界或世界之片斷以作爲緣起。這是藝術品作爲人的產物時，其緣起的存有論屬性。

3. x是藝術品，唯若x展示了某種圓熟境地，或者是有關技藝的尺度(measurement)。此爲藝術品的附加緣起屬性。

4. x是藝術品，唯若x展示了感覺資源上的有意義的開發，或其組合成品中的形式有機組織。這是藝術品的構成屬性。

5. x是藝術品，唯若x組合所展現的世界，與實際世界具有模擬、類似的關係，或者其他可能的關係。這是藝術品的再現或摸擬屬性。

6. x是藝術品，唯若x在有意義的範圍內，本來就具有在美學解釋中發揮其作用的潛能。這是藝術品的功能屬性。

7. x是藝術品，唯若x在其可能作用中，具有某種附加的非美感作用。這是藝術品的附加工具屬性。

㈢如是，人工製品美學突顯了：⑴依循於其一貫追究原因的解釋法；⑵強調屬性是依(property-dependant)的定性分析進路；⑶主張認識上具有可公度性（但只能提示必要條件，並無法提示充分條件）⑷採信篤定的眞理規則和評價判準；⑸意圖以理論取代實踐。

㈢後設美學經營初階的進一步反思與批評

一、簡單事實VS.複雜／糾結的問題：

㈠由後設美學的觀點看，人工製品美學㊺的理論家們經常帶給理論的消費群衆很深的誤導，亦即，理論家們本身的能力很強，當他們面對美學議題時，很容易便挖掘／碰觸到一些隱含在簡單事實之下的複雜／糾結問題，而且常常是，理論家們也很快地發現，這些複雜／糾結的問題一時並無法解決！於是他們隨即擱下這類無法解決的議題，但連帶地也往往擱置／忽視了原初的簡單事實。㊻

㈡這類簡單事實不難發現，譬如，日常生活中，人們可能會遭遇以下情況：或許有人經常提問，這張桌子很美？或者，這張桌子很藝術？而不覺得有什麼不恰當。其實，這兩種提問十分不同，只是大家不一定留意罷了！譬如，如果改問，這朵鮮花很藝術？或者，這朵鮮花很美？就不難發現其中的差異！事實上，人們通常不會以「這朵鮮花很藝術？」的方式提問。這就是一項簡單事實。

㈢雖然，簡單事實可能隱含了極爲複雜／糾結的問題，然簡單事實就是簡單事實，不容抹煞！反之，前文重構人工製品美學理念和理論，所顯示的「屬性是依的分析進路」、「認識上的可公度性」、「追究原因／理由的解釋法」，都有可能是理論家們在面臨複雜問題之解題時，所採取的因應手段，換言之，它們都只是衍生物。

㈣當然，不可忽視的是，這類簡單事實中，同樣隱含了複雜的涵義，以及複雜／糾結的問題。

*1.*這項簡單事實有兩重涵義：

①由價值貞定義的進路講㊼。美與藝術是美學中兩個不同的範疇（構成知識的形式）：⑴美意指的是萬事萬物本具的一種自然秉賦㊽；⑵藝術意指的是純然的人爲造作，也可以說是某種人文價值的體現。

②由素樸義的進路講。美與藝術仍然是兩個不同的範疇：⑴美意指的是透過具有自然秉賦的人或物的存在樣態（含改變）或特定活動所呈現的特質，如是，美就不是人或物的屬性，而是伴隨著人或物的存在樣態或特定活動而有的某種顯現性㊾——這樣說，就是把「呈現其美（某種顯現性質）」視爲存在原理了；⑵藝術意指的是純然的人爲造作，然而，因爲人（能動者agent）具有自然秉賦，所以，當人活動時原本也會顯現美，但在藝術範疇，有可能完全不關注美的向度(dimension)。

*2.*藝術雖然可以是純然的人爲造作，但是，⑴一方面，它預設了價值之體現——而價值在於自然；⑵另一方面，藝術創作使用的素材有其自然秉賦，同時，創作者（人）也有其自然秉賦，雖然，人的自然秉賦或許不同於物的自然秉賦，然而就其自然而言可以相通。所以，藝術創

作活動仍然有可能顯現美的特質，但是，是否眞的顯現，則取決於是否採取了關注美學向度的態度，是以要說明藝術創作活動與美的關係，就勢必先釐清藝術創作採取的特定「態度」問題。大體上，這類態度可以區分如下：

①完全不考慮「美的向度」，而基於其他動機或訴求(譬如，控訴、顚覆等等)而進行創作活動，此可謂之純然人爲造作的態度。

②以創作者自身的自然秉賦爲尺度，並設法將此尺度加諸於作品之上，譬如，「神品」、「聖格」等等就是「人之尺度」加諸作品之後的某種評品稱呼。是以，這也就是某種體現人化的自然的態度，或即是一般所謂的藝術態度。

③顧慮或重新考慮素材仍然保有／殘存的或已然喪失的自然秉賦，而試圖保存或恢復它，譬如，造園藝術考慮環境本有的美。可以說這就是某種保存的態度。

④基於特定的自然觀，譬如，文藝心理學的觀點，認爲人爲造作——特別是藝術創作——適足以彌補自然本身的鄙陋或缺陷。可以說這就是某種彌補的態度。

㈤前述簡單事實可能隱含的複雜／糾結的問題，如果就美學氛圍看來，大略可區分成兩類：

1. 藝術與美的關係爲何？答案有兩種可能：

①有關係。譬如，「文質彬彬」就是一種理想化的關係——兩者各彰其特質，而又兩不相礙，甚至相輔相成。

②沒有關係。如是，就要說明，何以「純然的人爲造作」有其可能，以及如何／爲何「純然人爲造作」。

③小結地說，藝術與美具有何種關係，取決於藝術活動的能動者如何對待美（自然秉賦），換言之，藝術活動可能呈現美，或者保有美——因而有美感經驗之關懷，但也可能只突顯了藝術性——因而有藝術經驗之關懷。

2.自然秉賦的呈現與「賦予人之尺度」之後的呈現，應如何區隔及看待它們？此兩者明顯不同，因爲，後者經歷了「人爲尺度化」的努力過程，而後者則純然是素樸的！這是一個眞正的藝術問題。

二、關於自然美學的進一步反思：

㈠果爾如前所述，可以分辨的是：

1.美就是一種本有的自然秉賦，或者是存有者透過存在歷程或存在樣態所顯現的性質。那麼，由常識上觀之，最能直接透顯美的應該就是自然事物，或謂之大自然！㊿

2.人也隸屬於自然，是自然的一份子，故人本身——以及自然的萬事萬物——都有可能不假外求地直接透顯其美。或許，此種透顯美的活動便可以稱爲某種自然而然的順成活動！(51)

3.如是，人爲什麼還要從事藝術活動？答案有兩種可能：

①是因爲特定原因而要追求「純然人爲造作」，如是，則有可能完全脫離美學氛圍。果眞如

此，便需要進一步釐清有關「純然人爲造作」本身的問題，而且它有可能溢出了美學向度，而與美學根本無關。㊷通常，我們把這種活動所透顯的特質稱爲「藝術性」。

②是因爲藝術活動本身也能透顯美，雖然那只是：⑴顧慮或處理素材殘存的自然秉賦；⑵或者是，因某種「人存」因素的影響所作的「人化的自然」的努力；⑶或者是，透過能動者其他動機驅使的活動，而寄望特定之顯現性呈現⑷或者只是某種彌補活動等等。

③職是之故，藝術透顯美的活動，乃是一種曲成活動！

㈡再者，要特別注意的是，人工製品美學還有一種特定傾向，亦即，以曲成之事來主導或替代順成之事，也因此，經常以「人工製品美」來規範「自然美」！若就後設美學的觀點看，此舉顯然是一種範疇上的錯置，因此，調整這種錯置便是美學經營的重要實務了㊸。

㈢前述「透顯自然美」，固然是某種順成活動，但其中還有區別：

1. 所謂的透顯，乃屬於自然而然的事，沒有任何其他事物介入或干預，這也就形同於「渾然無事」，換言之，也就不會進一步形成或衍生所謂的美學——而只有踐履義的美學經營！

2. 所謂的透顯，乃屬於「發現」的事，甚至，是經由「發現」而後更有所「彰顯」的事，譬如，被人所發現，然後更由人所彰顯。那麼這裡就隱含了「何以會被發現」，「爲何要發現甚至要彰顯之」等等問題，有待進一步釐清，也因而衍生了美學的經營。

3. 凡此類自然美學問題的解決，皆有待進一步說明自然美的「發現價值」和「自在價值」。這

些也都是自然美學的核心課題。

三、後設美學經營次階

一、邁入美學經營次階，就是所謂的「藝術理論止境」的具體表陳與實踐轉化的開啟，它說明了既有的藝術理論，只不過是美學經營的虛弱替代品，甚至形成種種實踐歷程中的障幕；唯有取消一切理論，才能使美學經營實踐轉化，接受原創力的導引，而與生命自身一致。這一階段的美學經營，重點在於徹底揚棄所有的藝術／美學理論，並彰顯原創性實踐追求及其重要性(significance)。

(一)藝術是人類活動的泛稱之一，代表人之精神向外拓展，所散播的文化意識表徵。藝術的價值所在，不只突顯了創作者精神結構和生命辯證關係的體認，藝術表現的每處細節都與人之生活的情感基調融合，因而支撐著文化意識的俱現，並貼緊現實人生的依存根據，揭示了文化精神源流在人生美感或藝術性追求中的地位。

(二)根源性地說，對藝術家而言，藝術乃表出「自我」的一道美工程序，更是集結創造⑭秉賦和智慧情操，而呈顯美或藝術性之追尋的精神眞象。因此，當藝術家在創作過程，試圖透過生命自身的反思，以貞定藝術的價值取向時（相當於某種態度之抉擇），藝術表現毋寧就是界定美的無上宣言。藝術家的美學經營實已竭力在宣告，果眞只追求藝術血脈中一般／共通原理的提煉，而忽視個別心靈對應於藝術領域的原創脈動，終將是徒勞無功的索證；唯獨珍視藝術領域個別心靈的原創動力，才能點活空泛的理論解釋框架，而爲藝術注入生命心血。

1. 藝術創作必關連於藝術家的原創力，但「創造」究指何意呢？假如就最通俗意義的美術作品來談論藝術創造，則可以在藝術家諸種主要行動中，確認某種重要特質：此特質是藝術家展示「在藝術品中是否具有其他可能世界（或世界片斷）」的檢查行動中，必然呈現的抉擇之特色。此處，可能世界可以界定爲：把所有事態(state of affairs)都當作自身之組合因素的某種「整體事件」。藝術家所爲，正是在美感或藝術感的驅動下，去抉擇呈現某一具有特殊意義(the meaningful)或意味(the significant)的可能世界，或可能世界的片斷，並爲了使人們注意到它，而依習常或異端的模式，將之展示／展演爲某種藝術品㊽。

2. 緣於這種抉擇，實際上，心靈才是藝術創造的決定性空間，藝術生命的大流，唯有在心靈空間才能加速朝理想躍進；心靈的可塑性提供了藝術演進、改造的可能——人通過環境的改造而衍生藝術；藝術自身即結合心靈的改造原理，而成爲體現、完成生命之特質的最佳見證。

3. 藝術的演變發展，必須依持一連串人之心靈的抉擇與堅持，以決定它的顯現特質或屬性。當藝術進路漸趨窄化、死滯時，尤其需要個別心靈無懈的奮鬥和激刺，以成全維繫藝術理想於不墜的努力。自覺承擔了此種使命的藝術家，除了投注全副心力眞實地活下去之外，實無暇推砌理論，更何況是接受理論的擺佈了。

二、一般而言，藝術理論的止境和揚棄理論的實踐側面，曾經是當代歐美抽象藝術表現的焦點和

所體現的特色⑸。狹義的現代視覺藝術工作者，在描繪人追求美的掙扎焦灼中，的確表露了第二階段的美學經營。

(一)(1)一方面，藝術工作者急於爲生命內在的眞誠感動，找尋一條妥貼的出路；(2)另一方面，在「表出自我的美工程序」中，基於崇高(the sublimated)之自我的內斂與證成／驗證要求，而狂野地將自我由虛幻中放逐出去——欲逃離自我永不得把握的虛無和焦慮。(3)因而，面對自我的重新肯認時，藝術工作者發現「美」在創作衝動溢現的情欲中幻滅。

(二)是此，藝術工作者一再揭露一切出路和自我證成／驗證，無非貼近世俗（媚俗）的可憐自欺！最終，藝術工作者釋放出畢生全然不可理喻的激情、諷謔和嘲弄，欲打擊世間的一切醜陋，期望以噁心(disgust)⑰直接呈現醜陋，而將醜陋敲打得更「完美」，一如 Marcel Duchamp 的「噴泉」⑱。

四、後設美學經營的完成

一、第三階段的美學經營，本質上正是生命自身眞實的體對與完成——美學僅僅是生命的「遺囑」：當排除艱難，完成了「美」的契會與昇華時，舊生命已然亡故，擺脫了舊有疲乏的軀殼，而重獲新生；此際可以在生命的「變異生死」⑲的歷史線索中找到這類遺囑。⑳

二、遺囑總是關乎繼承的，透過這一種遺囑所指定的美學繼承，至少有兩種涵義：

㈠狹義地說，第一種涵義可以稱之為「物性(materiality)向度呈現」的美學繼承；此一涵義可以藉由創作者、鑑賞者、美感、美等等概念的說明，得獲大致上的理解：

1. 創作者：體現「美」，而使「美感」具體化者。

2. 鑑賞者：面對具體可感的「美之對象」，回應以抽象的玄想、評價和實際品味者。

3. 美感：物和我㊿、創作者和鑑賞者所共同具有的、生命領域之情感基調交輝互映的模態，它是對自然秉賦之眞實揭露的一種感受(feeling)。

4. 美：素樸地說，就是萬事萬物本具的一種自然秉賦；或者，由藝術的角度說，就創作者／鑑賞者接納美感的召喚，所集中投注者。然而，似乎「美」難以捉摸，人們的「投注」畢竟在初始階段十分地牽強與苦痛。事實上，甚至無從「面對『美』」！「面對『美』」，毋寧是面對自我；面對生命自身各種情感、意願的糾結。因此，「美」的追尋終必回歸自我，以生命自身的追求作為起點，「美」的把握因而也就以主體為核心。

㈡廣義地說，第二種涵義可以稱之為「人性向度呈現」的美學繼承。⑴果眞美的體現原本就是自然而然之事，但是，為什麼又橫生枝節而無從體現呢？⑵果眞我們體認生命的完成、生活的踐履都離不開此一自然秉賦的體現，那麼，可以說自然秉賦的體現就是人普遍追求的理想所趨。⑶果爾如是，這一種理想之所以能實現，正是實踐者在趨近過程中，找到了若干現實的支柱，而足以支持此一理想實現或具體化。

1.所謂的「理想」，一般會隨客觀環境素質的改善而提昇，但是，反過來說，當預想可以得獲一定程度的實現時，也正表示已然獲得了實現理想的若干條件。然而，這些條件有可能比原初預期的更優厚，適足以使理想也隨之提昇，而有待另行完成之。

2.人對美的追求，永遠是一種無止境的提昇歷程：「永遠追求不盡的理想」，正是人自身不完滿的寫照，而「理想的逐次提昇」，反過來說，也正暗示了人自身完滿的可能。因此，美的追求、體現與完成，其實也就是人的特質——人性——的追求、體現與完成。

①因為，在理想的趨近歷程中，當人們把現實轉換成理想的支柱時，所把握的「理想」的內容，都不是理想自身，而是那些現實支柱！是以，世間可見背負畫架，四處劫掠自然景觀的大盜，也常見將「一堆顏料」張貼以高價的掮客。反此，即使一位眞畫者要到大自然中寫生，那些只是一位無法抗拒生命自身之召喚，而背負著「十字架」找尋埋葬自己地方的人。

②「埋葬」一詞無關乎有機生命現象的終止，而是對美學經營的一種越界解釋之隱喩：就越界的解釋看，撇開一般「死亡」義不談，無機物的「死亡」，可以指謂它的用途殆盡，有機生命的「死亡」，毋寧也可以更意指的是意義與價值的闕如！循此範圍理解，假如「埋葬」與這種「死亡」尙存有一絲關連，那麼，就在於把「埋葬」視為是一種死後重獲新生的程序或手段罷了。

三、透過以上說明，可以理解，所謂的「美學經營的完成」，其「完成」並不涵蘊「終止」、「完結」的意思，甚至，也不涵概各種「終極」的臆想或預設！

㈠要之，完成，一方面，是歷史回溯性的價值定位，指涉生命眞實呈現的既有光輝；另一方面，則是呈現人性的發揚與充擴！

㈡完成，意指的是人性的整全與圓滿；完成，就是以生命爲基調的，科學、宗教、道德、哲學、藝術等等之不容已的追求的統會——當人勤勇地向外在世界鋪建周全的通路，同時無餒地向內在世界追求圓融的自證時，人所釐訂的完滿目標，正是潛藏人心的美的眞實符應(coincide)。

㈢這一點，或許哲人唐君毅曾對此種統會面相提供了扼要的說明，「宇宙最大美，莫如人格美」(唐君毅，1978a：248)，以及，「愛美而求美之實現，而努力創造藝術品，亦是一種道德行為」(唐君毅，1978b：37)[62]。

五、美的俱現

一、生命遺囑頒佈了美學的繼承，而依循此一繼承後續開展的美學經營，其關鍵就在於生命的逐步圓滿和人性的發揚，本文嘗試將之稱爲「美的俱現(concrescence)」——打通內外、有眞有善，一切具足。大體上，可以由生命的自覺和表現，來說明美的俱現。

㈠關於表現：

1.表現的深度意蘊雖然意指是主客之間的適度融合，一體呈現，然而通常都是具體的、現實的。審視先哲的努力，以及整個歷史文化所現展的精采，以及人賴以累積性靈的宗教、道德和藝術等既有事蹟，我們不難體悟：表現也就是在信仰所激發之生命火花的輝映下，高度揮霍人的靈感和直覺，而將生命壯烈地向外游離(vacillation)、索尋的表詮方式。

2.表現的預期目標就在於縝密地索尋內外通透的可能之後，得獲確定的見證，而導引內心長時要求成長，長時希冀開拓的生命原質，得以調適上遂！向外游離不免會要涉險，然而，此種向外游離歷程中的「危機」先設，也只不過是人面對未知、面對有限，所激發出的大無畏！大無畏使生命變得更壯麗，而直接導引美的呈現。

(二)關於自覺：

1.生命涉險的索尋固然壯麗，畢竟像是撒出去的一張網，人只不過透網絡的間隙，向宇宙的廣袤窺探，那張網實際上只網住了人自己——「我們自己」可能就是這張網裡的唯一收獲。因此，當生命的冒險犯難垛疊出精神的崇高感應時，同時，也就宣示了存有自身獨立、無可取代的特質，這也是生命的自覺。

2.成長的歲月裡，無論人以何種方式進行存在的割裂與重構，都無非是追求生命完成、美之體現的努力。然而，原初人對「完成」、「美」均一無所知，當人試圖以官能上保有優勢的種種感受（一般謂之美感經驗），模糊地設想它們的意義和判準時，人自覺到這種揮之不去的限制和尷尬的處境！然而，這種感受的衍生，正揭示了美學經營的發端，而且，持續的踐履將令信念逐步確立，當自覺與信念一如時，自我的向外歷險尋索，又會逐步轉爲內斂的沉潛，而有一種生命的婉約之情呈現！

①畢竟，在追求人性、生命之體現的歷程，「完成」與「發揚」永遠是無盡的期許，甚至是種種預設，間或伴隨著各種尺度的調整和判定，因而，美學經營實際上也只是生命完滿之信仰的自我開創與建立！

②建立信仰的要求，來自於面對「極限/止限」的自我調整：要之，追求生命圓滿和發揚人性的理想無限地提昇，必面對生命實然有限的挑戰，信仰就是在面對這些挑戰時，所抱持的不移信念和不動搖的意志。⑴一方面，信仰消極地阻止了無謂的墮落；⑵另一方面，信仰則積極地支持人們在有限的生命裡，無餒、無滯、無悔地繼續追求其中的眞、善、美，同時，使眞、善和美由人自身體現。

3.如是，由不斷表現、不斷游離，終而又不斷內斂沉潛，所維繫建立的信仰特質，事實上，也正是人反思自覺最完整的表述。因爲，當表現充盡了所有的「不完滿」時，「完滿」自身就有可能被豁顯！易言之，果眞人終於得以充盡「不完滿」，而開始虔誠信仰時，也正是人終於得獲貼近那「完滿」，甚至等同於那「完滿」自身的某種自覺已然發用了。

二、人生中，感性的追逐僅是生命歷程短暫的歇所，最終必爲更深邃的自覺和踐履所置換，因此，

美學經營必要能通過外在世界相對虛無的試煉，而歸本還原於自家性命，找到那無可取代的生命之底據！

三、人活著，無須怪罪生命的殘缺與限制，只要有信念活遍一切殘缺不全，最終必將體現人生的圓滿、充實。此種純粹信仰的建立和踐履，其實也只能是美自身的俱現——畢竟，美學——作為一門學問——無能保障個體生命的完成和圓滿。

結　語

一、如前所論，後設美學，⑴一方面，守住了美學作為一門知識學的分際；⑵另一方面，也由理論的重構到理論的解消，而完成了美學經營由理論向實踐的轉化。

二、美學作為一門學問，自有其建構和解構的知識條件，然而，由這門學問所轉化拓展的美學經營，或者，依循知識理則、理念所開啓的實際踐履，卻是生命自身的事！生命，就是美之無盡意味的範域，而美，也正是生命開展的本源與「如如之境」63。

【附　註】

① 本文原為筆者博士論文中的一章，文中有些理念是個人大三時代形成的，在博、碩士研究階段逐步加以理論化，其中有許多問題都沒有得到恰當的解決，經過多年努力，目前則給出了一個較圓滿的解題。

② 下文將進一步說明人工製品美學。

③ 這是 Dickie《美學導論》(Introduction to Aesthetics: An Analytic Approach)一書中的基本看法。這本書曾在 1971 年出版了第一種版本，而歷經 25 年後，作者修改了全書架構(由五部改爲四部)，而且把美學史的考察延伸到 1950 年代，把藝術哲學的討論延伸到 1984 年，涵概了作者《藝術循環》(The Art Circle)一書探討的諸課題，而藝術評價方面的討論則延伸參考了截至 1988 年的各類美學論著，書中各章節都作了相當程度的修改，甚至以全新之學說取代之，可謂心血結晶。文中提及的看法，參見其書(Dickie, 1997：3-5)。

④ 從知識學的角度看，美學等同於一種言說，簡稱之美學言說，它有別於美學經營，相關說明請參閱拙著〈大地美學：其議題探究與可開展〉，發表於 2000 年中央大學主辦環境倫理學術研討會。

⑤ 相關看法可以參考美國 Adelphi 大學哲學系教授 Paul Mattick, Jr.〈視覺藝術中的美學與反美學〉一文。Mattick 對美學與反－美學的歷史發展，不但詳細羅列了相關線索，也做了深入的理論探究，見引用書(Mattick, 1993：253-9)。以下有關反－美學的討論，特別是有關藝術課題的歷史追溯，參考了 Mattick 的分析。

⑥ 參見王岳川/尙水（編），1992，《後現代主義文化與美學》(北京：北京大學出版社，一版一刷)，頁二六〇。

⑦ 關於「自我辯證」的詳細說明，請參閱拙作〈大地美學：其議題探究與可能開展〉(蕭振邦，2000)一文中的說明，惟在脈絡上應區分，美學辯證是針對美學言說而言，而自我辯證則是針對言說者自身而言。

⑧ 美學向度(aesthetic dimension)一詞爲美哲 Herbert Marcuse(1898-1979)所專用，他在《美學向度》(*The Aesthetic Dimension*)一書中強調(Marcuse, 1978：ix)，美感形式(aesthetic form)與社會關係的依存和超越特質，並由此說明

藝術的顛覆性。〃dimension〃一詞意指藝術所特有的某種美感形式和社會關係互動所產生的面相(aspect)、領域或氛圍。

⑨ 相關看法，請參閱引用書(蕭振邦，1988：54)。

⑩ 此處指的是「藝術理論」和「藝術心理學」，容或區判過當，故改用影射語。

⑪ 就這一面相來看，蔡儀的《新美學》就是一本很值得參考的美學論著，舉凡在他那個時代之前出現的傳統美學（蔡儀稱之爲舊美學），都被他徹底批判了，他並透過深層的反思，進一步提出了「新美學」，不過他並沒有提及後設-美學。蔡儀的著作，本文使用的版本是台灣元山書局版，參見引用書(蔡儀，1986)。坊間有有群益書局版的《新美學》，而最近大陸又有新版本問世——蔡儀，1999，《新美學》(改寫本)(北京：中國社會科學研究院，一版一刷)。

⑫ 參見 Cooper, D. (Editor), 1992, *A Companion to Aesthetics* (Oxford: Blackwell)。

⑬ 分別參見莫其遜，《元美學引論》(廣西：廣西師範大學出版)；曹俊峰，《元美學導論》(上海：上海人民出版社)。

⑭ 楊曾憲，1998，《審美價值系統》(北京：人民文學出版社，一版一刷)。

⑮ 轉引自光明圖書網：楊曾憲，1999，〈無法烹飪的美學「大菜」〉，參見光明圖書網：http//www.gmw.com.cn/2pindao/gmsp/1999/199990701/big5/2%5EDS606.htm。

⑯ Mihai Nadin 是 Bucharest 大學的美學博士，其博士論文《現藝術：後設-美學的構成要素》(*Modern Art: Elements of Meta-Aesthetics*)即研究後設－美學之專著，曾任教於 Johns Hopkins 大學電腦科學系，目前任教於德國 Wuppertal 大學，著作計有二十一本書、三齣戲劇、二百二十七篇論文，其他代表作有 *To Live Art: Elements of Meta-Aesthetics* (in Romanian)(Bucharest: Eminescu, 1972，以及 *Determinations of Modern Art: Elements of Meta-Aesthetics* (in Romanian)(University of Bucharest, 1972)。

⑰ 參見 Nadin, Mihai, 1990, *Die Kunst der Kunst: Metaaesthetik* (Stuttgart: Belser Verlag)。

⑱ Neal Solomon(b. 1960)是芝加哥大學哲學碩士，從事哲學和史學研究，主要副業是自然攝影，其論著有 *Dilemmas of Democracy* (1992)，*The Problem of Modernity* (1993)，以及 *Evolution of Philosophy* (1995)。

⑲ 參見 http://www.well.com/user/ulysses/writings/abstr.prob.html。

⑳ Jean-Marie Schaeffer 是法國國家科學研究院 (the Centre National de la recherche scientifique in Paris) 研究部門的主管，也是巴黎藝術語言研究中心的委員(Ecole des Hautes Etudes en Sciences Sociales, Paris)，他是目前法國美學界的領導人之一。

㉑ Schaeffer, Jean-Marie, 2001, *Art of the Modern Age: Philosophy of Art from Kant to Heidegger*, Translated by Steven Rendall, With a foreword by Arthur C. Danto(Princeton: Princeton University Press). 此書對十八世紀以來的藝術哲學有尖銳的批評，下文有關 Schaeffer 看法的兩點說明，參考此書。

㉒ Jean-Francois Lyotard(b. 1924)是一位「後現代主義」——流行於文化與文學理論中的一種看法——的擁護者。Lyotard 的主要看法可以簡述如下：(i)我們的時代見證了那些(諸如 Kant 的、Hegel 的、Marx 主義者的)鉅構後設講

述之圖式的瓦解，而這些講述都會允諾在其探究終局，爲吾人提供眞理和正義；(ii)留下來給我們的是「異質的」(heterogeneous)或嚴格說來不可公度之諸語言遊戲的開放多樣性，其中每一種語言遊戲都處置了(disposing)它自己的內在(immanent)判準；(iii)此種看法要求我們不要想像以任何其他的標準、價值或眞值條件來判斷任一種語言遊戲，取而代之的是，必須想辦法把現有的「第一序之自然實用性講述」的範圍予以擴充；(iv)更有甚者，任何人只要拒絕前述前提(例如 Juergen Habermas)，而試圖去支持啓蒙運動的價值、批評和理性的一般成見，以便反對 Lyotard 不當定義的「言說」概念（Lyotard 視它爲民主政治的試金石），則事實上必定要從「極權主義者的」(totalitarian)或呆板的純理論(doctrinaire)立場來立論；(v)簡言之，這些立論相當於 Wittgenstein(文集)的攪和(melange)，以及後－結構主義者(post-structuralist)及其相近的理念，它們以某種玄妙難解的(oracular)形式呈現，而且都引發了更高層的原理性的困擾。以上 Lyotard 的看法，參見 Honderich, Ted (Editor), 1995, *The Oxford Companion to Philosophy* (Oxford and New York: Oxford University Press)。

㉓ Lyotard 所謂的「鉅構講述」，意指某種訴求具備普遍性後設講述(metanarrative)資格的故事(story)，它自認爲基於揭露了其他故事的眞義，而有能力說明所有其他故事。鉅構講述要求把講述場域整一化(totalize)，以便透過有計畫的意義揭露，進而組織各種歷史要素的統一延續發展。於是它試圖鎭壓所有的爭論／糾紛(differend)，並且把所有的故事都轉譯成自己的語言，一無遺漏地促使每件事都以它的專屬語言（術語或隱語）來訴說。鉅構講述並聯了各種要素，這些要素或者關注於其對象（如古典主義），或者關注於其講述者（如現代主義），以便把諸事件(event)統一成 X（例如，自然或人類精神）的整一歷史。參見 Readings, B., 1991, *Introducing Lyotard:*

Art and Politics (London and New York: Routledge), pp. xxxiii。

㉔ 參見 Lyotard, Jean- Francois, 1984, *The Postmodern Condition: A Report on Knowledge*, trans. Geoff Bennington and Brian Massumi (Minneapolis: University of Minnesota Press, 1st edn)。

㉕ 以下三點有關 Lyotard 後現代美學觀的重構，參考 Bill Readings《引介 Lyotard：藝術與政治》一書之〈後現代美學：實驗和崇高〉一節中的詳細說明，參見引用書(Readings, 1991：72-4)。

㉖ 這種講述被理解成無限系列故事的異質事件（請注意：它們本身只是事件，而不是文本化的知識客體），它們透過變成爲不連續的、片斷的，以抗拒被合併進鉅構式或後設講述之中。是此，可以把它們類比爲語言遊戲。相關看法參見引用書(Readings, 1991: xxxiii)。

㉗ 通常，「超乎經濟的」意指藝術的非－實用性取向，但在 Lyotard 的闡釋中，「超乎經濟的」則意指的是某種不淪爲工具角色、不落入工具異化的價值觀！

㉘ David Carroll 在《超越美學》一書處理了此一觀點，參見 Carroll, D., 1987, *Paraesthetics: Foucault, Lyotard, Derrida* (London: Routledge)。

㉙ Giorgio Vasari(1511-74)是義大利畫家、建築家、美術史家，他是 Michelangelo 的崇拜者，以 *The Lives of the Most Eminent Italian Architects, Painters and Sculptors* (1550, 1568 修訂再版)一書聞名於世，其書爲美術史上的重要著作。這本書中主要說明了古羅馬盛極一時的藝術技術何以在黑暗時期式微，又如何在 Giotto 突破了義大利－拜占庭(Italo-Byzantine)藝術的引導之下，在當地復興，而於 Michelangelo 手中達於頂峰。

㉚ 相關看法主要參考 Bill Readings《引介 Lyotard··藝術與政治》一書〈序言〉和〈導論〉中的詳細說明，參見引用書(Readings, 1991··xi-xxix)。

㉛ Juergen Habermas 認爲，「@(Error)如果現代性(Modernity)已失敗，那也只意指它容許整體生活被割裂成供專家們施展狹窄才能的領域，反之，具體的個體則（在生活中）體驗著卑下的意義(desublimated meaning)和破碎的形式(destructured form)。」轉引自引用書（王岳川／尚水，1992··41）。循此，可能使人以爲現代主義最大的病痛也不過如此而已！而這正是 Lyotard 所強調的不義(injustice)所在。

㉜ 特別要指出的是，後設美學所謂的「分析」，意指的是一種「前－分析」(pre-analysis)，亦即，在討論某對象之前，先針對它作背景或舉例說明，其目的在於提供相應的研究參考架構或參考系。

㉝ 「揚棄」並非拋棄之意，而是意指對某一思想運作系統的眞理規則和價值判準的徹底置換(displace)。關於「揚棄」(aufheben)一詞的詳細說明，請參閱引用書(Bernstein: 1971··18, 21, 30-4)。

㉞ 參見引用書(Weinsheimer, 1985··29-32)的說明。

㉟ 依 Wittgenstein 的 Philosophical Investigation 和 Tractatus 兩書中的闡釋，「美」這個字就是人最大的誤用，其意爲(i)「美」原本是不可說者(the unspeakable)，但卻被人們說了(be spoken)幾世紀··(ii)「美」所意指的乃是具有本質義的東西，事實上則不然。一般而言，Wittgenstein 在 *Tractatus* 一書中強調了形而上的、倫理的、美學的、宗教的眞理都是難以言傳的(ineffable)，*Tractatus* 本身也在最後把自己判定爲荒誕的(nonsensical)。參見引用書(Glock, 1996··18)

㊱ 這裡所謂的「人工製品美學」意指的是，當代西方美學大都是以藝術——繪畫、雕刻、建築、戲劇、文學、舞蹈、音樂，以及新近的攝影與電影——作爲核心探究的對象，它們所討論的大率是人工製品，而且，這類美學主張，「人工製品」（包括Dickie所謂的「極限人工製品」）乃是某對象成爲藝術品的必要條件。參見Callicott的〈大地美學〉(Callicott, 1998: p. 132)。可以說，當代西方美學實以人工製品美學獨擅勝場，然而，在日趨多元的世界發展中，人工製品美學不免有觀點偏狹之嫌，尤其它爲了維續其「美學的解釋力」所作的種種努力，也不免有「異化」之嫌。

㊲ 詳細說明，請參閱引用書(蕭振邦，2000)。

㊳ 以下參考 Walhout 的看法所進行關於藝術的討論，由於作了相當大程度的重構，所以，除非必要，不再細註引文出處。

㊴ 類似的說明約略是「藝術起源說」、「藝術創造說」，相關看法請參閱（Kostelanetz, 1978‥71-87）。

㊵ George Dickie 的「機構藝術論」(Institutional Theory of Art)，就是典型地把「機構屬性」視爲「藝術特質」的代表之一，請參閱引用書(Dickie, 1997‥82-93)。

㊶ 參見引用書(Heller, 1986: 77-99)。

㊷ Roderick M. Chisholm (1916-1999)是美國羅德島州 Brown 大學哲學系教授，相關著作有*The Foundations of Knowing* (Minneapolis: University of Minnesota Press, 1982), “The Nature of Epistemic Principle,” *Nous* 24:209-16，“On the Simplicity of the Soul,” *Philosophical Perspectives* 5: 157-81, 1991，*Indeterminism and Free Wll* (Nwe York: Oxford University Press, 1995)。本文引用 Chisholm 的文獻 *The First Person: An Essay on Reference and Intentionality*。Rōska-Hardy Louise 曾於其書中深入討論了 Chisholm 的相關見解，並提出新議題，見於 Louise, “'I'and the First Person Perspective” (J. W. Goethe-Universität,Frankfurt am Main, Germany)，參見 http://www.bu.edu/wcp/Papers/Lang/LangRosk.htm。

㊸ 「藝術品服膺於美學的解釋」，基本上是哥倫比亞大學哲學退休教授 Arthur Danto 的主張，他在其三篇論文 “The Artworld,” *Journal of Philosophy* (1964),pp. 571-84，“Artworks and Real Things,” *Theoria* (1973), pp. 1-17，“The Transfiguration of the Commonplace,” *The Journal of Aesthetics and Art Criticism* (1974), pp. 139-48 中，原創性地發表了這項見解，這三篇文章後來收入其單行本著作，相關看法參見 Danto, A., 1981, *The Transfiguration of the Commonplace* (Cambridge, Mass.: Harvard University Press)。另外也參考了 Dickie 對 Danto 之見解所作的深入引介和批評，參見引用書(Dickie, 1997: 79-81)。

㊹ 「x 是藝術品，唯若 x 是人之行動的工具或指向的對象」這句話與「若 x 不是人之行動的工具或指向的對象，則 x 不是藝術品」邏輯上等值，換言之，即等同於說「若 x 是藝術品，則 x 是人之行動的工具或指向的對象」，這是此句話的眞正意指。以下類似語句之意指，依此類推。由這些定義不難看出，人工製品美學仍然只能爲藝術品找到必要條件，而無法找到充分條件。

㊺ 意指曾經佔居主流地位的西方當代美學，以藝術爲主要討論對象，並且以人工製品作爲藝術品的表徵，而這類美學目前已被反一美學家們視爲「傳統美學」，並加以攻擊。

⑯ 此以 Thomas Munro 的 *Toward Science in Aesthetics: Slected Essay* 一書的第八篇第九節爲例，該節提名爲「一個經過修改的『美』的定義」，作者分析了定義美的困難，應該如何定義美，以及相關注意事項，但是始終沒有讓讀者見到「一個經過修改的『美』的定義」！換言之，Munro 又像高明的學者專家一樣，爲讀者展示了某種複雜糾結的問題，而沒有讓讀者明白其中的簡單事實。Munro 的說明參見石天曙／滕守堯譯《走向科學的美學》（石天曙／滕守堯，1986：441-3）。

⑰ 這裡隱含的基本預設是「存在——價值在乎自然，熱中(conatus)——意義在乎生命」(Elliot, 1995: 142)，價值是意義之所指。此項見是Freya,Mathews 提出的，相關說明可以參考 Mathews, Freya, "Value in Nature and Meaning in Life" in Robert Elliot, ed., *Environmental Ethis* (Oxford: Oxford University Press, 1995), pp. 142-154。這篇文章，Elliot 引自 Mathews, F, 1991, *The Ecological Self* (London: Routledge), pp. 147-163，是原書第四章。關於此一價值貞定的詳細討論，請參閱拙作〈人類如何對待自然：一個環境倫理學的反思〉中的解析，參見（蕭振邦，2001）。

⑱ 對照來看，蔡儀先生認爲美是一種典型，「所謂美原來就是『個別裡顯現一般』的典型，也就是事物的本質真理的具體的體現」（蔡儀，1986：196）。另外，朱光潛在《文藝心理學》第九章〈自然美與自然醜——自然主義與理想主義的錯誤〉中則主張，「從表面上看，自然主義和理想主義似乎相反，其實它們都承認自然中原來就有所謂『美』，所不同者自然主義以為美在自然全體，理想主義以為美僅在類型」（朱光潛，1975：143），但畢竟朱光潛先生仍然主張：「……我們這種見解看重美是創造出來的，它是藝術的特質，自然中無所謂美，

（『自然美』一詞另有意義，……。）在覺自然為美時，自然就已告（造）成表現情趣的意象，就已經是藝術品」（朱光潛，1975：159）。

㊾ 此處是透過「複雜科學」、「混沌理論」的角度來思考，有關複雜科學、混沌理論的觀點——蝴蝶效應：對美學初始條件的敏感依賴性，參見引用書（蕭振邦，2000：137-8）的討論。系統闡釋則可參考Kauffman, S., 1995, *At Home in the Universe:The Search for the Laws of Self-Organization and Complexity* (New York:Oxford University Press)。另，吳秀瑾博士在〈人類基因組圖解計畫的倫理課題〉一文中也有詳細的引介與討論，參見引用書（吳秀瑾，1998：144-155）。此一看法較複雜，可以再舉人性作爲例示，依此觀點，人性只是人類軀體系統、神經化學系統的某種外顯的存在樣態之顯現特質，或者是這些系統在進行特定活動時伴隨呈現的某種顯現性！換言之，就若屬性義而言，「人性」只是一些軀體系統或神經化學系統屬性，但是，當這些系統開始進行特定活動時，便會呈現所謂的「道德性」等等顯現性——雖然，道德性通常被稱爲人性，但是它畢竟並非人類的屬性——此中的關連一直困擾著人類，它正是哲學上所謂的「人性論」的內容！

㊿ 關於自然美學，除了引用書（蕭振邦，2000）一文的說明之外，也可以參考引用書石天曙／滕守堯譯《走向科學的美學》中，有關「自然主觀哲學中美的概念」的說明（石天曙／滕守堯，1986：398-460），或者參考周忠厚在《美學教程》深論「自然美的本質和特性」（周忠厚，1990：392-9）。

51 如果就「美」作爲一種「顯現性質」而不是事物的屬性而言，那麼，此種「呈顯」也是一種相對義的「曲成」。

52 事實上這只是一種浮面上的看法，至少，就後設美學的觀點看，縱使只是純然的人爲造作，也與美學經營有密切關連，下文將進一步闡釋這方面的問題。

㊳ 關於這一點，蔡儀在其《新美學》第四章第二節中對「舊美學」有嚴厲之批評。他認爲舊美學家（觀念論的美學家）根本不能正確理解自然美，也因此作出了許多不當的推斷，參見引用書（蔡儀，1986：194-7）。

㊴ 理論家沿用的「創造」一詞，多半傳達的是一種錯誤的訊息，試想，藝術創作使用的媒材都是既有的，與其說是「創造」，毋寧說是某種「改造」，或Lyotard所謂的「革新」。但是，換一個角度看，相對於人的有限性而言，藝術創造作所開啓的無限可能，毋寧更適合視爲一種「創造」。這裡所遺留下來的課題是：何以人類這一種有限存有物，又具有無限之可能呢？

㊵ 以上觀點可以進一步參閱引用書(Wolterstorff, 1980)的詳論。

㊶ 有關當代歐美抽象藝術的論著甚多，筆者較能接受引用書(Martin, 1988)提供的看法，以及引用書(Dufrenne, 1987: 87-104)一書中，「藝術的死亡」(the Death of Art)的觀點。

㊷ 達達主義者 Tristan Tzara 在 1922 年德國威瑪國會的演講中，充滿挑釁地說：「達達之肇端，並不是藝術的起點，而是噁心的開始。」轉引自 Madoff, Steve H.,1985, "What is Postmodern About Painting: The Scandinavia Lectures, II" *Art Magazine*, 10-12, 1985。

㊸ Duchamp 的作品「噴泉」，原本是一個現成品——便溺器，在引用書（蕭台興，1988：167-172）中有詳細介紹。另外，在引用書（吳瑪俐〔「俐」爲豎心旁〕，1988：103-106）中，也引介、討論了此一作品。當然，「噴泉」的寓意不只是某種嘲諷，其意義被「達達運動」本身的發展所深化。

(59) 此爲佛家語，依《佛光大辭典》云(p. 2059)：「據止觀輔行傳弘決卷七之二、大明三藏法數卷三十之說，……變易生死，又作方便生死。因移果易，稱為變易。……菩薩等，既離三界之生死，出生於方便等土，就其斷惑證果之時，因移果易，故稱生死。」原意指斷見思二惑之無學位以上聖者，以其果報爲界外淨土，有變異故云「生死」。此處藉「變異生死」一詞，類比地說明此一階段的美學經營，其生命的轉化，因與果之間有變異，故稱之，「生死」一詞實爲一種越界解釋的隱喩用法。

(60) 這裡所謂的「遺囑」，可以比照 Milan Kundera 在《被背叛的遺囑》一書中的說明來理解。(i)Kundera 在該書中並沒有給定「遺囑」的嚴格定義，比較清楚的一個描述性定義，是他說明貢布羅維茨的地位時給出的「……它主要是陳述他的立場，一番永遠的自我解釋，美學的和哲學的，一部關於化戰略的科教書，或者更好一些：這是他的遺囑；並非他已想到了他的死；他只是想到把他自己對自己和他的作品的理解作為最後的和最終確定的意願公諸於人」(孟湄，1994：250-1)；(ii)在討論到卡夫卡的遺囑(「我的遺囑非常簡單：我請你燒毀一切」)時，Kundera 指出，因爲藝術家的「遺囑」，正是那種爲了維護、堅持他個人的藝術理念(本質)、藝術表現(原則)、藝術要求(功能)等等的意願，所以，背叛它，精確地說，就是「……對於作者審美意願的漠然無視(反映了卡夫卡作品在其死後命運的全部悲哀)」(孟湄，1994：118)，等於扼殺了藝術家及其藝術！換言之，此一遺囑反映了藝術家的審美意願！(iii)在本書中 Kundera 十分強調小說美學或美學，考其原由，Kundera 主要是爲了提示當代世界，要重視作者的「美學意願」——《被背叛的遺囑》中所闡釋的「美學」或「小說美學」，其實就是一位位作者貫徹其「美學意願」的「文論化」展示。《被背叛的遺囑》英譯本參見

Kundera, M.,1996, *Testaments Betrayed: An Essay in Nine Parts*, Translated from the French by Linda Asher (Nwe York: HarperPerennial)。

㊀61 「物和我」是相對義的，有時我也被自己「對象化」。

62 唐君毅先生的美學思想自不能以此數語表達，他所提示的「人格美學」、「意味形上學」都可以視爲中國美學學說的典範之一！唐先生這方面看法的相關論述，請參閱引用書（蕭振邦，1994）和（蕭振邦，1997）。

63 此亦佛家語，依《佛光大辭典》云(p. 224)：「據佛性論卷二載：㈠如如智，指真如妙智，本來清淨，既不為無明所覆，亦不為煩惱所染，照了諸法，平等不二，以其智如如境，故稱如如智。㈡如如境，指真如妙境，常住一相，量等虛空，不遷不變，無滅無生，以其境如如智，故稱如如境。」此處藉「如如之境」一詞，類比地說明，生命原本就是「完滿」的，對之，人或許有所不知，人或許感受到有所不足，人或許「更有」所求！因而，有進一步的欣求，以及多樣的開拓。然而，由生命自身觀之，這些活動也只是還其本來面目而已，而不是眞有所「改變」，是稱爲「如如之境」。

引用書目（依引用先後序）

Hegel, G. W. F., 1970, On Art Religion, Philosophy, Edited with an Introduction by J. Glenn Gray(New York: Harper & Row, Publishers).

Dickie, G., 1997, Introduction to Aesthetics: An Analytic Approach(New York: Oxford University Press).

Mattick, Jr. P., 1993, "Aesthetics and Anti-Aesthetics in the Visual Art" in The Journal of Aesthetics and Art Criticism, Vol. 51, No. 4, pp. 253-9.

王岳川／尚水（編），一九九二，《後現代主義文化與美學》(北京：北京大學出版社，一版一刷)，頁二六〇。

蕭振邦，二〇〇〇，〈大地美學：其議題及可能開展〉，刊於《鵝湖學誌》第二十五期(台北：)，頁九九～一四四。

Marcuse, H., 1978, The Aesthetic Dimension: Toward a Critique of Marxist Aesthetics(Boston: Beacon Press).

蕭振邦，一九八八，〈美學特質的釐清與貞定〉，《鵝湖月刊》一五九號（台北：鵝湖雜誌社），頁三八～五四。

蔡儀，一九八六，《新美學》(板橋：元山書局，初版)。

Cooper, D. (Editor), 1992, A Companion to Aesthetics(Oxford: Blackwell)

莫其遜，一九九一，《元美學引論》(廣西：廣西師範大學出版，一版一刷)。

曹俊峰，一九九三，《元美學導論》(上海：上海人民出版社，一版一刷)。

楊曾憲，一九九八，《審美價值系統》(北京：人民文學出版社，一版一刷)。

Nadin, Mihai, 1990, Die Kunst der Kunst: Metaaesthetik(Stuttgart: Belser Verlag).

Schaeffer, Jean-Marie, 2001, Art of the Modern Age: Philosophy of Art from Kant to Heidegger, Translated by Steven Rendall, With a foreword by Arthur C. Danto(Princeton: Princeton University Press).

Honderich, Ted (Editor), 1995, The Oxford Companion to Philosophy (Oxford and New York: Oxford University Press).

Readings, B., 1991, Introducing Lyotard: Art and Politics(London and New York: Routledge).

Lyotard, Jean- Francois, 1984, The Postmodern Condition: A Report on Knowledge, trans. Geoff Bennington and Brian Massumi (Minneapolis: University of Minnesota Press, 1st edn).

Bernstein, R. J., 1971, Praxis and Action(Philadelohia: University of Pennsylvania Press).

Weinsheimer, J. C., 1985, Gadamer's Hermeneutics: A Reading of Truth and Method(London: Yale University Press).

Glock, Hans-Johann, 1996, A Wittgenstein Dictionary(Oxford: Blackwell).

Callicott, J. B., 1998, "The Land Aesthetics" in Environmental Ethics: Divergence and Convergence, edited by Richard G. Botzler and Susan J. Armstrong(New York: The McGraw-Hill Companies), pp.132-141.

Walhout, D., 1986, "The Nature and Function of Art" in British Journal of Aesthetics, Vol. 26, No. 1, Winter(Oxford: Oxford University Press).

Kostelanetz, R., 1978, Esthetics Contemporary(New York: Prometheus Books).

Heller, A.(ed.), 1986, Reconstructing Aesthetics(New York: Basil Blackwell, Inc.).

Chisholm, R., 1981, The First Person: An Essay on Reference and Intentionality(Minneapolis: University of Minnesota Press).

Danto, A., 1981, The Transfiguration of the Commonplace(Cambridge, Mass.: Harvard University Press).

Elliot, Robert(Editor), 1995，Environmental Ethics(Oxford: Oxford University Press, 1995).

蕭振邦，二〇〇一，〈人類如何對待自然：一個環境倫理學的反思〉(發表於二〇〇一年三月十七日淡江大學教育發展中心通識與核心課程組主辦／農委會林業試驗所協辦「第二屆倫理思想與道德關懷國際學術研討會：自然與環境」)。

朱光潛，一九七五，《文藝心理學》(台北：台灣開明書店，重九版)。

Kauffman, S., 1995, At Home in the Universe: The Search for the Laws of Self-Organization and Complexity(New York: Oxford University Press).

吳秀瑾，一九九八，〈人類基因組圖解計畫的倫理課題〉，輯於李瑞全編，《倫理與生死：亞洲應用倫理學論集》(中壢：國立中央大學)，頁一二三～一五七。

石天曙／滕守堯(譯)，Thomas Munro(著)，一九八六，《走向科學的美學》(北京：中國文聯出版公司，一版三刷)。

周忠厚，一九九〇，《美學教程》(濟南：齊魯書社，一版四刷)。

Wolterstorff, N., 1980, Work and Worlds of Art(New York: Oxford University Press).

Martin, R., 1988, Fashion and Surrealism(London: Thamesand Hudson Ltd.).

Dufrenne, M., 1987, In the Presence of the Sensuous: Essays in Aesthetics (Atlantic Highlands: Humanities Press International, Inc.).

Madoff, Steven H.,1985, "What is Postmodern About Painting: The Scandinavia Lectures, II" Art Magazine,10-12, 1985.

蕭台興(譯)，S. C. Foster(著)，一九八八，《達達的世界》(台北：台北市立美術館，初版)。

吳瑪悧〔「悧」為豎心旁〕(譯)，H. Richter(著)，《達達：藝術和反藝術——達達對二十世紀藝術的貢獻》(台北：

藝術家出版社，初版)。

孟湄（譯），Milan Kundera（著），一九九四，《被背叛的遺囑》(香港：牛津大學出版社，初版)。

Kundera, M., 1996, Testaments Betrayed: An Essay in Nine Parts, Translated from the French by Linda Asher(New York: HarperPerennial).

唐君毅，1978a，《心物與人生》（台北：台灣學生書局，增訂三版）。

——，1978b，《道德自我之建立》（台北：台灣學生書局，四版）。

蕭振邦，一九九四，〈唐君毅先生的美學觀——建構美學試探〉，輯於《當代新儒家人物論》（台北：文津出版社，初版），頁二二九～二六〇。

——，一九九七，〈系統美學建構可能：以唐君毅美學思想爲核心的考察〉，輯於《牟宗三哲學與唐君毅哲學論》（台北：文津出版社，初版），頁三六三～三九七。

中西美學中的痛苦與美

——以崇高範疇爲例

四川大學文學院　曹順慶

綜觀西方審美觀念的深層內涵，我們不難發現這樣一個事實：西方的審美範疇之中深深地藏看一顆內核——痛苦。美是由痛苦導出的，是痛苦情感的迸發。由痛苦昇華爲那震撼人心的之美，昇華爲那數的崇高與力的崇高，昇華爲那光輝燦爛之最高境界！西方的宗教美學思想，也與此密切相關。耶穌受難，正是一種由痛苦而產生的崇高之美。

痛苦產生美，崇高來源於痛苦，柏克正是這樣爲崇高下定義的：「任何東西只要以任何一種方式引起痛苦和危險的觀念(the idea of pain and danger)，那它就是崇高的來源。」正因爲柏克首先將崇高確定爲痛苦與恐懼的昇華，才使得崇高與優美劃清了界線，使崇高眞正成爲一個美學範疇從美之中分離出來，從此開創了崇高理論的新紀元。康德從而和之，認爲崇高是一種由痛苦與恐懼引起的「消極的快感」。爲什麼痛苦與恐懼會變成具有美學意義的消極快感呢？康德的解釋是：因爲崇高的感覺與美的感覺不一樣，欣賞優美的花卉圖案時，它給人一種直接的愉快，具有一種促進生命力的感覺。而產生崇高情緒時，人們首先感到的不是直接的愉快，而是恐懼、痛苦，面對危險異常、令人驚心動魄的大自然時，人們在痛苦與恐懼之中經歷著一個瞬間的生命力的阻滯，而立刻繼之以生命力的更加強烈的噴射！從痛苦恐懼之中發出驚嘆與崇敬，心情在自然界的崇高形象中受到激動與震撼，這就是由痛苦之中迸發出來的震撼人心的崇高！叔本華認爲，崇高源於那無法擺脫的痛苦，客觀世界的可怕現象以戰勝一切的優勢威脅著意志，痛苦的意志被那無限大的對象壓縮至於零。但是，人們以強力掙脫了自己的意志與利欲的關係，對那些可怕的對象作寧靜地觀賞之時，這痛苦就昇華爲一種崇高之美。對於由痛苦產生崇高，現代美學家喬治・桑塔耶納指出：「如果我們企圖了解痛苦的表現爲什麼有時候能使人愉快的話，這種快感就恰好提供我們所尋找的價值的先驗因素。」①什麼是這「先驗因素」呢？桑塔耶納指出，人們往往認爲：大災大難的鮮明意象與產生崇高感的心靈的倔強自負，這兩者之間的關係是這麼自然，所以崇高往往被視爲有賴這些想像的不幸所感發的恐怖。當然，那種恐怖必須予以制止和克服。這種克服了的和客觀化的恐怖，就是通常所認爲的崇高的本質。甚至像亞里士多德這樣的大權威也似乎贊成這樣的定義。然而，在這裡，崇高的慣常原因和崇高本身卻被混爲一談了。桑塔耶納認爲，所謂「先驗因素」或崇高的本質應當是：「恐怖提示使我們退而自守，於是隨著併發的安全感或不動心，精神爲之抖擻，我們便獲得超塵脫俗和自我解放的感想，崇高的本質就在於此。」②

無論西方學者如何解釋崇高的本質，無論他們之間存在多大的分歧，但其內核——痛苦——卻始終是存在的。由此我們可以發現一個有趣的事實：西方的崇高理論，似乎有著一種對痛苦的熱愛，尤其是在審美和藝術上，強烈偏愛於令人驚心動魄的悲劇美和令人恐懼的崇高感。這種以痛苦為核心的崇高範疇的形成，是與西方文化、宗教與文學藝術傳統密切相關的。

桑塔耶納認為，連亞里士多德這樣的大權威也認為恐懼是崇高的本質。其實，亞里士多德並沒有談到過崇高，不過，這種由恐懼、由痛感轉化為快感等基本觀點，的確是亞里士多德所提出來的。早在亞里士多德之前，柏拉圖就發現，悲劇會引起人們的一種樂此不疲的嗜好——「哀憐癖」，這種哀憐癖，喜歡欣賞不幸的、痛苦的事物，例如：「聽到荷馬或其他悲劇詩人摹仿一個英雄遇到災禍，說出一大段傷心話，捶著胸膛痛哭，我們中間最好的人也會感到快感，忘其所以地表同情，並且讚賞詩人有本領，能這樣感動我們。」③對這種從別人痛苦中獲取快感的哀憐癖，柏拉圖極為反感，他由此得出結論：詩人「逢迎人性中低劣的部分」。因此他主張將詩人趕出理想國。從柏拉圖這一相反意見中，我們恰恰可以發現整個古希臘社會當時流行著「哀憐癖」，發現人們對於表現痛苦與恐懼的藝術作品的嗜好。不難想像，古希臘悲劇中那殘酷的不可抗拒的命運，令人恐懼的神怪，痛苦的煎熬……是怎樣地激起了整個劇場觀衆的憐憫和哀思！亞里士多德正是順應了這一審美傾向，提出了著名的宣泄說(katharsis)。公開為人們的「哀憐癖」辯護。亞里士多德認為，喜歡欣賞悲劇，並非是「拿別人的災禍來滋養自己的哀憐癖」（柏拉圖語），更不是人性中「卑劣的部分」。欣賞悲劇，乃人的本性的自然要求。對人的本性，不應當壓抑，而應當給予滿足。這種對人性的滿足，非但無害，而且還有益處。因為從痛苦的悲劇之中，能激起人們的哀憐和恐懼之情，並將之宣泄出來，從而導致這些情緒的淨化，由此對觀衆產生心理的健康影響。這就是katharsis的功能。從某種意義上，可以說亞里士多德的悲劇理論，正是建立在由痛苦引起恐懼與憐憫之情，並將其導向淨化這一理論基石上的。亞氏認爲，文學藝術與現實生活不同。現實中給人痛感的事物，恰恰是藝術中給人快感的東西。他說：「經驗證明了這一點：事物本身看上去儘管引起痛感，但維妙維肖的圖像看上去卻能引起我們的快感。」④基於這種觀點，亞里士多德要求悲劇一定要描寫能引起人們恐懼和憐憫的事物。他指出，「有的詩人藉形象使觀衆只是吃驚，而不發生恐懼之情，這種詩人完全不明白悲劇的目的所在。」那麼悲劇的目的何在呢？「我們不應要求悲劇給我們各種快感，只應要求它給我們一種它特別能給的快感。」即「由悲劇引起我們的憐憫與恐懼之情。」⑤爲了達到這一目的，亞氏便規定，悲劇一定要寫比一般人好的人，要寫他遭到不應遭受的厄運，寫好人受苦受難，悲劇的結局應當是悲慘的毀滅，而不應當是善有善報，惡有惡報的大團圓結局。唯有如此，才能夠眞正從痛苦之中激起恐懼與憐憫之情，於宣泄情感之中獲得快感。

亞里士多德的這一理論內核，經朗吉弩斯、中世紀神學家以及柏克、康德、黑格爾、叔本華至現當代的桑塔耶納等人的進一步闡述和深化，終於在「崇高」這一美學範疇之中獲得了理論的昇華和歸宿。實際上，「熱愛痛苦」，不僅僅是崇高範疇的內核，也是整個西方文學藝術及美學理論的突出特色。尼采《悲劇的誕生》正是對這一特色的理論性總結。在這部名著之中，尼采用詩一般的語言，道出了由古希臘人奠定的這一傳統──將現實的痛苦轉變爲審美的快樂。他認爲：希臘人很敏銳地覺知存在之恐懼，他們對於自然之巨大的力量的不信任，被表現在那些令人痛苦的悲劇之中，貪婪的兀鷹在啄食那偉大的普羅米修斯，聰明的伊底帕斯的悲慘命運，奧得萊斯特變成了謀殺自己母親的凶手……所有這一切令人恐怖的情節，「使得奧林匹斯從原本的巨大恐怖群，而慢慢地、一點點兒地改變成爲快樂群，就如同玫瑰花在多刺的藪聚中揚葩吐艷一般。除此而外，生命還有什麼可能會從這如此神經過敏的、如此強烈情緒的、如此樂於受折磨的民族中誕生下來呢？也是由於這同樣的驅策力，使得藝術成爲可能。」照尼采看來，即便是由痛苦變成了快感，其深沉的痛苦仍掩藏其中，「當痛苦的打擊以一種愉快的形式被經驗時，當一種絕對的勝利感從心中引起了悲痛的呼號的時候。現在，在每一個豐盛的愉快中，我們聽到了恐怖之低吟與一種無可恢復之失落感的悲切之哀嘆。」⑥

總而言之，痛苦是文學藝術審美快感的眞正來源，更是崇高範疇的眞正來源，由痛苦昇華爲快樂，由痛苦昇華爲崇高，這不僅是古希臘藝術的悲劇精神、西方宗教美學精神，也是西方崇高理論的核心論點。叔本華正是從悲劇的痛苦論證中走向了推崇宗教的涅槃。崇拜康德與叔本華學說的王國維，正是從這一角度來認識文學藝術的。他認爲，生活就是痛苦，「嗚呼，宇宙一生活之欲而已！而此生活之欲之罪過，即以生活之苦痛罰之，此即宇宙之永遠的正義也。自犯罪，自加罰，自懺悔，自解脫。」而文學藝術，就是要描寫生活中之痛苦，求其解脫，昇華爲審美靜觀，「美術之務，在描寫人生之痛苦與其解脫之道」（《紅樓夢評論》）。這種以痛苦爲核心的藝術觀，正是叔本華本人觀點的翻版。王國維的崇高（壯美）觀點亦如此：「若此物大不利於吾人，而吾人生活之意志爲之破裂，因之意志遁去，而知力得爲獨立之作用，以深觀其物，吾人謂此物曰壯美。」王國維認爲，引起壯美的事物皆爲極痛苦恐懼之物，如「地獄變相之圖，決鬥垂死之象，廬江小吏之詩，雁門尙書之曲，其人固氓庶之所共憐。其遇雖戾夫爲之流涕。」（《紅樓夢評論》）

讓我們回過頭來看看中國。除了王國維這種從西方販運來的崇高論以外，中國有無與西方相類似的，以痛苦爲核心的崇高觀念呢？應當說，中國並非沒有這種由痛苦而昇華爲文學藝術作品、昇華爲崇高境界之論。

司馬遷的發憤著書說，即爲一例。司馬遷認爲，文學乃是人們心懷鬱結，不得通其道的痛苦情感的噴發。當人們在逆境之中，在痛苦之際，在不得志之時，往往會發憤著書。他以屈原爲例，指出：「夫天者，人之始也；父母者，人之本也。人窮則反本，故勞苦倦極，未嘗不呼天也；疾痛慘怛，未嘗不呼父母也。屈平正道直行，竭忠盡智以事其君，讒人間之，可謂窮矣。信而見疑，忠而被謗，能無怨乎？屈平之作《離騷》，蓋自怨生也。」（《史記・屈原傳》）這種由痛苦而昇華爲文學作品之論，其實也正是司馬遷自己的深切體會。司馬遷在受了宮刑以後，痛苦萬分，他認爲禍莫大於欲利，悲莫痛於傷心，行莫醜於辱先，詬莫大於宮刑。因此，他「腸一日而九回，居則忽忽若有所亡，出則不知所往。每念斯恥，汗未嘗不發背沾衣也！」（〈報任安書〉）

錢鍾書先生在〈詩可以怨〉一文中說：「尼采曾把母雞下蛋的啼叫和詩人的歌唱相提並論，說都是痛苦使然。這家常而生動的比擬也恰恰符合中國文藝傳統裡的一個流行意見：苦痛比快樂更能產生詩歌，好詩主要是不偷快、苦惱或『窮愁』的表現和發洩。」⑦的確，在中國古代，主張痛苦出詩人之論，代不乏人。鐘嶸《詩品》評李陵曰：「文多悽愴，怨者之流。陵，名家子，有殊才，生命不諧，聲頹身喪，使陵不遭辛苦，其文亦何能至此！」韓愈則提出了「不平則鳴」的觀點，認爲「其歌也有思，其哭也有懷。凡出乎口而爲聲者，其皆有弗平者乎！」（〈送孟東野序〉）這種歌哭之思與懷，不正是痛苦使然麼？陸游則深有感觸地說：「蓋人之情，悲憤積於中而無言，始發爲詩。不然，無詩矣。」（《渭南文集》卷十五）

痛苦出詩人，發憤則著書，在這一點上，中西確有相通之處，即由痛苦昇華爲悲壯崇高之境界。黃宗羲十分贊同韓愈「和平之音淡薄，而愁思之音要妙；歡愉之詞難工，而窮苦之言易好」的說法。認爲那些傳世之作，皆是逐臣、棄婦、孽子、勞人，發言哀斷，痛苦之極的產物。而那雄渾之作，正是這極痛慘怛、哀怨激憤之中的迸發。他在〈縮齋文集序〉中評其弟澤望說，澤望「其以孤憤絕人，彷徨痛哭於山顛水澨之際」。痛苦鬱於心中，其作品遂昇華爲雄渾之境界：如鐵壁鬼谷，似瀑布亂礁，如狐鳴鴟嘯，似鸛鶴欬笑。黃宗羲認爲，這種文章好比天地之陽氣，壯美剛勁。「今澤望之文，亦陽氣也，無視葭灰，不啻千鈞之壓也！」⑧不僅個人的痛苦如此，整個時代的痛苦也能釀成雄渾之美，「夫文章，天地之元氣也」。元氣在平時，昆侖磅礴，和聲順氣，無所見奇。而在痛苦的時代，就會噴薄而出，升華爲雄渾之陽剛大美：「逮夫厄運危時，天地閉塞，元氣鼓蕩而出，擁勇鬱遏，忿憤激訐，而後至文生焉。」⑨這段話，也完全適合於動亂的建安時代所產生的建安風骨。主張這種美來自痛怨激憤的觀點，並不止黃宗羲一人，中國不少文論家對此都有所認識。劉勰說：「劉琨雅壯而多風，盧諶情發而理昭，亦遇之於時勢也。」（《文心雕龍．才略》）劉琨時逢永嘉喪亂，國破家亡，心懷鬱結，欲展其匡世濟俗之志而不可得，一種壯志難酬之氣，激蕩心胸，發爲詩歌，則必然仰天長嘯，壯懷激烈，其詩雄渾壯美，雅壯多風。李贄等人所主張的，更是忿憤激昂，欲殺欲割，發狂大叫，流涕痛哭的發洩。

儘管中西方都有痛苦出詩人之說，痛苦產生崇高美之論，但我們仍然不難感到，中西方對痛苦的態度是不一樣的。西方人對文學藝術中的痛苦有著特殊的熱愛，他們認爲，激烈的痛苦，令人驚心動魄的痛感，正是藝術魅力之所在，也正是崇高的眞正來源。西方的宗教思想正與此一致。中國則與西方不完全一樣，儘管中國也有「發憤著書」之說，「窮而後工」之論，「發狂大叫」之言，但這些並非正統理論。平和中正，「樂而不淫，哀而不傷」之論，才是正統的理論，什麼激烈的痛苦，驚心動魄，忿憤激訐，這些都是過分的東西，都是「傷」、「淫」之屬。因此，大凡哀過於傷，痛楚激訐之作，差不多都是被正統文人攻擊的對象。屈原及其作品，即爲突出的一例。

在中國文學史上，屈原可以說是最富於悲劇性的大詩人。其作品充滿了精采絕艷的崇高美。因而魯迅在《摩羅詩力說》中所推崇者，唯屈原一人。魯迅認爲，屈賦雖然終篇缺乏「反抗挑戰」之言，但其「抽寫哀思，鬱爲奇文，茫洋在前，顧忌皆去，懟世俗之渾濁，頌己身之修能，懷疑自遂古之初，直至百物之瑣末，放言無憚，爲前人所不敢言。」但是這位抽寫哀思、放言無憚的悲劇性詩人，遭到了後世正統文人的激烈攻擊。揚雄認為，屈原內心痛苦，投江自殺是極不明智之舉。他認為君子應當聽天安命，不應當憤世嫉俗，「君子得時則大行，不得時則龍蛇。遇不遇，命也；何必湛身哉！」（《漢書·揚雄傳》）班固則更激烈地抨擊屈原為過激，而主張安命自守，不應露才揚己，愁神苦思，「且君子道窮，命矣。故潛龍不見是而無悶，《關雎》哀周道而不傷。蘧瑗持可懷之志，寧武保如愚之性，咸以全命避害，不受世患。故大雅曰：『暨明且哲，以保其身』，斯為貴矣。」班固認為不應當有痛苦，更不應當表現出來，甚至無論受到什麼不公平遭遇也應當安之若命，不痛苦不悲傷。屈原恰恰不符合這種「無悶」、「不傷」的要求，他內心極為痛苦，作品極為放肆敢言，情感極為濃烈怨憤，於是乎班固激烈攻擊道：「今若屈原，露才揚己，競乎危國群小之間，以離讒賊。然責數懷王，怨惡椒蘭，愁神若思，強非其人，忿懟不容，沈江而死，亦貶絜狂狷景行之士。多稱昆侖宓妃冥婚虛無之語，皆非法度之政，經義所載。」（班固《離騷序》）班固這種幾乎不近人情的要求，充分體現了中國古代的正統觀念。這種觀念對待痛苦的態度是，不應當有在過分的痛苦，因為過分的痛苦就會產生激憤怨怒之作，就會過淫、太傷，這不僅對統治不利，對「教化」不利，並且對人的身心健康也不利。《樂記》說：「奸聲亂色，不留聰明；淫樂慝禮，不接心術；惰慢邪辟之氣，不設於身體。」中國人推崇的是抑制欲望，反情和志；不是表現極為痛苦悲慘的場面令觀衆驚心動魄，而是表現平和中正，不哀不怨的內容讓人心平氣和，安分守己，「故曰：樂者，樂也。」所謂樂(指一種音樂、舞蹈、詩歌三合一的上古樂舞)，就是讓人快樂的，而不是讓人痛苦的；是節制欲望的，而不是宣泄欲望的。

所以說，「君子樂得其道，小人樂得其欲。以道制欲，則樂而不亂；以欲忘道，則惑而不樂。是故君子反情以和其志，廣樂以成其教。」「反情」，孔穎達疏：「反情以和其志者，反己淫欲之情以諧和德義之志也。」即節制情感使其不過淫過傷，就能保持平和安分的狀態，這樣便國治家寧，身體健康了。「故樂行而倫清，耳目聰明，血氣和平，移風易俗，天下皆寧。」（《樂記》）

這種「樂而不淫，哀而不傷」的正統觀念，數千年來，一直被中國文人奉爲金科玉律，在很大程度上，淹沒了中國文學中的悲劇觀念，也遏制了中國崇高觀念的進一步深化。無論是令人驚心動魄、催人淚下的悲劇，還是令人恐懼痛苦的文學作品以及叫噪怒張，發狂大叫，反抗挑戰的崇高，都被這抑制情感的「樂而不淫，哀而不傷」的中和美抹去了稜角，被拘囿於「發乎情，止乎禮義」的無形囹圄之中，而喪失了其生命的活力，最終在「溫柔敦厚」的訓條之中失去了力量。難怪梁啓超說，中國文藝「於發揚蹈厲之氣尤缺」。在「溫柔敦厚」的正統觀念的統治和壓抑下，所有反叛的企圖都不可能得逞，李贄之死就是一大明證。我們甚至還發現這樣一個不正常的現象，在中國古代，不少具有崇高色彩的作家作品，都是與異端密切相關。例如：屈原的放言無憚，司馬遷的發憤著書，建安詩人的酒筆酣歌，李白不肯摧眉折腰，李贄的發狂大叫，龔自珍的疾聲高呼，……儘管人們不得不承認這些作家及作品的偉大，但是在正統文人看來，這些人大多是些狂狷景行之士，所以屈原受責罵，司馬遷被說成是作「謗書」，曹操爲「奸雄」，李白是狂生，李贄等人，更是令正統觀念所不容。至於主張痛感的崇高理論，也不被正統所容，如韓愈及其弟子的怪怪奇奇之論，李贄等人的流涕痛哭，欲殺欲割之說等等。

近百年來，中國學術界一直在爭論，爲什麼中國宗教不如西方及印度發達，中國究竟有無悲劇？如有，爲什麼與西方的悲劇不一樣？如沒有，那爲什麼中國產生不了悲劇？這些問題長期以來一直困擾著中國的學術界。近些年來，又引起了中國有無崇高範疇之爭。筆者認爲，不少人在探討這些問題時，都忘記了追尋它們的最終根源——中西方對情欲，尤其是對痛苦的不同態度。

爲什麼中國沒有西方那種給人以毀滅感的令人驚心動魄的悲劇？最重要原因是中國文化形成的這種抑制情感的「溫柔敦厚」說在起作用。西方人寧願在藝術中描寫痛苦，欣賞毀滅的痛感，而中國人卻盡量避免痛苦，反對哀過於傷，更不願看到慘不忍睹的毀滅性結局，寧願在虛幻的美好結局之中獲得平和中正的心理平衡，而不願在激烈痛苦的宣泄之中獲得由痛感帶來的快感。這種不同的文學藝術傳統及不同的審美心態，正是西方崇高範疇與中國溫柔敦厚詩教產生的不同土壤。從某種意義上說，西方文學藝術傳統裡具有一種偏愛痛苦的特徵，因此，西方宗教特別盛行，西方將悲劇尊爲文學類型之冠，將崇高視爲美的最高境界。因爲它們都是激烈痛苦的最高昇華。與西方相反，中國文學藝術往往具有一種盡量避免激烈的痛苦，盡量逃避悲劇的傾向。因此，即便是悲劇，也要加進插科打諢，即便結局不幸，也要被一個光明的尾巴，以沖淡過於哀傷的氣氛，以獲得平和的心理效果。中國人也盡量講浩然之氣，陽剛之美，而不看重由痛感激起的驚懼恐佈、雄奇偉大。

值得指出的是，中國古代這種克制情欲、迴避痛苦、逃避悲劇的傾向，並非僅僅受儒家「樂而不淫，哀而不傷」、「溫柔敦厚」詩教觀念的影響，而且還受到道家歸眞返樸，柔弱處世，樂天安命觀念的影響。

當然，如果從哲學意義上講，道家思想是充滿了悲劇色彩的。老、莊都極睿智地認識到：人生即為痛苦，人生便是悲劇。老子說：「吾所以有大患者，爲吾有身。及吾無身，吾有何患！」（《老子》十三章）因爲有身就有欲，有欲就有痛苦。有身就有死，有死就有悲哀。「人生天地之間，若白駒之過隙，忽然而已。……已化而生，又化而死。生物哀之，人類悲之。」（《莊子・知北遊》）這個看法與叔本華等人的觀點十分近似，完全具有生命的悲劇意識了。不過面對欲望與死亡的悲劇，老、莊不是直接面對慘淡的人生，而是想方設法迴避它。對於欲望，老子主張克制它，只要克制了欲望，知足安分，即可去悲爲樂，「禍莫大於不知足，咎莫大於欲得。故知足之足常足矣。」（《老子》四十六章）「知足不辱，知止不殆，可以長久。」（《老子》四十四章）莊子說：「安時處順，哀樂不能入也。」（《莊子・大宗師》）只要安時處順，知足長樂，欲望得不到實現的痛苦，就頓時化解了。對於死亡之悲劇，老子主張「歸根復命」，這樣便能長久（《老子》十六章）。莊子則主張回到大自然，與大自然同化（物化），達到「天地與我並生，而萬物與我爲一」（《莊子・齊物論》）的境界，就可以獲得長生，而逃避死亡的悲劇。

老莊這種消極退避的哲學，極大地化解了中國文人的悲劇意識。因爲它不像西方悲劇意識那樣，積極地與可怕的大自然鬥爭，與可怕的命運相抗，而是迴避、退讓，「知其不可爲而安之若命」。這種樂天安命思想，是逃避人生悲劇的最好防空洞。數千年來，多少失意文人在老莊哲學中找到了歸宿，得到釋躁平矜，逃避痛苦的慰藉。在這裡，不需要將血淋淋的痛苦表現出來，而是在安之若命的訓條之中淡化人生的痛苦，免去人生的悲劇。中國古代那些多得數不清的山水詩、田園詩、水墨畫，就有不少屬於那些逃避悲劇者的傑作。青山綠水，花香鳥語，古剎清鐘，白雲閑鶴，在這清幽淡遠的意境之中，安時處順，與天地同樂，消盡了人間的煩惱，化解了生活之痛苦，解除了抗爭之意志。這是逃避悲劇的多麼美好的一處桃花源！

當然，中國古代也有以悲爲美的文學藝術傳統，悲秋傷時，愁緒滿懷，感時嘆逝，在絕大多數文人作品之中都不難找到。從宋玉的「悲哉秋之爲氣也！」到杜甫的「萬里悲秋常做客」，從曹植的「高臺多悲風」，到李白的「抽刀斷水水更流，舉杯澆愁愁更愁」，從李煜的「問君能有幾多愁，恰似一江春水向東流」，到李清照的「梧桐更兼細雨，到黃昏，點點滴滴。這次第，怎一個愁字了得！」愁啊悲啊！感喲傷喲！誰說中國沒有悲愁痛苦？不過，誰都不難體會出來，這哀哀怨怨，如春江流水，似梧桐細雨般的悲愁，自然不能與西方文學中那神鷹啄食人的肝臟，兒子親手殺死母親那種令人恐懼的悲痛相提並論。在中國文學藝術中，悲秋感懷、傷時嘆逝等淡淡的悲愁哀怨，成爲了最時髦的情感。因爲它符合「樂而不淫，哀而不傷」的要求，微微的哀，淡淡的愁，既能釋躁平矜，獲得心理的平衡，從而逃避人生的痛苦，又對社會無害，不會產生「樂而不爲道，則亂」的效果。有時，這種淡淡的悲愁，甚至由於時髦而落了俗套，似乎誰不言愁就無詩意，不言愁就不高明。於是不少詩人作詩，往往是「爲賦新詩強說愁」。這種似悲秋，如流水，如點點滴滴的黃昏雨般的悲愁，並沒有成爲中國雄渾範疇的內核，相反，這哀哀愁愁的悲愁，恰恰弱化了中國古代文學的力量和氣勢等陽剛之美，使中國古代文學藝術的美學色彩更加陰柔化，更加細膩，也更加女性化。粗獷的、野蠻的、凶猛的東西，在這裡絕無市場。中國的雄渾範疇，根本不能從這種悲悲切切、淒淒慘慘之中，汲取那令人驚心動魄的，令人熱血沸騰的美。這種哀哀怨怨的悲，絕不是西方悲劇的悲，也絕不是雄渾崇高的來源。而「哀而不傷」的悲，甚至有些還是無病呻吟，爲文造情的悲。恰如范成大所嘲諷：「詩人多事惹閑情，閉門自造愁如許。」⑩

我們承認，主張抑制情感，試圖逃避悲劇的儒家與道家，都產生了美的觀念。但應當看到，這些觀念與西方崇高美的來源是不盡相同的。認識到這一差別，才算眞正認識到了中國古代爲什麼沒有西方文化中那種強烈濃鬱的宗教意識，沒有出現西方式的悲劇，爲什麼沒有出現西方那種主體與客體的強烈對抗，由恐懼痛感而產生的崇高(sublime)。更重要的是應當從這種比較之中，認識到中西方宗教與美學範疇的不同特徵，承認它們各自的特色，而不是以此律彼，揚此抑彼，或用西方的標準來硬套中國的範疇；或認爲中國什麼東西皆古已有之，硬要將毫不相干的東西說成與西方理論一模一樣。並由此進一步深思中國美學理論的價值與痼疾，探索中國古代文論走向當代審美、邁向世界文壇的廣闊途徑。

【附　註】

①喬治・桑塔耶納：《美感》，中國社會科學出版社一九八二年版，第一六三頁。
②同註①。
③柏拉圖：《理想國》卷十，參見柏拉圖《文藝對話集》，人民文學出版社一九六三年版，第八五頁。
④亞里士多德：《詩學》，第一一頁。
⑤同註④，第四三頁。
⑥尼采：《悲劇的誕生》，湖南文藝出版社一九八六年版，第二九、三四頁。
⑦《比較文學論集》，北京大學出版社一九八四年版，第三二頁。
⑧《中國歷代文論選》三，上海古籍出版社一九八〇年版，第二六〇頁。
⑨同上註，第二六四頁。
⑩《石湖詩集》卷一《陸務觀作〈春愁曲〉甚悲，作此反之》。

海外依人半受嫌

——沈斯菴詩中的臺灣風物和故國心聲

淡江大學
中文系教授 陳慶煌

摘要

「海外依人半受嫌」，係臺灣文獻初祖——沈斯菴在形容明寧靖王來臺依鄭的處境，同時也是自詠；三百餘年後，更成為隨國民政府遷臺千千萬萬忠貞之士心中的最痛。

本論文首先介紹斯菴的生平，其次以感傷節候、詠物托興、維菊忘言、即事遣懷及其他等五類，來分析他詩中所寫的臺灣風物。接著又以饑寒憂困、望月思歸、心存故國等三類，來說明他每於面對臺灣風物，而暗自懷鄉念土外；更在饑餓窮愁、聽月醉酒之際，直接吐露對大明故國的心聲。最後謹提七點研究心得作為結論。

關鍵詞：沈光文、沈文開、沈斯菴、東吟社、臺灣賦、鄭成功、延平郡王、全祖望。

一、前言

儘管唐代施肩吾的〈題澎湖嶼〉：「腥臊海邊多鬼市，島夷居處無鄉里；黑皮少年學採珠，手把生犀照鹹水。」被認為係吾臺第一首詩，但它詠的畢竟是離島，而非本島；甚至有人指為鄱陽湖（彭蠡）中為一小島。真正最早寫出臺灣風物和故國心聲的，應該是明末清初的沈斯菴。

沈斯菴（一六一二～一六八八），諱光文，字文開，釋名超光，斯菴乃其法號也。明神宗萬曆四十年（一六一二）生於鄞縣，崇禎三年（一六三〇），十九歲中黃道周所主浙江鄉試副榜。九年（一六三六），二十五歲以明經貢南京太學。明福王弘光元年（一六四五），魯王朱以海監國於臺州，七月十八日至紹興。明唐王隆武二年（一六四六），斯菴參預楊文驄畫錢塘江而守之師，紹興城破，侍從魯王出奔閩海，漂流海上百四十二日，至舟山被拒，又經三十日乃抵廈門，於是改次長垣（馬祖）。嗣再豫琅江諸軍事，明桂王永曆元年（一六四七）晉工部郎中。二年（一六四八）改任兵部職方郎中；以閩師潰敗，扈從不及，乃走肇慶。三年（一六四九）晉太僕寺少卿，受命監軍潮陽。五年（一六五一）自潮州航海渡金門，以金門不可留，浮家泛宅東渡，十一月下旬，過圍頭洋遇颶風。六年（一六五二），四十一歲的斯菴漂至噶瑪蘭，後來纔輾轉至臺南，見其兄沈阿公①。時臺灣已被荷蘭佔據了二十八年，詩人受一廛②，遂寄居焉。七年（一六五三）清粵總督李率泰擬招徠故國遺臣，令荷蘭臺灣使者雪岱爾(Zachrica)代致書幣與斯菴，詩人焚招降書函，並透過荷蘭使退還金幣。十三年（一六五九）三月，臺灣大地震，連續二十餘日，謠諑四起。十月，鄭成功與張煌言手下潰兵約二萬五千名渡海來臺。十四年（一六六〇）四月十三日，斯菴受荷蘭駐臺長官拷問③，時年四十九歲；自是詩人鬚髮已白。其子被管束，視爲鄭氏的人質，謂其曾獻臺灣城模型與國姓爺④。十月，臺灣第十二任太守揆一，命業皮貨商的沈公子奉書鄭延平。十五年（一六六一）三月初一日，鄭延平進軍臺灣；四月初一日辰時至鹿耳門，各地華人紛紛響應；十二月三日，安平城降，荷人退出臺灣。延平禮斯菴爲上賓，然以詩人淡於榮利，終延平之世，未受官階。十六年（一六六二）五月初八日，延平薨於瘧疾，子鄭經嗣位，縱情聲色貨利，略無大志。詩人以詩賦寓諷刺之意，險遭不測。遂削髮爲僧，結茅於羅漢門山中普陀幻住菴，後以讒言仍熾，更深隱，曾感嘆：「吾廿載飄零絕島，棄墳墓不顧者，不過欲完髮以見先皇帝於地下，而卒不克，其命也夫！」永曆三十七年（一六八三），亦即清康熙二十二年，清兵下臺灣，諸遺臣皆物故，詩人亦垂垂老矣。隔年，無錫季麒光任諸羅知縣時，耆宿已盡，而寓公漸集。乃與宛陵韓文琦、金陵趙龍旋、林起元、福州陳鴻猷、翁德昌、何士鳳、泉州陳雄略、武林韋渡、上虞屠士彥、會稽陳元圖、無錫鄭廷桂、華衮等，結東吟詩社，所稱「福臺新詠」者也。斯菴壯歲之年，曾於諸羅目加溜番社⑤，教授生徒，濟以醫藥；因相處和睦，遂家焉。以親見鄭氏三世盛衰，而萬念俱灰。卒於諸羅，葬在善化里東堡，即今坐駕里大竹圍埔。

二、斯菴詩中的臺灣風物

沈斯菴雄於詞賦，在其〈臺灣輿圖考〉及〈臺灣賦〉中，對臺灣的幅員道里、地理形勢、風土民情、氣候物產等，皆有翔實的記錄，是以所詠有關於臺灣風物的詩篇，無不藉題寓意，高拔於群，茲分感傷節候、詠物托興、維菊忘言，即事遣懷及其他等五類，摭述如下：

㈠感傷節候

王維〈九月九日憶山東兄弟〉詩起句有云：「獨在異鄉爲異客，每逢佳節倍思親。」最能道出千古遊子心中的隱痛。斯菴自大陸避居草萊待闢的臺島，逢歲時節令，難免多所感傷，如其〈己亥除夕〉古風云：

年年送窮窮愈留，今年不送窮且羞；窮亦知羞窮自去，明朝恰與新年遇。
贈我椒樽屬故交，頻頻推解為同胞；客路相依十四載，明年此日知何在？
修門遙遙路難通，古來擊楫更誰同；亦憐窶空差無告，猶欲堅持冰雪操。
爆竹聲喧似故鄉，繁華滿目總堪傷！起去看天天未曉，雞聲一唱殘年了。

此係永曆十三年（一六五九），詩人四十八歲時所作。由於臺灣在三、四月間連續二十餘日大地震，十月間，鄭成功與張煌言的潰兵約有二萬五千名來臺，荷蘭政廳爲杜絕延平攻臺的內應，將各地華人耆宿及有力者限住在赤崁城裏，斯菴恐亦在此名單之中，由隔年四月十三日被審訊一事，當可透露些許消息。自他參預畫江之師，城破出奔迄今，已漂泊十四載，雖窶空無告，窮困至極，仍欲堅持冰雪之操。又如〈癸卯端午〉三絕句云：

年年此日有新詩，總屬傷心羈旅時；卻恨餓來還不死，欲添長命縷何為？
海天多雨濕端陽，閉戶翛然一枕涼；不是好高偏絕俗，并州今且作商量。

笑予何事日栖遲，不讀離騷便賦詩；幾度尋笻欲問酒，蒲香隔院竟招誰？

此係永曆十七年（一六六三），詩人五十二歲時在東都臺南所作，與〈五日〉：「謾說哀猿擇木難，錦標奪盡我徒看；寧堪獨醒還如屈，也取新芳試浴蘭。命到餓來奚待續，冠當窮處自羞彈；應卻怪山妻語；也比鯰魚上竹竿」七律，可以合參。均不外叫餓呼窮的羈旅情懷，況故鄉更在金門、廈門之外，於是仿賈島〈渡桑乾〉作意，因而寫下：「并州今且作商量」的詩句。他如：

〈中秋夜坐〉

果然今夜月，不與別宵同；環島風光淨，隨潮水氣通。歡憑人共賞，與屬我何窮！卻笑清樽竭，年年滄海中：

〈重九大風〉

有處可尋菊，還當冒雨行；久因詩興懶，徒覺海潮鳴。人以悲愁老，身當避地輕；不堪佳節度，休著孟嘉名！

不但寫出海島中秋、風雨重陽的窮愁光景，而且也說盡心中的不堪。孟嘉在晉永和元年（三四五）重九落帽於江陵龍山而不之覺，桓溫命孫盛作文嘲之，嘉如廁還，見之即作解嘲，文詞超卓，四座歎服。永和二年（三四六）十一月，桓溫西征，嘉由參軍轉從事中郎，後遷長史。《晉書》將孟嘉列在叛臣桓溫傳，使其蒙不白之冤。此即斯菴結句所云：「休著孟嘉名」的用意所在。前臺大盛成教授以為頷聯對句：「徒覺海潮鳴」的「潮」與「嘲」，不無關係，海嘲尤可怕。故有「人以悲愁老，身當避地輕」的無限感慨！並提出斯菴的〈東吟社序〉，是解海嘲叛臣的文章，因而自書「甬上流寓臺灣野老沈光文斯菴氏題時年七十有四」云。⑥

斯菴在明永曆十七年（一六六三），亦即清康熙二年所作〈臺灣賦〉中，指臺灣的氣候云：「一天澄澈，四季清和；暑無揮汗之淋漓，寒無裂膚之凜冽。入夏定霑霪雨，經秋始霽浮雲。山氣燠而難罿，海風飄而罕鵲。若地則無時而不動，若山則無日而不青。氣候不齊，疫癘常作。是則臺灣一島言其概見如此。」對臺灣的氣候頗能考其狀況。是故在他的詩中，如〈感懷〉第一首與〈隩草〉第十首，結語均言：「島上風威厲」；究竟威厲到何等程度呢？一則云：「衾寒夢未終」，一則云：「蓬蓬震太空」。

㈡詠物托興

大抵古今詩人每藉某一特殊的外物，而吟詠其出處、典故、形狀、性情，用來寄托自己的志意，通常有明明寫出其物、或暗暗想像其物而詠等兩種作法。在斯菴的〈臺灣賦〉中，除了有：「種竹以爲牆」，「雙塹竹想從淇澳移來」，及「檨暉異味，椰瀝奇漿；龍眼較庾嶺尤佳，荔枝比清漳不足。桄榔孤樹，華茇叢株；檳榔木直幹參天，篔簹竹到根生刺。」等對臺灣物產的描繪外，至於詩篇，則有

〈詠籬竹〉

分植根株便發枝，炎風空作雪霜思；看他儘有參天勢，只為孤貞尚寄籬。

〈釋迦果〉

稱名頗似足誇人，不是中原大谷珍，端為上林栽未得，只應海島供安身。

〈番柑〉

種出蠻方味作酸，熟來包燦小金丸；假如移向中原去，壓雪庭前亦可看。

〈番橘〉

枝頭儼若掛疏星，此地何堪比洞庭；除是番兒尋得到，滿筐攜出小金鈴。

〈椰子〉

殼內凝肪徑寸浮，誰教番子製為油；窮民買向燈檠用，衹為芝麻歲不收。

以上皆屬暗詠，不即不離，掩題如見，手法高妙。〈詠籬竹〉、〈釋迦果〉二首，斯菴於無意間把他的感情色彩著了上去，因而自然地反映他雖有擎天之勢，卻礙於現實，衹好寄人籬下，棲身海島。尤其是〈詠籬竹〉這一首，不啻為今日寄居臺灣千千萬萬忠貞之士的最佳寫照。其餘三首，係詠本島的特產；〈番柑〉想及中原，〈番橘〉提到洞庭⑦，可作詩人不能忘情於故國的旁證。〈椰子〉則寫出了詩人的獨特感受，設非斯菴對臺灣土產的形象、特質諳熟於目，感印於心，又怎能透過藝術的心靈去捕捉住它們的精神呢？

㈢維菊忘言

斯菴一如東晉的高士陶淵明，花中之所以偏愛菊，這從他在金門島上作〈看菊〉五古三十三韻有句：「傲骨我終持，不與時仰俯。……維菊與忘言，芬芬自傾吐。序晚值風霜，勁節孰予侮。」以及〈和曾體仁賞菊分得人字〉首末二聯：「孤芳獨出絕纖塵，冷向閒中老此身。」「子夜月明淒絕處，滿叢寒露不知春。」即可了然。論及來臺之後的詠菊詩作，則有：

〈庭中白菊新開〉

新粧入夜洗胭脂，移向燈前賞一巵，不覺更深花共醉，影隨斜月舞遲遲。

〈野菊〉

野性偏宜野，寒花獨耐寒，經冬開未盡，不與俗人看。

〈菊受風殘，又復無雨潤，纍纍發花，雖不足觀，亦可聊慰也。〉

天風吹不盡，憔悴復舒英；似有催詩意，還多望酒情。
會當枯亦發，是乃困而亨；愛惜饒真賞，休將境遇評！

由於菊花是斯菴貧病相依，聊堪自慰的伴侶，因而詩人通過庭中新開的白菊、或是野菊、甚至殘菊來抒發感情，他將感情寄寓在菊花上，詩情畫意獲得了高度的融合，纔會有含蓄蘊藉，詩味濃鬱，使人讀之，悠然神遠的藝術效果顯現。

(四)即事遣懷

凡是有關紀志述事、寫景言情的詩，皆屬即事，故其範圍所包至廣。在斯菴詩中，如〈自疑〉頷聯：「拈詩且脫寒酸氣，作夢偏多欣喜時。」即事中見志；〈郊遊分得青字〉頷聯：「草色遙聯春樹綠，湖光倒映遠峰青。」即景中透情，所在多有。諸如：

〈移居目加灣留別〉

流離相見便欣依，閩粵周旋荷解衣；敢謂魯連深自恥，不知重耳竟何歸？
欲聆佳信頻西望，卻訝離群又北飛！但今雙魚無或間，困窮亦足慰周饑。

〈至灣匝月矣〉

閉門只是愛深山，夢裡家鄉夜夜還；士學西山羞不死，民非洛邑敢居頑。
羈栖廛市依人老，檢點詩書匝月間；究竟此身無處著，每因散步到禪關。

〈曉發目加灣即事〉

濃霧不為雨，乘朝向北行；此中有長恨，回首意難平。
冀作南山豹，新聞出谷鶯，忽然開霽處，前路甚分明。

此乃永曆十六年（一六六二），詩人五十一歲時，自羅漢門山中移居目加溜灣，留別及贈徐孚遠所作，徐乃海外幾社六子之一。第一首除了留別徐孚遠之外，兼亦呈寧靖王朱術桂。目加溜灣的西拉雅平埔族，原是馬來亞族，後來移居大內鄉頭社。詩人與徐亂離相見，又告分別，難免會有重耳何歸之嘆。次首寫夜夜夢裡還鄉，無處著身的苦境。最後一首，是希望徐孚遠聯絡張煌言，再謀大舉。由結語：「忽然開霽處，前路甚分明。」即知興復之事似乎有了轉機，其〈與友奕〉結語：「不堪觀敗局，聊欲試燃灰。」大概亦是此意。又如〈發新港途中即事〉云：

隱心甘作苦，逐逐卻難禁；計拙憂成老，身閒喜獨吟。

塵囂渾欲脫，山水試相尋；滿路芙蓉發，秋光已覺深。

永曆十六年，徐孚遠與繼室戴氏合力在新化鎮開墾新港的番地，伐薪煨芋，僅得以存活。此首或許乃斯菴在秋日往尋時，途中有感而作。再如〈普陀幻住菴〉云：

聲聲飄出半林聞，中有茅菴隱白雲；幾樹秋聲虛檻度，數竿清影碧窗分。

閒僧煮茗能留客，野鳥吟松獨遠群；此日已將塵世隔，逃禪漫學誦經文。

按：鄭延平（一六二四～一六六二）復臺不到半載，其子鄭經就爆發狎其弟的乳母生子醜聞，延平令周全斌往殺經，金、廈諸將不從。永曆十六年（一六六二）五月八日，延平攖瘧疾，以三十九歲英年，殂於安平城。馬信因曾啓請爲縞素告朔謀立魯王，於十三日暴卒。斯菴乃魯王親信，十一月十三日，魯王以四十五歲壯年，卻薨於金門。於是詩人隔年（一六六三）在所作〈臺灣賦〉中云：「壬寅年（一六六二），成功物故，鄭錦（經之乳名）僭王。附會者言多諂媚，逢迎者事盡更張；般樂之事日萌，奢侈之情無饜。橫征浪費，割肉醫瘡；峻法嚴刑，壅川弭謗。苟革面於天朝（尊奉魯王），傾心正化，豈非蠻荒膏壤？詎禍胎無悛志，戾氣嘗橫，恃此黑子彈丸。天理昧而不知，人事違而強作。」明年事發，鄭經怒而欲置之死，斯菴遂變服逃入羅漢門山中的普陀幻住菴，亦即今高雄縣崗山的超峰寺，皈依爲僧。而釋名超光，早經命定。此詩大約作於是時，與〈隩草〉第九首頷聯所述：「是衲全留髮，云菴半在巖。」應屬同一情景。

(五) 其他

斯菴對於臺島的節令氣候，一景一物，當年在極旅人之困中，幸能細心體察，出之以歌詠，深具歷史意義與永恆價值。除了上引諸詩外，其他尙有〈番婦〉云：

社裡朝朝出，同群擔負行；野花頭插滿，黑齒草塗成。

賽勝纏紅錦，新粧掛白珩，鹿脂搽抹慣，欲與麝蘭爭。

此詩頸聯原注云：「項常挂瑪瑙。」通首係描寫原住民婦女日常生活上的衣著和裝扮，以及工作情形等，頗見翔實眞切，自是個中高手。又如〈蛙聲〉云：

寓居窄逼，庭草不生，時値秋霖，雪深日暝，入夜至更餘，雨聲暫歇，殘雪宿於天際，微月出於東方，忽有蛙聲出自庭側，僅僅孤鳴，豈呼類而寡朋，抑離群而自詠，欹枕聽之，似爲有致，不若池塘亂鳴，徒聒噪人不成夢也。披衣而起，挑燈詠之。

時當默處懶爭鳴，夜向空庭獨發聲；低逐蛩號音不亂，高隨蚓曲氣還清。

官私卻混今誰問，鼓吹難齊部未成；雨後竹中空自怨，並無飛羽宿啼更。

此詩以蛙聲爲寓言，離群自詠。其音清而不亂，這要比烏合之衆，鼓吹難齊，雨後竹中，空自啼怨，惱人幽夢，高明多了。再如〈感懷〉第八首云：

忽爾冬將半，居諸不肯停；新詩縈雪夢，愁思入寒扃。

同調孚聲氣，詩賢重典型；敝廬依大武，遙接數峰青。

此組詩作於康熙二十五年（一六八六）以限於篇幅，前七首從略。詩人七十五歲住善化，客歲梅月，斯菴題東吟社序，正組織東吟社時，其周圍文士已漸集。大武在諸羅縣治東南六十里的大武隴山，與羅漢門山僅一山之隔，即今玉井。清初玉井設有大武理番司，而目加溜灣社設有大武隴分司。斯菴淹留荒島已過三十年，組詩中感懷初來之際，海氣凝寒，無薇可充饑，使他格外眷念家鄉過去的太平日子。詩人以孤芳自賞的情懷，怨恨一切不滿的現實、物質生活的困窮；因而祇好向煙霞、月色、山光、海韻去尋求寂寞心靈的慰藉。

三、斯菴詩中的故國心聲

颶風將沈斯菴一家人漂流到一個異族統治的新世界，在這個沒有民族仇恨的國度裏，斯菴勉強寄居下來，卻付出了極大的痛苦，在其詩作中，幾乎篇篇流露眷懷故國的心聲，茲分饑寒憂困、望月思歸及心存故國等三類，摭述如下：

㈠饑寒憂困

斯菴自侍從魯王出奔後，全家失散；好不容易相聚，生活卻陷入困境，舉炊爲難，在浯州嘗有〈東曾則通借米〉云：

邇來乞食竟無處，饑即驅我亦不去；甑中生塵興索然，飧風吸露望青天；
窮途依人仍不足，自顧已忘榮與辱；何當稚子因餓啼。絕不欲我作夷齊；
勉學魯公書新帖，呼庚未免為臣妾；嗟！嗟！苦節尤難在後頭，一日不死中心憂。

然而兵荒馬亂中，人們都自顧不暇，那會有餘糧借人呢？於是斯菴又作〈貸米於人無應者〉七言古詩二十八句，開頭云：

同是窮途同作客，飽得煙霞煮得石；但使清虛腹裡存，詩瘦偏多新意格。

不惟居金門如此，來臺後，因荒島開闢之初，一切物質環境惡劣，仍長期爲窮愁潦倒，饑寒煎迫。如：

〈夕餐不給戲成〉

難道夷齊餓一家，蕭然群坐看晴霞；煉成五色奚堪煮，醉羡中山不易賒。
秋到加餐憑素字，更深吸露飽空華，明朝待汲溪頭水，掃葉烹來且吃茶。

〈偶成〉

最是貧來韜跡宜，強爭枘鑿竟忘癡；客窗詩苦囊兼澀，旅夢春濃老不知。
失意無成知得少，灰心已久早燃疑；生嫌豈獨劉惔妹，難笑東山捹鼻時。

詩人阮囊羞澀，妻子怨尤，爲饑所迫，尚留戲墨，與伯夷、叔齊同命，自是達觀之言，其操守亦可說是何等的清高啊！

永曆二十五年（一六七一），斯菴六十歲時，於所作〈慨賦〉詩中有：「堪憐歲熟我仍饑」句，自註云：「時米價平，余乏錢，需升斗，尚不能繼。」二十七年（一六七三），於所作〈自疑〉頸聯：「臥學袁安愁餓死，乞同伍員欲投誰？」〈謝王愧雨司馬見贈〉結句：「流離誰似我？周急藉先生。」

⑧〈答曾則通次來韻〉頷聯：「事業饑寒後，身名忍辱中。」亦可知詩人滯跡海天，經常在饑寒憂困中痛苦掙扎，一切衹好順時安命了。是故其難得的〈有感〉六言詩云：

所恨餓而不死，人情無怪其然；久當困厄如鬼，日逐清虛若仙。
謂爾乘車可羡，嗟余彈鋏甚憐；從今只安時命，夫亦何敢怨天！

斯菴晚年雖抱安時順命，以求自全；但〈平臺灣序〉之託，恐非其所願受。盛成〈荷蘭據臺時代之沈光文〉云：「今傳〈平臺灣序〉，乃係贗品，由范咸將〈臺灣輿圖考〉與〈臺灣賦〉合而爲一，加上施琅之〈飛報澎湖大捷疏〉，改頭換面，而成爲沈光文之〈平臺灣序〉，冤哉枉也！東吟社爲東都吟社，清人改爲東寧詩社，因鄭之東都清改爲東寧也。沈公原爲太僕寺少卿，亦改爲太常少卿，其內容之修改，更可見矣。」又彭國棟《廣臺灣詩乘》云：「《臺灣府志》有〈平臺灣序〉一篇，託名斯菴作，…而不知〈沈太僕傳〉詳列斯菴著述，並無〈平臺灣序〉，其爲假託，無疑也。」按二先生所論正確，即使斯菴係受人情困擾而寫，但付印前，其文字亦必經官府篡改過，這畢竟是連斯菴本人也無法、亦莫能做主的事啊！

㈡望月思歸

人在異鄉饑寒憂困，失意落魄之際，無論是望月或聽雨，心中難免都會有思念故里，不如歸去的悵惘。斯菴有詩云：

〈望月〉

望月家千里，懷人水一灣；自當安塞劣，常有好容顏。
旅況不如意，衡門亦早關；每逢北來客，借問幾時還？

〈夜眠聽雨〉

遇晴常聽月，無月聽偏難；海怒聲疑近，溪喧勢作寒。
閒枝驚鳥宿，野渚洽魚歡；夢與詩爭局，詩成夢亦殘。

明末遺臣，都以望月、聽月爲思明的象徵。明字去日，僅留月字半邊，象徵半壁江山；若想耳聽月邊日字消息，則須遇晴纔有可能。倘夜雨不斷，那就連月也無法聽了。善化洪冰如先生〈沈光文遺跡與其詩〉註云：「本鎮社內，夏天情景，西有海怒，北有溪喧，今古依然。」蓋大自然的江山風雨、驚鳥歡魚，每易添加斯菴的詩料；使得他清空靈動，暗流宛轉，恍然似夢，生機纔不致完全枯竭。又永曆十二年（一六五八），斯菴四十七歲時所作〈隩草〉：「寧不懷鄉國？」「故國十三春」，五十九歲時所寫的〈懷鄉〉：「萬里程何遠，縈徊思不窮；安平江上水，洶湧海潮通。」即爲詩人懷念故國鄉土的明證。又如〈思歸〉云：

歲歲思歸思不窮，泣歧無路更誰同；蟬鳴吸露高難飽，鶴去凌霄路自空。
青海濤奔花浪雪，商飆夜動葉梢風；待看塞雁南飛至，問訊還應過越東。

按：此乃永曆二十六年（一六七二）斯菴六十一歲時所作六首〈思歸〉組詩的第一首，詩中極寫客旅的哀愁。可能思鄉病終年纏繞著斯菴的靈魂，於是就以饑餓哀切的鳴蟬，凌霄無路的孤鶴自況。

那狂奔的白浪，動葉的西風，總帶不來故鄉的一絲消息。於是在〈歸望〉首聯云：「歸望頻年阻，徒歡夢舞斑。」永曆三十四年（一六八〇），斯菴於〈山居〉組詩中有句云：「桐看幾落葉，燕記屢營巢；正作還鄉夢，虛窗竹亂敲。」足證其鄉夢不斷，雖然已是六十九歲的垂暮之年，但遊子的情結卻絲毫未減，這或許也是落葉歸根的古老觀念一直烙印在詩人心坎深處吧！

㈢心存故國

早在斯菴紹興出奔後的第二年，棲遑閩、廈時所作〈葛衣吟〉頸聯即有：「故國山河遠，他鄉幽恨重」的詩句寄慨。來臺以還，就更不難想像了。斯菴枌榆之思雖切，而卒不獲歸，明知憂愁無用，但憂愁卻總是忘不掉，掙脫不了。觀其〈言憂〉云：

明識憂無用，忘憂實不能；安危思覆卵，進退履春冰。
懷杞終何益，支天未可憑；東山誰穩臥，懷想古凝丞。

其實斯菴所憂愁的並不是一己之私，而係憂愁明鄭有意向清廷修降表，於是酒後向好友洪七峰吐心聲⑨，其〈大醉示洪七峰〉詩云：

今日蠢休文，大不合時宜；只知作桀犬，降表竟莫為。
蹈海苦不死，患難徒相隨；信友本事親，絕裾悔難追。
家亦有薄田，棄之來受饑；何敢與人爭，志氣似難隳。
天水有名臣，北海使節持；厥孫居此地，堅操更標奇。

我欣與之交，廿六載于茲；兔園誰賦雪，平原會可質。
欲學樊將軍，卮酒安足辭；浮白笑難老，醉言自覺癡。
問途已若此，且讀谷風詩。

此詩乃永曆三十二年（一六七八），亦即康熙十七年，斯菴在臺南與洪升對飲所作。他晚年的心境，由詩中可以完全洞見。其罵沈約的愚蠢，其實是自罵，暗示自己勸洪七峰不爲鄭經修降表，是大不合時宜的事。二人相識整整二十六年，絕裾而去，將後悔莫及。相期永持堅操，志氣決不消沈。最後對所出醉語，自覺癡狂，姑且朗誦〈詩.邶風.谷風〉：「黽勉同心，不宜有怒」的詩句。斯菴所以如此低聲下氣，以自責的方式來委婉諷勸至友，這完全是不忘大明故國的緣故啊！

四、結　語

綜觀沈斯菴一生，經歷明、荷、鄭、清四代，他早期在大陸的作品已焚失⑩，今留存自魯王監國以後所寫的一百零四首詩，幾乎大都是來臺後的作品，係研究臺灣先民生活情形的重要素材，這對於開發並保存臺灣精神資源，功勞非常重大。全祖望《續甬上耆舊詩集》引諸羅知縣季麒光〈題沈斯菴雜記詩〉云：「從來臺灣無人也，斯菴來而始有人矣。臺灣無文也，斯菴來而始有文矣。斯菴學富情深，浮沈於蠻煙瘴雨者三十年，凡耳目所及，無巨細皆有記載。其間如山水津梁，禽魚果木，大者紀勝尋源，小者辨名別類，眞有心人哉。…今斯菴此詩，備從前職方所未有，則是詩也，即古國風矣，烏可以不傳。」全氏又親撰〈明故太僕斯菴沈公詩集序〉云：「太僕之詩，稱情而出，不屑屑求工於詞句之間，而要之原本忠孝。其所重原不祇在詩，即以詩言，亦多關於舊史。」更撰〈沈太僕傳〉云：「公居臺三十餘年，及見延平三世盛衰。前此諸公述作，多以兵火散佚；而公得保天年於承平之後，海東文獻，推爲初祖。所著〈花木雜記〉、〈臺灣賦〉、〈檨賦〉、〈桐花賦〉、〈芳草賦〉、〈古今體詩〉。今之志臺灣者，皆取資焉。嗚呼！在公自以爲不幸，不得早死，復見滄海之爲桑田。而予則以爲不幸中之有幸者，咸淳人物，蓋天將留之以啓窮儌之文明。」這些均係極爲中肯而允當的評論，茲再就個人研究所得提出幾點淺見：

一、斯菴爲魯王的親信，悉心盡力輔弼其監國，志切中興，原不忍以詩鳴。奈何值顚沛流離之際，回顧平生，萬感交集，遂不得不發之於詩，藉以消除胸中的苦痛。

二、斯菴羈留海外蕞爾荒漠之島，混跡於雕題黑齒之社，所詠臺灣的風物，多半不同於中土；但無論感傷節候、詠物托興、維菊忘言、即事遣懷，卻總是隱隱約約透露出去國懷鄉的無奈。

三、斯菴在臺灣受盡饑寒憂困，每當望月聽雨之際，不禁會思及鄉園，發而爲詩歌，於字裡行間，自然就充分流露其對故國眷念之忱，眞可稱得上是開啓臺灣鄉愁文學的先河。

四、斯菴深受屈原、陶淵明及韋應物諸家的影響，其詩境、詩功，俱臻高妙，不論古體、近體，均令人心移神動。我們憑著：「即今天缺尤須補，孰上秋旻繼女媧。」（秋吟）「瞻天望切嗟無路，陟屺悲深悔絕裾」（有感漫賦）等句，可以窺其忠孝。由「道以孤高重，持當困苦堅。」（無題）「熱腸知未冷，晚節愼無乖。」（隩草）「爲問生涯在何處？黃花知以晚爲期」（重九日登嘯臥亭）等句，可以瞻其節概。若僅就「夢中尙有嬌兒女，燈下惟餘瘦影形」（感憶）二句，亦可想見其慈愛。即如：「詩債屢稽明月夜，酒緣偏誤好花時。」（仲春日友人招飲不赴）「忽作閒心同倦鳥，俄焉長揖別高雲」（別洪七峰），對仗自然，意境深遠，値得再三玩味。惟通觀所有詩作，除嗟老嘆貧，「饑」字、「餓」字、「寒」字，各出現十次，「窮」字更是占十二次之多外，則爲傷心國事。以不屑逢迎，故不滿現實之語，時亦難免。

五、臺灣詩風與近代臺灣詩社的林立，直接、間接都受到斯菴的影響。臺南的延平郡王祠西廡有「明太僕寺少卿沈公光文神位」；鹿港在清道光中創建了文開書院，後來又有文開小學；善化鎭有光文路、光文橋、文開橋；〈臺南縣進行歌〉有：「禮義文章，斯菴節操」；〈南一中校歌〉有：「勤讀書守秩序，思齊往哲光文沈公。」這也都是後人爲了紀念斯菴開啓海東文獻纔有的尊崇與禮遇。

六、斯菴〈往寧靖園修謁〉頷聯對句云：「海外依人半受嫌。」雖然表面上指寧靖王當時在臺依鄭的尷尬處境，其實暗地裡也是斯菴自身的寫照；在政黨輪替後的今天，更寫活了隨國民政府來臺千千萬萬忠貞之士的心聲。好在斯菴當日並未因貧苦而易其操，反而不忘風教，結社昌詩，是故「海外依人半受嫌」一句，可以說是斯菴發憤爲詩的主要原動力，以此作爲論文主題，應有其特殊意義。

七、最後，謹以舊作二首，錄爲本文之殿，詩云：

〈心月樓論詩絕句〉

創社東吟一片心，蠻煙瘴雨暫浮沉；詩同骨瘦格蒼老，蔚起斯文直到今。

〈沈斯菴先生逝世三百週年紀念〉

飄零徙海天，持節二十年；文學尊初祖，佛門豈宿緣？

開番揚教化，傳世有詩篇；蒿目時艱在，將何慰昔賢！

【附註】

① 據《熱蘭遮(安平)城日錄》(Dagh-Register Zeelandia)，郭懷一事變，欲驅荷人出臺灣的次要人物即沈公(Sinko)

② 按：廛，居也。在野稱廬，在邑稱廛，各二畝半。

③ 同註①所揭書，見六月十四日所錄。

④ 日人伊能嘉矩《臺灣文化志》云：「沈光文留臺多年，尤洞悉臺灣之形勢。」又云：「鄭成功企圖占領臺灣之時，先住漢民之內應，爲最有利之因素。此種深厚之力量，爲不可否認之事實；例如：避清軍南下之難，而遯跡海外之明代名人，有力量有地位之沈光文；遇颶漂到臺灣，荷蘭人借以一廛，得以暫駐之沈光文。鄭成功取臺後，以客禮待遇之。如對此事，加以思考，則此等人士，其爲鄭氏內應之張本歟？」

⑤ 即今臺南縣善化之社內。

⑥ 見臺北市寧波同鄉月刊社一九七七年三月出版《沈光文斯菴先生專集》頁一二三～一二六所轉錄。

⑦ 沈光文有自註云：「有番橘出半線諸山，樹與中原橘異。大如金橘，肉酸皮苦，色黃可愛。」按：此種肉酸皮

苦的水果，頗似今日盛產的金桔。

⑧ 按：王愧雨名忠孝，字長孺，福建惠安人。官至兵部侍郎，後卒於臺灣。

⑨ 按：盛成《荷蘭據臺時代之沈光文》云：「七峰即洪升之字。《詩．小雅．天保》：『如日之升，如南山之壽。』因其行七，故字七峰，爲芝龍舊部留臺者。」又云：「斯菴欲避荷人之耳目，乃與洪氏深居東山，共學耕耘。東山爲大目降番社，即今之新化。」斯菴自廈門來臺灣，即識洪七峰。康熙十七年鄭經擬使七峰修降表，斯菴以詩阻之。

⑩ 按：斯菴〈寄跡效人吟〉有序云：「憶自丙戌(一六四六)乘桴，南來閩海，或經年泛宅，或偶寄枝棲，憂從中來，興亦時有，每假題詠，聊混居諸。戊子(一六四八)入粵，所吟亦多。辛卯(一六五一)以來，借居海島，登山問水，靡不有詩，尤喜步和人韻；雖邱壑情深，覺感激時露。今秋檢閱笥中，頓生悔愧，不論閒題記事，悉付祖龍。」

日常生活的審美思維

佛光大學校長　龔鵬程

一、

針對澎湖縣的財政不佳的狀況，澎湖縣長高植澎曾於八十四年十月表示：廢縣、獨立、設賭場，只能選一條路來走。所謂廢縣，是指由省政府轄管改為特別行政區，直屬行政院。獨立，則是指由縣民進行公投，然後訴諸國際，申請加入聯合國。獨立後的財政問題，則由增加稅收、開放設立觀光賭場來吸引民間資金解決之。若不如此，則亦可考慮設觀光賭場。

我對此等妄想，頗不以為然，即在次日民生報社評中剖析：澎湖每年稅收僅有一億多元，其餘二、三十億皆仰賴省府補助。如若改隸行政院，事實上在中央政府總預算規模不斷緊縮的情況下，中央對澎湖的補助，不可能會比現在由省府補助好太多。

而高縣長所提出：獨立之後立即可以收到五十億的稅，屆時公務員薪水會比台灣還高，四年後居民所得可高達二萬美元，未來發展可比新加坡還好等等，大約也無實現之可能。道理很簡單：每年要收到五十億的稅，至少須有上千億的收入。澎湖縱使設立賭場，能有這麼多的收入嗎？要有這麼多的收入，需要有多少人去澎湖消費？就算有那麼多人及錢湧入澎湖，只以澎湖水的供應條件而言，能滿足這麼些人吃、喝、洗澡嗎？

討論縣政發展，不能異想天開。什麼「澎湖未來發展可比新加坡更好」之類，乃是缺乏常識的話。澎湖一年有半年籠罩在強勁的海風中，自然條件即不如新加坡；又不具備新加坡的轉運條件，更無其行政組織規劃能力，故永遠不能成為新加坡。

一切寄望於設立賭場，更是荒謬。未聞有一獨立國家，完全仰賴開賭場來維持的。不獨立而設賭場，也不能有太多奢望。因為光靠賭場並不能吸引太多人。觀光賭場只能是整體觀光規劃中的一部份，而觀光規劃是否能產生效益，又取決於整體公共設施的良窳，它是整體公共建設的一部份。因此，要改善澎湖的處境，重點其實不在於要不要設賭場。設立了賭場，也祇能稍稍改善財務之窘境而已，並非起死回生皆仰賴於此。重點應在於縣政府需對澎湖有全新的整體規劃。在這個規劃中，解決交通、用水、用電等不利發展之因素，發揮觀光、文化、物產等資源，而將設立賭場納入其中。

若無此類規劃，空談廢縣、獨立等等，殊無意義。眼光只集中在開設賭場上面，似乎也只是民間商人之態度，非主持縣政者所當為。

以上所云，諒為每一位頭腦還清楚的人都會同意的。可是，澎湖政商界人士，偏不如此想，仍在繼續推動設立賭場。近日且活動內政部長張博雅，陪同商人去見陳水扁總統，且宣稱總統也不反對於澎湖開賭，引得輿論譁然。足證時至今日，鍾情賭場者，仍復大有人在。從離島長期缺乏建設，亦無發展之立場看，某些人一心一意想窮兒暴富，一心「以爲鴻鵠之將至」，因而寄望於賭場，是可以理解的。但我以爲此事又不如此單純，値得作文化分析。因爲嗜賭已成爲台灣整個社會的一種屬性，並不僅澎湖居民爲然。什麼都可以賭，不止棒球六合彩，連總統選舉也有賭局。

本屆總統大選，光怪陸離，匪夷所思之處，不勝枚舉。因此香港旅遊業界曾動腦筋開發了台灣選舉觀察旅遊團，而且成效不壞。這個點子及現象，本身也爲大選之光怪陸離增添了一樁趣事。

而更有趣且令人嘆爲觀止的，是選舉賭博。

這次選舉賭博，是六合彩、職籃職棒簽賭的延伸，但又不僅止於此。因爲它又發展了新的名目與形式，例如網路賭博，或在美國設站，都是以往未曾有過的。由陳文茜(號稱世紀賭后)作莊的賭局，堂而皇之邀李敖、施明德來賭，電視公開轉播。更對警署宣稱要抓賭、法令也規定不可以賭的情景形成了強烈的反諷。

尤爲離奇的，是賭博本如觀棋看戲，屬於身在局外的性質。只不過身在局外，心繫場中，故押注賭某一方會勝罷了。斷然沒有押注者能直接影響場中勝負的。除非是賭假，或如職棒弊案那樣，脅迫球員或球隊放水。否則，均只能待場上競爭出個結果來才能論賭輸或賭贏。如今卻不然，賭徒本身也就是選民。下注的人不是去看賽馬，他們本身就是馬，選民自己的選舉行爲就決定了選舉結果。故賭博押注，本來就屬於投票支持的形式。

且又因選情緊繃，這種以賭博直接介入選舉的行爲，乃又成爲選戰攻防中可運用的籌碼，與民意調查由「客觀反映民意」變成各陣營「主觀操控之武器」一般。但兩者在操作手法上恰好相反。民意調查，是拚命做高，人人誇稱民意調查之支持度好。賭博則是人人妝小。因爲越不看好的候選人，賠率越高。例如一位候選人若完全無望當選，其賠率便可能高達一比五、一比十。一旦爆出冷門，這個人居然選上了，押注者即能獲得五倍或十倍的利金。若依此原理，李敖許信良之賠率應該較高。然而不然。市場顯示竟是連戰。原來，這是利用押注者貪婪的心理，讓他可以賺十倍而去替連戰助選拉票。

這是賄選嗎？操縱者一定不承認，法界警界一定說「有待研究」。台灣民主化的成就，衆說紛紜，但「黑金」一項，絕對無人能予否認。現今雖然各陣營均以反黑金爲口號，但看來民主政治與金權政治已做了更緊密的結合。選舉中，全民直選與全民縱博，熱衷於股市和賭局，形成完全密合的關係，正顯示台灣的金錢遊戲業已成爲新的全民運動了。

不過，從台灣選舉而在美國開賭的情形來看，賭博風氣之熾盛，似乎亦可看成是「全球化」的徵象之一，是當今世界文化發展的共同趨向，並不僅只台灣而然。

二、

二次世界大戰以來，賭風之盛即與都市化速度如影隨形。不但各大都市中多有專區開賭，甚且有特別建立的賭城，如拉斯維加斯、蒙地卡羅之類。也有一些城市以賭著名，靠賭來維持社會發展，如澳門就是一個例子。香港賭風雖不如澳門著稱，但賭馬仍是重要社會事項。中共收回香港時，打出的安定人心口號，即是「馬照跑、舞照跳」，可見賭馬在港人生活中有多麼重要。賭馬之外，其他賭博類別亦多至不勝枚舉。這些賭項，或許未超過歐美之範圍，但賭博深入人之意識與審美領域，創造了賭博類型電影(賭王、千王、賭聖等等)，卻是獨樹一幟，與武俠、武打類型電影同樣大放異采，令世界影壇不敢小覷的。

當然，在歐洲，賭博風氣亦不遑多讓。法國社會學家和人類學家保爾・約納(Paul Yonnet, 1948-)即指出：從第二次世界大戰結束以來，法國人越來越醉心於賭注性的遊戲活動。他並列舉了流行於法國社會的各種冒險性賭注遊戲，把這些活動同第二次世界大戰後西方社會的現代性變遷聯繫在一起加以分析。他認爲，當代西方社會中各種賭注性遊戲活動，已經不是傳統意義的純粹遊戲，而是同時隱含參與者複雜心態和整個社會環境複雜因素的複合體，帶有更多象徵性質和象徵結構的新因素。

根據最近廿年西方各國對於民衆生活方式和風氣的多次調查，電視節目中屬於休閒遊戲的一類，特別是附有中獎機會的休閒遊戲綜藝活動，都是最受歡迎的。調查還顯示，觀看和參與這些節目的民衆，其動機主要有三：第一，純粹爲了尋找快樂；第二，爲了消磨時間；第三，爲了獲取中獎機會。上述三個動機，都同當代社會結構的變化以及當代西方人的心態特徵有密切關係。

把尋找快樂當成生活的一個主要目標，是因爲一、緊張的職業工作、各種社會動盪，以及日益疏離的異化狀態，使民衆傾向於在大衆媒介和電視節目中尋找歡樂，以便放鬆，紓緩壓力。

其次，後現代社會的文化多樣化、消費生活的提昇，也使得休閒娛樂傾向增加。

三、現代社會的功利主義和實用主義風氣，也促使民衆抱著投機和營利的心態，積極參與有獲獎機會的各種綜藝節目。

四、在法國、德國、英國、美國與義大利，電視中有中獎機會的綜藝節目和休閒遊戲活動，多數是安排在中午休息時刻和晚飯前後，以吸引大量失業者和遊手好閒的家庭婦女。調查顯示，民衆常把一天中相當多時間消耗在欣賞和參與這些節目的活動中，且爲參與活動而津津樂道。爲了迎合這些民衆的興趣，節目主持者和策畫者投入越來越大的獎勵金，使中獎獲利的數額越來越高，甚至中獎一次便可取得相當於一到數月薪資。

這種現象並不只顯示在看電視之類休閒娛樂活動上，也顯示在消費行爲上。

現代社會的消費行爲本來就與傳統之消費不同。傳統社會是以生產爲中心的，消費只是應付需求之經濟活動，而且非主要經濟活動。主要的經濟活動是生產。消費被視爲不得已之惡，與「消耗」同義，所以能減少就要儘量減少，一切以「增產報國，省吃儉用」爲圭臬。

但現在消費不再是單純的經濟活動之附屬因素，它已與經濟以外的政治和文化因素關聯起來。通過消費在社會中的滲透和擴大，而使整個社會各個領域和各個層面(包括原屬於私人領域和個人精神生活領域的層面)，都消融到經濟因素的大海中，使人自原有的勞動主體的地位，變成以消費休閒爲主的遊戲活動之主體。

於是，社會中出現了一系列由消費活動所開創的新領域，而且幾乎橫跨了社會的各個部門，例如觀光、旅遊和休閒，除了經濟以外，都還包括文化的各種複雜因素。同時，觀光、旅遊和休閒事業不斷發展的結果，不但反過來帶動經濟生產和交通運輸的發展，改變了社會的城鄉結構，也加速了經濟與科學和文化間的相互滲透，同時還在很大程度上改變了人們的生活方式和生活風格，深深地影響著人們的日常生活方式和心理結構。

這種新的消費生活型態，與賭博結合，也是極明顯的。因爲觀光旅遊的行程中，大概總包括了去賭博試手氣。而且日常生活一切消費行爲中，也都可以看見廠家、銷售者利用抽獎、摸彩、對號、集碼……等各種方式來刺激消費欲望，提高消費量。

廣告本身也提供這樣的冒險賭博性質，讓人去服用某些食品藥品、去嘗試某些健身器材、去進行整容塑身試驗。這些，都是極爲冒險的事，起碼比坐一趟雲霄飛車冒險得多。但現代人每天都在做這樣的試驗。因此，約納認爲當代人的生活根本就是一種建立在不確定基礎上的賭注冒險心態。在此同時，於文化休閒領域中日益氾濫的冒險賭注的遊戲活動，又促使民衆養成了遊戲的生活方式和風氣，形成「在生活中遊戲」或「在遊戲中生活」的心態。

三、

有些文化論者將此稱爲「後現代遊戲生活的特徵」。但此類徵象也許在現代社會中就已非常普遍了。而且，不論它是現代抑或後現代，論者認爲它都表現出了以下一些特點：

1. 不再遵守傳統道德和規範所推崇的協調祥和生活，寧願在不斷突破傳統規定的叛逆性生活方式中嘗試各種新的生活的可能性。平靜、安寧、穩當的生活方式，被認爲無聊、呆板、僵化。故普遍追求刺激、新鮮、冒險、遊戲。

2. 充分利用當代消費社會所提供的休閒條件，寧願過著以消費旅遊爲基本生活方式的新「游牧式」生活。法國思想家德希達說過：「我是一位到處流浪的哲學家」(Je suis un philosophe errant)。這話體現了現代人反而要回歸古希臘早期以「無爲」爲樂的樂觀主義哲學家們的理想。認爲到處流浪的人之所以到處流浪，不是因爲沒有希望；恰恰相反，正是因爲抱有希望，才不斷地向前走。流浪的人是「旅人」(Homo viator)，是開天闢地時期人類的最早原型，是最原始的人面對周遭世界尋找出路、並抱有成爲「人」的希望的人。只要是在旅遊中遊蕩，就意味著存有生活的希望。「目標」的具體性並不重要，因爲目標越是具體，繼續走下去的希望就越小、越有限。因此，的人寧願在旅遊中無始無終的遊蕩，尋求非具體的目標，以便達到永遠尋求目標、永遠抱有希望的目的。

3. 將生活藝術化和美學化。不但使生活充滿著藝術的氣息，而且使生活本身也成爲藝術。這就是說，不是把藝術當作生活的附屬品、生活的手段和工具；而是把藝術當作生活的本體、當作生命本身。依後現代的人來看，藝術的本質就是遊戲。因此，藝術乃生活的原本、生活的典範，

也是生活的眞正理想場域。這樣一來，後現代的生活方式，就是玩生活。或者，就是在玩中生活、在玩中尋求新的自由、在玩中不斷創新。

4. 後現代的生活方式就是女性化的生活方式。依後現代主義看來，女性化的生活方式體現了人對於生活的「引而不發」和「後發制人」的態度。後現代主義者所追求的「女性化」的生活方式，是在徹底打破傳統二元對立思考模式和男人中心主義文化生活模式的基礎上提出來的。因此，他們所說的女性化生活方式，並不是過著傳統文化所形塑的那種女性生活類型。它表示著一種無中心、無規則、無父權中心主義道德原則、無邏輯中心主義。這，當然不是要所有的人都變成女性。後現代主義的女性化，只是一個象徵。它所要表達的，是實現一種從容不迫、靜中有動和隨機應變的生活方式。這種生活方式的重要特點，就是不斷地採取中介化的過程，使生活方式本身變成爲內容不斷豐富的多元結構，且又不斷地創新的過程。把女性化理解爲中介化，可以使生活避免僵化和過分直接，同時也給予生活本身越來越多的迴旋的餘地，並在迂迴中不斷地擴大自由的可能性。這也就是波德里亞克的「擬像」論中所說的「掩飾」策略，用不斷的化妝層層地將自己潛入底層；或者也就是德希達所說的那一種「延緩」和「迂迴」的策略在生活中的應用。

以上這些特點，無論論者是由什麼角度看，我們發現它都代表著「生活型式的轉變」。大家也許會小看這個語詞，但它所說的，其實是非常特殊的現象。因爲，在歷史上，劃分一個時代，往往是根據政治發展(例如朝代、主義等)、科技工具(例如石器、銅器、鐵器等)、經濟生產方式(如漁獵、農業、工業；實物、貨幣、信用)，很少從生活形式上做區分的。談轉變，主要也是由觀念上說。可是後現代社會文化論者所注意的，卻是生活型式的改變。

四、

哲學由觀念世界，甚至由形上學下轉回到生活世界來，其實正是當代思潮之一大特色。如海德格就是以「此在」的日常生活結構來批判傳統人文主義。他反對沿續傳統人文主義和傳統形上學的基本原則和基本方法，反對把人當成同其他事物一樣可以被「抽象化」和「一般化」的對象，主張從一個一個具體的個人的「此在」出發，去分析和解剖人的生存問題。在海德格以前，胡塞爾(Edmund Husserl 1859-1938)從十九世紀末開始，就把現象學的研究從抽象的主客體對立領域轉向人的日常生活世界。而胡塞爾的「現象學轉折」，實際上是把西方近代自然科學知識、運用傳統主客體對立統一思考模式的危機，對於人的「生活世界」的忽視，以及傳統人文主義的抽象化，聯繫在一起加以批判的。

在海德格看來，用現象學方法所揭示的「此在」「在世」(Sein-in-der-Welt des Daseins)的本質結構，是在時間性(Zeitlichkeit)中展開的。又認爲此在在存在自身中的自我展現的時間結構，主要是表現在「煩惱」(Sorge)之中，並說：「我們曾經主張煩惱就是此在機制的結構整體的整體性。……日常生活卻恰恰是生與死之間的存在」。

海德格之外，發展批判取向之日常生活社會學者，所在多有。大略言之，可分爲幾派：

一、Habermas將生活世界定義爲相互主體性溝通行動的場域，據以批判體制對生活世界殖民的現象。從而，他主張在日常生活實踐之微觀領域中，充分發揮溝通理性、自發地發展出自主的公共領域，並結合成更高層次、能夠自我支援的相互主體性，對抗科層國家及經濟組織的系統指令，且對系統的內在動力及指令加以限制，以扭轉社會現代化的發展方向。

二、De Certeau認爲現代社會中，一般人的日常生活，是處在科技、經濟生產系統的嚴密控制與殖民之下。雖無力全面反抗，但一般人仍然能夠藉由諸如：消費行爲、閱讀、說話、居住、逛街、及烹調等日常生活實作(practice)，將體制的規則，予以主動轉化，從而建立種種小規模的反抗戰術(tactics)，並組構專屬使用者的反教化網絡，以扭轉其弱勢處境，抗衡強勢社會經濟秩序的宰控。

三、Maffesoli則界定「日常生活社會學」是一種將日常生活視爲社會性(sociality)展現領域的特殊觀點。這種社會性，超越機械連帶式社會關係，是一種相互主體共同性。他並宣揚一種審美詮釋的存有方式，重視表現在生活中的創造遊戲；認爲日常生活的解放，是以愛慾肉體依循遊戲價值，經由集體感性、集體愛慾(sexuality)的交流，使個別肉體消融於社會性的集體身體中而達成。此種「戴奧尼索斯精神」，所塑造的日常生活的感性形式，可使身體成爲反抗社會體制的基礎，並使日常生活成爲一種具有內在超越性的生活風格。

四、Ferrarotti則主張要在日常生活領域中，組織一種具有宗教本質(共享神聖事務的需求)的團體，以抵抗日常生活的混沌及破碎現象，並解決日常生活的異化危機。他認爲唯有參與共享神聖事務的共同體，方能克服科技專家心態侵犯到日常生活領域，所造成的生活無意義感、個人意識的內在殖民化與心靈的普羅化。因爲只有神聖事務既是日常生活的基本要素，又是群體生活意義之所繫，方足以超越日常生活中的偶然性、直接性與異化現象。

五、Lefebvre 則批判資本主義現代性對日常生活中之私人意識、個人夢想、想像及娛樂選擇等活動之全面控現象。他認爲：現代社會已使日常生活領域受制於系統的規劃控制力量，導致社會存有領域分裂、異化，使個人失去參與社會生活的主動性。然而，日常生活中也存在著各種否定力量，因此他提出若干激發日常生活潛能的革命方案，包括：重建都市形式、進行性革命、回歸節慶狂歡(festive)精神等。希藉由這種文化革命，創造嶄新的日常生活，將日常生活創造成一件藝術品，成爲能夠自我管理的生活。

六、Heller在理論上區分「日常生活」與「非日常生活」的差異，視後者具有解放前者的可能性。她定義日常生活爲「使社會再生產成爲可能之諸多個人再生產因素的聚集場域」(Heller，1984：3)，認爲日常生活是整體人(whole man)不斷進行外化(社會化、客觀化)的過程，同時也促成社會再生產。因此，日常生活是所有社會行動、社會制度、社會生活及歷史之客觀基礎。個人之自我再生產，有兩種模式：其一爲具特殊性(particularity)之「在己存有」；其二爲具個體性(individuality)之「爲己存有」。前者係不加反省地複製社會的既存秩序，是一種異化過程；後者則是以特殊性爲基礎，並自覺地彰顯其物種本質(species-being)，以超越其特殊性的過程。「爲己存有」之個體性的發展，可使人進入非日常生活領域，例如：科學、哲學、藝術及道德等領域。所以，非日常生活是以日常生活爲基礎、並克服其異化現象的產物。因此，個人要在日常生活中改變其態度，以自覺地超越異化，使「在己存有」發展成「爲己存有」。特別是道德個體性，進而邁入具非日常生活性質的「有意義生活」，才能建立一個「無異化的社會」。亦即在日常生活中，個人態度的改變，將可改變個人再生產的模式，從而改變社會再生產過程，最後導致社會變遷。

五、

縱觀這些詰屈聱牙的言論，我們可以發現它們都具有一種「詭譎」的策略：他們都對我們的具體生活感到不滿，希望改善；但改善之道，並非走向理念世界之彼岸、聖界，而是就日常生活進行改造或轉化。改善日常生活之力量，就在日常生活中。也就是說，日常生活既使人沈淪，又能使人超拔。既要回到日常生活，又要超越日常生活。

這裡就有兩方面的特點，一是日常生活既使人沈淪又使人超拔，對文化生命既起正作用，又形成不好的負功能。這種矛盾性質，恰好顯示了當代世俗大眾文化或世俗大眾日常生活的特性。

首先，大眾文化的發展，就其構成對傳統藝術的抗議和反抗而言，在客觀上起著一種對於傳統藝術的「去正當化」的效果；也是後現代主義反傳統文化的理論活動和實踐活動的一個強大社會推動力。

反過來說，後現代主義的形成和發展，由於不斷地削弱和否定傳統文化的正當化地位，亦爲大衆文化的廣泛傳播打開方便之門。在這個意義上說，大衆文化的發展可說是後現代主義發展的一個副產品。大衆文化往往是被邊緣化或被排擠在社會中心位置之外的一般群衆之文化創造活動，也是它們向傳統文化挑戰，並宣示其自身獨立性的一個表現。大衆文化在創作過程中，經常不自覺的採用後現代反文化的原則，以與傳統文化分庭抗禮。正因爲這樣，大衆文化的產生和發展，在客觀上不但同後現代主義的發展相平行，而且也直接有利於後現代主義對於傳統文化的批判。

然而，大衆文化乃是大衆盲目進行自由創作的一種產物，又難免受到社會和文化總體結構中各種統治勢力的宰制。而這種狀況，又常使大衆文化脫離其創作初期的自律性和獨立性，使它在形成後不由自主地成爲傳統文化的一個附屬體。

在晚期資本主義西方文化進入全球化的階段，由於現代科技和各種媒體力量的加強滲透，使大衆文化更無法逃脫被控制的命運，使它在性質上和創作方向方面都發生了根本的變化。由於這種變化，使後現代主義不能不進一步加強對於大衆文化的批判和警覺性。

早在四〇年代，後現代主義的一些原則還處於萌芽的階段時，在阿多諾和本雅明的著作中，就已經對於大衆文化深受統治階級權力運作宰制的性質進行了尖銳的批判。

除了法蘭克福學派的批判外，一般學者也多認爲：大衆文化的發展導致後設敘述體系的崩潰，促進無中心和破碎化的敘述結構的蔓延，以及敘述在多元和多方向維度上的發展；同時，大衆文化的發展，也使得集體性和個人性的特質向不穩定的方向發展，導致集體和個人特性的多元化傾向。這些多元、多向之不穩定發展，事實上形成了嚴重的虛無感。方向太多，又支離破碎，實際上就令人沒有方向價值失去依歸，只能追逐流行，依附於群衆。此外，論者大抵也認爲大衆文化的發展進一步模糊了藝術各個層次的區別、模糊了專業性的精緻高級文化同粗糙的大衆文化之間的界線。

換言之，由大衆文化與藝術發展的關係來看，便可發現世俗大衆文化既促進了藝術和後現代文化的發展，又對它形成傷害。文化在其他方面的表現亦可做如是觀。

因此，文化批判便是兩面的：一方面以日常生活批判傳統的理型、系統體制、規範、抽象化一般化的準則，一方面則又要批判日常生活之盲目意志、異化、虛無感、煩忙。

這就形成了日常生活批判理論的第二個特點。以海德格來說，前面曾提到他如何藉由討論「此在」的日常生活結構來批判傳統人文主義。但他並不是推翻人文主義而要人關注到日常生活，乃是更要超越日常生活。他在《時間與存有》中曾以「煩」來界定「此在之存在」。他說：一般物均只是存在者，就像桌子椅子那樣存在著。人卻能於其存在之際，自己顯現自己、規定自己，故人有別於其他「存在者」，而是「此在」。但人這種此在的實際生存卻寓於煩之中。「因爲在世本質上就是煩。寓於上手事物的存在可以被理解爲煩忙。而與他人在世內照面之共同此在一起的存在，可以被理解爲煩神。寓於某某的存在是煩忙，因爲這種存在做爲『在某中』的方式，是被它的基本結構(即煩)規定著的。……煩，作爲源始的結構整體性，在生存論上先天地處於此在的任何實際行爲與狀態之前。

之所以如此，是因「『此在』爲『能在』之故而在。這樣的能在，本身就有在世的存在方式。故在『能在』中，從存在論的意義看來，就有和世內存在者的關聯。煩總是煩忙與煩神」。他的話也頗爲詰屈難解。大意蓋謂：人的存在方式不同於其他物，人並無桌子椅子那樣的現成本質與規定，而是要在具體的此世存有中顯現出他自己來。因此他本身只是一種可能性，必須在具體的「此在」中方能顯其「本質」。可是人之在，是在這個世間的；既在此世，則他便被煩所界定，在煩之中。例如人的可能性往往被別人或自己限制在本分、適宜、衆所周知、可達成、可忍受的範圍內，於是此種日常的煩忙狀態，便削減了許多人生的可能性，讓人安安定定地處於現實的東西中。人越沈湎於這些煩忙之中，就越封閉了他的可能性，越倚賴他存在於其中的世界來「養活」他。一旦如此，人也就盲目了。

海德格引用克•布爾達赫〈浮士德與煩〉一文的寓言，說：有一天，女神煩在渡河時見一膠土，便將它取來揑塑。適逢丘比特神走來，煩就請他賦精靈予此膠土。丘比特欣然應命。但隨後兩人卻爲它該用誰的名字命名而爭執起來。不料土地神又冒出來，說它既是用土揑的，自應以土神台魯斯之名命名。幸而農神來做裁判，謂土神既給了它身軀，應可得到它的身體；丘比特提供了精靈，則它死後該得到它的靈魂；而煩旣率先造了它，那麼，只要它活著，煩就可占有它。至於它的名字，就叫homo，因爲它乃是由humus(泥土)所造。

這則寓言意謂人是泥土與精神的複合物，而且人活著就有煩憂、煩惱、煩神、煩忙。人只要「在世」，就與此一源頭保持聯繫，被它統治。

接著，海德格又由此討論到「時間性」的問題。謂煩的存在論意義就是時間性。因生命即是在時間中由生到死，「此在」就是這個「之間」，故此在既煩忙著沈淪於世界，又爲時間所促迫，對時間煩忙：整天計算、思慮著這件事「隨後」就要發生了、那件事「先」得了結、「當時」錯失某事、「現在」必須補上……等。此種煩忙的日常性生活，其終結便是死亡。因此，「此在」亦即「向死亡而在」。

李白詩有云：「棄我去者，昨日之日不可留；亂我心者，今日之日多煩憂。抽刀斷水水更流，舉杯澆愁愁更愁」，講的就是生命的時間性，且在此時間中被煩所占據，以致憂煩不已。

此生命的時間性，本來是無法切斷也無法逃避的，所以李白說：「抽刀斷水水更流，舉杯澆愁愁更愁」。人生即如此步步走向死亡，故曰：「人生在世不稱意」。

要超越「此在」，擺脫「向死亡而在」的恐懼，不再被「煩」所占據，那便只能採取一種「在而不在」的方式，也就是即世而超脫、不離世而超越的方式。

這種方式，具體的做法，也有幾種形態，一是「遊」。

游者當然仍是在世的，但他不定在某處，不顯現自己，也不規定自己，不在具體的此在中顯其「本質」。其「存在」彷若不存在，所以具有游戲的性質，顚覆了存在與時間的結構。如此，才能擺脫煩的占據和死亡的威脅。

游人遠行，就代表了出離具體生存之此世的行動。到達另一個不是自己具體生活於其中的世界，「游客」的身分，便具有在而不在的性質。新世界新社會在他眼前展布，人即彷如獲得新生。原有社會中的時間之鏈，忽然斷開了，煩忙與煩神的狀態，忽然隔絕了。重新學習著看、仔細地聽、用心去體會、以皮膚來感受。對這新世界、新社會的問題，當然也可以有所理解，但不必成為自己的負擔、自己也不必進入這個世界的煩之中。

李白詩云：「人生在世不稱意，明朝散髮弄扁舟」，就是這個意思。散髮，謂脫離此世的一些人文規制，扁舟指遠離此世此土——莫忘了：人因是泥土作的，所以活著就有煩憂、煩惱、煩神與煩忙——走向另一個世界(江湖)。「明朝」則是斷開的另一種時間。人到那裡去遨遊，方能擺脫不稱意的生命，獲得超越性的解脫。

人之所以喜歡遊，原因在此。

後世旅遊者或去登山，或往遊異國，均具有仙人升舉、超越塵俗、進入他界(other world)的意含。旅遊者暫時離開了自己原有的社會階位，擺脫了一切社會關係，成為另一人，亦具有「假扮」神遊的意味，角色和功能均與原來的我迥然不同。經由旅途之重新體驗生活，重新觀察世界，而獲得新的生命感受、新的體悟，也如遊仙者一樣，獲得了生命轉化的意義。

第二種方式，可稱為「隔」。

隔是以特定行動場域組成非日常生活範疇的內容，故與日常生活範疇有所區隔。此又可以有三種類型：

一、行動者透過特定的主觀方式，調攝其身心狀態後，能夠在日常生活的特定行動場域或行動類型中，發掘出「非日常性」的價值與意義，使原本屬於日常生活的行動，經過功能轉化的操作，而移易至非日常生活空間中，從而具有足以抗衡日常生活之無意義性的地位。

例如：傳統文人將某些日常生活中原本不具審美功能的特定行動施以審美轉化，使得原屬世俗功利實用性的行動發生質變，而成爲承載主觀生命意義的審美行動。

二、行動者透過身心狀態的修養與轉換，剝除了日常生活的世俗、功利與實用殘餘，再將原本不屬於日常生活脈絡的特定行動類型付諸實踐，使之充分展現「非日常性」的超越意義。

例如：傳統文人倘若積極開顯諸如藝術創造與鑒賞、養生實踐等審美行動的多重意義結構，即得以「寄寓情志，興懷自娛」，忘卻世俗日常生活中的逆境；或是發揚「心性修養與養生實踐」的功能，使其提升自我人格的層次以臻於完善；或是滿足其「審美體驗的追尋企圖」，從而獲致超脫現實生活的自由解脫感；又或是致力於自我「生命境界的審美呈顯」，據以建構其自得自足的審美精神家園、或是企求臻至超越體道的生命境界。以上二種方式，偏於藉心情心境之轉換，形成審美態度，脫離日常生活之功利性實用性，產生隔之美感。

三、行動者亦可在異於其日常生活的「主要」行動場域所進行的時間與空間脈絡中，選擇另類行動場域，以組構非日常生活空間。此處所謂之「非日常生活」範疇，係特指在時間與空間歷程的體驗內容;甚至需經歷某種特定的自我轉化過程,方能成功。而且,因其對行動者個人而言,往往具有某種生命救贖或超越意義,因此,非日常生活範疇遂另有「英雄式的生活」(heroic life)之稱。這種方式,最常見的就是去休假、狂歡,過個節慶、營造某段時間、某個空間與平常生活有所不同,形成新的生活體驗,消解煩憂。李白所說的「一醉解千愁」,即屬於此類。「醉裡不知身是客」,與日常生活產生隔的效果,自成一非日常生活之世界。

第三種方式,則可名爲「轉」。

透過主觀心靈操控轉化的運作程序,導致一個體驗方式的跳躍過程、一種跨越界限的經驗、或是一種心態轉換的頓悟,使日常生活「非日常化」,其原有之價值與意義結構發生突變,從此「見山又是山、見水又是水」。雖然日常生活運作如昔,但卻獲致某種內在超越性的生命意義。其中的關鍵,往往在於行動者是否能夠將其對於是非善惡的執著意識予以化解,使其不再對日常生活存有價值判斷的念頭,故能「用心若鏡」,而「萬物不足以撓其心」。在此種情形下,日常生活已然非日常生活化了;雖然它仍然是一種「日常生活」。

因此,這牽涉到一個對日常生活施以「非日常化」的轉化過程,方能變現出新的日常生活,此乃所謂日常生活的非日常化。

這在傳統哲學中稱爲「轉識成智」「化俗爲雅」。日常事物還是日常事物,但以「道心」觀之,它便不再平常、不再世俗。這個道理,好像很玄,其實一點也不難懂。舉例言之:奔走求官,是俗氣的，是心爲物役的，其意義與價値並不足稱。但孔子孟子不也一樣奔走天下，希望有明君能用他們嗎？因此他們的行爲同樣屬於世俗性的行爲。其日常生活也與一般世俗人並無不同，既不「芰荷以爲衣」，亦不「歸來煮白石」，與常人一般穿衣吃飯、一般婚娶，不出家、不禁欲、不離世絕俗。可是，他們有「道心」。有與世俗人求榮華富貴不同的心理，那是一種非世俗的道德理想。由於有了這種理想，他們奔走求官便成了不同的意義與價値。此即所謂轉，轉識成智、轉俗成眞。日常生活得以非日常化。

所謂非日常生活，可區分爲兼善天下或獨善其身等兩種實踐取向。其表現形式，則包括：作夢、幻想、遊戲、虛構、戲劇、學術、以及藝術世界等多元意義領域之建構；又諸如奉行超俗價値的宗教生活、獻身於政治與社會理想、冥思玄想、以及修身養性等行動類型，亦均屬之。是以，所謂非日常生活方式，並不拘於個人私己生活的表現形式，且亦可包括舉凡爲共同體行動獻身、無私無我的生活方式等等在內。而其前提，則必以某種批判日常生活的態度爲要件，甚至隱含某種否定世俗生活的反社會傾向。

從頹廢美學與都市文學角度閱讀〈任氏傳〉兼論〈琵琶行〉

淡江大學
中文系助理教授　陳大道

一　前言

〈任氏傳〉是唐傳奇中相當特殊的作品之一。其中，作者沈旣濟一而再、再而三，利用全知或第三人稱觀點，描述女主角任氏之美，是唐傳奇中少見的手法。近代學者王夢鷗針對這個現象，提出反省，云：

言任氏之「姝麗」，先則託于家僮之口述，繼則徵於韋崟之目驗，後復借市人張大之驚訝已盡其形容。可謂三復斯言，而不覺其煩絮。①

「美麗」是〈任氏傳〉全文順序鋪展的動力。因爲女主角任氏很美，引起男性覬覦之心，接著展開一則又一則「頹廢的」香豔男女情事。雖然，作者托言任氏是化身爲人形的狐狸精，可是「妖法」並不是〈任氏傳〉的主題。故事中的任氏不但未曾施法害人性命，相反的，因爲她沒有用妖法保護自己，差一點成為「妨礙性自主」的受害者，最後，這位修煉成人形的美麗狐狸精，竟然死於蒼犬吻下，更讓人質疑任氏的法術何在？任氏和其他小說故事——如後代《聊齋誌異》——中神通廣大的狐仙顯然不同，〈任氏傳〉作者沈既濟塑造妖狐任氏的動機，頗堪玩味。

〈任氏傳〉情節頹廢再加上主題晦暗，我們可以將其歸於「頹廢」項下——這個名詞意涵「道德上的放任」。雖然，古今中外這一類的作品難以數計，在十九世紀末的法、英等國，有一群人以「頹廢」自稱，恣意的在他們的作品之中揮灑著幽暗、幻想與情色。這群人中的代表者，例如法國的波特萊爾(Charles Baudelaire)與英國的王爾德(Oscar Wilde)，同樣也是十九世紀末在法、英等國流行的唯美主義(Aestheticism)文藝運動的領導人物。近年來在各種文化傳媒的角落裡頻頻出現所謂「世紀末」一詞，為 fin-de-siecle 的譯音，指得就是十九世紀末的這股頹廢風潮。《簡明大英百科全書中文版》「Decadent 頹廢」項下，云：

十九世紀末詩人，尤其是法國象徵派詩人，及同時代的英國晚期唯美主義詩人都屬於頹廢派。兩派均渴望文藝能擺脫現實生活的苛求，兩派中一些成員在道德品行上的放蕩擴大了「頹廢」一詞的涵義，該詞幾乎是「世紀末」的同義語。在法國魏爾蘭(Paul Verlaine)欣然接受「頹廢」這個詞。一八八六～一八八九年間，巴茹(Anatole Baju)創辦的『頹廢』詩刊問世，魏爾蘭就是投稿者之一。法國頹廢派聲稱波特萊爾是他們的啟發者，蘭波(Arthur Rimbaud)、馬拉梅(Stephane Mallarme)和科比埃爾(Tristan Corbiere)是他們的同仁。英國頹廢派詩人包括十九世紀九〇年代的西蒙斯(Arthur Symons)、王爾德等。

台灣現代作家亦有從「頹廢派」中吸取靈感之者，例如林燿德作品〈大東區〉以及與其同名的小說集《大東區》。至於直接以「世紀末」為書名者，包括朱天文《世紀末的華麗》、蔡秀女《世紀末享樂主義》、孟樊．林燿德編《世紀末偏航》等等，都說明了作家們對於嘗試這種類型作品的興趣。雖然一直到十九世紀末，才有作家標舉「頹廢」，但古典文學中的頹廢作品，長久以來為人熟知。鄭振鐸〈談《金瓶梅詞話》〉用「世紀末」一詞形容《金瓶梅》的內容，云：

> 他是一部很偉大的寫實小說，赤裸裸的毫無忌憚的表現著中國社會的病態，表現著"世紀末"的最荒唐的一個墮落的社會的景象。②

《名揚百科大辭典》舉唐詩為例，對「頹廢」加以解釋，云：

> 文學史和文學批評上用來稱呼緊接在文學盛世之後的文學衰落期。試以唐詩的發展為例，素有初、盛、中、晚四階段之說；晚唐標示了唐代詩歌盛世的結束，故可稱其為唐詩之頹廢期。

現代學者杜國清〈台灣都市文學與世紀末〉所談的世紀末文學，含有思舊的古典情趣，云：

> 這類作品探索的主題，包括感官經驗、情澀慾望、唯美趣味、頹蕩情調、美人遲暮、貴族沒落、鄭衛之音、晚唐遺風、等等生命的容華與凋落……。③

除了「頹廢」議題之外，這一類作品產生的地點－都市，亦是值得重視的課題。頹廢美學所強調的美是「人工美」，以頹廢派重要代表人物之一王爾德(Oscar Wilde)為例，梁實秋〈王爾德的唯美主義〉論述王爾德對「人工」之美的忠誠，云：

王爾德首先是不承認他自己在自然界中只是一個動物，他說：『我在公園散步的時候，總覺得自己很渺小，和在山坡上吃草的牛或是在溝裡開著的花，沒有多少分別。』因此他喜歡屋內生活，討厭戶外生活。唯美的人生觀便是越人為的越好，越不自然越好。」又云：「王爾德所要的是人工的形式的美，自覺的完備的藝術。他不贊成『自然流露』，不是因為他反對獨創與天才的學說。他要為人工的形式的美，隨便什麼極端的話都可以說，可以把自然鄙視到了極點。④

「人工」正是人類群居生活的集中地—都市的特色。都市之內舉凡道路與建築物，室內與庭園設計等等，都被涵蓋在「人工美」範圍之內。目前所謂「都市文學」的談論範圍，多以工業革命以後的現代都市爲主。〈任氏傳〉的發生時間與地點—唐朝長安，雖然不是現代都市，可是翻開文獻、仔細閱讀，吾人可瞭解，長安城是一座經過「都市計畫」精心設計而成的帝國之都。城內的街道里巷都是方正規矩、井然有序，有「鼓樓」提示市民作息時間，並有「宵禁」之法，對市民起居加以管控。現代都市雖然行動自由，但是各種交通號誌與街道標示都無時無刻地不在提醒市民，「人爲控制」的存在。

思念「長安城的繁華」，是白居易〈琵琶行〉的寫作動機之一。〈琵琶行〉敘述內容由熱鬧多變的音樂演奏一轉而下，最後以悲劇收尾的安排方式，與〈任氏傳〉亦有類似之處。〈琵琶行〉前半段描述琵琶女音樂演奏之美，名句如「嘈嘈切切錯雜彈，大珠小珠落玉盤」「間關鶯語花底滑，幽嚥泉流水下灘」，人人耳熟能詳，後半部轉入琵琶女自敘身氏變遷的悽慘，並且勾起白居易「同是天涯淪落人，相逢何必曾相識」的悲情共鳴，傳誦千古。

如同白居易在〈琵琶行〉之末，自稱被貶謫到江州，沈既濟〈任氏傳〉末陳述自己遭到貶官東南。這兩篇同樣以悲唱結束的作品，作者們都在仕途之上遭遇坎坷。相較於白居易，沈既濟在後世的知名度較低，沈氏的散文作品不多──名篇除了〈任氏傳〉就是〈枕中記〉──成語「黃粱一夢」典故由來。沈既濟仕宦生涯開始的大歷年間（七六六～七七九），較白居易揚名的長慶年間為早。〈任氏傳〉全文故事以男女主角城市巧遇作為開場，內容包括「邂逅」、「一夜情」、「同居」、「強姦未遂」、「婚外情」等等，現代都市亦經常出現的話題。現代小說家林燿德作品集《大東區》亦充滿了這類的情節。白居易〈琵琶行〉末段湧出香山居士的滿腹牢騷語，讓讀者覺得來自長安的琵琶倡女是詩人當晚的唯一慰藉，從主題而言〈琵琶行〉脫離不了「頹廢」。不過，相較於〈任氏傳〉、《大東區》集等從頭至尾都是詭譎異色的情節之下，〈琵琶行〉在「頹廢」的程度上，不及諸作。本文從「頹廢」、「美學」與「都市文學」三點來閱讀〈任氏傳〉，並旁及由長安倡女演出的〈琵琶行〉。

一、〈任氏傳〉的頹廢意識

事與願違、前途坎坷時，大部分的人會逆來順受、委曲求全，期待雨過天晴，情勢好轉。不過，有些人會積極地奮起抵抗，也有人會消極地採用頹廢、墮落的態度，向命運發出抗議之聲。這種以「頹廢」爲手段，向環境提出反抗的方式，在人類藝文創作中未曾停歇。

十九世紀晚期唯美運動的始作俑者—頹廢派（decadents），以唯美主義(Aestheticism)爲號召，以「爲藝術而藝術」(Art for Art's Sake)爲標語，認爲藝術品應該以其本身的藝術價值來受到肯定，所謂道德、政治、經濟、等等外在干預都應被擱置一邊。《藝術辭典》（*The Dictionary of Art*）指出⑤，「被形容爲頹廢(decadence)的任性叛逆個人或團體，他們反叛現實社會與藝術規範的目的，是爲了引人注意。他們展現叛逆的方式，可能不是進化而是退回原始的。十九世紀末發生在文學與藝術界的唯美運動，意圖以手工藝術創作的『純』的特質，來匡正工業革命以後，藝文界地位日益降低的現象。」⑥

頹廢派以原始的、性的、晦暗的作品（文學或美術等），將人們的注意力，拉回到藝文作品本身。但是，如果作品以僅僅以回到「子宮」的創作心態，刻意描寫生命誕生的前奏曲，就與色情文學沒有差別。除了「性」之外，有些頹廢派甚至鼓勵吸食毒品，以求體驗美感的傾向，因此，招致許多負面的評價。⑦

二十世紀初，尤其是民國二、三十年代，中國的北京、上海受到歐洲這股世紀末風潮的影響，亦有同類型的作品產生。蒐集許多相關資料的大陸學者解志熙在《美的偏至—中國現代唯美—頹廢主義文學思潮研究》一書中指出，王國維是中國在二十世紀最早期的唯美—頹廢主義者，雖然如此，但王國維對於色情有相當程度的排斥，並以「炫惑」稱之，而不視其爲「美」。《美》書云：

不難看出，王國維所指斥的「炫惑」藝術（雖然他的例證未必都恰當）中，包含著一種飲鴆止渴，渲染聲色之美的享樂傾向，這同注重感官享樂的唯美—頹廢主義文學是很相近的。因此，他雖然看到「炫惑」藝術是不可避免的存在，但仍認定「炫惑之于美，如甘之于辛，火之于水，不相並立者也」，堅持要把「炫惑」藝術從美的範疇中驅逐出去。⑧

走火入魔的頹廢派作家與作品，固然可議之處甚多，不過，《藝術辭典》說明，頹廢的產生可被視爲新事物誕生的風向球。在指出「與已有新的事物產生的舊社會或舊方式決裂」，以及「爲社會注入新的價値觀與活力」兩點看來，頹廢派有其正面意涵。⑨然而，《藝術辭典》也說明，「一般人對頹廢派多抱持負面看法，尤其指道德缺失方面。所以，舉凡以敵意態度對待生活中的『改變』、『不確定性』、『理想失去』乃至『死亡』，都可稱之爲『頹廢』」。⑩

貶官一事，對於同時是朝廷命官的詩人白居易而言，已經造成了他命運的「改變」、未來的「不確定性」增加，以及「理想失去」等等。於是在〈琵琶行〉末段，他吐露謫居生活的苦悶，並發洩滿腹牢騷，云：

我從去年辭帝京，謫居臥病潯陽城；潯陽地僻無音樂，終歲不聞絲竹聲。住近湓江地低溼，黃蘆苦竹繞宅生；其間旦暮聞何物？杜鵑啼血猿哀鳴。春江花朝秋月夜，往往取酒還獨傾。豈無山歌與村笛？嘔啞嘲哳難為聽。

潯陽一帶的音樂，被白居易鄙視爲「嘔啞嘲哳」，對於當地的樂師而言，情何以堪？白居易這種因爲自己的仕途的不順遂，遷怒潯陽民間音樂，正是典型的頹廢之人對環境的敵意表現。

〈任氏傳〉最後的一段話，透露出此故事乃是一行被貶謫離京的官員，拉雜閒聊下的產物。〈任氏傳〉末，云：

建中二年，既濟自左拾遺與金吾將軍裴冀、京兆少尹孫成、戶部郎中崔需、右拾遺陸淳皆謫居東南，自秦徂吳，水路同道。時前拾遺朱放因旅遊而隨焉。浮潁涉淮，方舟沿流，晝讌夜話，各徵其異說。眾君子聞任氏之事，共深歎駭，因請既濟傳之，以志異云。沈既濟撰。

沈既濟與其同伴的處境，與寫作〈琵琶行〉時的白居易，多少有同病相憐處，不同的是，香山居士有琵琶女爲伴，而沈既濟諸人在「晝讌夜話，各徵其異說」之後，終於有〈任氏傳〉產生。〈任氏傳〉故事情節大致敘述長安城內的破落戶鄭六，在赴姻親—有皇族背景的韋崟相約飲酒的路上，遇見一名白衣麗人任氏。鄭、任兩人言語相謔、眉目傳情，鄭六遂擱置韋崟之約，追隨任氏，當晚即成了任氏的入幕之賓。隔日清晨，鄭六被催促離去。蒼茫晦暗之間，一名鬻餅者警告鄭六，任氏乃狐妖，鄭六亦發現事有蹊蹺。不過當他再一次與任氏見面，二人誤會化解。此時，因經濟狀況不佳，託身妻族的鄭六，決定與任氏另築小公館。清貧的鄭六乞借什器於妻族連襟韋崟。韋崟從傭人口中，獲悉鄭六的豔遇對象乃絕色美女。韋崟潛行密訪，發現任氏較傭人所言，猶有過之。韋崟色令智昏，企圖染指任氏。在任氏極力反抗下，崟始終不能如願，反而被任氏一番言語所感動，不再對她進行性侵害。

接續下來的故事，一一鋪敘任氏特異行為，甚至包括幫助韋崟誘拐婦女，以滿足韋崟慾念等等。一回，鄭六新獲官職，他硬邀任氏陪同赴官上任，在離開京城的路上，任氏被獵犬所逐，現出狐狸原形，竟被獵犬咬死。鄭六急救不遑，只能為任氏收拾遺物，悲慟逾恆。日後鄭六官位晉升，生活條件亦多有改善。

雖然〈任氏傳〉整個故事裡，沒有一句與「貶官」相關的牢騷抱怨之語，可是，在面對貶官之後種種可能發生的不順，甚至「死亡」的可能，則沈既濟心中的怨恨是可想而知。故事中他安排任氏與破落戶鄭六結合，而不是與有權有錢的韋崟同出入，可以看出沈既濟對於弱勢者的同情心與同理心。徘徊在都市角落、不受祝福的「破落戶」鄭六與「妖狐」任氏，是典型的社會邊緣人。在他們物質生活的供應者、有皇族背景的韋崟相較之下，更顯得他們的經濟能力與社會地位的弱勢。作者甚至安排二人初次約會的地點在一塊荒棄廢地，是妖狐將其「變」為安樂鄉。這種相差懸殊，凸顯社會邊緣人的對比方式，與時下某些科幻小說有異曲同工之趣。平路女士在評論洪凌・紀大偉合著〈當代台灣科幻小說的都會冷酷異境〉一文中提到：

到了後現代時期，商業體制與國家機器聯手後形成滴水不漏的權力網路，兩位作者列舉的科幻作品中，角色們對歷史的走向再沒有任何野心，換句話說，已經確切接受網路中的邊緣位置。⑪

平路文中的「商業體制」代表經濟，「國家機器」代表政治。換言之，平路指出科幻小說裏滴水不漏的權力中心是「政經」，而「政經」同樣也是〈任氏傳〉裏的權力中心。對於遠離權力中心的邊緣人，科幻小說中的主角與〈任氏傳〉裏的主角都在情慾世界裡找到了寄託，應該算得上是「失之東隅，收之桑榆」吧！〈當代台灣科幻小說的都會冷酷異境〉形容這些失意英雄的情慾自由，云：

然而，不能進駐都會權力網中心的主人翁，卻經常極弔詭地嵌陷於都會的迷陣孔穴，在邊際處（象徵性地）尋覓情慾能量的釋放，以及藉由遊戲獨特的解構功能，（稍縱即逝地）獲得某種「自由」。⑫

從「同病相憐」的角度來看，科幻小說裏的失意英雄、〈任氏傳〉裏的任氏與鄭六、貶官外放的沈旣濟和潯陽江頭的白居易，都可算得上是失意的都市邊緣人。對他們而言，「都市之內」已是多事之地，「都市之外」則較都市邊緣更讓人憂心。〈琵琶行〉聲稱「潯陽地僻『無』音樂」；〈任氏傳〉中，曲折離奇的情節都發生「城內」，「城外」則是故事的終結—女主角在城內逢凶化吉、諸事順遂，卻命喪城外。

〈任氏傳〉這種城內、城外的對比描寫，吾人亦可從當代作家林燿德作品《大東區》，發現同樣的安排。林燿德是一位體認到「世紀末」風格的現代作家，《大東區》是他的一部同名小說集裏的第一則故事，色情、暴力與晦暗的情節是這部小說集的特色。⑬

雖然小說《大東區》與〈任氏傳〉二者的時、空背景，有極大差異，不過，二者都恣筆放任的書寫城內歡愉的情慾解放，以對照城外的荒蕪淒涼。在〈任氏傳〉中，城外有養馬的小吏在訓練獵犬。獵犬從草叢中竄出攻擊任氏，任氏欻然現出原形，蒼犬與狐狸追逐長達一里多，鄭六尾隨追趕不及，任氏最終命喪於獵犬吻下。《大東區》是由發生在夜間、幾乎沒有交集的兩則故事組合而成：故事甲敘述台北市東區有一群享樂的年輕人，沈迷於追逐刺激與性愛遊戲；故事乙敘述台北縣北海岸有兩組人馬爲一名女子爭風吃醋，進行決鬥。故事甲的都市年輕人有的在最後得到一夜情，有的因爲英雄救美，免於強暴，有驚無險，可是，故事乙在北海岸的主角們卻一一因飆車出事而死去。

《大東區》與〈任氏傳〉除了在「城內生，城外死」的情節安排相同之外，男女主角「社會邊緣人」的身份背景亦類似。《大東區》故事甲以一群尚未獨立生活、父母不在身邊的年輕人爲主角，故事乙的主角則是以妨礙交通、受人詬病的飆車族。此外，經濟狀況的懸殊，亦反映出《任》與《大》二文有相同的趣味。二者都將獲得性愛的機會，給予經濟狀況不好的一方。在《大東區》裏眞正獲得一夜情的，不是出生於富有家庭，提供自己家裡招待友人阿呆，而是受他招待的小克。〈任氏傳〉也是以經濟狀況比較差的鄭六，獲得美人芳心，而非富裕的韋崟。

二、從「美學」角度看任氏之美

愛美是人的天性，「美麗」更被視爲一種難得的天賦。所以，因貌美而慘遭「辣手催花」的犧牲者，似乎更容易惹人萌生憐香惜玉之情。從「任氏之死」這段情節安排看來，沈氏本人遭遇貶官的悵望情懷自是不言可喻。

許多唐代傳奇，都是用美麗女子爲主角，其中包括最有名的「李娃」、「霍小玉」、「崔鶯鶯」

三姝。這些女主角們都在第一次與男主角見面時，就成功地利用「美色」抓住對方的心。⑭〈李娃傳〉中，白行簡描寫滎陽公子初遇依門待客的李娃，云：

有娃方憑一雙鬟青衣立，妖姿要妙，絕代未有。⑮

迨滎陽公子登門拜訪時，出現在他面前的李娃是「明眸皓腕」、「舉步豔冶」與「觸類妍媚」。此後，滎陽公子成爲李娃的入幕之賓、李府的火山孝子，而〈李娃傳〉就再也沒出現形容李娃美麗的文字。

〈霍小玉〉的作者蔣防，先是利用鮑十一娘的口，來形容霍小玉，云：

「有一仙人，謫在下界，不邀財貨，但慕風流」……「資質穠豔，一生未見，高情逸態，事事過人，音樂詩書，無不通解。」⑯

爾後李益親自拜訪，出現在他面前的霍小玉果然不失所望，云：

但覺一室之中，若瓊林玉樹，互相照曜，轉盼精彩動人。⑰

此後，作者再一次提到霍小玉的身影，是她臨死前的憔悴形狀，以及李益恍恍惚惚見到的小玉鬼魂。

〈鶯鶯傳〉中的鶯鶯，與前二者的倡家身份不同，所以衣著樸素，但平淡中見眞顏色，張生被她深深吸引住。元稹形容出現在張生面前的鶯鶯，云：

常服睟容，不加新飾，垂鬟接黛，雙臉銷紅而已。顏色豔異，光輝動人。⑱

除此之外，元稹不再著墨於鶯鶯的外貌，而將重心放在形容鶯鶯的才情之上。

以上對於三位女子的外在美的形容，都屬於表象，作者將其點到為止，並將全力放在鋪衍故事，以及描述這三位女性的品行行為。男主角第一眼被女主角所迷惑住的「外在美」，依照哲學家康德(Kant)的說法，應歸類於官能上的「快感」與「美感」，而非藝術活動帶來的理性的滿足感。[19]因此，讀者只有在閱畢整個故事，被這些女性所感動之後，反省她們的內在美，才會有眞正滿足之感產生。

相較於前列作品，〈任氏傳〉的作者沈既濟顯得沈迷於描寫官能上的快感與美感。〈任氏傳〉傳達「任氏很美」訊息的次數，比以上三則傳奇都要頻繁。在全文之始，任氏以這種激起異性快感的美，挑起男主角鄭六對她一親芳澤的企圖心，接下來又惹得另一位男主角韋崟對進行她性侵害。換言之，沈既濟用典雅華麗形容文字，「性」味盎然地包裝一連串以女主角任氏為中心的詭異情事。

沈既濟第一次形容任氏之美，是透過鄭六的角度。當時騎驢的鄭六遇到步行的任氏與另外二名婦人，因為任氏極為美麗，所以情不自禁的對她挑逗。云：

> 中有白衣者，容色姝麗。鄭六見之驚悅，策其驢，忽先之，忽後之，將挑而未敢。白衣時時盼睞，意有所受。鄭六戲之曰：「美艷若此而徒行，何也？」白衣笑曰：「有乘不解相假，不徒行何為？」鄭六曰：「劣乘不足以代佳人之步，今輒以相奉，某得步從足矣。」同行更相眩誘，稍已狎暱。[20]

鄭六、任氏兩人言語嬉鬧調笑，又有旁人敲邊鼓，鄭六終於得以夜宿於任氏處所。

史文鴻《西方當代美學》指出，康德對於「純官能的快感」、「美感的快感」及「道德的好感」有極重要的分別。云：

> 純官能的快感根本沒有反省意義，只是一種本能或純習慣性的反應；相反，道德的好感是基於客觀道德原則而成立的，有特定的反省內涵；只有美感是既基於反省，又不限於固定的原則的。㉑

鄭六與任氏一見鍾情而後與共赴巫山，如果依照康德的區分，可能要歸屬於兩人都在與對方見面的第一時間，就產生了「純官能的快感」。而「純官能的快感」與「美感的快感」的不同點，在於後者比前者多了一項「反省」的功夫。「反省」是一項需要動腦思考的工作，經由思考、比較、歸納之後，確定此事物爲「美」，則他人亦應認爲此事物爲「美」。㉒〈任氏傳〉第二次提到任氏的美，就是經過了層層思考、比較的結果，其內容發展，相當有意思。

當時鄭六與任氏因誤會化解，而決定賃屋同居，並向經濟狀況良好的韋崟借用什器。韋崟獲悉鄭六有豔遇，口頭表示不相信任氏之美，暗地卻派遣家僮前去探視，家僮回報之言，勾起他無限興趣，終於親自探訪。整個過程如下：

> 鄭六如言訪其舍，而詣崟假什器。問其所用，鄭六曰：「新獲一麗人，已稅得其舍，假具已備用。」崟笑曰：「觀子之貌，必獲詭陋，何麗之絕也？」崟乃悉假帷帳榻席之具，使家僮之慧黠者，隨以覘之。俄而奔走反命，氣吁汗洽，崟迎問之：「有乎？」又問之：「容若何？」曰：

「奇怪也！天下未嘗見之矣。」崟姻族廣茂，且夙從逸遊，多識美麗。乃問曰：「孰若某美？」僮曰：「非其倫也。」崟遍比其佳者四五人，皆曰：「非其倫。」是時吳王之女有第六者，則崟之內妹，穠豔如神仙，中表素推第一。崟問曰：「孰與吳王家第六女美？」又曰：「非其倫也。」崟撫手大駭曰：「天下豈有斯人乎？」遽命汲水澡頸，巾首膏唇而往。㉓

作者沈既濟一方面利用層層比較的結果，精心設計出形容任氏之美的情節，另一方面竟然安排欣喜若狂的韋崟，企圖對任氏加以性侵害。云：

崟周視室內，見紅裳出於戶下。迫而察焉，見任氏戢身匿於扇間。崟別出就明而觀之，殆過於所傳矣。崟愛之發狂，乃擁而凌之，不服。㉔

如果韋崟得逞，則康德所謂的「純官能的快感」與「美感的快感」就會在此發生衝突，而沈既濟與康德二人對「美」的認知上，就會有相當大的落差。換言之，如果沈既濟視「唐突西施」爲理所當然，用韋崟「官能快感」強行侵佔他塑造出任氏給人的「美感快感」，就會使這篇文章更加顯得的頹廢幽暗。

沈既濟終於沒有讓韋崟玷污了他的女主角。任氏此時奮力抵抗，和她與鄭六初次見面，就同床共枕的情形完全不同。當任氏氣力竭盡，抵抗不住之時，她神色慘變地訓斥韋崟拈花惹草之不對，並且說明她之所以和鄭六雙宿雙飛，實在是因爲憐惜鄭六經濟狀況不佳，並且對她專情之故。云：

鄭生有六尺之軀，而不能庇一婦人，豈丈夫哉！且公少豪侈，多獲佳麗，欲某之比者衆矣；而

> 鄭生之窮賤，所稱愜者，為某而已。忍以有餘之心，而奪人之不足？哀其窮餒，不能自立：衣公之衣，食公之食，故為公所繫耳。若糠糗可給，不當至是。

任氏以深情自剖，訴說社會邊緣人的悲哀，除了得以維持她不可褻玩的美麗之外，也可以讓人對她產生「道德的好感」。

以上這段任氏的力保貞節的過程，雖然順利營造出她「內外皆美」的形象，但是，〈任氏傳〉接下來的情節，卻仔細交代任氏如何媒介色情予後來成爲好友韋崟的經過，其中有誘騙女子懷孕的情節，又讓讀者對任氏留下不良的印象。

沈既濟第三次形容任氏之美的文字，乃是藉由成衣商張大說明之。當張大見到任氏之後，以其多年接觸顧客的經驗，向韋崟提出警語。

> 張大見之，驚謂崟曰：「此必天人貴戚，為郎所竊。且非人間所宜有者，願速歸之，無及於禍。」其容色之動人也如此。㉕

張大所預言的「禍事」，不久及應驗，並非應在男士們身上，卻實現在任氏被獵犬囓死的情節。作者屢次用任氏的「美色」刺激讀者的神經，並且差一點就把任氏寫成「人盡可夫」的女子。這種遊走於「官能快感」與「理性之美」的寫作方式，的確很「怪異」。只有在作者說明他寫的其實是一個「妖狐」的故事之後，才多少將其「合理化」。〈任氏傳〉奇情、魔幻的特質，亦與十九世紀頹廢派作品有相似之處。頹廢派的重要先驅之一，美國作家愛倫坡(Edgar Allan Poe)以奇幻詭異的故事見

長，而頹廢派晚期的藝術創作，亦從「馬戲團裏的魔術師、小丑、特技、雜耍之人擷取靈感。」㉖

雖然在某些情節中，任氏會給讀者一種美麗又善良的印象，但是〈任氏傳〉的主旨頹廢，顯然不是有心在記錄正常社會中的人物故事。亦正亦邪、亦莊亦淫的任氏，縱使作者頻頻說她很美，可是與娼女從良的李娃、怨女殉情的霍小玉，或是敢作敢當的崔鶯鶯相比，實在難以讓讀者同意任氏較李娃等三姝更美，至少在傳統「女德」方面，任氏有顯著瑕疵。此外，李娃等三位女子，身旁都有母親（或老鴇）爲伴，而任氏沒有。這一點顯示出任氏在「獨立性」方面，超越一般女子。

三、〈任氏傳〉裏的都市經驗

都市「蕩遊者」的形象，是十九世紀頹廢派藝術的特色之一。㉗〈任氏傳〉是以韋崟與鄭六遊蕩於長安城裏揭開序幕，本文之始云：

> 天寶九年夏六月，崟與鄭六偕行於長安陌中，將會飲於新昌里。至宣平之南，鄭六辭有故，請間去，繼至飲所。崟乘白馬而東。鄭六乘驢而南，入昇平之北門。偶值三婦人行於道中，中有白衣者，容色姝麗。

引文中「新昌里」、「宣平」、「昇平」等，皆是長安的道里名稱，除非查閱地圖，或是對當地有所瞭解，否則全憑後代註釋者的文字解釋，很難掌握故事發生的確切方位。〈琵琶行〉中的樂伎，回憶她的「長安經驗」，亦是以長安城內的地名爲開場白，云：

自言本是京城女，家在蝦蟆陵下住。十三學得琵琶成，名屬教坊第一部。曲罷曾教善才伏，妝成每被秋娘妒。五陵年少爭纏頭，一曲紅綃不知數。

如同初次進入一所陌生城市的異鄉人，讀者在閱讀以唐朝長安城爲背景的文學作品時，也可能會迷失在城內的大街小巷之間。

王夢鷗先生在其所著《唐人小說校釋》上册首頁，附上長安、洛陽兩城圖，這是一個爲讀者設想周到的審愼編排。以首都長安而言，在其方形里坊當中，有「東市」與「西市」兩個商業區，城中央朱雀大街的北端是帝王所居的皇城，亦是帝國發號施令的中心。㉘這座唐帝國向世界誇耀的都市，爾後也成爲日本大化革新時代，平城京（奈良）與平安京（京都）的模仿典型。㉙唐傳奇中除了〈任氏傳〉，著名作品如〈李娃傳〉、〈霍小玉傳〉等，亦是以長安城爲故事發生背景。

對照〈任氏傳〉與唐長安街道圖，吾人可發現，本傳一開始出現的名稱如「新昌里」、「宣平」、「昇平」等處，皆在棋盤式長安市街的東半部。㉚依據地圖指示，吾人可以一邊閱讀文章，一邊幻想故事裡一幕幕街市場景。隨著故事情節起伏，遐想在那一個個方正的里坊之內，所上演的連串好戲。

「傳遞都市印象」應該是沈既濟寫作〈任氏傳〉的動機之一。長安城除了是唐朝政經樞紐、市內林林總總的萬象都值得被介紹給世人以外，基本上，她是許許多多人居住過的地方。這種「介紹都市」的動機從古至今，被文人反覆使用，他們忠實於市內的人文地理，諸如街道、建築物等等，並以這些市街爲背景，眞假參半的寫出都市萬種風情。以更早的漢朝爲例，漢長安的繁華街道「章臺」，屢屢被文士騷人引爲典故，用以指稱提供物慾享樂之盛地。今人諱稱「風化區」者，用「平康里」代替之，「平康里」原是唐朝長安城「東市」旁秦樓楚館林立之區。〈李娃傳〉中的滎陽公子，就是在平康里遇見倚門攬客的李娃。〈任氏傳〉裏出現的里坊弄向，亦一一可考，皆是當年長安城裏實際地名。

大致而言，〈任氏傳〉所呈現的長安城，有幾項特點，㈠道路井然、人文地理有序，㈡宵禁管制嚴明，㈢商業行爲頻繁，㈣多伶人。分述如下：

㈠道路井然、人文地理有序

一條一條縱橫交織的道路，不但是今日大城市的景象，也是當時人對長安城的印象。〈任氏傳〉之始，出現「崟與鄭六偕行於長安陌中」一句。王夢鷗將「陌中」解讀爲「道中」，並云：「所謂陌者，指此縱橫街道也。」㉛

依長安城圖顯示，城內有十一條南北向道路，十四條東西向道路，這些道路從現代標準來看，都是極爲寬敞的大馬路。許尊仁《唐代長安都市計畫之研究》指出，面積約八三·四平方公里的唐朝長安城，道路面積就有二〇平方公里，佔百分之二五·二。許氏云：「今日一流都市不過如此。」三三《唐代長安都市計畫之研究》更仔細的指出，每一條南北向道路寬度約一四七公尺，東西向道路約六九·一公尺。環繞東市與西市的道路，因爲商業機能的緣故，更爲寬敞，有達一八三·七五公尺者。以這樣的標準看來，目前台北市的道路，不及長安的大街。長安城內除了主要幹道之外，「巷」爲里坊之內較小的道路，比「巷」更小的道路稱爲「曲」。

〈任氏傳〉中出現的「新昌」、「宣平」等各里，亦被稱爲「坊」。里坊與里坊之間被東西與南北向的縱橫大馬路隔開。據《唐代長安都市計畫之研究》指出，每個坊的標準面積約爲零點四五六平方公里，東西長（九五五．五公尺）、南北短（四七七．七五公尺）。東西向徒步時間約十二分鐘，南北約六分鐘，頗和人類尺度。城中央與城北各坊，爲配合皇城宮城而尺寸稍異。中央各坊面積較小，東西向縮短，南北向與標準坊相同；城北各坊面積曾大，南北向加長，東西向與標準坊相同。長安城的街郭，即是今日超大型的街郭，如此設計，反映出唐代都市計畫師深明十字路口與車禍發生的密切關係。㉞長安城內的東區與西區分別有「東市」、「西市」兩個大的商品交易中心。「市」的面積較「坊」爲大，長度與寬度各爲八八二公尺。

〈任氏傳〉中出現鄭六與任氏發生一夜情的地點，是「樂遊園」旁的一處宅院。「樂遊園」又稱「樂遊原」，據《唐代長安都市計畫之研究》引《長安志》指出，該地「居京城之最高，四望寬敞，京城之內，俯視指掌，每正月晦日，三月三日，九月九日，京城士女咸就此登高祓禊。」㉟樂遊園爲長安登高踏青勝地，是與「曲江」池齊名的風景區。李商隱著名作品〈登樂遊園〉云：

向晚意不適，驅車登古原。夕陽無限好，只是近黃昏。

此外，〈任氏傳〉中出現的「西市」、「千福寺」等長安城內地理位置，皆斑斑可考。據〈長安城圖〉所示，「西市」北方第四坊爲「安定坊」，「千福寺」即在安定坊東南。王夢鷗註釋指出，該

寺本爲唐高宗章懷太子李賢宅，咸亨四年（六七三）捨宅爲此寺。㊱

㈡宵禁管制嚴明

「宵禁管制嚴明」是首都長安城的特色之一。〈任氏傳〉敘述鄭六與任氏發生「一夜情」之後，任氏催促鄭六趁著天色未亮，宵禁尚未解除之時離去，以免她的兄弟回家撞見例，云：

將曉，任氏曰：「可去矣！某兄弟名係教坊，職屬南衙。晨興將出，不可淹留。」乃約後期而去。既行及里門，門扃未發。門旁有胡人鬻餅之舍，方張燈熾爐。鄭六憩其簾下，坐以候鼓，因與主人言。

引文中的名詞如「里門」、「門扃」、候「鼓」等，都是與「宵禁」政策相關。長安城的個個里坊，都有土牆，並有「里門」。朝夕應鼓聲而啓閉里門，這是秦代以來及有的傳統，用以防盜及禁止車馬進入坊內，以維護居住安寧。里門之啓閉，與宵禁政策配合，因此，里門關閉時，人人都不得停留於坊與坊之間的主要大街之上。㊲〈李娃傳〉反映宵禁政策的情節較〈任氏傳〉爲多，藉由里門之啓閉，影響整個故事的發展。例如滎陽公子初次造訪李娃，爲了企圖一親芳澤，所以不欲離去，因爲宵禁的緣故，他終於如願以償。云：

久之，日暮，鼓聲四動。姥訪其居遠近，生紿之曰：「在延平門外數里。」冀其遠而見留也。姥曰：「鼓已發矣，當速歸，無犯禁。」生曰：「幸皆歡笑，不知日之云夕，道里遼闊，城內又無親戚，將若之何？」娃曰：「不見責僻陋，方將居之，宿何害焉。」生數目姥。姥曰：「唯唯。」

又如滎陽公子遭到姥姥與李娃設計陷害，發現平康里李娃宅已經人去樓空，打算折返宣陽里李娃的阿姨處詰問之，又因時間已晚，受宵禁限制，不得。云：

生將馳赴宣陽，以詰其姨，日已晚矣，計程不能達。乃弛其服裝，質饌而食，賃榻而寢。生恚怒方甚，自昏達旦，目不交睫。質明，乃策蹇而去。既至，連扣其扉，食頃無人應。

查〈長安地圖〉，宣陽里乃平康里南鄰，二者之間僅一條大街相隔，如果不是因宵禁而里門關閉，滎陽公子不可能到不了宣陽。

㈢商業行爲頻繁

透過商業行爲，「都市」提供居民衣食住行等各方面最便捷的服務。〈任氏傳〉中出現數次女主角購買成衣的情節。第一次是鄭六到成衣店一帶逛街，遇到了曾與他發生一夜情的任氏，云：

經十許日，鄭六遊，入西市衣肆，瞥然見之。曩女奴從。鄭六遽呼之，任氏側身周旋於稠人中以避焉。

當時，鄭六已經由賣早點小販的指點，知道任氏是狐妖，而任氏也瞭解自己身份暴露。兩人衣肆重逢，鄭六向任氏表白不記前嫌的立場，雙方情火復熾，決定賃屋同居。

紡紗織布在農業社會屬於女紅，縫紉製衣是一般婦女展示手藝的工作。因此，成衣店的普及程度應該遠不及現代都市處處有服飾專賣店的情況。可是，都市就有成衣店的開設，以滿足自己不做衣裙的族群，任氏就屬於此一族群。〈任氏傳〉中第二次提到任氏購買成衣的癖好，云：

> 任氏以衣服故敝，乞衣於崟。崟將買全綵與之，任氏不欲，曰：「願得成制者。」願得成制者。」崟召市人張大為買之，使見任氏。

引文中「全綵」意謂「布料」。任氏不接受韋崟贈與她的布料，而要求成衣，韋崟順從於她，於是召來商人張大替任氏洽購。爲此，作者沈既濟亦加入一小段評論之語，云：

> 竟買衣之成者，而不自紉縫也。不曉其意。

沈既濟透露任氏自己不縫紉，直接購買成衣的這種習慣，在當時的農業社會頗不尋常。

除了購買成衣一事以外，文中還有一則買賣馬匹的情節。這段情節一方面透露昭應縣掌管御馬的小吏，在御馬死亡後不加以除籍，反而私呑飼馬之糧芻費用。二方面顯示小吏在東窗事發之後，爲了逃避上級追索，於是來到京城市場，尋找特徵類似的馬匹以充數。三方面彰顯任氏的神機妙算：她指點鄭六籌錢五、六千元，去購買有此特徵的馬，再以三萬元賣出。

(四)多伶人

雖然〈任氏傳〉中任氏實際身份爲妖狐，但是她每每表現出自己是出身倡優家庭。順著這個線索發展而下，「多伶人」成爲本傳傳達的另一種京城現象。當任氏與鄭六一夜情之後，她藉口自己的兄弟「名係教坊，職屬南衙」身份，催促鄭六離去。「教坊」爲官設機構，掌管俳優藝人。教坊所在地爲「南衙」。王夢鷗註釋引《新唐書・百官志》〈大常寺大樂署〉云：「開元二年（七一四）京都置左右教坊，掌俳優雜伎，以中官爲教坊使。」崔令欽〈教坊記〉云：「西京右教坊在光宅坊，左教坊在延政坊，右多善歌，左多善舞。」㊳查長安地圖，光宅坊在城北大明宮南鄰，延政坊地點不詳，地圖上有「延政門」，是大明宮南向與長安城相連的五個門當中最東邊的一個門，對面是長樂坊。則所謂「延政坊」可能就是長樂坊的別名。大明宮與教坊的密切關係，可由大明宮是爲了「避暑」之由有關，都寓有消遣之意。位於四方形長安城的東北城牆之外得大明宮，建築於太宗貞觀八年（六三四），以備太上皇清暑。據《長安志》所云，此宮「有廿一門、廿四殿、四閣、四省、十院及樓台堂、觀池亭……。每天晴日朗，南望終南山如指掌，京城坊市街陌，俯視如在檻內，蓋其高爽也。」㊴

〈任氏傳〉其他部分提到「伶人」部分，包括任氏向韋崟自供出身，云：

某秦人也，生長秦城，家本伶倫。中表姻族，多為人寵媵，以是長安狹斜，悉與之通。

又如，韋崟看上一名樂妓時，任氏表明自己認識該女，云：「此寵奴也，其母即妾之內姊也，求之可也。」

因爲人口密度高加上競爭激烈，京師的伶人應該比其他地區的伶人水平更高。〈長恨歌〉中的琵琶女彈奏的水平，對於離開京城許久的白居易而言，不啻是「仙樂」而已。琵琶女自稱「十三習得琵琵成，名屬教坊第一部」，又閒談起當年在京城風光的種種場面，以及嫁作商人婦以後，時不我與感傷時，終於勾起香山居士內心的痛處。於是一連串消沈、頹喪的心事，終於化爲淚水，一湧而出，〈長恨歌〉末段云：

我聞琵琶已嘆息，又聞此語重唧唧！同是天涯淪落人，相逢何必曾相識！我從去年辭帝京……嘔啞嘲哳難為聽。今夜聞君琵琶語，如聽仙樂耳暫明。莫辭更坐彈一曲，為君翻作琵琶行。感我此言良久立，卻坐促絃絃轉急；淒淒不似向前聲，滿坐重聞皆掩泣。座中泣下誰最多？江州司馬青衫溼。

結語

除了〈任氏傳〉之外，沈旣濟以「宦海浮沈」爲主題，另一篇著名的傳奇〈枕中記〉，有笑看人生的旨趣。以邯鄲道上小店爲背景的〈枕中記〉，一來沒有沈旣濟自己敘述寫作動機的獨白，如同他在〈任氏傳〉末的聲明，二來沒有刻意描述的都市環境印象，也沒有〈任氏傳〉一般任氏與鄭六生離死別的結局。可見，〈枕中記〉的趣味在「寓言」而〈任氏傳〉關懷的是社會寫實面。

長安城內街道分明、規劃良好，無論商業活動與娛樂事業，都是在規定好的區域內進行，並且受到「宵禁」之法的管制。法律對於人們的起居雖有限制，但是從〈任氏傳〉〈李娃傳〉與〈霍小玉〉等傳奇看來，京師繁華地對於人們的私生活方面，有更多的誘惑。

至於都市裡面貧富差距之大，亦是無法避免的事實。得勢者固然可以乘車馭馬馳騁於朱雀大街之上，但是步行於巷道之間者，如初次與鄭六見面的任氏，甚至淪落到以乞食為生者，如〈李娃傳〉裏的滎陽公子，亦是存在的事實。杜甫詩句「朱門酒肉臭，路有凍死骨」更是對長安這個權力中心的諷刺。

失去原有官職與地位的沈既濟與白居易，都被迫離開帝國權力的核心—長安。一種「邊緣人」的心態，使得他們所追求的「美」，呈現出精緻而頹廢。沈既濟頻頻說任氏很美的同時，也不停的在挑戰傳統禮教。然而，他畢竟還是官僚體系的一份子，宣導儒家教化是他的職責所在。因為儒教是社會穩定的基石，所以，在「女德」上有缺陷的任氏，終究不可能被歸入「人類」，而被置放到「妖」界。雖然如此，沈既濟在《任氏傳》之末，仍然以任氏的對鄭六忠貞不二的優點，來諷刺當時不貞的婦人，並遺憾鄭六為能盡護花使者之全功，云：

嗟乎！異物之情，有人道焉。遇暴不失節，殉人以至死，雖今婦人，有不如者矣。席鄭生非精人，徒悅其色而不徵其性情。

沈既濟繼續敘述，如果鄭六乃有才之人，則必能體會任氏內在之美，並以文章繼之。由此看來，沈氏自詡其為眞正知道任氏之美者，並吐露自己懷才不遇之情，云：

惜鄭生非精人，徒悅其色而不徵其情性；向使淵識之士，必能揉變化之理，察神人之際，著文章之美，傳要妙之情，不止於賞翫風態而已。惜哉！

〈任氏傳〉〈琵琶行〉以及現代小說家林燿德的〈大東區〉都絕對的肯定了首都的「權威性」。對白居易而言，京城來的音樂最美好，而〈任氏傳〉與〈大東區〉更是傳達出「城內生、城外死」的訊息。雖然，無論是在長安或是在台北，小說裏的男女主角們，都不是「權力核心」份子，但作者都讓他們在情慾方面獲得滿足。相對而言，〈任氏傳〉裏的天生享有「政、經」權力的韋崟，就成了永遠得不到愛的可笑對象了。

王夢鷗敘述〈任氏傳〉對後世影響時，將此篇與《聊齋誌異》中的諸作相比，王氏云：

> 降及金、元，董解元《西廂》開場曲子，關漢卿《謝天香》雜劇楔子，並以「鄭六遇妖狐」為典實，明人《二刻拍案驚奇》二九〈贈芝麻識破假形〉且謂其事「如任氏身殉鄭六」，由足見其餘波蕩漾，垂千年而未艾，然則蒲松齡《聊齋誌異》所談者，不過為其雲礽嗣響而已。㊵

《聊齋》裡狐仙鬼怪的魔法與綺靡情色，與〈任氏傳〉、〈琵琶行〉都流露著中國式的「頹廢」趣味。林燿德〈大東區〉是現代都市傳奇，也可一併歸入此類。

【附註】

① 《校釋。「任氏」敘錄》，頁五七。

② 鄭振鐸〈談《金瓶梅詞話》〉，吳晗、鄭振鐸等編《論金瓶梅》，（北京：文化藝術，一九八四）。

③ 杜國清〈台灣都市文學與世紀末〉，《台灣文學英譯叢刊》Taiwan Literature: English Translation Series, The Interdisciplinary Humanities Center, University California, Santa Barbara. p.VII

④ 梁實秋《梁實秋論文學》，台北：時報文化，民六七。頁一四四～一四六。，

⑤《藝術辭典》為美國 GROVE 書店一九九六年出版的巨型工具書，曾獲得多向出版獎項。請查閱《藝術辭典》（The Dictionary of Art）網站，http://www.grovereference.com/TDA。

⑥ 原文(稍有出入)，云："The term also indicates the willful rejection of contemporary social and artistic norms by rebellious individuals or groups seeking to bring attention to themselves or to their causes. Such rejection can be retrogressive; the Arts and Crafts Movements sought to reverse the apparent decline in the arts caused by the Industrial Revolution by going back to the 'pure' work of the individual artisan." Jane Turner (ed.), The Dictionary of Art, (N.Y.: Grove, 1996), p. 595.

⑦ 例如，愛得華・昆(Edward Quinn)的《文學與主題辭典》(A Dictionary of Literary and Thematic Terms)用諷刺的語氣解釋「頹廢派」，云：「為了達到獨特的藝術視野，藝術家應該嘗試新的體驗，包括出軌的性經驗與吸毒。」"…… the artist should experience with new sensations, including sexual deviation and drug use, all in the name of achieving a distinctive artistic vision." Edward Quinn, A Dictionary of Literary and Thematic Terms, (N.Y.: Facts on File), 2000, p. 78.

⑧ 解志熙《美的偏至－中國現代唯美－頹廢主義文學思潮研究》，（上海：上海文藝），一九九七，頁二五三～二五四。

⑨ 原文云：" Decadence can, however, have a positive connotation, pointing to the breakup of and old society of style out of which something new emerges, to the rejection of a society in order to regenerate it with fresh spiritual values and creative vigor." 同註④。

⑩ 原文云：" In its typical application to society, literature and the fine arts, decadence is usually pejorative, implying a negative moral judgment. Such usage marks the hostile response to change, to uncertainty, to the loss of ideals and ultimately to death." 同上。

⑪ 平路〈當代台灣科幻小說的都會冷酷異境・講評意見〉，《當代台灣都市文學論》，（台北：時報，一九九五），頁二八四。

⑫ 同上，頁二七四。

⑬ 林燿德《大東區》，（台北：聯合文學），民八四。頁一～五二。

⑭ 本文引用唐傳奇的版本，爲王夢鷗《唐人小說校釋》，（台北：正中），民七二。

⑮ 同上，頁一六五。

⑯ 同上，頁一九三～九四。

⑰ 同上，頁一九四～九五。

⑱ 同上，頁八二。

⑲ 康德(Kant)就在《判斷力批判》(Critique of Judgment)之中，把官能及心裡滿足帶來的快感和美感及藝術活動帶來

的滿足劃分開來。前者是非理性的，後者是出自人的感官經驗和理性的結合。Immanuel Kant, Critique of Judgement.,(N.Y.: Hafner, 1972)（中文）康德著，宗白華譯《判斷力批判》，（北京：商務），一九八七。

⑳ 同上，頁四一。

㉑ 史文鴻《西方當代美學》，頁八六。

㉒ 同上，史文鴻云：「康德的理解，其實避免了客觀主義（認爲美是一種客觀存在的物質）及主觀主義（認爲美只是各人喜好和感受）的陷阱，他提出的是一種『主觀的普遍性』（subjective universality）」史文鴻引康德之語，云：所以鑑賞的判斷，既然意識到他內部並沒有任何利害的關係，它就必然只要求對每個人都能適用，而並不要求客體具有普遍性。這就是說，他指示和主觀普遍性的要求連接著的。」同上，頁八五。

㉓ 同上，頁四三。

㉔ 同上，頁四三。

㉕ 同上，頁四六。

㉖ 「在十九世紀末葉，逃避現實的頹廢藝術家，時常將注意力放在馬戲表演團體。馬戲團裏的馬戲團裏的魔術師、小丑、特技、雜耍成爲藝術家秀拉、西揑克、與稍後畢卡索，作品中的重要主題。」原文"In the later 19th century escapist fantasies ofter focused on the world of the circus, its magicians, clowns, acrobats and jugglers being pregnant themes in the art of Seurat, Signac and later Picasso."《藝術辭典》（The Dictionary of Art），頁五九六。

㉗ 「紈褲子弟（蕩遊者）— 從英國武陵年少卜魯摩得來的靈感 — 是頹廢派畫家馬奈與蓋茲以都市環境爲背景的

畫作特色。出入社會的紈褲子弟，穿著獨特的黑色以表示其高貴優雅，但不久這種裝扮就被視爲是落落不群。頹廢派代表作家之一的波特來爾，總是穿著黑色，黑色也進入了法國畫家—特別是馬奈與戴伽斯的調色盤，除了黑色本身的緣故以外，黑色也代表向當時學院畫派家的抗爭。」《藝術辭典》頁五九六。原文："The dandy, or flaneur, ultimately derived from the English dandy Bear Brummell, was the prominent figure in the urban environment of decadence and in the paintings of Manet and Constantin Guys. In and out of society the dandy wore black as a mark of separation, as a sign of his elegance, but it soon became a more general symbol of apartness. Baudelaire always wore black, and black entered the palette of French painters, especially Manet and Degas, for its own sake and in opposition to current academic painting." 波特來爾亦是象徵主義(Symbolism)的創始者之一，有關他都市遊蕩者的形象，請見張漢良。

㉘ 本文對長安城都市計畫的資料參考，主要來源於許尊仁《唐代長安都市計畫之研究》（以下簡稱《長安都市計畫》），文大碩士論文，民五八。

㉙ 許多近代日本學者著書研究唐朝長安城，諸如平岡武夫《唐代的長安與洛陽》石田幹之助《長安的春》矢崎武夫《日本都市的發展過程》等。

㉚ 「昇平」可能是「昌平」或「昇道」二里合稱，或是昌平里之誤。查〈長安圖〉並無昇平里，依逆時針方向有昌平里在宣平里南方，昇道里在昌平里東方，新昌里在昇道里之北，四里形成一個大的四方形。新昌里就是鄭子與韋崟二人相約喝酒之處。見王夢鷗《唐人小說校釋》（以下簡稱《校釋》），台北：正中書局，民七二，

地圖頁二。

㉛ 同上，《校釋》第四條，頁四八。

㉜ 同上，頁一八。

㉝ 頁一六～一七。

㉞ 同上。

㉟ 同上，頁三〇。

㊱《校釋》第四八條，頁五二。

㊲《長安都市計畫》頁一九。

㊳《校釋》第一三，頁四九。

㊴《長安都市計畫》頁二五。

㊵《校釋。「任氏」敘錄》，頁五六。

非佛非道只是觀省

——有關生命觀照與美的聯想

王樾

一、前言：由對題反省出發

最近旅法華人作家高行健先生榮獲諾貝爾文學獎，一時之間國內外文壇掀起一陣中國文學熱，《靈山》、《一個人的聖經》……等代表作品也成爲衆人爭相賞析、研討的對象。對我而言，身爲一個華人，當然深深以他的成就爲傲，但弔詭的是，高先生的文學作品本身卻沒有引起我太多的關注，反倒是他面對媒體及文學愛好者相關的一句看似清淡又乏嚴格學術論證的談話——「非佛非道，只是觀省……」，卻深深觸動我內心的某種情愫，而這份心靈深處的悸動，使我久久低迴不已。

這原本只是我個人內心的悸動與共鳴，純純粹粹只是個人的感受，實無客觀化、形式化的必要；亦即它原本可留在個人的心中，以某種感動，以某種不拘形式、不拘學術規範，有點理解卻又未完成的缺憾存在；如是，將可提供個人更多自問自答、自省自悟的空間，在美的歷程中，不斷地在存在的生命歷程中去趨向自我的完成，在不爲人知的祕密花園的一隅裡，享受花開花落、花落花開的悲喜。

是的，確實如是：在我個人膚淺的理解裡，我天眞的深信，在純粹自我的發現與表現上，不論是德性、智慧、審美，都可單純地在生命的本身中圓滿具足，它可以但不必仰賴外在的形式去表現，亦即它固然可化爲外在的形式表現，客觀化、固定化、永恆化地以符號留存並與他人相溝通；但亦可不必如此，而僅僅藉自己生命的本身，不藉符號，不依任何格律、框架而自我呈現，它雖無外在形式之橋樑，但亦有可能，除是「一個人的聖經之外」，也同時可能成爲另一有此生命境界的存有的經典，亦即不必形式橋樑的溝通，個別生命自性的呈現，看似孤絕，卻仍有相通的可能性或具有共通感。

我上述的個人天眞的偏執，似乎正如西方符號論美學家蘇珊・朗格所言：「純粹的自我表現不需要藝術形式。」①其實，生命的觀照，自性的呈現，純粹自我的表現，其動機、修證功夫、目的可能俱與美不相關，但其功夫及所造就之主體親證之境界卻可與美自然相遇，使美的欣賞與感動成爲可能，且可使美不必需藝術的形式而直接與生命面對、相遇、相融、一如。在無藝術形式規範下，直透藝術創作所追尋的美。

基於上述，依個人淺見實無撰此文之必要。

然而，此時刻我卻必須撰述本文。這裡所謂「必須」其實在本質上並不具備「必然性」或「必須性」，因爲，我的主體是自由的，是可選擇的，此點係就究竟義而言；然而就方便義而言，如我自覺、自願選擇此一「不必然之必然」、「不必須之必須」，因我的自由選擇，此一不必須因未妨礙我的自主性之故，此一方便終未與究竟相違，而化解兩者之間的對立，而取得撰述此文的不違理義的基礎。

此其一。

此外，就生命的存在歷程觀之，人常須做不必須做的事情，是虛擲生命，亦是歷鍊。人固然具有「主體的能動性」，去開創、去實踐其本具之自由，但人在未完全自覺自證之前，生命的「主體能動性」固然仍予以最高之絕對肯定，但在存在的具體生命歷程中仍在在受到大大、小小，各種輕重程度不同的相對限制——來自生命未覺及生命處境、歷史處境的制約。人是可以自由的，但亦在生命的處境當中時時受制於未覺及環境相關的制約。此點，亦可藉由思想史的角度來作一觀察。思想史家史華慈有云：「所謂思想史就是人類對於他們本身所處環境的意識反應；這些意識反應有時又會反過來指導人的行爲。」②依此定義看來，思想史所關切的不僅是要探索觀念的歷史——著眼於某些觀念的歷史發展，研究某些觀念如何在不同的時代以不同的側重的內容特點出現，進而分析這些觀念之間的衍生關係、邏輯關係、理論化的建構過程及內在理路以及與其他觀念之間所產生的激盪之外③，更還應包括了人類意識生活的整體。因此，思想史的研究，除就思想論思想，注意理論的還原與重建(理論化、系統化如何成爲可能？如何合理？)之外，實必然地與個人獨特的生命處境與整體社會的歷史處境有一定程度的相互聯繫、相互影響的關係。言之，除檢驗理論建構的思想部份外，亦宜將思想活動放在存在感受包括個人獨特的生命處境和時代共通的歷史處境中)的架構中去理解；如此，方能掌握存在感受與意識之間互動，再以此爲基礎，進而探究思想的內容和理論化的建構原理，透析其內容、價值與意義④。由上述可知，人類的意識活動與思想，固然有其一定的獨特性、開創性，但也必然與其存在感受密切聯繫，換言之，因與存在感受密切相聯，於是思想與個人的生命處境與歷史處境的互動性當能確定，因此，思想固然有其自主性格，但亦某種程度受到生命處境與歷史處境的制約。換言之，個人生命主體的自由在開展的過程仍不可避免的與其生存的處境有一定程度的制約關係。故人可選擇，而在未證之前，其選擇之自由，係在某種制約下的選擇。此其二。

基於上述，我還是撰述本文，試就所示題目，嘗試加以析論。

二、兩個可能的知性架構的提出

既然要爲文析論，個人個別化的所思、所感，就必須客觀化、形式化、格律化。就知識活動而言，就必須依論文寫作的原理、規範，客觀化，知性化的加以依證論理的剖析。知性化的規範性要求，便本文主題「非佛非道，只是觀省」從一句輕靈的告白，轉瞬間變爲「沈重而艱難的決心」，輕如鴻毛與沈重如山之間的幻化，成爲「生命中不能承受的輕」！學術的知性追求雖不必然造成美的隕落，但是否造成美的暫別？(這點暫停討論)

欲剖析本文主題大約可從兩種類型的研究架構出發。第一種架構，可就高行健依前述思想史的研究方法加以研究。先將「非佛非道，只是觀省」這句告白，不加以任何歷史、文化、知識、語意、思想、美學……的解讀，只純粹地將它界定爲這是高行健的個別的、獨特的美學理解、體悟，亦即先排除這句話除高行健以外的任何解讀方式或聯繫，將它還原到高行健說這句話的本身，欲以高行健自己的體悟去解釋高行健自己的告白⑤。換言之，將它先視爲依高行健而有的特殊、獨特性的一個命題，不將它普遍化，但它假設具有一定的內容與意義，但此一內容與意義應還原於說者本身的理解去加以理解。

欲就此一角度加以理解，就必須先蒐集並不加任何閱讀者本身的見解去逐字閱讀高行健本人所有的美學理論的專著、論文、雜文、演講稿乃至文藝創作的作品。先從其相關的美學論述中，就美學思想論美學思想，分析他美學思想的淵源、美學思想的核心概念，建構其美學理論的主要內在理路，檢驗其美學理論化的建構過程，可否證成一套理論？而設若可，再檢驗其整套美學理論之核心概念或思想理則的主線是否與此一論述——「非佛非道，只是觀省」相契合？

設若上述檢證，其結果係肯定，則再蒐集並閱讀其所有或具重要代表性之藝術創作作品，各種不同的作品雖因藝術表現形式不同而不同(如戲劇與小說之不同、如小說與散文之不同、如繪畫與劇本之不同……)，但其作品的內在生命精神與美學理念與感動是否由不同的形式、題材、表現、角度、方向，統一而回歸於他的美的理念與追尋，而與其內在生命之觀省如一或呼應？

設若上述檢證，其結果係肯定，則蒐集並研究其相關歷史處境與生命處境(其心路成長歷程、尤其是藝術、文學之生命旅程密切相關者)的時代普遍性與個別特殊性的材料，及其美學思想、藝術創作與上述存在感受與生命處境、歷史處境的互動性，發現其內在的關聯與可能影響。

復次，在將「存在感受與意識互動」、「理論建構過程還原重建」二者整合後，再將其美學理念及實踐擺在當代中國小說史中作縱向、橫向評比，擺在當代世界文學趨向中作評比，再判定其價值、特色與意義。

以上這一分析架構係以高行健「非佛非道只是觀省」視爲一個別性、特殊性的命題爲出發的探索，進而再進入當代文學史或美學觀念中作評析，探究除個別意義外，再探究其是否具有普遍性的意義與價值。

此外，還可提出另一種類型的研究的觀念架構，亦即二可行的分析架構。這種方式是不將高行健所云：「非佛非道只是觀省」視爲高行健的獨特性或獨有，而是採它視爲雖係高行健所具之相關美學理念的性格，但亦具人類生命存在過程中普遍性的性格，因此，可將高行健視一個引子，引子在功能發揮後可以放下，而將「非佛非道只是觀省」作爲一個具有普遍性意義的命題來加以反省、探究，探究它在從吾人生命觀出發，於審美、美學以及藝術創作上的意義。於此，將可展開一種以中國哲學及美學理論爲根底的探究，去探究「生命觀照與境界美學」此一中國傳統哲學、人生哲學及美學、藝術創作……等相關的具普遍性意義的一系列問題。

其實個別性的意義，反省與普遍性的意義、反省都重要，要言之，後者能提供前者基礎，前者係在後者的共性上作個性的發揮與創造、實踐。借佛家語言來說，後者是共法，前者是不共法，不共法中有共法之基礎，不共法雖有共法中所無，但亦不違其法；故共法是根本，普遍性意義是根本，具普遍性意義之命題看似平凡、簡單，但卻不平凡而艱難，且宜優先處理。基於此，由「由非佛非道，只是觀省」所引出的「生命觀與境界美學」、「生命觀照與美的追尋」、「生命觀照與藝術創作」……，諸如此類的相關問題，其在美學、在藝術創造中的重要就自不待言了。

若以「生命觀照與境界美學」爲一主題試作探究，它又將必須進入知識層面，因此，亦必須透過一個知性的觀念架構進行知識性的建構與論證。此外生命的觀照扣緊了生命的本身，生命的超越與生命的限制是一體之兩面，於是首先面對的是生命的限制。以此爲基點，試提出下列步驟：

㈠生命何以有限？
㈡從有限邁向無限的必要性與可能性
㈢生命超越的幾條可能的路徑
㈣儒家的生命觀省與生命精神(或生命境界)
㈤道家的哲學思想與生命精神(或生命境界)
㈥佛家的哲學思想與生命精神(或生命境界)
㈦中國傳統哲學的生命觀照與境界美學
㈧生命觀照的境界美學與藝術創造的關係

上述架構是一簡之又簡的架構，每一小題又可延伸出相關的大架構，顯而易見的，在學術活動或知識活動的進行中，必然要參引大量的材料、多而精的解析理論、觀點及各種繁複細密的論證。在一篇精簡的會議論文以及個人時間、精力、學力……等限制下，本人實法在本文中立即執行並證成；同

樣的，前述的提出的一種架構亦復如此。(這一點請大家務必原諒，我並非賴皮而係眞誠地面對自身的限制)

沒有執行，沒有論證，這是事實；但爲什麼還要提出呢？是不是毫無意義呢？我想，我要表達的是雖然目前我沒做、也沒有能力做、但上述兩架構是具可行性的，也是可以證成的。假設有人執行了，證成了，將可證成什麼呢？我近乎天眞、幼稚地認爲上述兩個知性的觀念架構若執行並證成了的話，前者將可建立一套對「高行健美學思想論析」的解釋學；後者將可建立一套對中國傳統人生哲學「生命觀照與境界美學」的解釋學；都將對相關的學術作出知識性的貢獻。當然這需要比本人優秀的所有關切上述問題的學者專家持續的努力，以知識性的活動來加以實現。(至少，在本人今天所發表的文字中是不可能企及的)

三、觀照境界與美的聯繫

如本人在本文二、之部份所述，上述二知性架構都重要，但我認爲第二架構與第一架構相較更具優先性；在此，由於有些意見我仍想表達，所以請容許我作一個大幅度的、假設性的跳躍，以暫時提供或取得以下表達的立足點。

設若第二架構已執行完畢、且已證成生命觀照確可建立境界美學，那麼，觀照、境界與美與藝術創作又有何關係呢？

在此，我們面臨了兩種態度及可能。第一種，因不合知識規範、不合實際經驗，應立即停止閱讀、停止討論(就讀者、就與會學者而言)，並立即停止下一步表述(就作者而言)。這種態度在嚴謹的學術規範的要求下，是基本的、合理的、正確的、應該的，我也願意虛心的接受此一拒絕。第二種，雖不合知識規範要求，也鬆散不堪，但仍有一些些、一點點學術性的趣味，就暫以一種超越知識規範要求的包容心，開放性格來對待——雖非學術論述，但因略具學術性與未來開展的可能性，姑且同意其假設，暫準設立此一繼續討論之基點，讓本文延續。

上述兩是可選擇的，亦可同時於一群體、同一場域中，各以個別的不同的選擇而存在。因此，願立即停止者，即立即停止；願繼續進行者繼續進行。

精簡而言，觀照是一種生命自我省查的功夫，是一重重框架、透析框架、超越框架限制，「如實知自心」的覺醒功夫與過程，亦即打破一切差別對待，「通天地萬物人我於一體」的修證功夫，是主體修證、親證的功夫；同時因主體親證所及故，是功夫亦是境界。什麼樣的功夫就現什麼樣的境界，什麼樣的境界就是下了什麼樣的功夫。茲以佛家的語言爲例來說，菩提就是『如實知自心』的命題(大日經)。『如實知自心』，覺悟眞理就是不斷淨化或純化自己認識的一個過程，是審視、觀照純粹的認識——心體的一個過程，當認識達到純極絕妙的時候，就是覺悟」⑥，明白性空相有二而同一，終極眞理實同現實世界的統一性、無差別性，……兩極對立存在根本上的同一性。……自心即是佛心，煩惱即是菩提，貪染即是清淨，世間即是出世間，生死即是涅槃，衆生即是佛。認爲把終極眞實理同現實世界加以分別開來的認識，就是衆生，就是世俗的認識，是虛幻的，錯誤的。反之，就是佛，就是純粹的、最高的認識、是眞實的、無妄的、……兩極對立的統一，……對立的圓融統一，……稱之爲平等、無二。對立到最高的統一時，「非衆生境非佛境，是中非佛非衆生；衆生自心即佛心，覺了無佛無衆生」《名義經》⑦。而此非他，乃「本然智」、「本來覺」。

其實有關這一類佛家語、道家語甚多，不一一列舉；撇開宗教意味，與美密切相關的是打破一切差別對待的「不二」、「一切如如」的境界。根據現代心理學的研究，當人在凝神觀照的禪定狀態，也正是人的潛意識十分活躍的時候，往往能使人下意識地產生無數奇幻的聯想。心理學家馮特就指出：「人的意識閾內存在的僅僅是自己感知的外部印象的一部份，人們可以清晰地、邏輯層次分明地記憶起這部份稱之爲『統覺』的印象，它們是被理智所領悟、所儲存的。但是更多的外部印象只存在於人的意識閾外，人們接受大量這樣的信息，但並不能自覺地記憶它，而只是在受到某種刺激時才能觸發它或是在下意識活動時喚回它來，而平常它是模糊的。當人們進入禪定(觀照)狀態時，壓抑的只是大腦皮層一部分興奮區域——但即使是人熟睡時，大腦皮層也還一部分在活動，人的夢境便是這種活動的結果——而潛意識的活動始終存在。……在這種潛意識的活動中，由於外界事物干擾的排除、理性邏輯思維的中止，深層意識尤其是閾外儲存印象活躍，所以產生的聯想是自由起伏、飄忽不定、無邊無涯的，雖然它……往往缺乏邏輯層次，也缺乏必要的中介，但是平常一般按部就班的程式推導不了的，在這裡會得到豁然貫通，以一般邏輯聯想不到的，在這裡可以發生聯想，它在邏輯上往往發生錯誤，但能在藝術上產生奇異的效果，我們稱之爲大跨度跳躍式的聯想。……在(禪宗)凝神沈思中，思維已經突破了語言、物象、概念、判斷、推理的束縛，……一刹那間，突然徹悟，當它最後被語言或畫面表達出來的時候，語言與畫面所固定化的聯想已經在思維過程中經過了大幅度的跳躍……。」⑧「在大跨度跳躍式的聯想中，人的感覺超越了具體的物象、甚至超越了具體的情感，馳騁在無邊無際的……莽原上」⑨，藝術聯想(審美、美感的契入)必須是直覺的、非功利的、有情感的。……靜默觀照、沈思冥想，由於它是大跨度跳躍式的聯想，由於它是用全副身心從事物中體驗人的清淨本性，由於它講究拋棄一切世俗功利並提倡幽、深、清、遠、澹泊的生活情趣，所以……恰恰吻合了文藝心理學上的直覺、移情、欣賞距離及聯想等審美活動。」⑩

由此觀之，生命的觀照其出發點原係德善的或擺脫限制超越，但在超越的同時，純善亦提供了美的可能。如前文所述，觀照是功夫，境界是主體親證親及，生命的觀照固可成就生命德性、善的提昇、超越，如以此應物，亦能契入美的欣趣，且不必藉外在的藝術形式，純以就自身生命、生活本身呈顯美，在生命境界中直透美的本身，這就是我在前言部份所言，純粹自我的表現(或自性的呈現)可單純地在生命本身中(存在的具體歷程中)圓滿具足，不必藝術形式、不必藉符號，即可以主體親證的生命境界與美自然相遇，直接契入交融的緣故；同時這也是中國人生哲學中極重要的特質。

然而生命觀照固然可能成就境界美，直接與美自然相遇、契入交融，但是，如果欠缺藝術形式或符號化的過程，將仍無法創造出藝術作品，換言之，它雖可掌握美，卻無法成就藝術創作活動。它提供了基礎，但無法完全成就。換言之，生命觀照可成就境界美學，境界美學不必藝術形式可契入美的本身，但不能創造出美的作品。

「凝神觀照、沈思冥想即構思，僅僅完成了藝術意境創造過程的前半部，而一個完整的意境的完成，還要包括欣賞者的藝術聯想在內。……它必須有藝術家(觀照、冥想、創造)、作品(聯繫的中介)、欣賞者(欣賞中再創造式的聯想)三個部份才能產生。」⑪至少，它要透過藝術的創造活動，結合了藝術形式將它表現出來。生命的觀照與境界提供了藝術的「內在生命形式」，何謂「內在生命形式」呢？我們可以借渥格林的話來加以說明：「制約所有藝術現象的最根本和最內在的要素，就是人所具有的『藝術意志』，它是所有藝術現象中最深層、最內在的本質。『藝術意志』來自人日常應世觀物所形成的世界態度(宇宙人生觀)，即來自於人面對世界所形成的心理態度、印象、感受等等。」這未成象的「意」，乃係主體內心經驗的複合體，它包含感覺、思維、性格、氣質、意志、情緒……，且彼此先後進行交叉、滲透、融化、甚至矛盾、排斥。」⑫正如羅勃·馬格尼羅尼亞說：「我們所謂作者的特徵，其實就是『經驗樣態』的全體。而所謂的『經驗樣態』，乃是被複製於……作品中作者生活世界的特徵。」⑬而此一內在的生命形式必須要與藝術形式相結合，而「符號表現是人類意識的基本功能」，「人類是進行符號活動的動物」，「一切人類的文化現象和精神活動，如語言神話、藝術和科學，都是運用符號的方式來表達人類的種種經驗。」人類的種種經驗——如情感、概念、意蘊……是無形的，且會瞬間消失的，必須藉符號來「固存」，以形成永恆的「生命形式」，因此，朗格指出：

「藝術就是將人類情感(即內在生命)呈現出來，把人類情感(內在生命)變爲可見或可聽的一種符號手段。」⑭如此，方能將內在生命的精神(意境或意)，藉符號化，固存化的過程，將生命內在精神(意境)投射或注入藝術的表現形式中，成就了藝術創造活動，創造而呈現了美；這也是中國藝術精神中「由技而道、由道而技」的圓融！

四、尾　語

由上述析論，似可得以下簡要平凡近乎常識的看法：「非佛非道，只是觀省」，可藉生命之觀照成就境界美學，可由生命自性的呈現應物直透美的本身，但不能圓滿成就藝術創作活動；不過它提供了藝術創作活動的創作者內在的生命精神與意境，再透過符號化、固存化與藝術形式相結合，將意與形交融，方可成就藝術創造，在創造中呈現美，並結合欣賞者在欣賞中再創造的聯想與共鳴，展現出生命與美共歷共遊的旅程。

然而，美的探究頂多成就了美學，但終究不是美的本身……。

【附　註】

①　見蘇珊·朗格《情感與形式》，劉大基譯，頁三，商鼎文化出版社。

②　參見史華慈撰，張永堂譯「關於中國思想史的若干基本考查」，幼獅月刊，第三十九卷、第四期，頁十九～廿五。

③ 參見張灝著《烈士精神與批判意識——譚嗣同思想之分析》，頁三，聯經出版社。

④ 參見史華慈撰、林載爵譯「政治史與思想史短辯」。收錄於黃進興、康樂合著《歷史與社會科學》，頁八十六，華世出版社。另亦可參見拙著《譚嗣同變法思想研究》，頁三~頁五，學生書局出版；另亦可參見拙文「理論的還原與重建——略論思想史的研究方法」，史繹第三期，頁一~三，輔大歷史系出版。

⑤ 這一部份除了是思想史研究中「就思想論思想」一部分的方法，似亦與現象學中的「中止判斷法」、「本質還原法」有異曲同功之妙。胡塞爾曾說：「爲使哲學恢復希臘以前那種高蹈的嚴格之學，就須躍入超驗的本質之學的範圍」。「……爲使人類重新恢復損壞扭曲了的看知能力」，「必須對人類的認知過程作一番檢討」。因此他提出了現象學的方法論：「存而不論法」、「本質還原法」、「現象學的描述法」。對研究對象進行普遍嚴格地存疑，而產生一種過濾與還原的作用，以「回歸到對研究對象直接的直觀，最初的根源中。」在探得根源之後，再將原先所「存而不論」的部份，攝入探討的範圍內，積極地以「現象學的描述法」將經驗中所能呈顯出來的事物，亦即將所研究的對象特質呈顯出來。這樣就避免「形上學家所謂探究現象背後潛存的本體，是任意的對直接在經驗中呈顯出來的現象，套加不能於經驗中呈現出的內層、底層的結構。」參見蔡美麗著《胡塞爾》，頁三三~三九及頁五九~六十，東大圖書公司。

⑥ 見呂建福著、《中國密教史》、頁八十七、中國社會科學出版社印行。

⑦ 同前註、頁八十六。

⑧ 見葛兆光著《禪宗與中國文化》、頁一七四、里仁書局出版。

⑨ 同前註、頁一七六。

⑩ 同前註、頁一七六。

⑪ 同⑨、頁一九六。

⑫ 見渥林格《抽象與移情》、魏雅婷譯、頁十四、亞大圖書出版社。

⑬ 見李正治譯「蝨斯翼上之釉——現象學的批評」，張雙英、黃景進主編《當代文學理論》、頁一七五、合森文化事業公司出版。

⑭ 蘇珊・朗格《情感與型式》、劉大基譯、頁三~八，商鼎文化出版社。

論名勝對聯及其藝術品位

長沙 中南大學 余德泉

中國有許多名勝景區，大多數名勝景區都有閃閃發光的對聯，人們一進入這樣的景區，就有一種特殊感受。文化素養高一點的人，還常常會品評玩味，流連忘返。這樣的情形，筆者已經歷過不知多少次。下面說一些切身感受。

一、名勝景區不能沒有對聯

名勝景區應當是自然景觀和人文景觀兩部分的結合體，二者相輔相成。自然景觀主要是山水。人文景觀則包含著多方面的內容，景區中一切文字的和非文字的文化藝術成分都包括在裏面。只有自然景觀而沒有人文景觀的景區是比較單調的，其美好景色，一般人都可以欣賞，缺少深層品位。從中雖然詩人可以感受到詩情，畫家可以感受到畫意，音樂家也可以產生音樂靈感，但是如果景區中還有人文景觀成分，他們的感受就會充分得多，深刻得多，其作品也會有更豐富的內涵和更強的感染力。賈政在《紅樓夢》第十七回中說得好：「偌大景致，若干亭榭，無字標題，任是花鳥山水，也斷不能生色。」①只有自然景觀的景區，人們往往去一次以後就不想去第二次了，除非是去換換空氣。長沙岳麓山這樣的名勝景區就不同，人們去過多少次，還覺得那裏有吸引力，因爲那裏既有山水，又有廟宇、碑文、墓廬、古蹟，還有許多很有欣賞價值的對聯。

對聯是名勝景區不可缺少的文化內涵，在名勝景區的人文景觀中，佔有重要的地位，在有些名勝景區裏甚至成了人文景觀的主要角色。這種地位和角色，是同樣作爲人文景觀的詩詞題記等所無法等同和取代的。這裏沒有貶低詩詞題記之類的意思，主要是因爲它們刻在碑石上，字一般都多而且小，遠沒有對聯那麼容易欣賞。人們到名勝景區，一般對詩詞題記都不大注意，對對聯卻往往駐足而觀。能欣賞到什麼程度並不重要，重要的是一進景區，老遠見到建築楹柱上挂有對聯，就感到有文化氛圍。如果還能看懂其中的內容，更會感到會心的滿足。一般地說，名勝景區如果沒有對聯，不僅是低層次的，也是不成熟的。

名勝對聯的一個重要作用，是可以昇華遊人的思想。一副內容好、技巧高的名勝對聯，常常可以給人留下不可磨滅的印象，使人受到諸多的啓迪，即使是單純寫景的對聯，有時也可以起到這個作用。這一點從後文的例子可以體會。⑤

二、名勝對聯的各個門類都可以給人以特殊美感。

哲理聯，可以使人感到精闢與深刻。峨眉山洪椿坪有一副說：

處己何妨真面目，

待人總要大肚皮。

對自己不能自欺，對別人應當寬容，人們可以從這短短的十四個字領會到很好的修身之道。再看新都寶光寺的一副：

世外人法無定法，然後知非法法也；

天下事了猶未了，何妨以不了了之。

上聯是說，有法而無定法，不死守常法本身也是一種法。下聯是說，天下事有些因一時條件不成熟，解決不了，暫時放一放，待條件成熟了，說不定不去解決它它自己就解決了。這不是要人消極等待，無所作爲，而是要人審時度勢，不能一味憑主觀意志辦事。此聯非常符合辯證法。

風景聯，可以使人感受到不同景區不同的風光特點。

四面荷花三面柳，

一城山色半城湖。

此聯描繪了濟南大名湖的景色。

紅樹青山，斜陽古道；

桃花流水，福地洞天。

此聯描繪了湖南桃花源的景色。

正因爲這些對聯都是針對所在景區的特點來寫的，讀了它們，不僅可以感到不同景區不同特點的美，就每個景區來說，還使人有身臨其境的感覺。

名勝景區的風景聯，也有些是針對性不強的，似乎放到這個景點可以，放到那個景點也可以。這種風景聯雖然也可以給人以美感，但不能幫助人們感受特定景區的特色美。

宗教聯，這裏特指那些宣揚宗教教義的對聯，可以使人瞭解各種宗教不同的追求和信念。這種對聯多見於名勝景區的佛寺和道觀，有些也含有一定的哲理，可以給人以啓迪。它同一般哲理聯的不同之處，在於其中的哲理是結合宗教教義進行宣傳的。

性本乎天，好在其中參妙諦；

心即是佛，更從何處見如來。

此聯題于雲南雲縣雲覺寺，作者張世卿。宣傳的是佛教練性修心的思想。

欲求寡欲先無我，

為所當為不問他。

此聯題於都江堰市青城山。宣傳的是道教清心寡欲、清靜無爲的思想。

儒家聖賢祠廟的對聯亦宣揚儒家的觀念。儒家過去沒有作宗教看待，但實際上帶有一種官方宗教的性質。

允矣聖人之徒，聞善則行，聞過則喜；

大哉夫子之勇，見危必拯，見義必為。

此聯題于濟甯子路祠，就是借稱頌子路宣傳儒家特別是孔子的思想。史事聯，寫與名勝相關的史和事。

漢魏最初名勝，

湖湘第一道場。

此聯講長沙岳麓山古麓山寺的歷史和地位，使到此之人油生景仰。

志在高山，志在流水；

一客荷樵，一客聽琴。

此聯見於漢陽古琴台，講的是春秋時期琴師俞伯牙在那裏遇知音鍾子期的故事。在古琴台讀到這副對聯，會感到特別動人和優美。

抒情聯，主要是抒發遊人的感受。即使是在同一個地方，面對同樣的景觀，不同的人由於身世不同，修養不同，心情不同，感受也會不一樣。所以抒情聯不僅豐富多彩，而且可以從不同的角度引起遊人的共鳴。

滕王何在，剩高閣千秋，劇憐畫棟朱簾，都化作空潭雲影；

閻公能傳，仗書生一序，寄語東南賓主，莫輕看過路才人。

此聯題于南昌滕王閣，作者爲清代周峋芝。聯語將滕王、閻公和王勃的影響作了對比性的描寫，表達了作者希望重視人才的心情。

天下名山僧占多，也當留一二奇峰，棲吾道友；
世間好話佛說盡，誰識得五千妙論，出我先師。

此聯題于廬山簡寂觀，作者爲清代李漁。聯語因何事而寫，說法不一，可以看出作者對廬山道士受到排擠的狀況，表示了極大的同情。

抒情可以借景抒情，也可以借事抒情，不管哪一種抒情，都要求二者水乳交融。

其他對聯，即上述幾種以外諸如歷史名樓，墓廬、坊塔等等之上題的對聯。這些對聯，各有特色，其好作品與上述幾種一起，使名勝景區顯得琳琅滿目，美不勝收。

三、名勝對聯精品特多的原因及其特點

我國的對聯，不管那個門類，都有許多精品。但在各個門類中，名勝對聯精品的比重所占最大，數量也特別多。其所以如此，有如下一些原因：

首先，名勝對聯總是刊刻懸挂在景區的公開場所，保存的時間長，欣賞的人多，要求很高，如果質量不行，必然貽笑大方。因此一般說來，作者在創作時都不會苟且。

其次，正因爲要求高，所以多請對聯名家撰寫，不是高手，一般不會被邀請。除了個別人而外，不是行家，一般不敢到這裏來染指，而既爲高手行家，水平自然不會低，至少基本規則不會違反。

第三、由於上述兩個原因，名勝景區的對聯，多經得起歷史的考驗。有些景區的對聯，挂了幾百

年至今仍光彩奪目。楊升庵題昆明西山華亭寺的一副②，就從明代一直挂到今天。

現在我們看到的明清至民國年間留下來的名勝對聯，有幾個特點非常明顯：

同一景區乃至同一景點的對聯角度多不相同，此其一。因爲作者明白，重複別人的東西是自己低能的表現，所以在創作之前，都要身臨其境進行考察，或者深入研究看人們已經寫了什麼，再來決定自己從哪一個的角度去寫。這樣一來，立意就各不相同了。

一般都有較高的意境、技巧和文學底蘊，此其二。這同作者的漢語、文學和傳統文化藝術根基與駕馭語言的能力有直接關係。很難想像，一個對我國漢語、文學和傳統文化藝術知識貧乏、運用語言能力比較差的人，會寫出質量很高的對聯。過去的知識份子在這個方面很有優勢。近幾十年來名勝景區挂出的對聯，大都出自老一輩聯家，水平一般也不低。但是人們在漢語、文學和傳統文化藝術方面的修養，已成每況愈下之勢，這是很令人擔憂的。

一般都符合傳統的聲律規則，此其三。對聯的傳統聲律規則叫馬蹄韻。這套規則包括句脚規則和句中規則，筆者在拙著《對聯格律 對聯譜》③中已有系統的闡述。符合馬蹄韻的對聯，平仄特別和諧，所以千百年來，凡在對聯創作上比較有成就的人，都遵循它。名勝對聯更是如此。即使有所打破，也只是極個別的情形，有的還是出於不得已。我在澳門、香港、越南等地見到的對聯特別是名勝對聯，絕大多數也是按這套規則寫的。臺灣淡江大學教授陳慶煌先生在〈楚望樓聯語的藝事成就及人情之美〉④一文中說，陽新成先生的對聯百分之六十五以上都嚴守馬蹄韻，這也說明馬蹄韻作爲對聯傳統的聲律規則，臺灣有素養的學人也是公認的。內地目前有些人千方百計找出一些「理由」來爲那些(有的其實是爲自己)不合規則的對聯辯護，儘管振振有詞，其實都是無謂的。

書法一般都很好，此其四。書法是中國又一瑰寶。書法可以借對聯得到顯揚，對聯也可以借書法而吸引遊人。書法好的對聯，人們會格外喜愛。過去的讀書人，從小就學對課，練書法，結果對聯寫得好，字也寫得好。二者一結合，便相得益彰。名勝景區的對聯，要借助書法的外觀吸引人，所以一般都請書法高手寫。遊人能夠在欣賞到一副好對聯的同時又欣賞到一手好書法，實在是一種極大的享受。

四、新名勝對聯現狀堪憂

內地有些名勝景區還沒有對聯。這樣的景區主要是新開發的，可能是一時資金不足，也可能是尚未認識到對聯對於景區的重要性。湖南張家界是一個結構獨特、風光優美的名勝景區，每年去的遊人很不少。上十年來，那裏房子多起來了，公路和機場也修起來了，但給人的感覺，除了大自然的造化以外，總少了點什麼。這就是人文景觀，特別是對聯。筆者第三次去的時候，看到天子山的一處建築上，也挂起了兩三副。最近聽說在那裏建了一個民族村，也挂起了一些對聯，寫得怎麼樣我不知道，但至少有一點可以肯定，張家界的人，已經意識到缺乏人文景觀特別是對聯的不足，正在充實這個方面的內容。至於老景區，由於當年革文化命的結果，如果不是受到特殊保護，對聯不是蕩然無存便是所剩無幾，保存完好的不多。改革開放以後，爲適應旅遊的發展，不能不對對聯進行恢復。這種恢復，從兩個方面進行。一是將部分老對聯重新製作懸挂，一是找人新作一些對聯。老對聯除了個別在內容上顯得有些陳舊而外，一般都不錯，尤其在藝術上是如此。新對聯不少也寫得很好，但也有一部分委實不敢恭維。這部分對聯筆者認爲至少存在三個方面的問題，這就是：缺少文學底蘊，語言功夫差，不合平仄之處時有所見。昆明世博園已成爲一個新的名勝，其對聯高度集中了這三方面的問題，是近幾年所見名勝景區對聯最差勁的典型代表。可以說這個園子裏的不少對聯丟了所在省區的臉，丟了昆明的臉，也丟了我們炎黃文化的臉。筆者曾在《昆明世博園對聯述評》⑤一文中進行過詳細的剖析，這裏只講兩個例子。

南詔古都，縱橫無際，文章百代融千景；

東吳小築，俯仰有情，畫本多張共一園。

此聯題於江蘇外館，對仗基本工整，但內容問題很多。須知世博會是在昆明舉辦的，而南詔古都則在大理，雖然南詔曾將其疆域擴大到雲南全省，但並未將現在的昆明作過都城。「南詔古都」四字這裏若指昆明，與歷史不合；若指大理，又與世博會挂不上鈎。再說，一個古都，即使指現在的昆明，範圍也有限，用「縱橫無際」來形容亦不妥。以「文章百代」來說明文化長期不發達的「南詔古都」也不知有何根據。上下聯之間也缺乏本質聯繫。看來作者不僅對雲南歷史缺乏常識，湊對的痕迹也非常明顯。

薊門津沽，二分煙月，夢到南詔，留下此亭翼然；

蒼山洱海，四時茶花，香浸北溟，引來斯人問津。

此聯題于天津外館，作者張仲。在內容上除不講昆明講大理犯有與上一聯同樣的毛病而外，也有許多不通之處。徐凝詩有「天下三分明月夜，二分無賴在揚州」句，⑥是說天下以揚州的月夜最好。這裏用「二分煙月」，如非借自徐凝，則「煙月」何以只有「二分」，不好理解；如是借自徐凝，則用來說天津也未必恰當。茶花不是「四時」都開，至少大理是如此，筆者一九九九年八月份去那裏就沒有看到。「斯人」即此人，屬特指。「引來斯人問津」，想用《桃花源記》之典，但引來的又是哪一個人？「津沽」與「洱海」、「夢到南詔」與「香浸北溟」、「翼然」與「問津」，深究起來也有不同程度的失對。平仄也一片混亂。且不講句中平仄的交替與對立，作者連上聯最後一字要用仄聲，下聯最後一字要用平聲都不知道，兩個字都用了平聲，其對對聯之外行，眞是到了極點。錯誤百出，水平如此低劣的對聯，居然也能得以堂而皇之地刻挂在世博園裏，是否江蘇和天津缺少聯家？非也。個中緣故實在令人不解，只有讓讀者去思考了。

五、提高名勝對聯藝術品位的途徑。

要提高名勝對聯的藝術品位，至少有如下四個途徑：

㈠公開徵集對聯。這樣可以有更多的選擇餘地，可以選到質量比較高的對聯。

㈡行家爲名勝題聯不能隨便。寫對聯有些名氣的人，往往被邀請題撰。邀請者的目的，當然是想得到質量高的對聯。作爲被邀請者來說，自然也應當這樣想。但是我們發現，有的名勝對聯，的確爲某位行家所寫，就是有毛病有時甚至毛病很多。所以出現這個問題，主要原因就在於作者或者自以爲是個行家，要求自己不嚴格，或者寫後疏於檢查。臺灣有位聯家，筆者讀過他一些對聯，總體水平很高，他寫的一副題湖南的長聯，內容也不錯，但不規則重字最少的一稿也達六十多個，可能就是疏於檢查的緣故。

㈢不懂對聯的名人不要攪和進來。名人自己首先應當有自知之明。因爲任何名人都不是萬能的，若一定要在超出了自己知識範圍的地方去充裏手，就只能向人們說明自己不過如此。名人如果看不清自己，或者懷有私心，就算讓別人勉強接受了，社會這一關也未必就能通過。著名川劇編劇魏明倫先生弄出了一個很長的「上聯」征對，儘管自詡這副「長聯」"繼承了中國傳統楹聯的優秀形式，又融入了超前的思維和觀念」，並把獎金由兩萬提到四萬，但聯界並不買帳。由於聯內就是「臺上公主猜謎，今夜無人入睡，園內夫妻觀燈，明朝有約回門」一類的話語，平仄也雜亂無章，有位先生毫不客氣地說：「這是上聯嗎？……全是戲詞兒！"分明是哪出川劇裏的定場詩」，甚至「什麼都不是，只是一串又一串的字」⑦著名小說家二月河先生其《康熙大帝・奪宮》用作題目的對句違反對聯常識者比比皆是。其《乾隆皇帝・天步艱難》中像「一代興亡觀氣數，千古江山傍廟貌」這種彆得不能再彆的雙仄腳「對聯」，竟然讓紀曉嵐爲他叫「好」，讓乾隆皇帝爲他「含笑點頭」，⑧眞不怕褻瀆了這兩位大名鼎鼎的對聯高手。有位專門寫新詩的名家在某個名勝題了一副每邊五個字的對聯，上聯全是仄聲，受到聯界諸多批評，連跑到他家裏去「賜教」的人也有。有些楹聯組織的領導人，在組建楹聯組織並領導開展活動上是有貢獻的，他們在聯界的名聲也很大，但于對聯其實並不在行。這些人通常都以「聯家」自命，到處題寫，結果也被人嗤笑。這些例子很能發人深省。名勝景區的負責人邀請名人寫對聯，也不要只看牌子，應先作調查，看看對方是否眞正的對聯行家，平時撰寫的對聯質量如何，然後再作決定。自己不懂沒關係，可以向懂得的人請教。如果邀請者也愼重，僞劣的東西就想進也進不來了。

㈣請眞正的無私的聯家把關。內地徵聯，暗相操作的也有，但爲示開誠者一般都要組織一個評委班子。只是有的評委班子並非都由眞正的聯家組成，爲了求得某種平衡，裏面也塞進了一些基本上甚至完全不懂對聯的人。如果這樣的人多了而且掌握著決定權，評選的結果可想而知。名勝景區必須選出高水準的對聯，強調要請「眞正的聯家」把關，原因就在這裏。作評委的聯家不僅要是「眞正的」，而且還要是「無私的」。強調「無私」二字，可以避免評委中也出現舞弊行爲，把主要獎項串授給自己圈子裏的人。

若以上四點都做好了，提高名勝對聯的藝術品位就不會有大的問題了。

【附　註】

①　見曹雪芹《紅樓夢》，人民文學出版社，一九七四年版，第一八七頁。

②見郭鑫銓《雲南名勝楹聯大觀》，雲南大學出版社，一九九八年第二版，第七四頁。

③見余德泉《對聯格律對聯譜》，嶽麓書社，一九九七年一一月第一版，二〇〇〇年六月修訂版。

④載二〇〇〇年一二月《湘楚楹聯》第六期，湖南省楹聯藝術家協會與中南大學楹聯研究所聯合主辦。

⑤載《對聯》雜誌二〇〇〇年第一期。

⑥出自徐凝《憶揚州》詩。見《全唐詩》第七函第一〇册，上海古籍出版社，一九八六年一〇月版，第一一九九頁。

⑦見《中國楹聯報》，二〇〇〇年一月二六日，總四〇六期第三版。

⑧見二月河《乾隆皇帝·天步艱難》，新時代出版社，一九九七年九月版，第一一四頁。

從《太上洞玄步虛章》談步虛詞的神人交感

輔仁大學
宗教學系教授　鄭志明

一、前言

道教延續了古老的原始宗教，繼承了傳統的祭典儀式，重視神人交通的靈感經驗，經由樂舞歌的藝術形式，用來抒發奉道者的信仰情感，這是一種宗教的實踐活動，可以激勵出趨向性的感應情境，彼此傳達了相互交感的神聖力量。道教的科儀，不只是表達藝術的美感而已，重點在於體驗的信息傳達，經由美感的載體來傳播與流佈。載體僅是工具，卻可進入到宗教的神聖領域之中，建構了人與神交感體驗的管道，彼此可以互滲一體，人能進入到超越的境界，直接與神交通感應。

科儀就是用來溝通人與超自然力的交涉關係，美感藝術與宗教經驗是交織在一起的，樂舞歌的形式是帶有著精神體驗的交際功能，在活動的過程中能一再地顯現神靈威赫的神聖境界。道教有豐富的科儀藝術，有著多樣行禮如儀的禮儀法式及其象徵的藝術形式，是多采多姿有形的文化遺產，同時也繼承無形的神祕靈感領域，有形與無形是互融互補的，在成熟的禮儀形式中，其動作體系、音樂體系與演唱體系，延續著古代的巫舞文化，傳達了人與神交通的靈驗需求，具有著虛實交涉的作用，以具體的科儀形式來獲得心靈的精神安頓，儀式安排下的動作與語言都是為了交感人願與神意，發揮了溝通人神的中介作用，達到涉神的目的，進入到抽象的神聖世界來滿足人們的需要與願望。

「步虛」是道教科儀活動中一種交感神人的儀式，根據道藏的記載，也是一種常見於齋醮科儀中的儀式，同時具有著樂舞歌的藝術形式。步虛儀式在六朝時已相當流行，是配合著音樂、動作的歌唱形式，以用來通感神明，步入太虛的境界。在步虛儀式下步虛詞也成為道教一種文學形式，在文體上雖然與遊仙詩相近，在作用上卻大不相同，帶有著濃厚的宗教儀式色彩，不是純文學或純藝術的作品，後代也有不少文人的仿作，如庾信、吳筠、宋太宗、宋眞宗、蘇軾、朱熹等，成為特殊的文學體例，後人在仿作時帶有著神聖交感的頌神內涵，讓自己置身於靈感交接的神祕氣氛之中，不離收心忘我的宗教意境，這已經超越出文學的形式，作者有強烈與神交通的渴望與意識，想像現實與理想是互為表裡，能經由文學形式來轉換，從詩歌語言的外在體式企圖進入到內在感通的精神領域裏。

在六朝的道教文獻裏有一共同流行的步虛文本，此一文本稱呼各自不同，或名「太上洞玄步虛經詠」，或名「太上洞玄步虛章」，或名「空洞步虛章」，或名「空洞歌章」，或名「步虛躡無披空洞章」，或名「玉京洞玄步虛詠」，或名「步虛旋繞」，其文本卻是一致，見於下列經典，如《洞玄靈寶昇玄步虛章序疏》、《洞玄靈寶玉京山步虛經》、《太上洞玄靈寶授度儀》、《無上黃籙大齋立成儀》等，本文主要以《洞玄靈寶昇玄步虛章序疏》作爲探討的文本①，其他文本爲輔，追究此一空洞歌章的儀式意蘊，在樂舞歌科步下所形成特殊的符號交感功能。

二、步虛科儀的宗教意境與形式

「步虛」是一種樂舞歌結合的宗教儀式，是道教科儀過程中旋繞香爐時所進行的行爲活動，在道教香爐的地位相當崇高，不只是燒香的用具，而是等同於道的特殊法器，具有著神人交感的象徵作用，香爐象徵著神人所居的神聖洞天，即「玉京山七寶玄臺」，旋繞香爐意謂著上通神境，周轉於七寶玄臺之間，一邊旋轉，一邊歌誦，據道教的說法，在大羅天上衆仙眞也是如此的旋舞持齋誦詠②。步虛除了有樂有舞有歌外，重視的是神人間的精神聯繫，帶有著交通的靈感作用，象徵著神聖領域的無限活力。

「步虛」是一種儀式，一種藝術，同時也是一種境界，在儀式的操作過程中表達了人們對超自然世界的感悟、領會與交際。步虛代表著神聖的接觸，有形的「步」與無形的「虛」能夠會合爲一，經由身體動作的迴旋對應與語言的贊祝稱頌，讓人可以更加地趨向或接近於神。步虛象徵了人與神交通的行爲方式，在於進入到超越的神聖體驗中，這就是所謂「昇玄」的目的，而以「步虛」作爲主要的手段，如《洞玄靈寶昇玄步虛章序疏》在序上所作的解題云：

昇玄是妙覺之通名，步虛是神造之員極。昇則證實不差，玄則冥同至德，步是通涉之名，虛是縱絕之稱。又云章者，煥輝敞露，讚法體之滂流，乃有玄音纔吐，而八表咸和，神韻再敷，則十華競集。旋玄都以擲靈，躡雲綱而攜契信，是怡神滌志之法場，解形隳心之妙處也，故言昇玄步虛章。（頁六四二）

此一解題，說明了「昇玄步虛章」的宗教境界，指出科儀的藝術形式，是要圓滿人神交感的和諧狀態，儀式與藝術只是象徵的符號，是「怡神滌志的法場」，「法場」是實的，「怡神滌志」是虛的，儀式的目的就是由實入虛，藝術是人神交際的媒介，「妙處」是美感的實，「解形隳心」是實踐的虛，實是虛的完成。儀式是宗教境界完成的方式，虛實是緊密結合的，要通達到神人合一與天人合一的最高靈感作用。「昇玄」是道教追求的宗教境界，故謂「妙覺之通名」，「昇玄」就是「妙覺」，是道教理想的虛境，或可以「證實不差」、「冥同至德」等詞來形容之。這種虛的境界是要經由實的儀式來溝通，「步虛」就是交接人神的手段，故謂「神造之員極」，能夠虛實互滲，彼此交涉與相互會通，即「通涉之名」與「縱絕之稱」等。語言或文字的「章」，也是人神溝通的一種方式，更能以實入虛，成為「讚法體之滂流」的美感經驗，音樂與語言是獲得妙覺法體的音符與歌詞③。所謂「玄音纔吐」與「神韻再敷」，將藝術的美感轉化成宗教的靈感，達到了「八表咸和」與「十華競集」的整體和諧境界。

步虛的儀式主要就是一種舞蹈步法的動作，是與道教的「步罡踏斗」相配合的，主要目的有二，即「旋玄都以擲靈」與「躡雲綱而攜契信」，以「旋玄都」與「躡雲綱」來進行神人間的交感互通。

「玄都」與「雲綱」即是神聖領域的象徵，企圖以「旋」或「躡」的舞蹈方式來進入，其具體方式後面再詳作討論，先討論「玄都」的象徵意義，據《洞玄靈寶昇玄步虛章序疏》論「玄都」、「玉京山」等只是假號而已，如云：

> 太上說玄都玉京山經者，太上聖人之假號，能說成法也。玉京喻法體也，法本無言亦無形相，今則假玄都名相說法，故有玉京山及城臺等經，是洞玄第三部，靈寶第八卷。（頁六四二）

道教的神仙體系與天界結構也都是「假號」而已，是「能說」的語言系統或觀念系統，來指稱宇宙最終根源的法體存在，此一法體實際上是超出了「能說」的範疇，即「法本無言亦無形相」，相對於法體而言，一切的言說都是假號，是象徵的譬喻，這種譬喻是可以多重的，不同的經典有各自譬喻系統，在名相上就相當的複雜，這正是研究道教的困難之處，道教的天界系統是極爲複雜的，容許各種假號的同時並存，彼此又能相互整合建構新的宇宙論系統。「玉京喻法體」與「假玄都名相說法」，顯示「玉京」與「玄都」是這一系列經典的方便的「成法」系統。

道教天界的宇宙觀也好幾套系統，有「三天」系統與「九天」系統，還有二者合併的綜合系統④。玄都玉京山似乎超出三天系統，也超出統合的大羅天系統。但對道教來說，一切系統都是方便的假說，主要的目的在於如何體驗法體的存有，《洞玄靈寶昇玄步虛章序疏》從人神的交感處，談玉京山的境界云：

> 玉京即法體，玄同也，都號也，同號三千大千世界為一，玉京山為此境界，太上住處，又為人

心神住處。（頁六四二）

道教的宇宙論可以多元分立，也可以統合爲一，「一」是就法體而言，肯定「玄同」與「都號」的一體性，將三千大千世界重新同號爲一，從分而合，回到宇宙最初的源頭，此一源頭一般習慣稱之爲「道」，在道教裏容許有許多不同的稱呼，如「玄」、「一」、「元氣」、「太極」、「大化之根」、「先天之道」等⑤。玉京山境界是建立在人神合一的基本觀念上，表達了對太上的崇拜，同時也肯定人自身的超越生命，即「太上住處，又爲人心神住處」，太上與人心是同一個宇宙淵源的，是同一個住處，彼此間是互通交感。

《洞玄靈寶昇玄步虛章序疏》其宇宙論是比較晚出，偏向於哲學思維，較少神話色彩，實際上「玄都玉京山」應該有其神話性的象徵語言系統，此一系統引《洞玄靈寶玉京山步虛經》，有較完整的表述：

> 玄都玉京山在三清之上，無色無塵，上有玉京金闕七寶玄臺紫微上宮，中有三寶神經山之八方，自然生七寶之樹，一方各生一株，八株彌滿八方，覆蓋諸天色羅三界，為無上大羅天。⑥

神話語言是帶有想像性形象描述的敘事系統，其基本特徵是形象性、想像性、描述性、感染性與象徵性，即神話是以語言、符號的象徵方式表達出一個創造性的境界，在宗教儀式的講述中，可以發揮出巨大的感染力⑦。此一神話指出在三清之上還有一個「無上大羅天」，即「玄都玉京山」，中有「七寶玄臺」，對應八方的「七寶之樹」，形成了一個莊嚴無上的神聖空間。此一空間即是神話世界，象徵了一個超越的神聖境界，以具象的、神性的與充滿感情的方式表達出來，這種語言系統正是宗教從精神領域來掌握世界的一種方式，表述其特殊的宇宙觀念。

儀式是神話的實踐，將靈感思維下的神聖世界，經由具體的行爲動作來產生混融的進入狀態，即神話的概念層次是可以經由儀式的行動層次來完成，神話與儀式有著同源的一致性，二者是互滲成有序的統一體。在《洞玄靈寶玉京山步虛經》接著敘述步虛儀式所根據的神話：

一月三朝其上，燒自然旃檀，反生靈香，飛仙散花，旋繞七寶玄臺三周匝，誦詠空洞歌章。⑧

步虛儀式是根據神話而來的，指出這種儀式是來自於仙界，模仿高仙眞人的動作，強化了儀式本身的神聖性，是仙界傳達而下的訊息，象徵了靈力的再度實現。道教的儀式操作，是把人經由動作的實踐轉化成神，儀式的空間正是神境再現，一切的舉手投足是直接的感應與交通。此一神話說明了步虛儀式的四個基本動作，第一「燒自然旃香」，第二「飛仙散花」，第三「旋繞七寶玄臺三周匝」，第四、「誦詠空洞歌章」。

這些動作與語言的形式都有其象徵的意義，科儀是配合著音樂、舞蹈與詩歌而來，顯示科儀與藝術也是一體相承的，是與神聖領域相通的靈感經驗，都具有著通靈的能力，能交感出至高無上的威力。《洞玄靈寶昇玄步虛章序疏》指出這些動作的象徵意義：

夫號太上玄都，即其義也。燒自然旃香，反生靈香，即神香也，境界淨也。飛仙散華，一切法為華也。旋繞周歌，空洞靈章也。諸天奏百千眾音，亂會也。此蓋妙說，皆靈覺法體中事，但

憑文自了。（頁643）

步虛儀式是經由奏樂、舞蹈與唱歌的形式來進入太上玄都的境界，象徵著神聖超越的存在，是直接對應著法體而來的靈覺，代表著生命與神聖的會通，進入到極致的精神境地之中，能與玄道融合爲一。「燒自然旃香」象徵了「靈香」或「神香」，獲得了淨的境界。「飛仙散花」，花代表著一切法，讓這個空間法喜充滿。「旋繞周歌」是步虛儀式的主體，以歌舞的藝術方式來引領進入神聖的殿堂，加上音樂的助興，更加體現出神聖交感的空間。

在實際的步虛儀式中，旋繞的不是「七寶玄臺」，而是象徵「七寶玄臺」的香爐，是「燒自然旃香」的香爐，具有著上通下達的感應作用，旋繞周歌即有著復歸於道的神聖性超越，昇華了藝術的情境，達到通感神明的妙覺作用。在《太極眞人敷靈寶齋戒威儀諸經要訣》對「旋繞香爐」的儀式有較具體的說明：

齋人以次左行，旋繞香鑪三匝畢，是時亦當口詠步虛躡無披空洞章。所以旋繞香者，上法玄根無上玉洞之天，大羅天上太上道君所治七寶自然之臺，無上諸真人持齋誦詠，旋繞七寶之臺，今法之焉。⑨

續云：

所以繞香爐者，直今世學者多浮淺，不能受至經，故示齋法以妥心香煙耳。行道心至所願，尋香煙已御太上，太上道眼恒洞觀諸天下人，善惡亦無毫遺也，可不戰戰慎之哉。⑩

旋繞香爐有神聖性的作用，也有世俗性的功能。神聖與世俗也是互滲一體的，追求的仍是通神的合一境界，主要是爲著「上法玄根無上玉洞之天」，香爐除了用來燒香外，也象徵著「玄根」的存有，即是「道」的「七寶自然之臺」，旋繞香爐代表著羅天勝境的再現。步虛儀式即是模擬天上神明持齋的藝術形式，這種藝術形式對後代奉道者也具有著心性啓發作用，一般初學者難免心性「浮淺」，無法進入道教經典的神聖意境，即「不能受至經」。科儀也具有著安頓心性的作用，繞香爐具有著「以妥心香煙」的功能，讓初學者在步虛的過程中心與香煙相合，有了「行道心」，而且能「尋香煙已御太上」，直接與太上感應相通。

在這種上下感通的交際過程中，步虛是不可隨便行事的，是有一定程序與步驟的，要能「戰戰愼之」。除了旋繞三周外，還要「法十方」唱步虛十首，如《無上黃籙大齋立成儀》第三十四卷云：

諸天眾聖朝時，皆旋行誦歌洞章，即升玄步虛章，或旋空歌章，大梵無量洞章之流也。密咒畢，都講唱步虛玄繞，以次左行，繞經三周。其第一首但平立，面經像作，第二首即旋行，至第十首須各復位竟之。每稱善，各回身向中散花，禮一拜，法十方朝玄都也。⑪

在道教科儀「旋行」與「歌章」是相互配合的，形成了載歌載舞的藝術場景，是圍繞著香爐來展開其行動的程序，歌章是必備的主旋律，除了「昇玄步虛章」外，還有「大梵無量洞章」等，顯示音樂性的歌章在道教科儀中的重要性，用來表述衆仙縹緲輕舉之美，是音樂與詩歌結合得十分密切的一種文學形式⑫，同時也是頌神降靈的主要宗教手段。每一首詩歌都有相應的動作，每一個動作都要符合詩歌的旋律，來交流與神聖相通的信息。這種信息的溝通是要充塞於天地時空之中，這涉及到道教的宇宙方位的觀念。道教的宇宙方位也是多樣的，有四方、五方、六合、八極、十方等說法，這來自於中國傳統圓形的宇宙圖式⑬，建立出圓心與外環對應的空間認知模式，四方與八方是外環上兩種方位切割的形式，是傳統文化兩種最基本的方位意識與原型，在道經裏八方的空間觀較爲普遍，十方的觀念是在八方的基礎上，加入上下兩方，形成了立體的球形圖式。步虛的空間轉移即對應著此球形的立體圖式而來，第一首從中心出發，八首對應八方，最後一首又回到中心處，將宇宙的整體空間濃縮到步虛的旋轉世界中，以小來對應大，顯示彼此也可以一體相承，科儀的場所即是宇宙的縮影。《太上洞玄靈寶授度儀》對步虛儀式的具體操作，也有相關的描述：

> 次弟子跪，九拜三起三伏，奉受真文帶策執杖，禮十方。一拜從北方始，東迴而周訖，想見太上真形，如天尊象矣。畢，次師起巡行，詠步虛。⑭

「禮十方」成爲人與神明相連繫的對應方式，弟子在起伏的跪拜中，要「想見太上眞形」，即心與神通，提昇了人與神的交感能力，「如天尊象」的默應，獲得了超越性的感通。道士十方的巡行歌章更強化了交感的情境，在樂舞歌的傳達下，能獲得更多的感悟。

三、步虛歌詞的文學內容與形式

有學者認爲「步虛詞」是道士模仿佛教梵唄創作的，曲辭表現仙家步覽虛空的神態仙姿⑮。此一說法有待商榷，古代即有作歌樂鼓舞以樂諸神的祭祀傳統，道教從歌樂舞蹈的文化傳統進行通神的精神交感，應有其自身的信仰性格，科儀與音樂的結合是本土祀典神人交感的行爲模式，通過語言形式與身體動作來表達信仰者對神聖的嚮往與追求。道教的步虛詞是在這樣的心理基礎下，將藝術與宗教結合在一起，其歌舞樂的形成原本就帶有著濃厚的宗教作用，指涉著神聖領域的靈感經驗，如《洞玄靈寶昇玄步虛章序疏》對步虛詞作如下的解題：

洞玄步虛詠，此題下即味七寶華葉法也，心通玄道，神詠步虛，遊履經法，學者神悟，曰經也。觀隨聲遊，故曰詠也。（頁六四四）

步虛的藝術形式是爲了「味七寶華葉法」，是要進入到人神合一的法境，象徵著神聖的自我超越，「心通玄道」即是神人溝通的主要目的，「神詠步虛」是一種模擬的動作，在藝術的美感經驗下，有著「游履經法」的神祕體驗，這種體驗是要「學者神悟」，領悟到超越的混融狀態，達到「經」的靈化情境，「詠」是表述這種情境的一種方式，主要在於「觀隨聲游」，在聲游中能不斷地自觀，能擺脫掉一切外在的形式，直接回到靈感的神聖體驗，藝術與宗教也渾然於一體。

十首步虛詞整體來說，具有著神游幻境的浪漫精神，發揮了超現實的藝術想像，創造了登天神游的神聖境界⑯，反映了人類宗教上永恆的精神追尋，積極地上下求索，經由詩歌的意象世界來強化心靈的神化需求，這是現實與想像的交映反襯，二者有了有機的交流作用，儀式的空間成爲神聖的精神世界，一層一層地昇華到靈感的情境中。十首步虛詞雖然配合了禮十方的科儀動作，其主體還是在宗教的天人交感上，在神話的相關素材下，一再地展現出生命飛昇的超越性格。在結構上，這十首詩歌有著起承轉合的對應關係，如第一首是對步虛儀式作一說明，直接就帶入到與現實交織的神聖空間中，彰顯出虛遊的超越性：

稽首禮太一，燒香歸虛無。流明隨我迴，法輪亦三周。玄元四大輿，靈慶及王侯。七祖生天堂，煌煌耀景敷。嘯歌觀太漠，天樂適我娛。齊馨無上德，下仙不與儔。妙想明玄覺，詵詵巡虛遊。（頁六四四）

步虛詞與遊仙詩的不同，在於配合儀式的表演，是通過音樂舞蹈的形象語言來傳達神人間的靈感經驗，是從古代祭祀頌神的歌詞衍變與發展而來⑰，其歌詞要配合管絃的音符與旋轉的舞姿，同時更要具有著步入虛空的象徵作用，是經由語言符號的傳達，更拉近了人神交感的空間，在儀式的相關動作下較能體驗到神聖性的靈感，比如「稽首禮太一」、「燒香歸虛無」與「法輪亦三周」等詞，就是描述步虛的儀式，首先要對太一稽首與燒香，接著繞香爐三周，這可能是很呆板的儀式程序，卻在「流明隨我迴」下，展現了主體性的迴旋意境，自我與宇宙是和諧相應的，任憑自己游心自在。如此人擴充了進入到宇宙的豪情與境界，「嘯歌觀太漠」與「天樂適我娛」等，有著超越現實人間的審美心理活動，以美感的心胸來觀照天地萬物，是以自我生命為中心的無限開展，不僅超越了一切時空的限制，同時也呈現了自在安適的精神活動，「齊馨無上德」即是人與道恬然安怡的生命境界，是自性不斷的精神上揚，提升到更遼闊的宇宙空間中，有著「妙想明玄覺」的博大心境與開放的心靈，這樣的生命形態是在「詵詵巡虛遊」中一再地擴散與完成，在整體美感的相應下臻至玄同的大通境界。

第二首從旋行開始，基本上延續了第一首的風格，在「飛仙散花」的儀式描述下，意識到生命如何在宗教的修持下進行自我的調適：

> 旋行躡雲綱，乘虛步玄紀。吟詠帝一尊，百關自調理。俯命八海童，仰攜高仙子。諸天散香花，蕭然靈風起。宿願定命根，故致標高擬。懽樂太上前，萬劫猶未始。（頁六四四）

步虛不只是科儀的動作系統，同時也被視爲一套修行工夫，「旋行」是爲了「乘虛」，經由身體的動態操作來傳達進入虛空的主觀願望，如此，旋行帶有著宗教體驗的表意功能，希望在「吟詠帝一尊」時，人從有形的肉體運動與語言行爲中，契入到無形太上天尊的神聖領域裏，「諸天散香花」是用來美化此一回歸的目的，加強神聖蒞臨的感受，拉近人與天神間的距離。人們之所以渴望與超自然力量打交道，主要還是祈求生命的安頓，期待從現實災難的糾結桎梏中跳脫出來，即「百關自調理」與「宿願定命根」，顯示生命可以經由參聖的修行，能夠自我調理與定命歸根，獲得了與宇宙同源的形上理據來排除現實存在的各種困境。步虛實際上是一種自力的自我超越，所謂「懽樂太上前」，不是靠太上的力量，而是自我靈性的超拔，達到了無拘束的歡樂的境界，原因就是「萬劫猶未始」，在萬劫之前，靈性早就經由修持，擺脫了俗事的牽累，照見自在的本源。

第三首則是敘述「玄都山」與「天寶台」，屬於仙境神話，把原本虛擬的世界，用具體的物象與景觀來描寫：

嵯峨玄都山，十方宗皇一。岧岧天寶臺，光明焰流日。煒燁玉華林，蒨璨耀朱實。常念餐元精，鍊液固形質。金光散紫微，窈窕玄都逸。（頁六四五）

此時就是步虛的仙境，由實入虛，在神話的語言系統，無所謂「虛」，反而是更爲實象式的描述。即虛中有實，實中有虛，虛實也混滲於一體了。神話本來就是虛實不分，把主體感受的心靈世界具體化，成爲可以直接感知的對象，形成了感受的同一性⑱，是以主體自身的情意世界來認識神化的仙境。玄都山與天寶臺的壯觀，是心靈登天神遊的幻境，是充滿了想像力的詩歌意象世界，彰顯出人參與聖境的龐大氣勢，在「十方宗皇一」下，虔誠的禮拜，更展現出莊嚴隆重的神聖氣氛。在華麗的景觀下，帶出了人修道的弘願，關注於個體生命精氣神的涵養，「常念餐元精」與「鍊液固形質」，拉回到自我生理機制的調整上，顯示步虛，重點不在虛的仙境，反而在實的肉身上，虛實是互感，交織成混滲的生命世界。

第四首比較長，共有二十二句，更重視神人交感的性命修持問題，較強調精氣神的調和與轉化工夫，幾乎轉向於得道成仙的養生方法上：

俯仰存太上，華景秀丹田。左顧提鬱儀，右盼攜結璘。六度冠梵行，追德隨日新。宿命積福慶，聞經若至親。天挺超世才，樂誦希微篇。沖虛太和氣，吐納流霞津。胎息靜百關，寥寥究三便。泥丸洞明景，遂成金華仙。魔王敬受事，故能朝諸天。皆從齋戒起，累功結宿緣。飛行凌太虛，提攜高上人。（頁六四五）

道教雖然延續了原始宗教的靈感思維，但是內容上轉變甚大，將神無比的超越性導向人自身的生命修持與鍛鍊，眞正關懷的重點，不是神，而是人，所謂神人合一，是人具有著神的能量，必須經由各種有序的意義活動，才能參與宇宙本有的規律，獲得了生命的自我提昇。道教的神仙世界是建立在存思通神的靈感上，「俯仰存太上」是步虛的宗教目的，以存思來與太上相接，迴旋的俯仰動作，是以心中思神念眞，來進入神聖的世界，啓動體內能有眞神鎮身，來滋潤元氣，促進津液交連與百脈流通，達到「華景秀丹田」的工夫。丹田是人體生命能量的樞紐，是人神靈感交通的管道，步虛即以存思來專意內視，改變自身的體質，所謂「宿命積福慶」與「追德隨日新」，這是身與神合一後的性命長存，交感了來自於虛空的德行與福慶。這種超凡入聖的境界，是要在體內進行一定程序的特殊修煉，如「沖虛太和氣」、「吐納流霞津」、「胎息靜百關」、「寥寥究三便」、「泥丸洞明景」等，是身體精氣神鍛鍊的工夫，使人能夠精滿氣足與神旺，突破了形體的限制，「遂成金華仙」，達成修煉成仙的目的。要完成此一目的，不是崇拜外在的神明，而是「皆從齋戒起」與「累功結宿緣」，是讓自己的生命悟玄合眞。

第五首再回到禮十方的儀式上，在旋行的過程中意識到形與神的統一，追求形神具妙的生命境界：

控轡適十方，旋憩玄景阿。仰觀刧仞臺，俯盼紫雲羅。逍遙太上京，相與坐蓮花。積學為真人，恬然榮衛和。永享無期壽，萬椿奚足多。（頁六四六）

「形」的迴旋是在於與「神」的相契，「相與坐蓮花」即是神人一體，此一體的完成是長期積學而來的，即「積學爲眞人」，證明神不在外，其超越的能量是每個人都可以具足的，「永享無期壽」不是夢想，而是眞積力久的生命突破，「形」與「神」本來就是緊密結合，形的有形修持就可以達到與神的無形會通。禮十方是進入到十方的時空中，人體與天道有著共同變化的規律，進而能夠全眞保形。

第六首神話性格又逐漸加濃，基本上是肯定了天道的神聖超越性格，強調玉京金闕的奧祕存有，宇宙中仍有著超現實的靈性力量，人還是需要虔誠地接引天尊：

大道師玄寂，昇僊友無英。公子度靈符，太一捧洞章。舍利曜金姿，龍駕欻來迎。天尊盼雲輿，飄飄乘虛翔。香花若飛雪，氛靄茂玄梁。頭腦禮金闕，攜手遨玉京。（頁六四七）

人神的交感是有些神祕的聯繫，除了神話外，可以透過一定的法術儀式來與之交通，「度靈符」與「捧洞章」是道教科儀中不可或缺的神聖儀式，以靈符與洞章作爲交感的神聖物，來達到祈神降福的目的，道教認爲天人之間存在著各種交流的管道，如「舍利曜金姿」與「龍駕欻來迎」等天象氣候的變化，也被視爲上蒼的顯靈，以特殊的異象來展現神蹟，即宇宙中到處都有神諭，暗藏著天機，人也可以經由某些相應的神物來掌握天機，以此應交彼靈，人與天尊能時時相通，進入「攜手遨玉京」的境界。

第七首是玄都玉京山的仙境描述，是仙境的浪漫想像，將仙人仙境作實體的寫景，類似於遊仙詩，表達了虛實相應的情景：

騫樹玄景園，煥爛七寶林。天獸三百名，獅子巨萬尋。飛龍躑躅鳴，神鳳應節吟。靈風扇奇花，清香散人衿。自無高仙才，焉能耽此心。（頁六四七）

這種獨特的天上美景，融合了豐富的神話，在百獸群舞的美感體悟下，虛實是交錯對應，引發著修道的弘願，這不是每個人都能達到的境界，「自無高仙才，焉能耽此心」吸引著追求成仙的風潮，仙境是眞實存有的，是要自己下工夫，才能眞正體會其中的旨趣。

第八首是進一步描述步虛的逍遙境界，在天人的靈感下，宇宙的時空也是一體相生，快樂的世界取代了悲苦的人生：

嚴我九龍駕，乘虛以逍遙。八天如指掌，六合何足遼。眾仙誦洞經，太上唱清謠。香花隨風散，玉音成紫霄。五苦一時迸，八難順經寥。妙哉靈寶囿，與此大法橋。（頁六四七）

逍遙的步虛，可以將時空天地任意轉換，融貫為一體，即「八天如指掌，六合何足遼」，人與宇宙時空也是直接交感，隨時可以對應聯繫，更豐富了登天神遊的境界，此一境界是浪漫宏肆，交織著去世離俗美感的神章靈歌，在「眾仙誦洞經，太上唱清謠」下，強化理想仙境的無窮能量，在歡樂聲中「玉音成紫霄」，在審美的感召下發展出和諧的氣氛，化解掉人間悲苦的心靈煎熬，即「五苦一時迸，八難順經寥」，唯美的聖境洗滌了污濁的現實，達到了神人相和的靈感效果。

第九首再談旋空步虛與太上的交接，顯示出由俗入聖的無邊效益，能回歸本源以成至眞，增強登天神遊的實際效用，滿足了宗教修持的主觀願望：

天真帝一宮，靄靄冠耀靈。流煥法輪綱，旋空入無形。虛皇撫雲璈，眾真誦洞經。高仙拱手讚，彌劫保利真。（頁六四八）

步虛儀式主要就是要營造神人相交的形象感與眞實感，經由儀式傳達了天上仙境的藝術美感，從「旋空入無形」開始，無形仙境恍惚眞實般的存在，虛實交混在一起，美景的一再重述，在藝術的構思下，寄託了人們永恆的生命追尋。人的生命是不會孤單的，背後有著龐大的仙境作依靠，如「虛皇撫雲璈，衆眞誦洞經」，仙境是隨時伸出大門歡迎眞性的回歸，即「高仙拱手讚，彌劫保利眞」，每個人只要能進行神人間的交感，就可以擺脫現實的劫厄煩擾，回到生命本眞的神聖領域之中。

第十首是步虛儀式歷經八方，又回到原點所吟唱的歌詞，其心境與第一首不相同，第一首由俗入聖，對神聖的交感有著濃厚的渴望，第十首則是由聖返俗，從步虛所獲得的靈感世界中重返人間。經由禮儀操作後的場所，是獲得神聖護持的空間，完成了神聖的宗教目的：

至眞無所待，時或轡飛龍。長齋會玄都，鳴玉扣瓊鐘。十華諸仙起，紫煙結成宮。寶蓋羅太上，眞人把芙蓉。散華陳我願，握節徵魔王。法鼓會群仙，靈唱靡不同。無可無不可，思與希微通。（頁六四八）

步虛的宗教目的，是不同於一般科儀純粹的祈福禳災，而是偏重於與神交通的心性修持，是超越出儀式的形式效益，其整個過程是「無可無不可」，沒有一定要這樣，也沒有一定要那樣，形式不是很重要，重要的是「思與希微通」，以內心的修煉來臻於至道，步虛是爲了修眞。當精神能會通時，外在的形式也被消彌了，即「法鼓會群仙，靈唱靡不同」，以解消掉形式的神聖領域返回人間，人間也被整個神聖的靈感力量所護持，解消掉一切的二元對立，回到「無可無不可」的混沌裏。

四、步虛歌詞神人交感的宗教意義

步虛儀式與步虛歌詞是六朝道教科儀中一種神人交感活動，是道教修行經驗長期累積下的靈感文化，仍保留著強烈神人交通的宗教目的。道教科儀主要還是修身向道的修行方法，尤其是步虛的作用，是要達到人與道合一的感悟境界。這是古老文化的遺傳，肯定了人神間互滲與交感的運行機制，行爲與靈力之間有著超自然的連繫關係，從先秦的祭典到道教的齋醮，延續了天地人一體的宇宙觀，肯定人神間有各種交際的管道，如巫舞、占卜、兆驗、讖緯、符咒等，都被道教所吸收了，發展成祀神儀式、法器儀仗、符籙偈咒、禹步手訣等作法方法⑲。

道教科儀延續了古代的祭祀文化，是建立在法天象地的人神交通上，體現了人天一體的神話思維模式，經由樂舞歌等藝術形式來通神降靈與迎神娛神，衍生出門類與形式衆多的齋法醮儀，豐富了道教的宗教形式。不只是形式非常多樣，其人與神合的生存利益也不斷地被引用到各個世俗領域上，導致神聖與世俗結合了更爲緊密，如《太極眞人敷靈寶齋戒威儀諸經要訣》對於人神交通的世俗利益有相當清楚的解說：

> 夫感天地，致群神，通仙道，洞至真。解積世罪，滅凶咎，卻冤家，修盛德，治疾病，濟一切物，莫近乎齋靜轉經者也。⑳

神人交感是道教科儀的主要目的，象徵了升入無形，與道合眞，此一目的，可以排比出一連串相關的文字，即「感天地、致群神、通仙道、洞至眞」等，其意是一，但可以分成許多不同層次來表達，這涉及到道教的神觀問題，其神從本體上來說是「一」，從作用上來說可以是無限的「多」，創造出滿天聖眞，在齋醮科儀中要禮請各界天尊，場面相當浩大。相對地，儀式的世俗作用也可以不斷地向外擴充，從個人的「修盛德」推展到現實生活的度人濟物，以天人的神聖恩德來消災解厄，化解人世間纏繞的災厄，如「世罪」、「凶咎」、「冤家」、「疾病」等，都可以在神人交通的過程中得到解脫，顯示出神人間的靈感交際具有著無邊的功德，能「濟一切物」，立即消除各種轉瞬即至的災害禍患。以通神的「一」來救濟災難的「多」，也正是道教「齋靜轉經」的宗教目的。

步虛儀式是一種簡便神人交感的方式，爲了擴充其神聖的內涵，也可以加入科儀的誦經、叩齒、咽液、吐納、靈符等活動，烘托出莊嚴的神祕氣氛，蘊釀宗教的感染力，如《洞玄靈寶玉京山步虛經》云：

> 兆能長齋，又思諷誦洞經，叩齒咽液，吐納太和，身作金華色，項負圓光，頭簪日華，月英玄景，手把靈符十絕之旛。斯德巍巍，道之至尊，愔愔玄化太上之真人矣。將感太無，動天老，致飛龍，降天仙也。三界九地大劫之周，陽九百六之運，水火之災，亦皆消化。㉑

步虛在儀式上原本相當簡單，象徵踏步天風與步行虛空，是道士在繞境與穿花等行進中的舞蹈步法與曲調行腔㉒，但就步虛歌詞來看，其步法可能接近於步罡踏斗的禹步，或許沒有禹步那般的講究，卻有一定的時間與方位，以及旋行時念唱的步法。在步行的過程中，有的可以加上掐訣叩齒的動作，以手指足履來符合道法，集中注意力來與百神相應，以鳴法鼓來朝上帝，同時能通眞制邪，對治災厄化除劫難，赦免宿罪，即「三界九地大劫之周，陽九百六之運，水火之災，亦皆消化」，如此步虛的儀式也可以達到驅鬼治病救人的目的。此一目的或許是附帶的效果，步虛的作用應該還是存想通神，以人身的修煉來感通宇宙的神境，如此，人體就是一個小宇宙，能放射日月的能量，如「身作金華色，項負圓光，頭簪日華，月英玄景」，此時人經由修煉已轉爲宇宙眞氣，與神通而爲一了。

消災雖然是通神後附帶的利益，但相對於現實生活的多重災難，人們也渴望在通神的同時，也具有著拔度存亡的救濟能力，能度己度人，以慈救爲本來濟度衆生，能夠風調雨順與國泰民安，維持自然與人文的整體和諧，在步虛的過程中，通神後的救苦消災，也就相當重要了，如《太上洞淵神咒經》第十五卷〈步虛解考品〉云：

步虛讚詠，旋遶太上，自然至尊，釋會天兵，功德無量，眾罪消散，鬼兵滅亡，疫病痊除，家眷清泰，人口禎吉，國府和平，水旱不興，田蠶倍勝，孳牲盤黨，吾今為汝讚詠。㉓

「步虛讚詠」主要的目的是「旋遶太上」與「自然至尊」，天人相會，晉位仙班。這是神聖性的需求，世俗性的需求也相當龐大，從「釋會天兵」開始，顯示道教確實是一個救苦度人的法門，以通神的神聖行爲來解除人間無邊的災咎，如避免自然秩序的失調，在「水旱不興」下，萬物得以欣欣向榮，獲得「田蠶倍勝」與「孳牲盤黨」的生產豐收，同時也要避開無形的罪業，如「衆罪消散」、「鬼兵滅亡」、「疫病痊除」等，解除掉致災的前冤宿債，讓人文世界得以普天太平，獲得了「家眷清泰」、

「人口禎吉」、「國府和平」等，帶有著強烈普濟衆生的願望，祈求能安鎮國祚。在步虛歌詞也有一些這種祈福的願望，如第二首云：「宿願定命根，故致標高擬。懽樂太上前，萬劫猶未始。」第四首云：「魔王敬受事，故能朝諸天。皆從齋戒起，累功結宿緣。」第五首云：「永享無期壽，萬椿奚足多。」第八首云：「五苦一時進，八難順經寥。」第九首云：「高仙拱手讚，彌劫保利貞。」第十首云：「散華陳我願，握節徵魔王。」顯示出對解除罪咎的渴望，以溝通人神來解除存在之苦。

解除罪業除了靠神力的交感外，還要自己持戒精虔以積累功行，能夠益善止惡與皈眞舍妄㉔。持戒偏重於內修，經由存思來意守體內的精氣神，能感應神明的降臨，使身體有著眞神鎮身，能夠內保臟腑與外卻邪災，達到長生延年的神仙境界。這是要靠自己的性命修持，不能只是祈禱神明的保佑，而是要積極地激發與調動人體的特殊能量，從意志的自我鍛鍊，進入到虛無寂靜的生命境界。步虛歌詞也重視身體內氣聚集與運行的鍛鍊工夫，如第一首云：「齊馨無上德，下仙不與儔。妙想朗玄覺，詵詵巡虛遊。」第三首云：「常念餐玄精，煉液固形質。金光散紫微，窈窕玄都逸。」第四首云：「沖虛太和氣，吐納流霞津。胎息靜百關，寥寥究三便。泥丸洞明景，遂成金華仙。」顯示出人具有著超凡入聖的特異功能，能保命全形，成就金剛不壞之體，人與神和，能歸本還源，展現出仙人本色。步虛歌詞基本上偏向於悟玄合眞的宗教體驗，重視個體形神俱妙的煉養工夫，讓心靈活動能達到空靈明覺的神聖領域，進入到永恆不滅的宇宙精神之中。

五、結論

道教源自於古代神人相交的靈感文化，早就具備了豐富樂舞歌的藝術形式，表達出如醉如癡的宗教體驗，其與文學的美感作用是密不可分，具有著濃厚的神聖作用，來達到感應超自然力的宗教目的。步虛即是人的語言行爲與肉體運動結合的儀式，在音樂的節奏與旋律下，冀望體驗到神聖靈感，其歌詞具有文學的形式，也擁有宗教的功能，文學與宗教也是一體互滲的，情感與意志是交流的，渴望達到人神統一的境界，完成了生命一體化的交感作用。

道教或許相當迫切地想要交感鬼神，藉助超越的力量來消災祈福，但就其宗教本質來說，基本上還是重視心性修持的信仰系統，神人交感是建立在淨心誠意的自我要求上，從潔淨其體到齋定其心㉕，都是從心性出發，希望經過各種修煉方式來實踐天地造化之功，不只是人回到神處，同時也是神進入人身，神人成爲同質的交感存在。

步虛的這種靈感活動是長期文化經驗的累積，經由儀式的操演來強化身心的神聖體驗，發展出天人合一的相互感應系統，含藏著從神話意象到審美意象的豐富文化內涵與宗教內涵，是值得深入探討與研究。

【附註】

① 本文的文本出於《洞玄靈寶昇玄步虛章序疏》，根據《正統道藏》（台北：新文豐出版公司，一九八八），第十八冊，頁六四二-六四八。
② 詹石窗，《道教術數與文藝》（台北：文津出版社，一九九八），頁二八二。
③ 卿希泰、詹石窗主編，《道教文化新典（下）》（台北：中華道統出版社，一九九六），頁五三三。
④ 蕭登福，《漢魏六朝佛道兩教之天堂地獄說》（台北：學生書局，一九八九），頁二三七。
⑤ 卿希泰、詹石窗主編，《道教文化新典（上）》（台北：中華道統出版社，一九九六），頁八九。
⑥ 《洞玄靈寶玉京山步虛經》（《正統道藏》，台北：新文豐出版公司，一九八八），第五十八冊，頁一〇六。
⑦ 朱存明，《靈感思維與原始文化》（上海：學林出版社，一九九五），頁三七二。
⑧ 同註釋⑥，頁一〇六。
⑨ 《太極眞人敷靈寶齋戒威儀諸經要訣》（《正統道藏》，台北：新文豐出版公司，一九八八），第十六冊，頁五六八。
⑩ 同註釋⑨，頁五六九。
⑪ 《無上黃籙大齋立成儀》（《正統道藏》，台北：新文豐出版公司，一九八八），第十六冊，頁一一六。
⑫ 詹石窗，《道教文學史》（上海：上海文藝出版社，一九九二），頁一〇三。
⑬ 鄭志明，〈社區文化的宇宙圖式與神聖空間〉（台北：社區發展與環境改造研討會，二〇〇一），頁二。
⑭ 《太上洞玄靈寶授度儀》（《正統道藏》，台北：新文豐出版公司，一九八八），第十六冊，頁五四二。

⑮田青主編，《中國宗教音樂》（北京：宗教文化出版社，一九九七），頁五七。
⑯張弘，《道骨仙風》（北京：華文出版社，一九九七），頁三五。
⑰楊光文、甘紹成，《青詞碧簫—道教文學藝術》（四川成都：四川人民出版社，一九九四），頁七二。
⑱苗啓明，溫益群，《原始社會的精神歷史構架》（雲南昆明：雲南人民出版社，一九九三），頁七四。
⑲張澤洪，《道教齋醮符咒儀式》（四川成都：巴蜀書社，一九九九），頁五。
⑳同註釋⑨，頁五七一。
㉑同註釋⑥，頁一〇六。
㉒陳耀庭、劉仲宇，〈道、仙、人—中國道教縱橫〉（上海：上海社會科學院出版社，一九九二），頁一三三。
㉓《太上洞淵神咒經》，《正統道藏》，台北：新文豐出版公司，一九八八），第十冊，頁三一三。
㉔閔智亭編，《道教儀範》（台北：新文豐出版公司，一九九五），頁五五。
㉕曹本治等編寫，《中國道教音樂史略》（台北：新文豐出版公司，一九九六），頁一三。

古典詩詞與書畫理論之「虛實論」美學

元智大學
中語系助理教授　李翠瑛

提要

本文是從《易》、《老》、《莊》中，提出陰陽及虛實的思維方式做為「虛實論」的理論根據，並確立此種思維方式對於中國傳統文藝美學的重大影響，進一步說明後世在詩詞及書畫的理論及創作領域上所展現的理論價值。

本文分為四部份，壹、前言，說明古典詩詞及書畫理論有共通的美的標準。貳、「虛實」論之淵源與「太極思維」之確立；說明「虛實」的理論應該是源於《易經》的陰陽之說。參、「虛實論」之古典文藝美學理論；探討古典詩詞及書畫的「虛實論」。肆、結論；說明共通的美學標準的理論根源來自於相同的思維方式。

本文從「虛實論」最初的根源入手，從思維方式的角度切入，論述焦點著重於思維的方式以及理論的呈現，以說明「虛實論」本身在文藝美學理論中的重要性。

【關鍵字】古典詩詞、書畫理論、虛實論、美學

一、前言

在中國傳統的美學理論中，學者或認為「虛實說」起源於老莊的哲學①；但嚴格說來，「虛實」的理論應該是源於《易經》的陰陽之說。《易・繫辭》中說：「一陰一陽之謂道」，陰陽相生相成的思維方式，形成「道」的整體完成；因此，「虛實」之名雖起於《老》、《莊》，但其思維方式及最初根源應是《易經》，此為本文所要辨析者。

「虛實」的理論影響後世至為深遠，詩詞歌賦中的「含不盡之意」於言外、詩歌的境界說、含蓄論、空白說、書畫中的黑白論、留白說……等，都是在「實」中運用「虛」的創作手法，因而，「實中有虛」、「虛中見實」是傳統美學中，無論詩歌書畫，為運用廣泛的美學原則。

從古典詩詞到現代文學創作其藝術創作的法則具有相通的特質。書畫創作亦具沿襲古法、學古仿古的特點存在，因而，對於詩歌及書畫創作的美的理想有著共通的審美標準。本文在述說時雖以古人為例，亦通用於今之創作。

「虛實」的理論雖曾為學者所論及②，卻少見深入研究之篇章，究其原因，乃因虛實源於老莊，爾後改頭換面，以各種不同的面貌出現之故，例如，「眞實」說、「自然」說、「妙悟」說等，旁枝

流衍，各有其說，然可歸之於陰陽、虛實之源。因而，本文擬就虛實說之源流深入探討。

二、「虛實論」之淵源及「太極思維」之確立

美學史上的「虛」與「實」的提出，依照葉朗的《中國美學史》提到老子的「道」與「無」、「有」的關係，認爲老子的「道」具有「無」及「有」的雙重屬性，而推論宇宙萬物是「無」、「有」的統一，也就是「虛」與「實」的統一，③並且說明老子的此種思想影響中國古典美學至爲深遠而廣大。葉朗其言：

老子的這種思想，對中國古典美學的發展影響也很大。「虛實結合」成了中國古典美學一條重要的原則，概括了中國古典藝術的重要的美學特點。這條原則認為，藝術形象必須虛實結合，才能真實地反映有生命的世界。④

葉朗認爲《老子》的思想影響中國古典美學的發展至大，而「虛實」更是一條重要的美學原則。其源出於《老子》第十一章的「無」與「有」之說，由此確立中國「虛實說」的起源⑤。然而，「無」與「有」之別若能確立「虛」與「實」之說，則其具有「相對」性的思維方式卻不僅僅是源自於《老子》，有關「無」、「有」的相對相成的思維方式可以更早地推溯到《易經》的陰陽思想。《易經》中以「太極」二分爲陰陽，將陰爻（--）與陽爻（—）的符號組成八卦，演而爲六十四卦。陰陽的觀念在《易經》卦象的演變中，已被用來代表天地最初的規律，所以後來《易傳·繫辭

傳》中便直言：「一陰一陽之謂道。」最初是在說明《易經》卦象是以陰陽爲組成要素，由陰爻與陽爻變化組成卦象。《周易·繫辭》中說：

一陰一陽之謂道，繼之者善也，成之者性也。仁者見之謂之仁，智者見之謂之智，百姓日用而不知，故君子之道鮮矣。

《易傳·繫辭傳》所提到的陰與陽的觀念，是一個相對的觀念，認爲天地萬物從一生二，也就是陰與陽，陰陽的相互作用則化生萬物，故物之初則可歸爲陰陽之生成變化。又因爲陰爲柔，陽爲剛，「剛柔相推而生變化」、「是故剛柔相摩，八卦相蕩」、「剛柔相推，變在其中矣」。（《繫辭》）這種剛柔相推而生變化的觀念，就是《易傳》所推衍《易經》的陰陽觀而來。

而「道」即體現於陰陽的變化之中⑥，同時，陰陽也是爻卦之藉以完成的兩大要素：其一是陰爻與陽爻的搭配組合而成卦象，八卦是由陰爻與陽爻組成，八卦演而爲六十四卦，以代表天地萬物的所有現象。其二，因爲陰陽相對而各成其卦，故卦亦分爲陰卦與陽卦，如乾卦爲陽卦、坤卦爲陰卦，震爲雷，是陽卦，巽爲風，是陰卦。其餘則離卦、兌卦屬陰卦，坎卦、艮卦爲陽卦。以此推之，六十四卦皆分陰陽，以陰陽兩兩相對的模式存在⑦。

如此詳言《易傳》推衍《易經》的陰陽觀，最主要是在說明自《易經》以來的陰陽「二極思維方式」⑧，也就是以屬於陰性特質的卦象或事物屬於陰，而屬於陽性的卦象或事物屬於陽，陰與陽相對，萬事萬物皆有陰陽，這是將以屬性的陰與陽，分別歸納於「陰」或是「陽」的相對的思維觀點。就《老子》與《易經》的思維而言，《老子》的「有」、「無」的相對思維方式，雖不直言「陰」、「陽」，但就屬性而言，亦是可歸屬於「陰」、「陽」。《莊子》中的相對的思維方式，如有用與無用、大與小亦然。此於中國傳統的美學思想乃至於哲學思考實有極大的影響。《易》之美學精神所影響後世的部份亦從此陰陽二極的觀念開始。

《易傳》中的基本觀念爲太極與陰陽，陳鼓應認爲此觀念來自於道家與陰陽家，同時，「太極」的觀念亦源自於道家。⑨《莊子》中首先提到「太極」一詞：「在太極之上而不爲高」（《莊子・大宗師》）。此處「太極」就是「道」，又可說是宇宙最高的掌控力量，謂之「太一」。然而，《莊子》對於「太極」的觀念並無進一步說明，但卻出現陰陽相對的思維方式，根據陳鼓應的說法，認爲《莊子》中的陰陽觀實爲陰陽之氣，爲「對立之氣」，講求的是陰陽之氣的調和⑩。然而，陰陽之氣既以調和爲目的，則與其說陰陽是「對立」，倒不如說是「相對」，由相對進而進行相和相成相生的調和。

然而，《莊子》除了直言陰陽的觀念之外，其書中對事物以相對而不是絕對的思維方式來解說⑪，這更是與《易傳》之以「陰陽」二極的思考方式有異曲同工之妙。例如，〈逍遙遊〉中的鯤化而爲鵬，鵬一飛九萬里，而斥鴳笑之：「我騰躍而上，不過數仞而下，翱翔蓬蒿之間，此亦飛之至也。而彼且奚適也？」⑫對於小雀而言，像飛到樹枝頭，數仞之高就已經是「飛之至」，又何必飛那麼高呢？小與大的觀念就是基本的相對的觀念⑬。而人們認爲彭祖活了五百歲，是非常長壽了，但是與上古的大椿樹相比，大椿以八千歲爲春，八千歲爲秋，此大年也。相較之下，大者不一定是大，小者不一定是小，在比較之下才顯出大小，大與小不過是相對的觀念。《莊子》舉例說明大小的區別是要打破既定的大與小的觀念，而將小與大放在比較與相對的立場論之。此小大之辯也。

《莊子》中對於「有」、「無」也是持相對的觀念。〈逍遙遊〉中提到惠施的大葫蘆，魏王送惠施大葫蘆的種子，惠施認爲這些大葫蘆既不能盛水，也不能做爲水瓢，不如將它毀去，莊子則認爲惠施不懂得「用」的道理，若是將葫蘆綁在身上不是就可以浮遊於海上了嗎？莊子又說了一個宋人善爲不龜手藥的故事也是相同的道理⑭。有用或是無用則端看個人而定。

又如〈人間世〉中提到匠石之齊，見到櫟社樹，「其大蔽牛，絜之百圍，其高臨山十仞而後有枝，其可以爲舟者旁十數。」⑮然而匠人不顧，其學生問之故，匠人認爲這是一株「無用」的大樹，既不能爲舟船，也不能爲棺槨器具，然而，匠人夜中夢見樹來對他說話，告訴他就是因爲樹本身「予求無所可用久矣，幾死，乃今得之，爲予大用。」假使這是一株有用的樹，那早就被人砍掉而無法存活至今了。〈人間世〉中又說到「不材之木」，因其不材，所以才能長到很高大，若是如宋人荆氏所植的楸柏桑樹，因爲有用，長到拱把以上，便被人砍掉做爲各式器用。所以，像是「牛之白顙者」、「豚之亢鼻者」、「人之痣病者」都是被認爲是「不祥」之物，但也因爲有所缺陷而得以享其天年，所以〈人間世〉一篇最後的結語說：「人皆知有用之用，而莫知無用之用也。」有用或是無用也是相對的，無用之用是爲大用。因此，莊子的價值判斷在於打破既定的觀念，本以爲有用之物不一定有用，而無用之用有時或可爲大用，用與不用之間，不過是相對的，所以，不能只看重「有用」而忽略「無用」

之大用的意義。

打破既定概念，回歸本然自我，重新定義物的價值，莊子在觀念上採取的相對的看法，否定了萬事萬物的絕對價值，而將「有」與「無」一起放在天枰上衡量，將兩者視爲對等而不偏廢任何一端。甚至，更進一步追求「道」的境界時，更必須瞭解並追尋那「無」、「虛」的境界，《莊子‧人間世》言：

若一志，無聽之以耳而聽之以心，無聽之以心而聽之以氣。聽止於耳，心止於符。氣也者，虛而待物者也。唯道集虛，虛者，心齋也。（《莊子集釋》）

「心齋」、「坐忘」是《莊子》非常重要的觀念。「心齋」者，由「虛」而來。「氣」是虛而待物者，而「虛」則爲「心齋」的作用，「心齋」而集虛，虛而入道。因此，可見「虛」對於入「道」的境界具有極大的重要性。同時，也因爲「虛」的看重，其思維方式就不再是偏於「實」物的探討，而是藉由「實」與「虛」的相合相成，而成就完整的一體，這是實與虛同時並存的二極思維方式。

在《莊子‧齊物論》「朝三暮四」的故事中，《莊子》回歸於「聖人和之以是非而休乎天鈞，是之謂兩行。」也就是將「是」與「非」重新定位，而聖人在「是」與「非」中得到平衡點，無論是「是」還是「非」，皆能順應情勢，隨其是非而兩者並行共存，這也是一種兩極的思維方式，以相對的觀點取代絕對的角度來看待天下之物。

道家此種「虛實觀」，採取兩行的二極思維方式，影響所及，在其對於藝術、音樂的看法上更顯出其影響力。《老子》的「無爲」觀念，「爲無爲，則無不治」（第三章），強調「無爲而無不爲」（第三十七章），《老子》所言：

五色令人目盲，五音令人耳聾，五味令人口爽，馳騁畋獵，令人心發狂。（第十二章）

又言：

大音希聲、大象無形，道隱無名。（第四十一章）

所言都是在強調「道」必須從「無」形「無」象的部份尋求，不能執著於眼睛可見耳朵可聽的實體實物的表象。所以，眼前的五音五色五味等實質而可見的音、味、色反而是「道」的限制。從有形的音、味、色上面尋求反而更失去「道」的意涵。所以，推之於音樂與藝術之境，最高的藝術的「道」的境界，也是要從「無」中尋求，故大音無聲、大象無形、道隱於「無」名，而不現於「有」名。因此，《老子》言「道」的虛無縹緲之境，說明重視「虛」、「無」的思維方式，如下所論：

視之不見名曰「夷」；聽之不聞，名曰「希」；搏之不得，名曰「微」；此三者不可致詰，故混而為一。其上不皦，其下不昧，繩繩不可名，復歸於無物。是謂無狀之狀、無物之象，是謂惚恍。（第十四章）

「道」是由惚恍之境所來，是在不可見不可摸之中尋求。這種揚棄實體的「有」而從「無」的境界追索「道」的存在的思維方式，影響中國傳統的美學思想，將最高的藝術境界歸之於「道」的體現，而「道」的體現不僅是形式的表象，甚且存在於表象之後那個見不到的「虛」、「無」的部份之中。

所以，《莊子·齊物論》中也說：

道之所以虧，愛之所以成。果且有成與虧乎哉？果且無成與虧乎哉？有成與虧，故昭氏之鼓琴也，無成與虧，故昭氏之不鼓琴也。（《莊子集釋》頁七四）

昭氏鼓琴時，發現每彈奏一音則失去了其它未彈奏的音，爲了不失去任何一音，於是，昭氏不再鼓琴。所以「成」與「虧」，就在於「無」與「有」之間，當琴發出一音，此音爲「有」，則其它的音不出，反而失去更多，所以，鼓琴爲「有」音，因爲「有」而「無」法擁有一切；故不鼓琴爲「無」，因爲「無」而擁有一切的「有」。這亦是《老子》所言的：「天下萬物生於『有』，『有』生於『無』。」（第四十章）所以，「有」是從「無」中而來。抛開一切，才擁有一切。

老莊對於「有」、「無」以及「虛」、「實」相對的觀念，發揮得淋漓盡致。而《莊子》相對的觀念又上承《老子》，並且由此建立起道家對於「虛」（「虛靜」）的一套完整的理論。因此，傳統美學中所強調的「虛」、「無」的部份，正可說是中國傳統美學的特點。

二極的思維的方式始源於《易經》的卦象中分以陰陽，而《易傳》之直言陰陽相合相成而成「道」；《老子》則將此二極思維方式演爲「無」、「有」以及「虛」、「實」的相對觀念，《莊子》雖談陰陽之氣，更發揮《老子》的思想，將萬物都以相對的是非做價值的評判，無論大小、高低、短長、有用無用……等相對的觀念大量出現。影響所及，「實」的部份容易說清，「虛」的部份卻常引發更多的爭議與討論，而在「實」的部份的展現之外，更強調那看不見摸不著的精神層次——「虛」的境界。後世美學中常講求的形之外的「神」、「神韻」、「氣韻」、「境界」、「空」、「滋味」……等詞，都是從「虛」的部份衍生而來。換言之，「虛」的境界的講究，就是要求形式的表現之外，還要有作者人格之展現或是作品的形象生動、氣韻流暢、境界高遠的藝術審美標準。以實體之中展現「虛」的的境界，以呈現「美」的理想。

因此，若說「虛實」論起源於《老子》，不如說「虛」、「實」二字雖然來自於《老子》，但是這種對於「實」、「虛」並重，強調兩極的思維方式，更應該是來自於《易經》的陰陽合和的精神，而《老子》中也提到「萬物負陰而抱陽，沖氣以爲和」（第四十二章）的陰陽調和之氣。此種調和「陰陽」之氣，以說明萬物皆有陰陽的二極思維方式，可稱之爲「太極思維」或「陰陽二極思維方式」，是中國傳統美學精神的源頭，也是哲學思維的重要思維方式。

三、「虛實論」之古典文藝美學理論

㈠古典詩詞理論中的「虛實」之論

古代的詩詞理論中，除了「實」體的技巧表現之外，不脫「虛」無的美的理想、境界的描述，「實」體部份多指可見可聞的創作技巧，而「虛」的部份則是創作時或作品完成後所能達到的境界、氣韻、風格等之描繪。對於「虛」的理論部份以及虛實相應相生的藝術表現方式，從曹丕的《典論．論文》中來看：

王粲長於辭賦，徐幹時有齊氣。（《文選》卷五二）

又說：

文以氣爲主，氣之清濁有體，不可力強而致，譬諸音樂，曲度雖均，節奏同檢，至于引氣不齊，巧拙有素，雖在父兄，不能以移子弟。（《文選》卷五二）

文章中除了篇章結構、文字體裁等具體而可學之形式之外，重要的是文「氣」的不同，所顯現出的不同的文章風貌，文「氣」在父兄亦不能移於子弟，文氣是屬於個人所體現的文章風格。「氣」者，《莊子・人間世》中說：「氣也者，虛而待物者也。唯道集虛。」又《莊子・逍遙遊》中說：「乘天地之正，而御六氣之辯，以遊於無窮。」「氣」本身就是不可見，卻存在於天地之間的一種能量，故稱「氣」，是「虛」而待物者。道家所言，氣爲「虛」者，而無實體。用在文學理論上，以「氣」說明文章風格，是跳脫文章的格式內容之外，已經論及憑個人鑑賞力或者是個人感受所評判出來的質素，此一質素不能脫離文章實體的表現，卻又是建立在實體之上的所謂理想境界的探討，表面上據實體而立論，實際上討論起來卻是不具體而摸不著、見不到的「直覺感受」的部份。

這種必須依賴觀賞者以覺受能力去「感應」、「覺受」而得的部份，就是實體之外所表現的「虛」境的部份。而依此判斷，在傳統的文藝理論中，實體的部份之外，許多理論家樂於討論「虛」的部份，並視爲非常重要的審美或是美的理想指標，例如「風韻朗暢」⑯、「境」、「味」⑰、「韻外之致」⑱、「神」⑲、「象」、「景外之景」⑳、「神韻說」㉑……等。這個指標，影響所及，從唐人所發展出來的「境」、「氣」之說，可見一斑，唐代王昌齡有言：

○夫置意作詩，即須凝心，目擊其物，便以心擊之，深穿其境，如登高絕頂，下臨萬象，如在掌中。（《文境秘府．論文意》南卷）

○夫文章興作，先動氣，氣生乎心，心發乎言，聞於耳，見於目，錄於紙。意須出萬人之境，望古人於格下，攢天海於方寸。詩人用心，當於此也。（《文境秘府．論文意》南卷）

「意」是作者心中之念；「境」是見萬物而心動，故心動而發之，境如掌中之象，是作者可運轉自如的寫作材料，也是客觀景物與內在感受相結合所產生的結果。所以，文章興作，先動「氣」，氣生於心，心動則發乎言，發乎言而爲詩之呈現。故起於虛無之「氣」而形諸於有形之意象。而講求「境」的展現與「氣」的流暢。這是王昌齡論創作與情境的理論。唐代詩僧皎然在《詩議》中則直接說明「境」與「虛」、「實」的關係：

夫境象非一，虛實難明。有可睹而不可取，景也。可聞而不可見，風也。雖繫乎我形，而妙用無體，心也。義貫眾象，而無定質，色也。凡此等，可以偶虛，亦可以偶實。（《詩學指南》卷三）

皎然談到境與象的關係，已明確指出境與象並不是相等的質素，創作時還包括景、風、心、色的交互運用，有可見可聞者，有不可取不可見者，也有妙用無窮，無法具體說明者，有無定質者，這些創作的要素中，有的是「實」的，有的爲「虛」；有的是可見可聞的形象描寫，有的是不可見不可聞的「心」的掌握，「虛」、「實」相應，或虛或實，有虛有實，則詩文可以變化而創新。

除此之外，唐代還有另一位理論家以「味」說明詩的各式風貌，司空圖的〈與李生論詩書〉中說：

◯古今之喻多矣，而愚以為辨於味而後可以言詩也。江嶺之南，凡是資於適口者，若醯，非不酸也，止於酸而已；若鹽非不鹹也，止於鹹而已。

◯詩貫六義，則諷諭、抑揚、渟蓄、溫雅，皆在其間矣。然直致所得，以格自奇……噫！近而不浮，遠而不盡，然後可言韻外之致耳。

◯倘復以全美為工，即知味外之旨矣。（《詩品集解》）

司空圖以「味」來比喻說明詩的各種風格，又直說詩具有六義，包含諷諭、抑揚、渟蓄、溫雅等要素，直說詩的寫作要領。然而，在具體的寫作之外，既有「味」、「韻」之美外，更要追求那看不見摸不著的「味外之旨」、「韻外之致」。運用一些直覺感受的語辭說明創作心理或是創作方法、創作境界，這種「玄而又玄」、「衆妙之門」式的批評術語，無疑是在具體文章形式作法之外，更強調精神的、感受的、只可意會不可言傳的意境。或許，當時之人可以明白何謂「味外之旨」、「韻外之致」，但是其「外」到何種地步？何種程度？只有以心證之了。

究其原因，對於這種美學觀，即是太極思維方式下的思考模式所致，也就是相對的思維方式，實體不可能「絕對存在」，實際的創作技巧也不能完全代表作品的高下，於是，在實體之外另外尋找一種「虛」的直覺感受之可能，無論是在寫作上還是作品的評價上，都是如此。也因爲此種思考方式，中國傳統的美學理論常見到一些感受性的批評述語，諸如「境」、「韻」、「氣韻」、「味」、「清」、「清雅」等批評的詞語。而這個術語的定義，便存在於作者與讀者之間約定俗成、彼此意會才能得知的層面，一旦物轉星移，時空轉變，便也留下不可解之謎。這是傳統中國古典美學在研究上一個很大的瓶頸。但是，話說回來，這或許也是中國傳統美學中一個很大的特色及神秘感的所在。

明白了「虛實」的思想根據，便可以用一種相對的看法理解傳統的美學觀，西方重視形式（form）的探索，而中國的傳統美學觀則是在形式與形式之外的直覺感受中找到平衡，既不偏廢於形式之探討，也不偏廢於直覺感受的追尋。這就是「陰陽」的太極思維方式的結果。也是後世以「實」說明作品的具體的形式格律，而以「虛」說明形式之外超乎形式的質素，這個質素，個人體會不同而各家說法各異，然可歸於「虛」的系統，這也是中國傳統美學有別於西方美學的一大特色。

自唐代以下，「實」與「虛」相對形成的兩大系統，似爲文士們所接受，並自然而然用來說明創作的情態。宋・張炎的《詞源・清空》中評論詞，則說：

> 詞要清空，不要質實。清空則古雅峭拔，質實則凝澀晦昧。姜白石詞如野雲孤飛。去留無跡。吳夢窗詞如七寶樓臺，眩人眼目，碎拆下來，不成片斷。

張炎說明了徒有具體形式，而令詞境太「實」的詞，會有「凝澀晦昧」，即凝滯、晦澀而不明的缺點。因此而主張詞的「清空」，也就是清靈空明的特點。張炎舉姜夔與吳文英的詞作說明姜夔的詞因爲清靈空明，如孤雲一般，無留痕跡；而吳文英的作品則如七寶樓臺，看起來很美，拆碎下來，就不見其美。這是從作品風格而論，姜夔的作品與吳文英的作品比較之下，後者雕琢刻鏤的痕跡太過，換言之，實筆多而虛處少，「實質」多而「清空」少，故張炎認爲「眩人耳目」。又如明·謝榛《四溟詩話》說：

律詩重在對偶，妙在虛實。子美多用實字，高適多用虛字。維虛字極難，不善學者失之。實字多，則意簡而句健，虛字多，則意繁而句弱，趙子昂所謂兩聯宜實是也。（《四溟詩話》卷一）

謝榛又說：

寫景述事，宜實而不泥。有實用而害于詩者，有虛用而無害於詩者。此詩之權衡也。（《四溟詩話》卷一）

謝榛的說法是將「實虛」用來論「實字」與「虛字」，然而，此處的「虛字」不是文章中的「虛詞」㉒，既不是「虛詞」，其「虛」不過是指意象或境界上的「虛」，而不是之乎者也的「虛詞」。謝榛提出的律詩對偶在虛實之間變化，虛字多則意繁句弱，實字多則意簡句健，因此，「虛實」有如陰陽，必須平衡，所以又說「宜實而不泥於實」，「有實用」也要「有虛用」，此詩之「權衡」也，就是陰陽和合的平衡之道。而清·王夫之《古詩評選》也說：

寫景至處，但令與心目不相睽離，則無窮之情，正從此而生。一虛一實，一景一情之說生，而詩遂為阱為梏為行屍。（《古詩評選》卷五孝武帝《濟曲阿后湖》評語）

清·翁方綱《石洲詩話》中說：

唐詩妙境在虛處，宋詩妙境在實處。（《石洲詩話》卷四）

又清・周濟《介存齋論詞雜著》：

初學詞求空，空則靈氣往來；既成格調，求實，實則精力彌滿。初學詞求有寄託，有寄託則表裏相宣，斐然成章，既成格調；求無寄託，無寄託則指事類情，仁者見仁，知者見知。

清・劉熙載《藝概・文概》中說：

文或結實，或空靈。雖各有所長，皆不免著于一偏。試觀韓文，結實處何嘗不空靈，空靈處何嘗不結實。

連戲劇也用「虛實」爲論，如：

戲劇之道，出之貴實，而用之貴虛。《明珠》、《浣沙》、《紅拂》、《玉合》，以實而實者也。《還魂》二夢，以虛而用實者也。以實而用實也易，以虛而用實也難。（王驥德《曲律・雜論》）

王夫之談「一虛一實」的搭配，翁方綱的詩妙在「實處」，詞妙在「虛處」之說，是詩與詞比較之下的產物，兩者有所偏重而不能偏廢。是以周濟所言詞有「空」則「靈氣往來」，但也要「求實」而「精力彌滿」，兩者皆爲詞中要素。劉熙載更明白說「文或結實，或空靈」，兩者「各有所長」，「皆不免於一偏」是說明各家在取抉之際，各有偏長。就舉韓愈之文爲例，即能同時達到結實與空靈俱存者，因此，實與虛是相輔相成，雖各家有所偏長，卻不能偏廢。即如戲劇展現之理，亦如此。

由此可知，「虛實論」在詩詞文，甚而戲劇中，是重要的文學批評術語，其理論是講究平衡之道，結合二者，共同組成完美的藝術作品。

㈡書畫理論中的「虛實論」美學表現

書法理論也使用「虛實」理論說明黑與白之間，墨色變化如何展現其美感。書法創作本身是以白紙爲底，著以墨色之筆畫，故黑色的墨與白紙的融合交會成爲一個完美的藝術品。書法的線條固然是學書者最重要的藝術質素，然而，結構上的黑白變化將造成空間上黑白分隔的美感，因此，書法在結構上更會注意「虛」、「實」的問題。如「潛虛半腹」（智果〈心成頌〉），就是說明如「日」、「月」等字，內有短畫者，不可與兩個直畫完全相黏，若是完全相黏而無空隙，則顯得不空，沒有申展與想像的空間，於是，字會顯得呆板而無生趣。其實，舉一反三，在「曰」、「日」等有「口」的字亦然，在豎畫與橫畫之間必須要留一些空白，讓黑與白交融成爲流暢的結構。因此，陳繹曾說：

> 凡字各有八面，即一字皆有八面。勢有在乎實者，亦有在乎空者。善書者下筆自有八面威風，不善書者，雖填滿四隅，總多缺陷，方法不可不知也。（陳繹曾《翰林要訣》）

字有「八面」是從九宮㉓法，八面的點皆拱向中心，凡一字中，有點有畫處，是實也；無點無畫處，是虛也㉔。也就是空白與線條之間，空白處謂之「虛」，墨色線條處曰「實」。有形之使轉㉕爲實，無形之使轉爲虛㉖。九宮的中心稱之爲「中宮」，其它的八個方位皆向中心的部位（即中宮）集中，此謂之「中宮緊縮」。而書寫的字，其結構雖向中心集中，但是在使轉及線條之間，應該靈活運用，使虛與實充份配合，實中有虛，虛中有實，無論字的筆畫多或是少，都能虛實相應，達到完美的要求。因此，善書者，明白實與虛的變化，而不善書者，無法靈活運用，便易「雖塡滿四隅，總多缺陷。」雖然塡滿一個字，但總是無法達到完美的要求。

書法創作不但是字體的展現，也由於書法只有墨色與空白的空間，因此，虛與實的整體掌握就成爲創作上十分重要的方法。宗白華的《美從何處尋》中提到書法及繪畫的理論時，曾對中國書法理論中的「計白當黑」有所說明，他說：

> 字的結構，又稱布白，因字由點畫連貫而成，點畫的空白處也是字的組成部份，虛實相生，才完成一個藝術品。空白處應當計算在一個字的造形之內，空白要分布適當，和筆畫具同等的藝術價值。所以大畫家鄧石如曾說書法要「計白當黑」，無筆墨處也是妙境呀！㉗

所謂「計白當黑」就是把一個字看成是一幅整體的畫，在此一小品之中，黑的線條固然是主體，但是白的部份也是創作的表現。黑與白交織成一個完整的藝術架構。因此，把白的部份也當成如同是黑的部分一般，都是創作的一部份。在傳統的書法理論術語上，將這種黑白結構的安排稱之爲「布白」。㉘王羲之言：

> 分間布白，上下齊平，均其體制，大小尤雅。大字促之貴小，小字促之貴大，自然寬狹得所，不失其宜。（〈筆勢論十二章〉）

結體與布白是書法結構上的術語，說明書法在空間上的虛實運用。王羲之的〈筆勢論〉中已然說明結構、布白是在決定字的大小變化，而空間的安排也會有所不同，影響所及，對字的寬狹亦能掌控。可見，在書法上虛、實的空間安排是自古以來便非常重視的部份，同時也影響書法結體整體的美感與變化。

書法的空間理論與繪畫的空間有異曲同工之妙，宗白華的《美學的散步》中說：

> 中國人的最根本的宇宙觀是易經上所說的「一陰一陽之謂道」。我們畫面上的空間感也憑藉一虛一實一明一暗的流動節奏表達出來。虛（空間）同實（實物）聯成一片波動，如決流之推波。明同暗也聯成一片波動，如行雲之推月。這確是中國山水畫上空間境界的表現法。㉙

宗白華將《易經》的陰陽之理與繪畫的理論結合，又認爲《老子》所講的「無」就是中國繪畫上的空間㉚。而中國的傳統繪畫自晚周的帛畫、漢代石刻、東晉·顧愷之的〈女史箴圖〉、唐·閻本立的〈步輦圖〉……等，很早就掌握了虛實相間的變化手法㉛，可說書法與繪畫在虛實的空間安排上早已經沿承《易經》陰陽的精神，充份將虛實的變化運用在藝術的表現上。

葉朗在論「虛實」與藝術創作的關係時，曾提到後世的理論家如何將《老子》的「虛實」之論舊瓶新裝而以不同的面貌出現：

> 魏晉南北朝美學家提出「氣韻生動」的命題。「氣韻生動」的「氣」，不僅表現於具體的物象，而且表現於物象之外的虛空。沒有虛空，就談不上「氣韻生動」，藝術作品就失去了生命。我們也提到，唐代美學家在「象」的範疇之外提出了「境」這個範疇。「境」和「象」的不同，

重要一條就在於「境」不僅包括「象」，而且包括「象」外的虛空。中國古代詩、畫的意象結構中，虛空、空白有很重要的地位。沒有虛空，中國詩歌、繪畫的意境就不能產生。㉜所謂的「氣韻」、「象外」、「境」等在形象的描寫之外「虛空」的部份，就是氣韻生動的根源與發揮。而特別強調此種「虛空」、「空白」的藝術表達方式就是完成中國傳統美學意境的最主要的關鍵；若無虛空與空白之美，則中國的詩歌書畫美學則不能呈現現有的發展路線及內容。這不但是中國傳統美學之有異於西方以崇高、優美、壯大爲美的美學觀，也是中國傳統美學無論是創作或是理論上的一大特色。

四、結　論

中國傳統的詩詞書畫美學思想中，「虛實論」是很重要的一個創作表現方式。宗白華等人已經對於詩中有畫，畫中有詩的詩與畫的境界提出中國傳統美學中的空間觀㉝，也對於書法與繪畫中所具有的空白的藝術表現方式提出見解與說明㉞。然而，本文所提出的卻是針對「虛實論」的思維方式的根源，證明其來自於《易經》與《老》、《莊》中的陰陽二極思維方式，也就是本文所提出的「太極思維」。從陰陽二極相對相生的思想中，衍生出對於事物的二極思維的意識，故在黑與白之間會有相對的變化之趣產生，同時，在虛與實的相生相成之中，也發展出傳統美學中獨特的思維及藝術表現方式。

因此，「虛實論」既從二極思維方式而來，那麼，虛實的理論自然有其相沿的創作表現，並且在詩詞書畫的領域中，無不充份貫串此一思維模式。而所以能普遍運用於詩詞書畫而成爲共通的原則，究其原因也不過因爲它們來自於同一個源頭，來自於《易經》、《老》、《莊》的思維方式，而這個二極的「太極思維」可說是中國傳統文化中的一個古老的而影響數千文化的最初的根源。

所以，在共同的美學思想淵源之中，無論是古典詩詞或是書畫創作都有其共通的美學。對於這種虛實之間的創作變化方式，「虛實」的理論可通用於各式的創作理論及實際創作之中。而時至今日，我們仍在此「太極思維」的思考模式下進行我們的文化建設，鋪設我們的未來的文化道路，古典詩詞的創作，不離此一範疇，書畫的理論及創作，亦不離此，古今時異，然而，古之理論用於今日，仍有其承傳並發揚的意義與價值。

【參考書目】

朱熹《周易本義》（台北，華聯出版社，一九八九年十二月）

陳鼓應註譯《老子今註今譯》（台北，臺灣商務印書館，一九八六年十月）

清・郭慶藩編、王孝魚整理《莊子集釋》上下，（台北，群玉堂出版公司，一九九一年）

宗白華《美從何處尋》（台北，元山書局，一九八五年二月）。

宗白華《美學的散步》（台北，洪範書店，一九八七年）。

葉朗《中國美學史大綱》（臺北，滄浪出版社，一九八六年）。

郭紹虞《中國文學批評史》（台北，藍燈文化事業公司，一九八八年十月）
季伏昆編著《中國書論輯要》（江蘇，江蘇美術出版社，一九九〇年七月）。
馮友蘭《中國哲學史新編》第二冊（台北，藍燈文化公司，一九九一年）
陳霞村《古代漢語虛詞類解》（山西教育出版社，一九九二年四月）
劉小晴《中國書學技法評注》（上海書畫出版社，一九九二年）。
陳鼓應《易傳與道家思想》（臺灣商務印書館，一九九九年九月）頁一一二。
廖群《中國審美文化史・先秦卷》（山東，山東畫報出版社，二〇〇〇年十月）

【附　註】

① 見葉朗《中國美學史大綱》（臺北，滄浪出版社，一九八六年）頁二八。
② 同註①。
③ 同註①。
④ 同註①，頁二九。
⑤ 見《老子》十一章：「三十輻共一轂，當其無，有車之用。埏埴以爲器，當其無，有器之用。鑿戶牖以爲室，當其無，有室之用。故有之以爲利，無之以爲用。」
⑥ 見陳鼓應《易傳與道家思想》（臺灣商務印書館，一九九九年九月）頁一一二。

⑦參見廖群《中國審美文化史・先秦卷》（山東，山東畫報出版社，二〇〇〇年十月）頁二四四。廖書稱此爲「八卦、六十四卦又明顯被設置爲陰陽二元兩兩相對相應的關係結構。」

⑧參見註⑦。廖書中稱此爲「陰陽二元對立的模式」。又其書頁九提到中國人注重「陰陽的思維方式」。而大陸學者多稱此種方式爲陰陽二元對立的思維方式。按：筆者以爲陰陽是由太極而來，太極爲陰陽所組，一陰一陽之謂道，陰陽是萬物最終極的組成，故稱之爲「二極思維方式」、或「太極思維方式」。

⑨同註⑥，頁九八。

⑩根據陳鼓應的說法，「陰陽」二字在內七篇中出現四次，而在《莊子》全書中則出現二十多次。同註⑥，頁一一三。

⑪參見馮友蘭《中國哲學史新編》第二册（台北，藍燈文化公司，一九九一年）頁一一三—一二六。按：馮友蘭直接以「主觀唯心主義」說明《莊子》的相對的觀念，並直言其爲「相對主義」。認爲「道」才是相對之上的「絕對」。但筆者認爲，大可不必以唯心或唯物的觀點看待《莊子》的思想，其思想的變化多端，形象豐富的特點可以說明莊子思維方式是以「相對」而非「絕對」的，但是，「道」既是無形無象，不可言說，則何來「絕對」？不能以與「相對」的相對就是「絕對」的思考模式來說明道的「絕對性」。因此，本文採取「相對」一詞說明《莊子》的思維方式，但與馮氏的立論觀點並不相同。

⑫見《莊子・逍遙遊》，頁九。本書《莊子》引文皆於清・郭慶藩編、王孝魚整理《莊子集釋》上下，（台北，群玉堂出版公司，一九九一年）

⑬ 同註⑪，頁一二三。

⑭ 見《莊子・逍遙遊》：「宋人有善爲不龜手之藥者，世世以洴澼絖爲事，客聞之，請買其方百金。聚族而謀曰：『我世世爲洴澼絖，不過數金；今一朝而鬻技百金，請與之。』客得之以說吳王。越有難，吳王使之將，冬與越人水戰，大敗越人，裂地而封之。能不龜手，一也；或以封，或不免於洴澼絖，則所用異也。」

⑮ 見《莊子・人間世》，頁一七二。

⑯ 見唐・皎然《詩式》：「風韻朗暢曰高，體格逸放曰逸，……氣多含蓄曰思，意中之靜曰靜，意中之遠曰遠。」

⑰ 如唐・司空圖《詩品》：「愚以爲辨於味，而後可以言詩也。」

⑱ 唐・司空圖《詩品》：「近而不浮，遠而不盡，然後可以言韻外之致耳。……此外，千變萬狀不知所以神而自神也。」

⑲ 同註⑱。司空圖提出「韻外之致」、「味外之言」。

⑳ 唐・司空圖〈與極浦談詩書〉：「象外之象，景外之景，豈容易可談哉！」

㉑ 「神韻說」在於「可望而不可即」的詩的風貌。見郭紹虞《中國文學批評史》（台北，藍燈文化事業公司，一九八八年十月）頁二三五。

㉒ 見陳霞村《古代漢語虛詞類解》（山西教育出版社，一九九二年四月）頁三～五。按：古代漢語可分爲實詞與虛詞，「虛詞」是指「沒有實質意義或者意義比較虛泛，多數不能單獨充當句子成份」。如人稱代名詞、指示代詞、疑問代詞等類。在文章中，虛詞可具有轉折、關聯、限制等的作用，但是在詩詞的創作中，原則上是不

使用這類虛詞的。

㉓所謂「九宮」在書法上，是指一個空格可以井字來分九個小格，謂之「九宮格」，是初學書法者用來確定筆畫位置的方法。

㉔見劉小晴《中國書學技法評注》（上海書畫出版社，一九九二年）頁一九二。

㉕所謂的「使轉」是筆畫線條轉折之術語。也就是書法寫作上筆畫的轉折。

㉖同註㉔。

㉗見宗白華〈中國書法裏的美學思想〉於《美從何處尋》（台北，元山書局，一九八五年二月）頁一四九。

㉘參見季伏昆編著《中國書論輯要》（江蘇，江蘇美術出版社，一九九〇年七月）頁二七〇。此言書法之結構謂之「結體與布白」。

㉙見宗白華《美學的散步》（台北，洪範書店，一九八七年）頁四三。

㉚同註㉙，頁四八。

㉛見宗白華〈中國藝術裏表現的虛與實〉收於《美從何處尋》（台北，元山書局，一九八五年二月）頁二五二。

㉜同註①，頁二九。

㉝參見宗白華〈中國藝術境界之誕生〉於《美學的散步》（台北，洪範書店，一九八七年）頁一～二三。

㉞同註㉛，頁二五〇。

中國文學中的情意世界

長崎大學　連　清吉

提　要

「文學」是以語言描寫人的生活或社會的現象，而且無論是語言的技巧或是作者的情意表現皆達到藝術的感動才是文學。自古以來，中國人的終極關懷是在人間世界，因此古典文學作品的取材大抵以現實社會的人生問題與個人的日常生活經驗為多。就文學的形式而言，詩是以表現人之感情的抒情詩為主，而甚少歌詠英雄的敘事詩。散文的主流不是需要豐富想像與虛構的小說而是記述人在人間社會之實際生活與實在經驗的散文。換句話說中國古典文學的發展是一個表現情意的文學史。本文即從這個觀點論述中國古典文學所反映的情意世界。

【關鍵詞】吉川幸次郎。抒情是中國詩歌的特質。斯波六郎。自我凝視的孤獨

前言　吉川幸次郎的文學觀

吉川幸次郎（一九〇四～一九八〇）從文化史的觀點，以爲中國歷史經過漢武帝的政策，唐玄宗

的治世、清末的革命之三次變動，而區分為四個時期。至於中國文學的發展，無論是文體、風格、內容，也可分為四個時期。①周初至秦朝的一千年是第一期，吉川幸次郎稱之為前文學史的時期。

除了《詩三百》、《楚辭》以外，先秦諸子的著述，即使其敘事手法、表現技巧足為後世文學的典型。如《韓非子》的壁壘森嚴，如《戰國策》的縱橫奇變，如《莊子》的自然天成即是。然而其著述的趣旨大抵是在論述政治理念或思想哲學。換句話說先秦諸子的語言是以傳達思想意志為主，所以先秦的時代是以表達主張學說或是邏輯論證為意識的時代，未必有以語言描寫人的生活或社會現象而達而藝術境界的自覺。因此先秦諸子的著作未可定義為文學，眞正的文學作品是形成於漢武帝以後的中世。由此可知吉川幸次郎所謂的「文學」是以語言描寫人的生活或社會現象，而且無論是語言的技巧或是作者的情意表現皆達到藝術的感動才是文學。換句話說文學作品的取材是人生活所在的人間社會諸事象，文學的目的是在表現語言的藝術技巧與人生的感受。

一、人生感受的抒發

自古以來，中國人的終極關懷是在人間世界，因此古典文學作品的取材大抵是以現實社會的人生問題與個人的日常經驗為多。所以吉川幸次郎說以人為中心的情意表現是中國文學的根本特質。②就文學的型式而言，詩是以表現人之感情的抒情詩為主，而甚少歌詠英雄的敘事詩。散文的主流不是需要豐富想像與虛構的小說而是記述人在人間社會之實際生活與實在經驗的散文。吉川幸次郎以為起源於《詩三百》的抒情詩的傳統到杜甫而達到極盛。其舉杜甫於流寓蜀地時所作的〈倦夜〉爲例，說明杜甫詩之所以沉鬱頓挫的所在與中國古典抒情詩的普遍特質。吉川幸次郎以爲〈倦夜〉雖然是寫所見之景，卻在景中抒發人生遭遇的感懷。「竹涼侵臥內、野月滿庭隅」在說自然象是超然性與圓善性的存在，「重露成涓滴、稀星乍有無」是描寫時間推移的微妙變化，「暗飛螢自照、水宿鳥相呼」則在寫蟲鳥的孤獨哀憐，進而由此起興而陳述「萬事干戈裡、空悲清夜徂」之戰爭的不幸與人事的悲哀。畢竟人間原來也有成就善意的可能，奈何因爲時世的紛擾，而有不知清平的社會何時到來的憂愁。以日常周遭的情事爲題材，陳述人間社會爲重要的問題是杜甫的特徵，也是中國古典抒情詩的普遍現象。

至於散文也有寫實的傾向，如司馬遷《史記》雖然有感於神話之異於尋常的記載，但是大抵是人間世界實在經驗的載記而非無中生有的虛構，特別是〈列傳〉的部分，不只是個人傳記的記載，更有使良善之人得以不朽之歷史眞實的善意在焉。其後唐宋八大家，尤其是韓愈、蘇東坡亦祖述司馬遷的著作旨趣，曲盡市井小民之生涯敘述，進而追求人生的眞實爲極致。③

二、表現情意的文學史

「己立立人，己達達人」的淑世救人是儒家生哲學的根本精神，如《詩經．大雅》所記載的「天生烝民，有物有則」，「物」是內在於人的良善本性，「則」是自然天成的本來存在，而體現此一精神的是「聖人」。「聖人」是圓滿良善的存在，爲人之所以爲人的理想目標，即「聖人」是樂觀主義的理想存在，是提供無限可能的象徵。吉川幸次郎以爲樂觀主義不但是儒家的人生觀，而樂觀與悲觀的交替推移也是中國文學發展流衍的一個重要現象。④換句話說，從人生觀的角度來探究中國古典文學的內容，則中國文學是一部表現情意的文學史。

《詩經》中表達悲憤的詩歌多於歡樂，但是《詩經》所表現的人生觀基本是樂觀主義的，如〈周南・桃夭〉即是祝福女性結婚而充滿希望的詩歌。〈邶風・柏舟〉固然是憂愁悲憤的作品，但是接續其後之〈邶風・綠衣〉「我思古人，實獲我心」的敘述，則未嘗沒有現在雖處於不幸的環境中，但是困窮的環境只是一時的而不是本來且持久性的存在，畢竟無論是個人或是社會，其本來的存在是圓滿幸福的。換句話說《詩經》的時代，一般人並沒有失去人生理想與希望，而且正因爲尚存在著人生本來理想的寄望，對現實的遭遇才有悲憤，《詩經》的憂憤之作大抵是在這種心理狀況下創作的。《詩經》之後的《楚辭》也存在著這種創作心理，屈原固然有滿腹的鬱憤而投江自盡，但是其人生哲學則在重建幸福圓滿的人間社會。換句語說人生本來幸福的信念是屈原內在根底的人生觀，而古代昇平社會的回復，則是其終身的執著，即使面臨死亡的到來也未必有強烈的恐懼。⑤

《詩經》與《楚辭》所反映的樂觀主義之人生觀並不是永久持續的，秦漢到初唐的文學則有感嘆人的存在是何其微小，表現出天道無常之絕望的灰暗色彩，如項羽〈垓下歌〉的「時不利」即有時不與我和天命無常的感嘆。至於感受人天生就有著生死的限定與福禍因果未必相報的無奈，即使窮盡最力的努力也無法突破人生困境的悲觀，則是此一時期的文學作品的顯著象徵。如「韭上露，何易晞，露晞明朝更復落，人死一去何時歸」的挽歌，則表現出一般人恐懼死亡的心理。〈古詩十九首〉的「浩浩陰陽移，年命如朝露，人生忽如寄，壽無金石固」，則說明人既是微小不安定的存在，且有極多的限定，而最大的限定就是死亡。至於「白露沾野草，時節忽復易，……不念攜手好，棄我如遺跡」，「思君令人老，歲月忽已晚」，則以時節轉換之快象徵著人生的短暫，時間的流逝只是徒增遺憾而已。此感嘆時間的推移而產生「幸福轉變成不幸或是不幸的持續或人生終歸死亡」之悲哀，可以說是漢代文學的普遍情感。⑥至於天道無常的感嘆也見於歷史著作中，如司馬遷《史記．公孫弘列傳》的「太史公曰公孫弘行義雖修，然亦遇時」的評論，則有即使有天縱英才而無時機的造化，也未必能為世所用，反之，無過人之才而有時運的機緣，也能出人頭地的感嘆。到了魏晉南北朝，除了陶淵明的詩文外，其餘文人的作品頗多感嘆人之無法超越死生哀樂與擺脫運命支配的悲觀與絕望。如曹操〈短歌行〉「對酒當歌，人生幾何，譬如朝露，去日苦多」，是感嘆人生的短暫。由於天道無常，人生充滿無奈，即使以自在為超越的阮籍，也不免有「獨坐空堂上，誰可與歡者，出門臨永路，不見行車馬，登高望九州，悠悠分曠野，孤鳥西北飛，離獸東南下，日暮思親友，晤言用自寫」的〈詠懷詩〉，以自然的悠久廣闊而襯托人的藐小，又用「孤鳥」與「離獸」來表現自身的孤獨。至於謝靈運的詩賦，則有寄情山水以慰藉無常人生的感慨。江淹的〈效阮籍〉「宵月輝西極，女圭映東海，佳麗多異色，芬葩有奇采，綺縞非無情，光陰命誰待，不與風雨變，長共山川在，人道則不然，消散隨風改」，更通過與自然的對比而描寫其對人生的感傷，以自然是超越時間而永遠美善的存在，而表達人生短暫的悲哀。

故魏晉六朝文學所刻畫的情意世界是人生本來不但不是圓滿幸福，反而是充滿憂愁抑鬱的苦悶，作品所呈現的是人不但與鳥獸同朽是微不足道的存在，而且任由命運翻弄的灰暗色彩。

回復古代樂觀主義，歌詠人生在世原本是充滿希望的是盛唐文學，特別是李白與杜甫詩歌的特色。唐代詩人未必沒有人生苦短的感嘆，如杜甫的「人生七十古來稀」，也未必沒有青年榮華的眷戀，如杜甫的「可惜歡娛地，都非少壯時」，但是超越絕望與悲觀，以爲理想社會可能實現的樂觀，人間社會依然有快意的所在，則是盛唐詩歌的情境。李白的詩歌看似一味地追求快樂，而且在李白以前，中國文學中也有歌詠盡情歡樂的詩文，卻大多數是在絕望灰暗人生觀充斥的時代中所創造的快樂，由於感到人生無常，只能假借酒色之一時的歡樂以排解憂愁而已。然而李白的詩歌則異於以往，如〈將進酒〉的「君不見黃河之水天上來，奔流到海不復回，君不見高堂明鏡悲白髮，朝如青絲暮成雪，人生得意須盡歡，莫使金樽空對月」，由於繁華不再，青春稍縱即逝，而盡情地飲酒作樂的強調，大抵與前代的詩歌無太大的差異，但是「天生我材必有用，千金散盡還復來」，則表現出積極樂觀的性格，由於酒能消解萬古以來的憂愁，又唯有飲者能留名青史，故以「五花馬、千金裘」換「美酒」也毫不吝惜。換句話說肯定歡樂之積極的意義，是李白詩的情境。古川幸次郎以爲李白是以超越絕望的轉折，回復古代的樂觀。至於杜甫詩歌的情境雖然也有回復古代樂觀主義的傾向，但是杜詩的題材與表現方式則與李白不同。世稱杜詩沈鬱頓挫，然其思想根底則是人生本來是充滿希望的樂觀。所以雖然不能爲世所以，卻以「致君堯舜上，再使風俗淳」爲職志，即使是流離失所，依然寄望有朝一日能實現「廣廈千萬間，大庇天下寒士盡歡顏」的理想。吉川幸次郎以爲此人性良善的本質，社會本來和樂的樂觀主義乃是杜詩活力的泉源。再者，此現實理想主義不僅表現於社會現狀的描寫，也運用於自然的歌詠。歷來的自然詩中的自然只是寄情的對象而已，但是杜甫於自然的歌詠，則是從自然中探求秩序調和的要素與生生不息的創造能源。自然創生的營爲，乃是未來充滿幸福與無限希望的底據。⑦

盛唐文學之回復古代樂觀主義以後，文學風格就與兩漢六朝有極大的差異，在文學的情意世界中，甚少傾吐悲哀與苦寒的色彩了。特別是到了宋代，就產生如何脫離悲哀而建立新的樂觀主義的文學意識。吉川幸次郎以爲與宋代新儒學的成立互爲表裏，宋的詩歌，尤其是蘇東坡的詩，即展現出理性的樂觀主義。蘇東坡洞察人生的道理，以爲是非得失與人事浮沉，如時間的流轉，四時的推移，乃天道之常，所以說「吾生如寄耳」。又以爲人之有生離死別如自然的的循環，花好月圓之不能長存，則是人世間的常情，因而說「別離隨處有」，「離合旣循環，憂喜迭相攻」，以超越死生與得常的困境，進而肯定「人生無離別，誰知恩愛重」之天道常理的積極意義。即人生未必只是失意困窮的一再重現，看穿人事的浮沉而泰然自處，則是洞察事理的結果。換句話說超越命定的限制而肯定人之所以爲人的存在意義，翻轉悲哀的人生觀爲喜樂的人生觀，進而展現無限的可能，乃是蘇東坡所證成的人生境界。因此「十日春寒不出門，不知江柳已搖村，稍聞決決流冰谷，盡放青青沒燒痕，數畝荒園留我住，半瓶濁酒待君溫，去年今日關山路，細雨梅花正斷魂」，⑧肯定四時佳興與人同的超越與日常愉悅之俯拾可得的澹然，則是蘇詩的生命情境。⑨蘇東坡樹立的理性樂觀主義爲後世的詩人所承繼，進而構築了中國文學之具有上超越的情意世界。⑩因此吉川幸次郎說：唯有肯定人自身的存在價值才能突破人生的困境，也唯有人自己的努力能擁有無限可能之理性樂觀的思想，此一思想不但是中國文明的究極，也是中國文學的創造源泉。⑪

三、自我凝視的孤獨

所謂「孤獨」是指人的精神處於孤立無援的狀態，至於人何以有孤獨的自覺，是因爲人既是社會性的存在，又具有孤獨的性格，由於感受到孤獨才有社會生活的營爲。斯波六郎(一八九四～一九五九)以爲對生存的質疑與生命的不安是人之存在著孤獨感的潛在性因素，換句話說人的內心深處潛伏著對生命不安感之動物性的本質，因而存在著孤獨寂寥的苦楚。《列子．天瑞》的「杞人之憂」，阮籍〈大人先生傳〉的「往天嘗在下，地嘗在上」，固然有社會不安的顧慮，又未嘗不是象徵著人生而有不安之感，又由於心有不安，憂愁苦惱亦相隨而來。而此焦慮不安與憂愁苦惱的情緒無可傾訴，遂產生孤獨感，即孤獨的感受未必是一人獨處時油然而生，大抵是在群居中產生的，換句話說是與生活的環境不能調適而有離群孤立的寂寥，如《莊子．則陽》所謂的「陸沈者」，是在社會生活中，自我凝視而產生感情上的孤獨寂寥。雖然如此，亦有由於自我凝視而體得人生畢竟是孤獨存在的內在超越進而構築自他融合之孤特情境。此寂寥的孤獨到融合境界之超越性孤獨的深化發展，即表現出中國文學之內在曲折轉化的情境。⑫

四、孤獨感的文學史

以孤獨感爲主題，分析歷代文人孤獨情境的演化過程，構築中國古典文學作品所表現的孤獨文學史是斯波六郎於中國文學研究上的獨特見解。⑬斯波六郎以爲中國文人之孤獨感的產生，是萌芽於心理深層有著對生存的質疑與生命不可預知的恐懼，其後由於深化孤獨寂寥之內在契機的「自我凝視」對應孤獨的態度與外在因素之人生境遇、自然景物等事象的融合，而形成各種描寫「孤獨感」的面相。

於中國古典文學中，首先表現孤獨寂寥之感受的《詩經》，如〈唐風・葛生〉是描寫婦女喪夫而獨守空閨的孤獨，〈小雅・采薇〉是征夫不得歸鄉之苦愁。《詩經》的詩歌大抵是以素樸的方式表達內在精神上的煩悶，至於以低迴婉轉的詩賦形式表現內心極端孤獨苦悶的是屈原的《楚辭》。屈原的〈離騷〉、〈九章・悲回風〉、〈九章・遠遊〉等詩賦，大抵描寫其與朝廷官吏的不和，不能爲世所用的孤獨與苦悶。在表現形式上，屈原以豐富的想像，婉轉曲折地鋪陳其抑鬱的情感。雖然如此，屈原只是低徊地傾吐其自身的孤獨，尚未凝視自身的孤獨而產生自我哀憐的情感，由於自己凝視而產生自我哀憐的是宋玉的作品。宋玉〈九辯〉的「然惆悵而自悲」、「塊獨守此無澤兮」，即凝視自身孤獨的意識。斯波六郎以爲屈原只有自身處境之孤獨的意識，宋玉則進一步客觀地凝視自我的孤獨而感嘆自身塊然獨處的惆悵哀憐。至於二人何以有此差異，乃由於屈原的性格積極而宋玉較爲消極⑭。

屈原在〈離騷〉中所表現「悲朕時之不當」的鬱悶，宋玉的〈九辯〉也有「悼余生之不時兮」的悲憤，大抵是因爲生不逢時的感嘆，故有不能爲世所用的孤獨。雖然如此，意識性地將自身的不遇歸之於時世的是漢代文學作品的曲折，如項羽「時不利」的悲憤即是漢代文學的典型。項羽雖有「力拔山兮氣蓋世」的自信，卻因爲時運不際而戰敗。青冥垂翼的鬱憤，是中國古典文學表達人生孤獨苦悶的時代性轉折，屈原、宋玉的孤獨是主要是因爲人我信賴的境遇問題，漢代以後的孤獨則更象徵著由於時不我與和時運不際而產生懷疑天道與時世的悲情。如東方朔〈七諫〉的「哀人事之不幸兮，屬天命而委之咸池」，「自古而固然兮，吾又何怨乎今之人」，則將個人的不遇與人間的不幸歸之於天，由於「天命」無可違，因此產生如劉向〈九歎〉「心懭慌其不我與兮，速速其不吾親」之天時與際遇無可期待的感嘆。

魏晉文人之所以有孤獨寂寥的苦悶，大抵是因爲見獨於世俗，如阮籍的〈詠懷〉，家國破亡的悲憤，如劉琨的〈答盧諶書〉，對門戶之見的不滿，如左思的〈詠史〉，感嘆人的微小與生命的不可測，如王羲之的〈蘭亭詩序〉。斯波六郎以爲阮籍是避免語言禍害而獨立於亂世的孤獨，「孤鴻號野外」、「晨雞鳴高樹」的描寫，皆是自我沉潛後，體會孤立於人間社會之人生宿命的深沉孤獨。至於劉琨的憂愁哀憤不是理想不能實現或人生不可測的孤獨，而是體殘害的憤怒與被害的哀憐。左思的感嘆則是由於魏晉以來，社會所存的「上品無寒門，下品無勢族」（《晉書．劉毅傳》）之門第家世的鴻溝。由於出身寒門，只能甘於俸祿微薄的小官，故窮巷陋士「抱影守空廬……塊若枯池魚」之眷戀官場的孤獨身影，即是左思的寫照。斯波六郎以爲王羲之的〈蘭亭詩序〉雖無一字敘述孤獨，而通篇盡是感嘆人生於天地宇宙之的微小，與四時往復常在相比，人終始有不過百年而不歸的無奈。斯波六郎又以爲屈原至王羲之的作品之所以有孤獨寂寥的表現，大抵可約略爲人生境遇的無常與生命不可測的無奈。至於深切地體認人生的孤獨，既內在又超越地歌詠詩人情意世界的是陶淵明。

陶淵明的詩幾乎是參透孤獨生活的吟詠，陶詩中固然有內在人生社會而感嘆拙於應世與人生無常的詩篇，大抵是超越世俗而守拙固窮之意境的構築。其於〈雜詩〉自我解嘲地說：「人皆盡獲宜，拙生失其方，理也可奈何，且爲陶一觴」，即審視自身淳樸而拙於應對的性格，故「守拙歸田園」（〈歸田園居〉）而窮乏過日，亦理所當然。陶淵明退居田園而無官場之眷戀，農耕自給雖然貧苦，卻能濁酒賦詩，窮通而優遊，人我相忘而與萬化融合。故斯波六郎以爲「采菊東籬下，悠然見南山……此中有眞意，欲辯已忘言」（〈飲酒詩〉）所呈現的是自他融合而絕對超越之孤獨的情境。至於陶淵明表現孤獨寂寥的情感則有形影躍出與得意忘言的方式，前者是凝視孤獨的心理分析，後者則是形上超越境界的進路。其〈形影神〉的構成是全篇以擬人法、問答體爲終始，將自身分解成形影神三個部分而作客觀深層的凝視。人的存在有形體之我、形影之我、凝視形影之我，形體之我通過對形影之我相即相離又不即不離的凝視而得到內在精神的慰藉與滿足。形影相隨不離是陶淵明內在深處的孤獨寂寥，但是「欲言無予和，揮杯勸獨影」（〈雜詩〉），即體認言語表象的限定與人生際遇之浮沉乃自然之常，故形影唱和而自得其樂，內外融合而解脫世俗的束縛，因而不但能「縱浪大化中，不喜亦不懼」，（〈形影神·神釋〉）也能「結廬在人境，而無車馬喧」（〈飲酒〉）之悠然見獨，體得忘言的眞意，優遊於絕對超越的境地。換句話說陶淵明的孤獨寂寥只是一時的感傷，由於自我凝視的超越而轉化成四時佳興的自在。

結語　文學史觀

抒情是中國文學的特質，由於賞析詩文的創作藝術，探究文人的情意世界，或可藉以陶冶性情或豐碩學養。就杜詩的賞析而言，日本學者如森槐南撰述《杜詩講義》⑮，評析杜甫的創作技巧，鑑賞杜詩的情境。吉川幸次郎則以杜詩的創作藝術與情感表達爲中國文學的典型，稱杜甫是中國詩人的第一人。⑯至於芭蕉的《奧的細道》則是體得杜詩的眞髓，足以發千古幽情之精心傑作。⑰然而如吉川幸次郎之以中國文學所呈現出悲樂人生觀之轉換，探究文人所描繪的挫折憂愁與悅樂昇華之情意世界的曲折，即

周朝到先秦是古代樂觀性哲學的時代

詩文所表現出的是人性良善而人間社會是充滿希望的樂觀。

兩漢以迄初唐是悲觀哲學的時代

漢代產生懷疑人生與感受人是微小存在的悲觀，到了魏晉南北朝則陷入沈淪淵而極度絕望。

盛唐是古代樂觀回復的開端

以積極樂觀與理想主義爲詩歌創作的活水泉源。

宋代則是樹立理性樂觀哲學的嚆矢

洞察人生的限定，體得人生在世的愉悅是中國文學描繪情意世界的究極。

或如斯波六郎以「孤獨感」爲主題而探究中國文人「自我凝視」之孤獨寂寥的情境世界，有由「感嘆人生境遇無常的孤獨」，如屈原、宋玉的詩賦，轉折爲「時運不際而產生懷疑天道與時世的孤獨」，如東方朔、劉向的辭賦，其後又有「生命不可預知與人生境遇無常並存之極度孤獨」，如阮籍、劉琨、左思、王羲之等文人的詩歌，再昇華爲陶淵明之「自我融合之絕對超越孤獨」之深化發展與歷史性變遷。⑱即以情意世界的深層探究，進行文學作品之心理分析及其發展經緯的研究，或許有突破創新的發展可能。畢竟文學史不是文學作品之時代先後順序的排列，而是文學主題意識的構圖及其發展過程的探究。

【附註】

①〈中國文學の四個時期〉（此文原收於一九六六年五月新潮社出版的《世界文學小辭典》，其後又收入《中國文學史入門》頁一〇一～一〇八，東京：講談社學術文庫，一九七六年六月）。吉川幸次郎有關中國文學史的分期，又見於〈中國文學史敘說〉（《吉川幸次郎遺稿集》第二卷，頁三～二三，東京：筑摩書房，一九九六年二月），除第一期止於漢武帝外，其餘大抵史同。據覓文生《吉川幸次郎遺稿集第二卷・解說》指出：〈中國文學史敘說〉是吉川幸次郎的手稿，唯不明其執筆的時間，或爲自東方研究所轉任京都帝國大學教授（一九七四年）時，所準備的講稿。

② 〈中國文學の特色〉(吉川幸次郎述、黑川洋一編《中國文學史》，頁一～四一，東京：岩波書店，一九七四年十月。)又〈中國文學の性質〉(《中國文學入門》)，頁一〇九～一二一，東京：講談社學術文庫，一九七六年六月，《吉川幸次郎全集》第一卷，頁七八～八七，東京：筑摩書房，一九六八年十一月)亦有相同的論述。

③ 由於中國古典文學是以抒情與寫實爲主，故敍述性又需要虛構的小說就不發達。又因重視眞實，在創造手法上，就有以確實描寫爲必要條件的共同意識。《史記・項羽本記》的鴻門宴，曾鞏〈越州鑑湖圖序〉等山川形勢的記述即是。(吉川幸次郎〈中國文學の特色〉吉川幸次郎述、黑川洋一編《中國文學史》頁一〇～一七，東京：岩波書店，一九七四年十月。)

④ 吉川幸次郎〈中國文學における希望と絕望〉、〈中國文學に現れた人生觀〉(《中國文學入門》，頁一二二～一五一，東京：講談社學術文庫，一九七六年六月，《吉川幸次郎全集》第一卷，頁八八～一一一，東京：筑摩書房，一九六八年十一月。)

⑤ 吉川幸次郎〈詩經と楚辭〉(《吉川幸次郎全集》第三卷，頁一六～二七，東京：筑摩書房，一九六九年九月。)

⑥ 吉川幸次郎〈推移の悲哀—古詩十九首の主題〉(《吉川幸次郎全集》第六卷，頁二六六～三三〇，東京：筑摩書房，一九六八年四月。)

⑦ 吉川幸次郎〈新唐詩選前編杜甫〉(《吉川幸次郎全集》第十一卷，頁四六～四九，東京：筑摩書房，一九六八年八月)

⑧ 〈正月日往岐亭郡人潘古郭三人送余於女王城東禪莊院〉(《施注蘇詩》卷十八。)

⑨吉川幸次郎〈宋詩概說・宋詩(人生觀　悲哀止揚〉(《吉川幸次郎全集》第十三卷，頁二七～三二，東京：筑摩書房，一九六九年二月)。

⑩陸游〈東津〉「四方本是丈夫事，安用一生無別離」(《劍南詩稿》卷三)即是一例。

⑪吉川幸次郎〈中國文學に現れた人生觀〉(《中國文學入門》，頁一五二～一五三，東京：講談社學術文庫，一九七六年六月，《吉川幸次郎全集》第一卷，頁一一〇～一一一，東京：筑摩書房，一九六八年十一月)。

⑫斯波六郎，石川縣人，一九二三年 四月入學京都大學中國文學，爲狩野直喜的弟子，一九二九年四月聘任廣島高等師範學院學校教授兼廣島文理科大學(廣島大學的前身)副教授，一九四一年四月昇任文理科大學教授，翌年獲得京都帝國大學文學博士學位。爲近代日本於六朝文學研究的開拓者，著有《文選李善所引尙攷證》、《陶淵明詩譯註》、《文心雕龍范注補正》、《文選諸の研究》、《文選索引》、《中國文學における孤獨感》等書。有關斯波六郎的著述生平，參〈先學語～斯波六郎博士〉，《東方學》第六十一輯，一九八一年一月。《東方學》所載〈先學さ語る〉綜輯爲《東方學回想》，由東京：刀水書房出版，〈先學さ語る－斯波六郎博士〉收載於《東方學回想》第五卷，頁七一～一〇〇，二〇〇〇年五月。

⑬《中國文學における孤獨感》，東京：岩波文庫，一九九〇年九月。

⑭《史記・屈原賈誼列傳》：「楚有宋玉……祖屈原之從容辭令，終莫敢直諫。」

⑮森魂南《杜詩講議》四卷(東洋文庫，東京：平凡社，一九九三年五月、六月、九月、十月。)

⑯吉川幸次郎《杜甫篇》(《吉川幸次郎全集》第十二卷，東京：筑摩書房，一九六八年八月。)

⑰吉川幸次郎〈芭蕉と杜甫〉（《吉川幸次郎全集》第十一卷，頁七〇八～七一六，東京：筑摩書房，一九六八年八月。）

⑱茂木信之〈《中國文學における孤獨感》解說〉（斯波六郎《中國文學における孤獨感》，頁三二九～三三七，東京，岩波文庫，一九九〇年九月。）

以新出楚國竹簡重遊中國的古典詩歌美學

（美）郡禮學院中文系　顧史考

《毛詩·大序》可謂爲中國傳統詩論之宗，歷代詩論多以〈大序〉所論而發也。其言情性感於物而動，故形於聲、發爲詩，以至於可以正得失、動天地、感鬼神，所論亦與傳統樂論之祖《樂記》相互輝映，而兩者皆對後代之詩歌美學論有莫大的影響。二者雖相傳與子夏、公孫尼子有關，但由於文獻之不足徵，而無法確切的追溯其思想淵源。然而最近幾年於湖北荆門郭店等地出土了不少早已失傳的先秦儒家逸書，對於中國早期的詩論、樂論之發展，可給我們提供一些新的線索。本文擬以〈性自命出〉一篇爲主，探討此其思想淵源，而接著將其中所蘊含的美學意義，加以進一步的發揮，以便給中國之傳統詩歌美學做一初步的溯源。

一、前言

《毛詩·大序》可謂爲中國傳統詩論之宗，歷代詩論多以〈大序〉所論而發也，如梁代鍾嶸《詩品》之首句所云：「氣之動物，物之感人，故搖蕩性情，形諸舞詠。照燭三才，暉麗萬有，靈祇待之以致饗，幽微藉之以昭告。動天地，感鬼神，莫近於詩。」①劉勰《文心雕龍·明詩》亦曰：「大舜云：『詩言志，歌永言。』聖謨所析，義已明矣。是以在心爲志，發言爲詩，舒文載實，其在茲乎！詩者，持也，持人情性；三百之蔽，義歸無邪，持之爲訓，有符焉爾。人稟七情，應物斯感，感物吟志，莫非自然。」兩者皆言情性感於外物而動搖，故發爲詩、形於歌詠，而此其過程莫非自然，其所形所發莫非人所稟受於天地之至誠，故亦能返而動天地，感鬼神。此則大致皆來自〈大序〉原文：

詩者，志之所之也。在心為志，發言為詩，情動於中而形於言，言之不足故嗟歎之，嗟歎之不足故永歌之，歌之不足，不知手之舞之足之蹈之也。情發於聲，聲成文謂之音。治世之音安以樂，其政和；亂世之音怨以怒，其政乖；亡國之音哀以思，其民困。故正得失，動天地，感鬼神，莫近於詩。②

《毛詩》之〈序〉相傳爲孔子弟子子夏（卜商）所作，如三國時吳人陸璣《毛詩草木鳥獸蟲魚疏》所云：「孔子刪詩授卜商，商爲之序……」云云。③此說是否可靠，未得而知，但東漢大儒鄭玄蓋亦認〈大序〉爲子夏所作，且謂大毛公《傳》爲西漢河間獻王（劉德；公元前一五六～一三〇年在位）所得而獻，④則《毛傳》所傳載的〈大序〉之撰寫或編纂至少該在河間獻王之前。

古代之詩皆是以琴瑟鐘鼓等樂器的陪奏而唱的，⑤因而詩歌的吟唱，亦未嘗不也是音樂的表現，因而河間獻王所編纂的《樂記》之中，自然也有雷同於〈大序〉之文，如其首節開宗明義所云：

> 凡音之起，由人心生也；人心之動，物使之然也。感於物而動，故形於聲；聲相應，故生變，變成方，謂之音；比音而樂之，及干戚羽旄，謂之樂。⑥

此乃「情動於中」而「發於聲」、「聲成文謂之音」之義，而稍後《樂記》亦有〈大序〉所載「治世之音，安以樂……」一小節。⑦相較之下，《樂記》比起〈大序〉堪稱上下連貫，而後者則較有斷章取義之嫌。⑧但究竟孰先孰後，亦無法確知。是河間獻王編纂《樂記》時直接採取〈大序〉之文而加以發揮？抑是兩者之文皆採自另一篇更早之著作呢？按《漢書．藝文志》曰：「武帝時，河間獻王好儒，與毛生等共采周官及諸子言樂事者，以作樂記……」⑨此「毛生」蓋即〈儒林傳〉所謂「治《詩》，爲河間獻王博士」的趙人「毛公」，亦即相傳曾受《詩》於毛亨的「小毛公」毛萇也。然則《樂記》與〈大序〉二者蓋俱經過毛萇之手而成者歟？若夫《樂記》所採取之「諸子言樂事者」爲誰，則祇有《隋書．音樂志上》所載的梁代人沈約之〈奏答〉明言「《樂記》取《公孫尼子》。」⑩公孫尼子乃「七十子之弟子」，⑪即孔子之再傳弟子；此蓋謂公孫尼子爲《樂記》所採取的「諸子言樂事者」之一。無論如何，《樂記》及〈大序〉即使皆爲西漢時所編纂，然而其思想淵源蓋可直溯諸戰國初期，或即子夏至公孫尼子之間的公元前第五世紀左右。

最近幾年出土了不少先秦楚國竹簡，即一九九七年問世的郭店楚墓竹簡，⑫及尚未正式發表的上海博物館楚簡，⑬其中包括數十篇極爲珍貴的先秦儒家逸書。這些儒書中至少有兩篇是與中國古代的詩論、樂論直接有關，即上博楚簡所獨有的〈孔子詩論〉（或該釋做「〈卜子詩論〉」）⑭，及郭店楚簡、上博楚簡所共有的〈性自命出〉（亦稱〈性情論〉）。前者較爲殘缺不全，難以讀通，且尚未正式發表，因而在茲存而不論。然而後者，對我們瞭解先秦儒家對於詩歌、音樂等人文創作的理論，已經給了一種嶄新的認識，可證明《樂記》、〈大序〉等傳世文獻所包含的一些想法，至少於公元前三零零年前已有人論過，且有專著似乎普遍流傳於楚地。本文將先分析〈性自命出〉一篇的有關內容（以郭店本爲準），探討《樂記》、〈大序〉等文的思想淵源，而最後就其中所蘊含的美學意義，作一個簡單的論述，以便給中國之傳統詩歌美學做一初步的溯源。

二、〈性自命出〉的情義終始論

〈性自命出〉一篇，開宗明義便言性、情與天命的關係：

> 凡人雖有性，心亡奠志，待物而後作，待悅而後行，待習而後奠。喜怒哀悲之氣，性也。及其見於外，則物取之也。性自命出，命自天降。道始於情，情生於性。始者近情，終者近義。知【情者能】出之，知義者能內（入）之。好惡，性也。所好所惡，物也。善不【善，性也】，所善所不善，勢也。⑮

當初最引起學者矚目的，乃是「性自命出，命自天降」一語，頗與〈中庸〉「天命之謂性」等言相似，因此李學勤等學者便已推測〈性自命出〉及其他郭店儒書可能原來屬於《子思子》。⑯筆者亦論過此問題，認爲彼「《子思子》」之說頗有其理，但同時又覺得〈性自命出〉一篇亦有其獨到之處，而另外可能與公孫尼子有關。⑰凡是熟悉《樂記》的人，將立即注意到「待物而後作」、「及其見於外，則物取之也」等言，與「人心之動，物使之然也」等語並無二致，如《樂記》第一節稍後所云：

人生而靜，天之性也；感於物而動，性之欲也；物至知知，然後好惡形焉。好惡無節於內，知誘於外，不能反躬，天理滅矣。⑱

《樂記》將「性」講成是「天性」，亦無異乎「性自命出，命自天降」之旨，且其言此「性」是「靜」的，而且人的好惡之欲是「感於物而動」，亦乃「心亡奠志，待物而後作」的意思。〈性自命出〉言「好惡」屬於「性」、「所好所惡」則是「物」，而《樂記》則云「物至知知，然後好惡形焉」，似乎亦可解成好惡的潛能已包涵於人性之內，而外物取之才將有對象、目標，才將形成一種具體的現象。《樂記》於後面一節亦將人類的喜怒哀樂之情加以類似的說明：

夫民有血氣心知之性，而無哀樂喜怒之常，應感起物而動，然後心術形焉……⑲

凡此種種，〈性自命出〉與《樂記》雖然名詞略異，而大致則相同，足見兩者之思想出於同樣的來源。

此尚屬顯而易見者，但從更深一層的意義來看，兩者的思路也是如出一轍。現在略講「道始於情」的意義。無論在〈性自命出〉還是《樂記》，「情」一個字可以釋成感於物而形於外、已有了一定方向的喜怒哀樂等情感。然則「道」何以「始於情」呢？《樂記》雖並非如此明說，但亦未曾不是這個意思。《樂記》的頭一部分便將音樂的創作歷程分成三個階段，即感於物而形的「聲」、生變而成方的「音」及比音樂之而及舞的「樂」。「聲」者屬於人之感物而動的一種直接而樸素的心情外在表現，如第二段所云：

是故其哀心感者，其聲焦以殺；其樂心感者，其聲嘽以緩；其喜心感者，其聲發以散；其怒心感者，其聲粗以厲；其敬心感者，其聲直以廉；其愛心感者，其聲和以柔。六者非性也，感於物而后動……⑳

人民有所感動，便將發出相應的聲音；而此種聲音發展成有和聲、有節奏、有「文理」的音樂，乃亦可以反應較為複雜的人心處境，乃至其國家政治的藏否：

凡音者，生人心者也，情動於中，故形於聲，聲成文，謂之音。是故治世之音，安以樂，其政和；亂世之音，怨以怒，其政乖；亡國之音，哀以思，其民困。聲音之道，與政通矣。㉑

凡此皆是直接而無偽的心情表現，因而聞其聲即可以知其志，如吳公子季札在魯觀周樂以推知各國興衰之理那樣；㉒確是聽其音、觀其樂，「人焉廋哉？」然而音樂既已可以為人心感受外物刺激時所反應出的表現，同時本身亦可以反過來為所以感動人心者的外「物」之一。㉓因而「夫民有血氣心知之性，而無哀樂喜怒之常，應感起物而動，然後心術形焉」一句之後，便接著以「是故志微、噍殺之音作，而民思憂；嘽諧、慢易、繁文、簡節之音作，而民康樂……」等語。㉔所謂「心術」，即是人心「所由也」（鄭玄注），亦即人們之具體感情，而音樂的影響力特別深入，所以很容易使人們的心裡形成各種不同的「心術」，如「憂」、「樂」、「剛毅」、「肅敬」、「慈愛」乃至「淫亂」等情感。於此當中，音樂顯然可以讓人心往正、邪兩種極端的方向走，因而為了使人民趨於前者而不為後者所引誘，必須由具備先見之明的聖人來創作合乎正音的音樂，以便給人心之情感以正當的指導。「是故先王愼所以感之者，故禮以道其志，樂以和其聲」，「是故先王之制禮樂，人爲之節」，㉕而《樂記》又於「心術」彼段之後緊接著的下一段講得最清楚：

> 是故先王本之情性，稽之度數，制之禮義，合生氣之和，道五常之行，使之陽而不散，陰而不密，剛氣不怒，柔氣不懾，四暢交於中，而發作於外，皆安其位而不相奪也。然後立之學等，廣其節奏，省其文采，以繩德厚；律小大之稱，比終始之序，以象事行；使親疏、貴賤、長幼、男女之理皆形見於樂。故曰，「樂觀其深矣。」㉖

於此，「本之性情」一語最爲關鍵。人民之「音」與君子之「樂」，其不同在於「音者，生於人心者也；樂者，通倫理者也」，㉗然而此「樂」亦未嘗不是以「音」爲基礎的，因而此君子、聖人之「樂」自然亦是「本之性情」而加以適當的節制，即「稽之度數，制之禮義」也。如此方可以反過來以教導人民而使之向方。此種由「音」以至於「樂」的昇華過程，唐代孔穎達形容得好：「樂出於人而還感人，猶如雨出於山而還雨山，火出於木而還燔木。」㉘音樂之於性情，便是如此的一種辯證關係。

現在回到〈性自命出〉，乃可以更清楚的瞭解「道始於情，情生於性；始者近情，終者近義；知【情者能】出之，知義者能內（入）之」之義。郭店楚簡儒家逸書中，針對於當時逐漸形成而威脅傳統社會體制的法治思想，處處強調君上若要順利而成功的治理人民，則祇有一條正當而可行的道路可以走，那就是順著人民於其基本倫理關係中所產生的各種感情，而加以適當的節制、協調與指導，亦即所謂「禮」、「樂」是也。㉙此即〈六德〉篇所謂「君子如欲求人道，(而不)由其道，雖堯求之弗得也」㉚；或〈成之聞之〉篇所云「不由其道，不行」，「教其政，不教其人，政弗行矣」及「……上不以其道，民之從之也難。是以民可敬道(導)也，而不可弇也；可御也，而不可牽(？)也」㉛；或〈尊德義〉篇所謂：

> 聖人之治民，民之道也。禹之行水，水之道也。戚(造)父之御馬，馬也之道也。后稷之藝地，地之道也。莫不有道安(焉)，人道為近。是以君子人道之取先。㉜

皆是如此的說法。然則所謂「民之道」，正是本之於人倫之情理關係而藉之以傳揚君上之德業的禮教、樂教：

> 為古率民向方者，唯德可。德之流，速乎置郵而傳命……德者，且莫大乎禮樂。㉝

此乃郭簡儒書的一個共同趨向。君上是衆人的模範：「上好是物，下必有甚焉者矣」㉞；禮樂正是令此其德業發揚光大的管道，因而君上制定禮樂時，千萬「不可不慎也。」禮樂對人之影響力有如此之大，乃正是因為其本來即是直接來自人情本身的，衹是必須經過聖人之手才可以使此種人情展現無所過與不及，以便維持一種正當和諧的人際關係。此一過程，〈性自命出〉一篇講得最明白：

> 凡道，心述(術)為主。道四術，唯人道為可道也。其參術者，道之而已。詩、書、禮、樂，其始出皆生於人。詩，有為為之也。書，有為言之也。禮、樂，有為舉之也。聖人比其類而侖(論)會之，觀其之(先)後而逢訓之，體其義而即(節)度(?)之，里(理)其情而出內(入)

之，然後復以教。教，所以生德于中者也。禮作於情……㉟

「詩、書、禮、樂，其始出皆生於人」，人民本來即爲了爲種種外物、種種處境所感動，因而將通過各種管道使其情感展現出來，此即詩、書、禮、樂等人文創作之萌芽。然而「樂勝則流，禮勝則離」㊱，必須由「聖人」在此基礎之上，比較其種類而加以「論會」，觀察其輕重次序而加以排列，體會其中之義理而加以「節度」，按照人們所表現出之情感，而加以治理，乃反過來以便教導人民，通過其「民之道」來「生德於」其「中」，以便達到一種倫理關係井然有序的和諧社會。此亦即上面所引《樂記》單論音樂時所謂「本之情性，稽之度數，制之禮義」，「然後立之學等，廣其節奏，省其文采，以繩德厚；律小大之稱，比終始之序，以象事行；使親疏、貴賤、長幼、男女之理皆形見於樂」的意思。

以音樂而言，《樂記》亦強調「樂由中出，禮自外作」㊲；聲音既是直接自人們的內心而發的，因而其反過來也是直接向人們的內心而進攻，所以聲樂的影響力乃是特別神速而深入的。〈性自命出〉講聲樂之道亦是如此：

凡聲，其出於情也信，然後其內（入）拔（撥）人之心也厚。㊳聞笑聲，則鮮如也斯喜。聞訶（歌）謠，則舀（陶）如也斯奮。聲（聽）琴瑟之聲，則悸如也斯歎。觀《賚》、《武》，則齊如也斯作。觀《韶》、《夏》，則免（勉）如也斯僉（斂）。羕（詠？）思而動心，匯如也。其居即（次）也舊（久），其反善復始也慎，其出內（入）也訓（順），司（是）其德也。㊴

凡聲音、音樂既是直接而無僞的來自人們心中的深處情感，因而其反過來感動撥開人們的心情也是具有最直快而深厚的效力。音樂之道（如同禮、詩、書一樣），即是其最初即生於人性之「情」，而經過「聖人」的謹愼「論會」、排列、潤飾，以便使之合乎「義」的標準之後，乃可以順利的「反善復始」，令人民「聽其音而樂其道」，使之不知不覺而心甘情願的莫不趨向於「義」的標準。「義也者，群善之蕝也」[40]，也可以說是人類倫理關係中至善至正的標準，而此種義道亦未曾不是奠定於人們心性之情以爲其基礎的。這便是音樂之所以爲「德」也。正如《毛詩・大序》所云：「故變風發乎情，止乎禮義，發乎情，民之性也，止乎禮義，先王之澤也。」[41]《樂記》亦有以「情」、「義」的關係言之者：

德者，性之端也。樂者，德之華也。金石絲竹，樂之器也。詩，言其志也；歌，詠其聲也；舞，動其容也。三者本於心，然後樂器從之。是故情深而文明，氣盛而化神。和順積中，而英華發外，唯樂不可以為僞。

樂者，心之動也；聲者，樂之象也。文采節奏，聲之飾也。君子動其本，樂其象，然後治其飾……樂其志，不厭其道；備舉其道，不私其欲。是故情見而義立，樂終而德尊。君子以好善，小人以聽過。故曰：生民之道，樂為大焉。[42]

「樂」即是以詩歌、舞蹈、音樂三者爲其組成部分，然以中國早期儒者而言，此三者亦本即人們心志的引申，其性情所藉以向外發揮的主要管道。音聲、詩詞、舞容都可帶有象徵意義，可將人們心中的內在世界直接表現於外，而將我們的各種情感加以文飾處理之後，亦可通過此外在表現、藉由此理想化的詩歌、樂舞所帶來的美感，以便反過來帶動我們自己的情感而使之往正當的方向去發展。「是故情見而義立，樂終而德尊」：「樂」之所以爲「樂」，正是因爲其將通過樂舞的美聲美觀，以使人的情感自然而樂於趨向於仁義之方；將道德規範寓於五音之中，以便達到一種盡善盡美、至德至樂之境地也。

三、結語：樂者，樂也

西方美學理論的著明開拓者康德（一七二四—一八〇四年）分析美學判斷力時，將「審美判斷」的愉快與以「利害關心」判斷的那種愉快加以嚴格的區分。純粹的「審美判斷」是完全以一個事物或藝術品的「形式」或「文理」爲準，而與人家的「情感」或「意願」並無絲毫關係：「激情是完全不合於美的。」㊸「審美判斷」祇是「靜觀默賞的」，而「對於一對象之存在是不關心的。」㊹然以〈性自命出〉、《樂記》、〈大序〉等早期中國文獻而言，音樂、詩歌既是「出於情」，而此「情」又是「待物而後作」的，則在其基本概念上，音樂、詩歌乃是根本即離不開「情感」與「對象」的。「樂者，樂也」：「樂」的定義即是以快樂（或悲哀）等情感爲內容的，此便是早期儒者所普遍接受的通論，而於〈性自命出〉、《樂記》等著作乃特別突出。直到嵇康（二二四—二六三年）的〈聲無哀樂論〉爲止，似乎才有思想家較明確的以「靜觀默賞」爲其音樂審美判斷標準，而將傳統的「情聲合一」

之說加以排斥。㊺

但以康德而言，以「利害關心」判斷的愉快，尚有愉快於「適意」與愉快於「善」之分，㊻而類似於此種不同層次的分法，正是中國早期儒者論俗樂與雅樂之區分的關鍵所在。荀子講得最爲扼要：「樂者，樂也。君子樂得其道，小人樂得其欲。」㊼所謂「樂」便是有個具體的對象，一種想得到或實現的目標，但此種對象或目標又有「大體」與「小體」、「君子」與「小人」所「樂」之不同。無論「樂」的對象是卑鄙無恥的抑是崇高至善的，「樂」的特徵便是其所追求到的目標乃是由一種中心最深處的內在需求而追的，是如同人性本來即有的生理慾望一樣強烈的一種全力以赴、志在必得的追求，而其得到此目標後所生的「快感」，乃等同於一種實現了其性情需求一樣深厚的滿足感。孔子嘗歎道：「吾未見好德如好色者也」；如此說來，其理念便是人們追求道德的心願能夠修到比他們追求色情等生理慾望更強烈的境地。然而「好之者不如樂之者」：修到了登峰造極之境，道德已不光是一個嚮往的愛好，而是完全體現於己身之內的一種心理滿足。做爲一個美學範疇而論，「樂」也就是最能夠體現此種德境的藝術；最高尚的詩歌、樂舞，即是能夠體現仁義道德於其五聲之中的和諧、八音之間的節奏，以及其歌詞之寓意、舞容之象徵等，以便「生德」於其觀者、聽者之「中」。「子在齊聞《韶》，三月不知肉味。曰：『不圖爲樂之至於斯也！』」（《論語．述而》）孔子一聽了《韶》的演奏，便已忘了他對食色等生理慾望的樂趣，因爲此高尚的樂舞已經不知不覺使其「心所欲」昇華到與道德規範完全等同的境地，令其內心需求不外乎仁義所在。此蓋即《韶》之所以「盡美矣，又盡善也」（《論語・八佾》）。

如康德所云，「審美力可因著理智的愉快與美感的愉快之相結合而得到增進」，以便「建立審美與理性之合一，即建立美與善之合一」，而「因此，當諧和流行於兩種心靈狀態之間時，這便對於我們的表象力之全部機能造成一種好處。」㊽此已不是個純粹的審美判斷，講的不是一種「自在美」，而是一種「依待美」，是某種存在於「對象之圓滿性」條件下的美，㊾也可以稱之爲「美之理想」：「理想存於道德之表示，離開道德，對象必即刻不會普遍地而且積極地……令人愉快。」㊿不管先秦儒家所講的「美」與「善」是否可以理解爲類似於康德所分析的「美」與「善」那樣的概念，然而毫無疑問，早期儒者對於「美」的理想，對於所有詩歌、樂舞、美術、文藝的要求，是一定要其文質彬彬的盡美盡善方可算是升堂而入室矣。此種「美」與「善」的結合亦即「樂」的理念之核心所在：「故惟得道之人，其可與言樂乎！亡國戮民，非無樂也，其樂不樂。」㊿誠然是「人而不仁，如樂何？」；禮、樂等人文創作必須依待於仁義道德的實質內容方可以圓滿而升入「樂」的境地，而反過來說，仁義道德亦必須通過詩歌、樂舞等人文藝術的體現與表達，才能發揚光大而達到人倫和諧之極致。㊿

接於康德之後，黑格爾（一七七〇—一八三一年）論及美術，則強調其爲人類爲了人類自己，將其對自我的瞭解呈現於外而加以對象化，以便藉之而更進一步增進其對人類自我的認知：

故人類對於藝術展現的普遍要求，在於其欲以讚揚其內外世界，而使之成為一種為了自己的精神意識、一種可藉以自我認識的對象。其一旦將所有內在自己已清楚之事，以相對的方式將此其清楚的自我實現於外，即可滿足此種精神自由的要求。通過此種自我複製，乃可以將其內在之事，呈現為一種給其自己以及他人的景象與知識。㊿

黑格爾雖就「藝術是爲了引導情慾」、「藝術是爲了道德教育」等「文以載道」式的說法加以否認，則與中國傳統樂論、詩論有所牴觸，然而光就其所論的辯證過程而言，亦可與先秦儒家的「情義終始」之說遙相輝映。人類的音樂等藝術活動，本來即是一種自我展現，而人的情感既已體現於詩歌、樂舞等美術作品當中，便已是一種「自我認識的對象」，已「呈現爲一種給」我們「自己以及他人的景象與知識。」但以先秦儒者而言，關鍵則在於要先經過「聖人」之「論會」、「節度」等加工潤色，使此外在的人情表現莫不合乎仁義的要求，以便使我們所認識到的自我無非是人類之「大體」而已，乃可以通過此詩歌、樂舞所給予的樂趣而修養人類之至尊焉。

「詩」雖然可說是「樂」的一部分，但是「詩」的重點究竟在於歌詞而不在於音聲，此乃「詩」之所以可與「樂」平列的原因。然而恰因如此，「詩」亦乃算是「樂」的一個最爲不可或缺的成分。先秦儒家相信五音本身即已具有某種程度的象徵功能，而佩著道具的群體舞蹈當然也有相當高的象徵意義；然而凡是表達意義的管道，自然莫過於語言爲詳盡，而此乃正是詩詞的功能。詩詞固然要依靠於音律才能盡其對人的美感，然而音樂同樣也有依待於詩詞方可盡其表達善意的功效。詩歌的特點，便是其爲一種既可盡美、又能盡善的，音律、歌詞具備的綜合藝術，因而中國先哲乃特別加以重視。先王設有採詩之官，以收集各國的「國風」，然而既已收集之後，顯然又是經過了一番選擇及整理的過程，使之整齊劃一而「思無邪」，才得以納入《詩》的經典之內。⑭且孔子「自衛反魯，然後樂正，雅頌各得其所」（《論語．子罕》）——此或即是「聖人比其類而論會之……體其義而節度之」之謂歟？詩本來即是由人們深切的感情所形成，莫非來自人們的自然稟賦，故其當初已有種天地所賜予之美；然而尚待經過聖智的修潤，使其所通過以給人快感的審美規律，與仁義道德的規範完全結合，方能達到更高一層的美學境地，即盡美盡善之「樂」的境界也：

君子美其情，【貴其義】，善其即（節），好其頌（容），樂其道，悅其教，是以敬安（焉）。⑮

即此之謂也。然則詩歌到了此種境地時，於先秦儒家的心目中，誠然可以通過「美」與「善」的結合，以便達到一種天經地義的教導效應，而確實堪稱「正得失，動天地，感鬼神，莫近於詩。」

【參考書目】

一、中文著作

〔漢〕班固撰；〔唐〕顏師古注：《漢書》。北京：中華書局，一九六二年六月。
〔唐〕孔穎達疏：《毛詩正義》（《毛詩注疏》）。中華書句一九三六年《四部備要》本。
〔唐〕孔穎達疏：《禮記正義》（《禮記注疏》）。中華書句一九三六年《四部備要》本。
〔唐〕魏徵等撰：《隋書》。北京：中華書局，一九七三年八月。

〔清〕王先謙：《荀子集解》。沈嘯寰、王星賢點校：北京：中華書局，一九八八年九月。
〔清〕何文煥輯：《歷代詩話》。北京：中華書局，一九八一年四月。
〔清〕孫希旦：《禮記集解》。沈嘯寰、王星賢點校：北京：中華書局，一九八九年八月。
何定生：〈從詩經本身看樂歌關係〉。收入林慶彰編著，《詩經研究論集》：台北：臺灣學生書局，一九八三年十一月，頁一－一八。
李零：〈郭店楚簡校讀記〉。收入陳鼓應主編，《道家文化研究》，第十七輯：北京：三聯書店，一九九九年八月，頁四五五－五四二。
李學勤：〈先秦儒家著作的重大發現〉。收入《郭店楚簡研究》，《中國哲學》第二十輯：沈陽：遼寧教育出版社，一九九九年，頁一三－一七。
李澤厚、劉綱紀主編：《先秦美學史》。台北：金楓出版社印行，一九八七年七月。
屈萬里：〈論國風非民間歌謠的本來面目〉。收入林慶彰編著，《詩經研究論集》：台北：臺灣學生書局，一九八三年十一月，頁一九－三八。
胡樸安：《詩經學》。《國學小叢書》：上海：商務印書館，一九二八年三月。
荆門市博物館編：《郭店楚墓竹簡》。北京：文物，一九九八年。
徐復觀：《中國藝術精神》。台北：臺灣學生書局，一九六六年。
高柏園：〈《論語》審美意識的哲學意義〉。收入淡江大學中文系所，《第六屆文學與美學國際學術研討會論文集》，頁三七一—三八七。
康德（一七二四—一八〇四年）：《判斷力之批判》。牟宗三譯註：台北：學生書局，一九九二年。
陳奇猷：《呂氏春秋校釋》。上海：學林出版社，一九八四年四月。
陳來：〈荊門竹簡之《性自命出》篇初探〉。收入《郭店楚簡研究》，《中國哲學》第二十輯；沈陽：遼寧教育出版社，一九九九年，頁二九三—三一四。
楊伯峻：《春秋左傳注》。北京：中華書局，一九九〇年五月。
楊儒賓：〈論公孫尼子的養氣說——兼論與孟子的關係〉。收入氏著《儒家身體觀》台北：中研文哲所，一九九六年，頁八五—一二八。
裴賢普：《詩經研讀指導》。台北：東大圖書，一九九七年三月。
劉昕嵐：〈郭店楚簡《性自命出》篇箋釋〉。收入武漢大學中國文化研究院編，《郭店楚簡國際學術研討會論文集》；武漢：湖北人民出版社，二〇〇〇年五月，頁三三〇—三五四。
顧史考：〈郭店楚簡儒家逸書與其對臺灣儒學思孟傳統的意義〉。《第二屆臺灣儒學國際學術研討會論文集》；台南：國立成功大學中國文學系，一九九九年十二月，頁一六九—二一一。
顧史考：〈從禮教與刑罰之辯看先秦諸子的詮釋傳統〉。《文史哲學報》第五三期（二〇〇〇年十一月），頁一—三二。
龔建平：〈郭店楚簡中的儒家禮樂思想述略〉。收入武漢大學中國文化研究院編，《郭店楚簡國際學術研討會論文集》：武漢：湖北人民出版社，二〇〇〇年五月，頁一四九—一五四。

二、英文著作

Hegel, Georg Wilhelm Friedrick (1770-1831): The Introduction to Hegel's Philosophy of Fine Art. Bernard Bosanquet, tr.; London: Kegan Paul, Trench & Co., 1886.

Kant, Immanuel (1724-1804): The Critique of Judgement (1790). James Creed Meredith, tr., 1928; Oxford: Oxford University Press, 1952.

【註　附】

① 收入〔清〕何文煥輯，《歷代詩話》（北京：中華書局，一九八一年四月），頁二。

② 《毛詩正義・國風・周南》（〔《毛詩注疏》〕：中華書句一九三六年《四部備要》本），卷第一，頁三正一五反。

③ 見《四庫全書總目》所引：《毛詩注疏・總目》，頁一正。

④ 鄭玄《詩譜》，見《毛詩正義・國風・周南》孔疏所引，卷第一，頁一反。《漢書・藝文志》亦曰：「又有毛公之學，自謂子夏所傳」：見班固，《漢書》（北京：中華書局，一九六二年六月）頁一七〇八。鄭玄於〈南陔〉、〈白華〉、〈華黍〉《箋》亦云：「孔子論詩，雅頌各得其所時俱在耳。篇第當在於此，遭戰國及秦之世而亡之。其義則與衆篇之義合編，故存。至毛公爲詁訓傳，乃分衆篇之義，各置於其篇端云」（《毛詩正義

・小雅・鹿鳴之什・南陔、白華、華黍箋》卷第九，頁六反），其意則《詩》〈序〉（至少各篇首句部分）早在秦代之前甚至戰國初期所作也，似有充實的依據。唐代陸德明引沈重云：「案鄭《詩譜》意，大序是子夏作，小序是子夏毛公合作，卜商意有不盡，毛更足成之」，亦引「或云：『〈小序〉是東海衛敬仲所作』」（《毛詩正義・國風・周南・關雎箋》，卷第一，頁二反）。陸璣則既謂子夏爲序，而接著亦云東海衛宏「作毛詩序，得風雅之旨」，此則蓋如裴賢普所謂：「先有子夏序，而後又有衛宏序，則宏序應爲小序續中之句」；見裴賢普，《詩經研讀指導》（台北：東大圖書，一九九七年三月），頁二七，註⑦。裴氏亦云：「……子夏至少有總論式之大序，不過秦火之後，此大序恐漢初憑記憶拼湊而成者，非全爲子夏原文了……」（頁二五），蓋爲謹慎中肯之論。《毛詩》〈大序〉、〈小序〉諸說，請參胡樸安，《詩經學》（《國學小叢書》；上海：商務印書館，一九二八年三月），頁一九—二四；裴賢普，《詩經研讀指導》，頁二二—二七。

⑤ 可參看何定生，〈從詩經本身看樂歌關係〉，收入林慶彰編著，《詩經研究論集》（台北：臺灣學生書局，一九八三年十一月），頁一—一八。

⑥ 孫希旦，《禮記集解》（沈嘯寰、王星賢點校；北京：中華書局，一九八九年二月），頁九七六。

⑦ 同前注，頁九七八。

⑧ 〈大序〉之「言之不足」一節亦與《樂記》末章「故歌之爲言也……」大略相同（見孫希旦，《禮記集解》，頁一〇三八）；且亦與《孟子・離婁上》第二七章雷同：「……樂之實，樂斯二者，樂則生矣；生則惡可已也，惡可已，則不知足之蹈之、手之舞之。」

⑨《漢書》，頁一七一二。

⑩〔唐〕魏徵等撰，《隋書》（北京：中華書局，一九七三年八月），頁二八八。

⑪見《漢書・藝文志》儒家類《公孫尼子》條原注：《漢書》，頁一七二五。

⑫此批竹簡的圖板與釋文，見荊門市博物館編，《郭店楚墓竹簡》（北京：文物，一九九八年）。此墓位於湖北省荊門市郭店村，一九九三年所發掘；據推測，下葬年代蓋爲公元前三〇〇年上下。爲了方便起見，本文一概採用《郭店楚墓竹簡》一書所定的篇題與簡號，而所引用的釋文，則盡量採用通行文字。除了各別注明之處外，釋文全是按照《郭店楚墓竹簡》一書與其中的裘錫圭按語。

⑬此批竹簡爲盜墓者所偷，後來張光裕於香港古董市場見到，最後替上海博物館購買。大致的情形可參看〈戰國竹簡露眞容〉，《文匯報》一九九九年一月五日，第一至三版；及〈「上博」看楚簡〉，《文匯報》一九九九年一月十四日，頁一一。竹簡上的字很明顯是楚國文字，字體與郭店楚簡極其相似；據推測，其所由盜之墓很可能即是郭店鄰近一些一九九三年左右也被盜過的墳墓之一。

⑭〈孔子詩論〉已於二〇〇〇年八月一九—二二日在北京大學（達園賓館）舉行的《新出簡帛國際學術研討會》爲馬承源館長所介紹過。當場裘錫圭首次提出異議，認爲被釋成「孔子」的合文字，實該讀爲「卜子」才是，亦即指傳受《詩》的孔門大弟子卜子夏；接著李學勤亦贊成此說。負責上博楚簡釋文的李零當場辯駁云，該合文字雖從字體本身看似該爲「卜子」沒錯，但鑑於其他尚未公布的相關竹簡所給予的一些暗示，其所指的人物應該還是孔子才說得通。在資料尚未發表之前，無從辨其是非，祇好姑且存疑。關於〈孔子詩論〉的部分報導，

見《文匯報》，二〇〇〇年八月十六日。

⑮ 《郭店楚墓竹簡》，簡一至五，頁一七九。

⑯ 李學勤，〈先秦儒家著作的重大發現〉，收入《郭店楚簡研究》（《中國哲學》第二十輯；沈陽：遼寧教育出版社，一九九九年），頁一三—一七。

⑰ 見拙著，〈郭店楚簡儒家逸書與其對台灣儒學思孟傳統的意義〉，《第二屆臺灣儒學國際學術研討會論文集》（台南：國立成功大學中國文學系，一九九九年十二月），頁一六九—二一一。〈性自命出〉與公孫尼子的可能關係，陳來亦已從其性情論的關點作過論述；見陳來，〈荊門竹簡之《性自命出》篇初探〉（收入《郭店楚簡研究》，頁二九三—三一四），頁三〇七—三〇八。

⑱ 孫希旦，《禮記集解》，頁九八四。

⑲ 同前注，頁九九八。

⑳ 同前注，頁九七六—九七七。

㉑ 同前注，頁九七八。

㉒ 《左傳・襄二十九年》；見楊伯峻編著，《春秋左傳注》（北京：中華書局，一九八一年；修訂本，一九九〇年五月），頁一一六一—一一六六。

㉓ 如楊儒賓所指出，此種情感與音樂的相互關係是反覆無窮的：「由於人是一種感通的存在，而且一生下來就處於『與世同在』的交互結構中，因此，人與音樂關係，基本上是樂聲從心而生—心隨樂聲而變—樂聲從心而生

一心隨樂聲而變的無限辯證、彼此加強之返復過程。由『心隨樂聲而變』一轉，我們知道：要使政治上軌道，釜底抽薪之計，莫如轉化音樂的展現。」見其〈論公孫尼子的養氣說〉，收入氏著《儒家身體觀》（台北：中央研究院中國文哲研究所籌備處，一九九六年，頁八五－一二八（原刊載於《清華學報》新二二卷第三期，一九九二年））頁一〇一。

㉔ 孫希旦，《禮記集解》，頁九九八。

㉕ 同前注，頁九七七、九八六。

㉖ 同前注，頁一〇〇〇。

㉗ 同前注，頁九八二。

㉘ 《禮記正義》（中華書句一九三六年《四部備要》本），卷三八，頁三反。

㉙ 郭店楚簡儒書之於當時法治思想的關係，請參拙著，〈禮教與刑罰之辯及其對先秦詮釋傳統的意義〉，《文史哲學報》第五三期（二〇〇〇年十一月），頁一－三一。

㉚ 《郭店楚墓竹簡》，頁一八七，〈六德〉簡六、七

㉛ 《郭店楚墓竹簡》，頁一七三、一六七，〈成之聞之〉簡三、一八－一九、一五－一六。

㉜ 《郭店楚墓竹簡》，頁一七三，〈尊德義〉簡六－八。

㉝ 《郭店楚墓竹簡》，頁一七四，〈尊德義〉簡二八－二九。

㉞ 《郭店楚墓竹簡》，頁一七四，〈尊德義〉簡三六、三七。與此大致相同的一句亦見於〈緇衣〉簡一四－一五，

頁一二九；〈成之聞之〉簡七，頁一六八；以及《孟子．滕文公上》第二章。

㉟《郭店楚墓竹簡》，頁一七九，〈性自命出〉簡一四—一八。

㊱《樂記》；孫希旦，《禮記集解》，頁九八六。

㊲同前注，頁九八七。

㊳此語頗類於《荀子．樂論》之語：「夫聲樂之入人也深，其化人也速」；見王先謙，《荀子集解》（沈嘯寰、王星賢點校；北京：中華書局，一九八八年九月），頁三八〇。

㊴《郭店楚墓竹簡》，頁一八〇，〈性自命出〉簡二三—二七。此段諸字的讀法，多依《郭店楚墓竹簡》裘錫圭案語，以及李零，〈郭店楚簡校讀記〉（收入陳鼓應主編，《道家文化研究》，第十七輯〔北京：三聯書店，一九九九年八月〕，頁四五五—五四二），頁五〇八—五〇九。亦可參看劉昕嵐，〈郭店楚簡《性自命出》篇箋釋〉（收入武漢大學中國文化研究院編，《郭店楚簡國際學術研討會論文集》〔武漢：湖北人民出版社，二〇〇〇年五月〕，頁三三〇—三五四），頁三三八—三三九。劉氏彼文亦將《禮記》中有關「禮」與「情」之關係的章節作了一個記錄（頁三三一—三三二），可參；於此，亦可參龔建平，〈郭店楚簡中的儒家禮樂思想述略〉（《郭店楚簡國際學術研討會論文集》，頁一四九—一五四），頁一四九—一五一。

㊵《郭店楚墓竹簡》，頁一七九，〈性自命出〉簡一三。

㊶《毛詩正義．國風．周南》（《四部備要》本），卷第一，頁八反。

㊷孫希旦，《禮記集解》，頁一〇〇六—一〇〇七。

㊸ 康德，《判斷力之批判》（牟宗三譯註，台北：學生書局，一九九二年），頁一九七。以 Meredith 的英文翻譯而言，"judgement of taste"是跟"interest"無關而祇是一種"contemplative"的判斷。見 Immanuel Kant, The Critique of Judgement（一七九〇年）；James Creed Meredith 英譯（一九二八年；Oxford: Oxford University Press, 一九五二年），頁四二—四四，六三—六四。

㊹ 康德，《判斷力之批判》，頁一七二。

㊺ 當然，嵇康此種思想的萌芽尚可以遠追溯於莊子等先秦「道家」之言論；在茲不贅述。

㊻ 康德，《判斷力之批判》，頁一六六—一七一。此英譯爲"delight in the agreeable"與"delight in the good;"見 Kant, Critique of Judgement，頁四四—四八。

㊼ 王先謙，《荀子集解》，頁三八二。

㊽ 康德，《判斷力之批判》，頁二〇四—二〇五。

㊾ 同前注，頁二〇二。此英譯爲"free beauty"與"dependent beauty"之分；見 Kant, Critique of Judgement, 頁七二。

㊿ 康德，《判斷力之批判》，頁二一二；"The Ideal of beauty," Kant, Critique of Judgement, 頁七五—八〇。

(51) 《呂氏春秋・大樂》；見陳奇猷，《呂氏春秋校釋》（上海：學林出版社，一九八四年四月），頁二五五—二五六。

(52) 徐復觀說得好：「樂與仁的會通統一，即是藝術與道德，在其最深的根底中，同時，也即是在其最高的境界中，會得到自然而然的融和統一；因而道德充實了藝術的內容，藝術助長、安定了道德的力量。」見其《中國藝術精神》（台北：臺灣學生書局，一九六六年），頁十七。李澤厚、劉綱紀主編的《先秦美學史》（台北：金楓出版社印行，一九八七年七月），論述「中國美學思想的基本特徵」時，亦以「高度強調美與善的統一」以及「強調情與理的統一」爲首，而於後者則言其正是「美善統一這一特徵在藝術問題上的具體表現」（頁三十）。此種「美善統一」之境，高柏園稱之爲「一種後道德之境」：「須注意的是，最高的道德境界卻也不再只顯道德相了，此其與藝術境界相似，亦爲道德之自我超越」；見其〈《論語》審美意識的哲學意義〉（收入淡江大學中文系所，《第六屆文學與美學國際學術研討會論文集》，頁三七一—三八七），頁三八四。

53 Georg Wilhelm Friedrick Hegel, The Introduction to Hegel's Philsophy of Fine Art (Bernard Bosanquet 英譯：London: Kegan Paul, Trench & Co., 1886)，頁六〇。

54 屈萬里曾按照國風的形式、文辭、韻部、語助詞、代詞等用法，以得出國風是經過雅言翻譯等整理過程後的民間歌謠，而非民間歌謠本來面目的結論。見其〈論國風非民間歌謠的本來面目〉，收入林慶彰編著，《詩經研究論集》（台北：臺灣學生書局，一九八三年十一月），頁一九—三八。

55 《郭店楚墓竹簡》，頁一七九—一八〇，〈性自命出〉簡二〇—二一。

謝朝華而啓夕秀

——論林文月的擬古散文

淡江大學中文系教授　崔成宗

一、前言

『擬古』一詞，源出於陸機〈擬古詩十二首〉①。陸機所摹擬的對象是〈古詩十九首〉中的〈行行重行行〉、〈今日良宴會〉、〈迢迢牽牛星〉、〈涉江采芙蓉〉、〈青青河畔草〉、〈明月何皎皎〉、〈蘭若生朝陽〉、〈青青陵上柏〉、〈東城一何高〉、〈西北有高樓〉、〈庭中有奇樹〉、〈明月皎夜光〉等作品。中唐詩人韋應物受了陸機的影響，也選擇〈古詩十九首〉中的十二首，加以摹擬，而成〈擬古詩十二首〉②。由此可知，『擬古』的『古』本來指的是〈古詩十九首〉。

台北洪範書店有限公司於一九九三年九月出版了林文月的散文集《擬古》，收錄林文月自一九八七年九月至一九九一年六月所寫的十四篇散文，彙爲一編。這本文集雖然以『擬古』命名，書中的十四篇作品雖然都是摹擬之作，但是摹擬的對象分別是清少納言的《枕草子》、蕭紅的《呼蘭河傳》、Laura Call Carr 的〈My Life at Fort Ross〉、傅雷的《傅雷家書》、楊衒之《洛陽伽藍記》、蘇軾的《東坡志林》、臺靜農的〈我與老舍與酒〉和《龍坡雜文》、曹丕的〈代劉勳妻王氏雜詩〉和〈寡婦詩〉、曹植的〈代劉勳妻王氏雜詩〉、王粲的〈寡婦賦〉、泰戈爾的《飄鳥集》和《園丁集》，至於〈古詩十九首〉中的詩篇，則不在林文月摹擬之列。因此林文月這本『擬古』散文集與陸機、韋應物〈擬古詩十二首〉所使用的『擬古』涵義，是名同實異的。林文月把『擬古』的對象範圍加以擴大了，他在書前的〈自序〉寫道：

> 詩既然可以擬古，散文又何妨？
>
> 我所取的目標，是已作古的作家風範；而且就自己的閱讀經驗言之，也不必單取中文；是以我的散文擬古，可以包括古今中外，在比較廣大的時空中選擇對象。

像這樣懷著『出位之思』，來開拓摹擬的新領域、散文的新格局，自能通古今之變，而推陳出新，為當代散文另拓亨衢。

對於陸機『擬古』之作的特色，林文月在〈自序〉中還有如下的說明：

> 我曾經仔細的檢視陸機的〈擬古詩〉，一一比對其摹擬的對象，發現無論在內蘊情志，或遣詞謀篇方面，這一組作品都有陸機個人匠心獨運之處……至於其繁縟精緻的寫作手法，更顯示出相當成熟的藝術修養。

可見在林文月的心目中，陸機雖摹擬古詩，卻不為摹擬的對象所囿限；而且還能出藍勝藍，在『內蘊情志』、『遺詞謀篇』、『寫作手法』等方面，表現出獨運的匠心和成熟的修養。這是一種高明的『擬古』創作。林文月進而推測陸機『擬古』的寫作動機：

一、可能藉古詩以寓託情懷。

二、不妨視爲出於遊戲心態。

三、甚至出於試與古人一較長短的比較心態。

林文月一方面把寫作看得相當嚴肅，另一方面也認爲寫作對她而言，「也是寓含遊戲性質的」，「既是遊戲性質，就必然存在著比較因素」③。林文月謙虛地寫道：

> 我並非狂妄到想（與古人比賽而）超越古人，但他們所遺留的典範，是我非常景仰而努力追隨的目標。……必須要其（古人篇章）中的情致旨趣，或形式章法與我想要表達的，有某種程度的關連性，始為我所選取（而加以摹擬）。④

可以這麼說，賦詩爲文，摹擬前賢以寓托情懷的作品，這是較嚴肅的寫作；而自己的「情致旨趣」、「形式章法」等，與前賢所遺留的典範之作「有某種程度的關連」，於是「努力追隨」加以摹擬，或許這就難免有一些「遊戲」、「比賽」的味道了。林文月創造這些『擬古』散文時，所秉持的手眼與文心，雖然得自陸機的啓發；但是她拈出「寓託情懷」的嚴肅性，與「遊戲比賽」的趣味性，運用「散文」這種文類，來從事充滿創意的「擬古」，實在是發前人之所未發。

古人對「擬古」或「摹擬」，見解紛繁。試舉數例，以資討論。

清人陳衍認爲「持摹擬之術以寫景，時復逼眞；假摹擬之術以言情，輒難由衷」⑤。清人吳曾祺認爲「擬體則一切出之古人，乃自尋拘苦之事」⑥更有甚者，清人薛雪還說：「『擬古』二字，誤盡蒼生。」⑦以上三說，或者有條件地反對擬古，或者完全反對「擬古」，也都持之有故，言之成理。他們以爲只要「擬古」，就必須在字句聲調，內容情志上，跟摹擬的對象亦步亦趨，不能稍越雷池，這是較爲狹隘的「擬古」觀。

另有不少見解，屬於較積極或較具建設意義的。譬如唐人劉知幾、宋人魏泰、清人黃子雲、清人王闓運等，他們對於「擬古」或「摹擬」的看法，就比較具有正面的意義。

蓋摹擬之體，厥途有二：一曰貌同而心異，二曰貌異而心同。……惟夫明識之士……其所擬者，非如圖畫之寫真，鎔鑄之象物，以此而似也。其所以為似者，取其道術相會，義理玄同，若斯而已。（劉知幾）⑧

詩惡蹈襲古人之意。亦有襲而愈工，若出於己者。蓋思之愈精，則造語愈深也。（魏泰）⑨

學古人詩，不在乎字句，而在乎臭味。字句，魄也，可記誦而得；臭味，魂也，不可以言宣。當於吟詠之時，先揣知作者當日所處境遇，然後先我之心，求無象於窅冥惚恍之間，或得或喪，若存若亡；始也茫焉無所遇，終焉元珠垂曜，灼然畢現我目中矣。現而獲之，後雖縱筆揮灑，

卻語語有古人面目。（黃子雲）⑩

擬古之嚴飭者，莫如晉代諸家。然成家又不在乎字摸（模）句擬，而在於得其神理。（王闓運）⑪

就「擬古」或「摹擬」的方法來說，魏泰認爲要「思之精」，王闓運認爲須「得神理」，都能提綱挈領，掌握重點；至於黃子雲所說的「先揣知作者當日所處境遇，然後先我之心，求無象於窅冥惚恍之間」，除了「設身處地，妙用同理心、同情心」之外，還不啻爲「精思神理」做了相當適切的詮釋。筆者曾經綜合前賢的見解，爲「摹擬」鉤勒出這樣的意義：

蓋字模句擬，逼肖雷同，體規畫圓，準方做矩，乃鸚鵡之摹狀人聲，非神明以變化舊章，此摹擬之窳下者也。夫摹擬之雋上者，慮周而藻密，理得而神契，貌雖異而心同，詞雖殊而旨會，擬古人而不為古人所囿，法鴻篇而彌能度越鴻篇。摹擬之義，斯為得之。⑫

「慮周而藻密，理得而神契」是「精思神理」的產物，「貌異心同，辭殊旨會」是擷取劉知幾的看法，可以說明「道術相會，義理玄同」的旨趣。以上是歸納前賢之說，對「摹擬」或「擬古」的意義所做的檢視。

然而，當我閱讀林文月的擬古散文，我發現她對『摹擬』或『擬古』的體會、持論和實踐，已經遠邁前賢，獨創新格，不僅與上述劉知幾、魏泰、黃子雲、王闓運等各家的見解若合符契，而且在理論的說明上，更加清晰；在寫作的實踐上，更加邃密。可以這麼說，林文月的《擬古》文集在中國文學摹擬或擬古的傳統中，度越前賢，更加在中國當代散文史上，別開生面，樹立了一座極具創意的豐碑。

二、你的脈搏和他一致

摹擬前賢的作品而不爲作品的字句結構所囿限，甚至不爲作品的文類所囿限，而能將「古詩」的酒瓶改裝成「散文」的酒瓶，將「古詩」的濁醪改釀成現代散文的金門高粱，這樣的摹擬，眞可說是神乎其技，達到「義理玄同」的境界了。林文月的「擬古」散文，就有這般力作。

她的〈你終於走了，孩子〉一文，在整本《擬古》散文集裡是最扣人心弦的一篇。所摹擬的對象是六朝代作詩賦，如曹丕、曹植兄弟所作的〈代劉勳妻王氏雜詩〉、王粲的〈寡婦賦〉等：

代劉勳妻王氏雜詩

王宋者，平虜將軍劉勳妻也。入門二十餘年。後勳悅山陽司馬氏女，以宋無子出之。還於道中作詩。

翩翩床前帳，張以蔽光輝。昔將爾同去，今將爾同歸。緘藏篋笥裡，當復何時披。（曹丕）⑬

代劉勳妻王氏雜詩

誰言去婦薄，去婦情更重。千里不唾井，況乃昔所奉。遠望未為遙，踟躕不得共。（曹植）⑭

寡婦詩

友人阮元瑜早亡。傷其妻孤寡，為作此詩。

雙露紛兮交下，木葉落兮淒淒。候雁叫兮雲中，歸燕翩兮徘徊。妾心感兮惆悵，白日急兮西頹。守長夜兮思君，魂一夕兮九乖。悵延佇兮仰視，星月隨兮天迴。徒引領兮入房，竊自憐兮孤棲。願從君兮終沒，愁何可兮久懷。（曹丕）⑮

寡婦賦

闔門兮卻埽，幽處兮高堂。提孤孩兮出戶，與之步兮東廂。顧左右兮相憐，意淒愴兮摧傷。觀草木以敷榮，感傾葉兮落時。人皆懷兮歡豫，我獨感兮不怡。日掩曖兮不昏，明月皎兮揚輝。坐幽室兮無為，登空床兮下幃。涕流連兮交頸，心憯結兮增悲。（王粲）⑯

〈你終於走了，孩子〉是抒寫一位母親的喪子之痛。這位母親的十歲兒子不幸罹患骨癌，慘遭病魔啃噬，失去生命！作母親的那種椎心泣血之痛，實非一般人所能體會。林文月在這篇文章的〈後記〉寫道：

這是一則真實的故事。由於家父長期住院，探望照料之餘，難免接觸到一些人間可悲的一面。關於那對母子和家庭的事情，我只聽聞，卻始終未敢去慰問。男孩子去世當晚，我設身處地為那悲苦的母親而引發了以上一段文字。六朝詩人有「代某人戕」之詩篇，姑擬此文以哀悼我未曾見面的孩子。我衷心祈求他安息。⑰

並且附錄前面所引曹丕、曹植、王粲等詩作，以示摹擬的對象。劉勳的妻子王宋「以無子而見出」，曹丕兄弟設身處地，摹擬王氏的口氣，抒寫棄婦的悲情，彷彿出自王氏之口。王粲的〈寡婦賦〉體會寡婦淒傷孤寂之情，也是入木三分。林文月摹擬這些作品，並非無的放矢，爲文造情，或是爲了爭勝古人，所作的遊戲筆墨。她說：

〈你終於走了，孩子〉，是我真正非藉擬古之方式無以寫作的一篇文章。雖然我始終沒有見過那個男孩子和他的母親，但聽到那悲慘的消息後，我寢食難安，直到藉六朝文士代詠或代牋的形式而撰成此文，才稍感釋然。⑱

鍾嶸《詩品．序》說：「使窮賤易安，幽居靡悶，莫尚於詩矣！」豈止是詩呢！林文月用「擬古」散文，紓解了她那不容自已的「不忍人之心」，見證了鍾嶸的理論，並且爲「擬古」作了嶄新的詮釋。她又說：

我承認把自己關在書房孤燈之下的當時，已不遑辨認擬古是否寓含遊戲性或比賽性等問題了。於今回想起來，當時執筆寫作，我的心已完全融進那位悲苦的母親心中，既哀痛又肅穆。⑲

「我的心已完全融進那位悲苦的母親心中，既哀痛又肅穆」，這種心融神會的情懷，正是劉知幾《史通．模擬》所說的摹擬者與摹擬對象之間「道術相會，義理玄同」的最佳詮釋。以下讓我們節錄〈你終於走了，孩子〉的動人片段，以便藉斑窺豹：

1.醫生說需要鋸斷你左腿的膝蓋以下一節。哦！不！不能！我的兒子才十歲……你的骨，你的血，都是我的；切割你的肉體，等於是切割媽媽的肉體、媽媽的心呀！

2.你依舊的笑容，多麼令我們心絞悲痛喲！

3.耗盡了生命的最後一點力，在一個秋日的午後，你真的走了。夕陽淡淡射入淒楚的病房內。

4.你是一根未及抽芽便枯乾的嫩草。

5.我真是全世界最狠心的母親，但也是最疼惜你的母親。

無論是第一、二、四、五則抒寫母親內心深處的吶喊，或是第三則以情景交融的手法，描寫黃昏病房人去室空的情景，都有感同身受，逼眞奪眞的效果。

林文月另有〈給兒子的信〉、〈給女兒的信〉、〈給兒女的信〉，都是摹擬《傅雷家書》的作品。自然《傅雷家書》必是她欽仰的對象，這應當是合理的推論。「你的確和莫札特起了共鳴，你的脈搏跟他的脈搏一致了，你的心跳和他的同一節奏了；你活在他的身上，他也活在你的身上；你自己與他的共同點被你找出來了，抓住了，所以你才會這樣欣賞他，理解他。」⑳這雖然是傅雷在一九五六年二月二十九日夜對兒子論音樂的一段話，但是卻饒富啓發意義。假使林文月在寫作〈你終於走了，孩子〉時，她的心跳、脈搏不曾和那位母親一致，同一節奏；假使當時她「沒有活在那位母親身上」，那位母親「沒有活在她的身上」，她怎麼會寫出「我的心已完全融進那位悲苦的母親心中，旣哀痛又肅穆」這樣的體驗呢？這應是受到傅雷啓迪的一點。

《傅雷家書》又說：

意思就是「愛」。這「偉大的心」幾個字，真有意義。而且這個愛是……熱烈的、真誠的、潔白的、高尚的、如火如荼的、忘我的愛。㉑

林文月聽到那對母子悲慘的遭遇，「寢食難安」，「既哀痛又肅穆」，這正是眞誠、潔白、高尙等愛心的體現。這是她與生俱來的明德良心，當然也與傅雷所揭示的內容相契合。

透過撰寫〈你終於走了，孩子〉這篇擬古散文，林文月不但對「擬古」作了度越前賢的詮釋，而且還豐富了「擬古」的內涵，從而爲當代中國散文創立了新的典範。這種認眞而嚴肅的寫作態度，是任何一個從事散文創作的人士所應取法的。

三、諦觀妙喻　時饒情趣

林文月撰寫文章往往勤蒐相關資料，精心布局，深思熟慮之後，才運筆屬辭。細讀《擬古》文集的作品，也莫不蘊蓄這樣的文心。《擬古》文集的第一篇是〈香港八日草——擬枕草子〉。一九八八年，林文月赴香港八日，接受香港翻譯學會所贈的榮譽會士銜。八日之間，雖是短暫停留，然而際遇、見聞，和所思所感也相當可觀。因而她寫了這篇〈香港八日草——擬枕草子〉。林文月說：

當時我（林文月）剛完成日本平安時代隨筆文學《枕草子》的中文翻譯。《枕草子》的行文，兼採「類聚式章段」及「日記式章段」，可長可短、宜繁宜簡、自由自在、無拘無束，正可供我

寫作之依憑，遂以為摹擬之對象。㉒

可知林文月除了摹擬《枕草子》「類聚式章段」及「日記式章段」的寫作格式之外；對於《枕草子》這種格式能長短簡繁，無施不宜；可自由不居，隨意揮灑的寫作特色，也都加以認同，摹擬。以下擬舉〈香港八日草——擬枕草子〉的精彩片段，析述其「擬古」的手法與境界。

> 一日清晨醒來，微聞雨聲輕打闊葉，搴開窗簾，看到灰濛濛一片，只見眼前伸展過來的枝枝葉葉，也無天空也無海灣，遂不知身在何處。推開那舊式的玻璃窗，晨曉的空氣拌和著植物的清香，撲襲一室，頓令睡意全消，十分有情味。再探身向右下方望去，見一婦人撐傘兀自步行於晨曉的林中。距離遙遠，身影模糊，卻可以想像那風流趣味。（第二則〈從三十一室的窗望出去〉）㉓

這段文章敘寫寓所窗外煙雨迷濛，近觀遠眺的情景和感受。由聽覺（雨打闊葉之聲）而視覺（眼前的枝枝葉葉、遠方的海天迷茫）而整體的感受（不知身在何處）而嗅覺（晨曉清新的空氣、植物的清香），一路敘寫，筆緻委曲，層次分明。然後綜合耳鼻眼目的感覺，歸結出心靈的感受——「十分有情味」。後幅探身而見婦人，晨曉步行林中，從而「想像那風流趣味」；其運筆手眼，也與前幅文字相似。

林文月在〈香港八日草——擬枕草子〉之後，附錄七則《枕草子》的文章，其中第一三三則〈九月的時分〉是這樣寫的：

九月時分，下了一整夜的雨。今晨雨止，朝日晃朗照耀。庭前種植的菊花，露繁欲滴，非常好看。籬笆啦，其上的羅紋裝飾啦，還有芒草之上所張結的蜘蛛網，都已經殘破。那絲網到處不絕如縷，雨珠兒掛在上面，晶瑩猶如珠相串饒有風情，惹人憐愛。

月稍高昇。胡枝子原先看來是挺沉重的樣子，待露晞之後，逕自枝動，也無人觸摸，竟會忽然向上彈起，有趣得很。㉔

以上引錄〈九月的時分〉兩段，應是林文月〈從三十一室的窗望出去〉所摹擬的對象。兩相比較，可以得出如下的結論：

1.《枕草子》的作者清少納言寫的是雨霽晨景，林文月寫的是雨中晨景。

2.兩位作者都是感受敏銳，觀察精細。

3.兩篇文章的筆觸都相當細膩而有層次。（〈九月的時分〉由朝日而菊花而籬笆而蜘蛛網而雨珠，也是依次敘寫所見景致，最後以心靈感受——「饒有風情，惹人憐愛」作結。）

4.兩篇文章都能觀景寫景，而景與意會，而體會風情趣味。

5.然而林文月的摹擬之作卻不但不是字摹句擬，「死於句下」；而且能展現創意，出藍勝藍。〈九月的時分〉兩段文字只是透過視覺，敘寫菊花、籬笆、蜘蛛網、胡枝子等情狀與意象；而林氏的擬作卻於視覺之外，更增添了聽覺、嗅覺；於特寫近景之餘，更渲染遠景。如此創造的「擬古」，對於所摹擬的對象而言，又那裡只是「得其理而契其神」而已呢！

林文月的散文在描寫人物時，往往三言兩語，就點出人物的「頰上三毫」，使人物的神韻畢現；不但如此，她還善於因形察心，把人物的心理都表現於毫端，讓人無所遁形，無所遁心。〈香港八日草——擬枕草子〉也有這樣的筆墨。

第七則〈獲贈書〉寫她和宋淇見面時的場景：「參加九月二十六日的香港翻譯學會午餐會，是我此次來港之主要目。……宋淇先生可能會打破一年來不出席任何應酬、會議之例，特別來臨。」她說：

> 在十二時四十分左右，看見穿一襲深色西裝的瘦高身影。我快速地離開寒暄中的眾人，走過去和他打招呼。一瞬猶豫之後，他很高興地伸手握住我的手，原本嚴冷的臉上，忽然綻現溫和的笑容。㉕

「一瞬猶豫之後」云云，不但寫出當時宋淇臉上的表情，還藉著「猶豫」、「高興」、「嚴冷」、「溫和的微笑」等平凡的字詞，寫出當時宋淇心中的微妙變化！此時宋淇送了兩袋共十二本書給作者，頗有一些重量。作者寫道：

> 想到他近半年來羸弱多病，卻親自從家中輾轉坐地下鐵提了這許多書來到會場上送給我，感激與感動，真非言語可以表達。㉖

其心思細膩，善體人情，有如此者！《枕草子》第一三六則〈女官在退出、參上之際〉也是善寫人物心理之作：

> 女官在退出、參上之際，往往向人借車輛。車主倒是表面上滿口答應，只是，那趕牛的飼童，

講話卻惡劣不堪，又猛抽打牛隻，讓車子跑得飛快，教人覺得真不舒服。至於陪侍的下役男子，又挺不耐煩似地嘟噥：「無論如何，要在深夜以前回去才好。」如此一來，車主的心地便可以察知，所以即使有甚麼急事，下回再也不會向他借用車了。㉗

敘寫女官察知車主表裡不一的心意，相當具體而細膩，可是較之於前述林文月的「擬作」（筆者案：林文月自已的筆力、文風，原甚高明，就算創作，也有此水準，她敘寫宋淇的文字，或許未必眞的乞靈於〈女官在退出、參上之際〉一文。），林氏之作更令人覺得言簡意賅，精細深刻吧！

精善譬喻，時出新意，也是林文月的散文特色。〈香港八日草—擬枕草子〉的第四則〈聒噪者〉和第五則〈沉默者〉就有這樣的例子。

聒噪者，如拂曉林間不知名的啼鳥。銅羅灣街頭的行人。星期日茶館裡持牌等待叫號碼入座的食客。雄辯者未必聒噪，卻是滔滔不絕；聒噪者未必雄辯，只是喋喋不休。……㉘

沉默者，如晚間遠處的海灣，但見漁火明暗，波濤聲全不聞。早餐桌上讀一本企鵝版小說的英國學者。討論會場上坐在前排而不發言的專家。酒席間儘管眾人皆醉而我獨醒的賓客。……㉙

清少納言如何創寫妙喻呢？請看《枕草子》第二三一則〈喧囂者〉：

喧囂者，如噴火。凝集板葺屋頂上的烏鴉，啄食著僧侶們午飯的餘。……㉚

比較林文月和清少納言的妙喻，可發現下列特點：

1. 都是先寫出喻體、喻詞、喻依，然後舉實例補充說明前面的譬喻。

2. 無論譬喻的本身，或是補充的實例，都是發前人之所未發，相當有創意。

3. 林氏此處的「擬古」，雖然在形式上亦步亦趨，依樣畫葫蘆；然而在內容方面卻是裝滿了新穎而質優的醇酒。令人讀之擊節讚賞！

至於林氏的〈聒噪者〉和〈沉默者〉這兩則，一再從聒噪、沉默，男人、女人等相對的層面著墨，寫出「女人而聒噪，實不可取。男人而聒噪，徒增人厭」；「聒噪者，大部分的知識或幽默都掛在嘴皮上；沉默者的知識與幽默以及其他可貴質素，則悉藏於腹中，不肯為庸俗之輩輕易吐露」；「聒噪場合中的沉默者未必眞正沉默」；「所謂『大言不辯』，良有以也」這樣充滿智慧的人生觀照；如果拿來和《枕草子》第七二則〈無從比擬者〉相較，就會發現頗有若合符節之處：

事之無從比擬者，如夏與冬。夜與晝。下雨天與陽光普照之日。少與老。人之笑與怒。黑與白。愛與恨。藍色與黃色。雨與霧。雖同是一個人，一旦而變了心之後，與當初相愛之時，真個令人感覺判若兩人。㉛

林文月除了摹擬清少納言從相對的兩個層面寫說理散文〈聒噪者〉和〈沉默者〉之外；在〈香港八日草——擬枕草子〉的第十則〈晨起，微微有雨〉的最後一段她還這樣寫：

初秋的雨，微微飄落啟德機場的門外。一樣的雨飄落在不同樣貌的街道屋宇之上，飄落在懷抱著複雜多層面心態的人們的頭髮上肩膀上。㉜

謝朝華而啟夕秀

〈無從比擬者〉說：同一個人變心之後與相愛之時，判若兩人。〈晨起，微微有雨〉說：一樣的雨飄落在不同街道屋宇、不同心態的人的肩、髮上。起清少納言於九泉，她除了要大呼：「逼我太甚！」還一定會對林文月這樣的知音，這樣的散文高手表達千載一遇的相契相賞之情吧！林文月的「擬古」，眞可說是抗懷千古呀！

四、我們的心 有種魔力

林文月在她的「擬古」散文集有〈給兒子的信〉、〈給女兒的信〉、〈給兒女的信〉三篇文章。這三篇書信都是摹擬《傅雷家書》的「擬古」之作。在〈給兒女的信〉中，林文月這樣勉勵她的兒女：「我們的心卻有一種魔力，能使有限的事物化為永恆不滅。」㉝可以說這句話就是林氏摹擬傅雷家書的精髓。傅雷夫婦之所以長篇累牘的寫家書給他們的兩個兒子傅聰、傅敏，有四項作用：

1. 把兒子當作討論音樂、藝術的對手。
2. 想從兒子身上激出青年人的感想，以獲得新鮮養料。
3. 藉通信訓練兒子的文學與思想。
4. 時時刻刻在做人、生活細節、藝術修養、演奏姿態方面給兒子作個警鐘，做一面「忠實的鏡子」㉞

由此可知傅聰之所以成為鋼琴大師是其來有自的。親子的關愛之情，文藝、學術的純摯博雅、體現眞善美的精神，正是化有限爲無限，使人事物得以不朽的魔力之源。林文月在這幾封書信中，欣賞，尊重，期勉他的一雙兒女，一如傅雷，體現了上述的精神和力量。她對兒女寫道：

有一回深夜，你像往常那樣坐在客廳裡欣賞音樂，我則在自己的書房內閱讀寫作。……於書寫之際暫得片刻空隙，忽聞海飛茲的小提琴獨奏曲。一曲終了，我走出書房，要求你重播一次給聽。「原來你也在聽啊！」你的眼神竟有喜悅與興奮的光芒流露。〈給兒子的信〉

十年來，你一旦對未來有了抉擇和憧憬，便像是對準了羅盤的舵手般，穩健而恆毅地駛往既定的方向。〈給兒子的信〉

近來較少收到你的信，來信也比以前簡短了許多。我明白那是因為你生活逐漸上了軌道，學習和作業吃重致無法分神的緣故。……從另一個角度來說，反而令我欣慰，因此這表示你正專心向學而無暇發閒愁。〈給女兒的信〉

如今得你們，在經過一些挫折，甚至病痛之後，都長成身心結實的青年，而且遠離了你們雙親的庇護，獨立在異鄉追求自己的夢想。〈給兒女的信〉

在上個星期的信裡，你告訴了我們好消息，你（兒子）去選修光學的課程……教授希望你夏天提出 Proposal。我真為你高興。〈給兒女的信〉

這個學期，你（女兒）的表現帶著民族的風格，也因而獲得教授的青睞。你在電話中對我敘述如何贏得全班最高的榮譽時，語氣是多麼充滿自信！〈給兒女的信〉

以上是林文月分享兒女的情懷、成長和成就，並且寫進家書，告知兒女的內容。語氣親切和詳，潛蘊關懷和激勵。只要翻閱《傅雷家書》，我們也可以看到相類的內涵：

這一回可不然，你的確和莫札特起了共鳴，你的脈搏跟他的脈搏一致了，你的心跳和他的同一節奏了；你活在它的身上，他也活在你的身上；你自己與他的共同點被你找出來了，抓住了，所以你才會這樣欣賞他，理解他。

對於兒子在古典音樂上的進境表示印可，欣慰，並進而分析詮說其所以然，絕不只是沾沾自喜；而是藉以進行機會教育，使其更上層樓。林文月在得知兒子獲准提出 Proposal 之餘，緊接著就寫道：「可是我知道你寧可如此忙碌，而不願意在茫然的摸索中虛擲光陰的。」欣慰之餘，立加策厲。當她得知女兒的表現帶著民族風格，爲教授所青睞時，隨即寫道：「一切藝術都是互相溝通的，文學、音樂、美術、建築的高層面不是單獨孤立，而是融會貫通的。技巧終須有思想爲領航，所以今後你還得多讀一些哲學的書籍才好。」肯定之後，立予指導。對於傅雷的家書，雖非字句步趨，加以仿擬；而其教育子女的精神，則是若合符節的。

林文月告訴兒子：「一個人多讀書後，心中會更明白知識的廣大和浩瀚，自然也就會變得更虛心謙遜」；「在自己專精的知識基礎上，再多涉獵其他範圍的書籍」；「讀書的樂趣乃在於無所爲而爲，驟然探得其中一點理趣的快樂」；「在力爭上游的過程中，千萬不可踩在別人的頭上求取勝利」；「無論什麼時代，高尙的人格還是應該受到崇仰的」。她又告訴女兒：「要把眼光和胸襟放寬放遠……你得和周遭的人比，還得和廣大的世界比」；「由當初的陶醉自滿而轉變爲厭倦不滿，正是一個人要突破超越自己既有的前兆」；「突破創新有冒險性」；「創作的泉源來自豐富的知識、高尙的情操、熱烈的愛心」；她在勉勵兒女的信中更說：「這個世界，沒有永恆的事物，但我們的心卻有一種魔力，能使有限的事物化爲永恆不滅！」這眞是畫龍點睛之筆！足以醒豁這三封家書的所有要點，並且成爲完美的總結。

讓我們看看傅雷的家書吧！傅雷說：

藝術不但不能限於感性認識，還不能限理性知識，必須要進行第三步的感情深入。換言之，藝術家最需要的，除了理智之外，還有一個「愛」字！所謂赤子之心，不但指純潔無邪，指清新，而且還指愛！……愛……是熱烈的、真誠的、潔白的、高尚的、如火如荼的、忘我的愛。㉟

一切偉大的藝術家必然兼有獨特的個性與普遍的人間性。我們只要能發掘自己心中的人間性，

就找到了與藝術家溝通的橋梁。㊱

真誠是第一把藝術的鑰匙。真誠的「不懂」，比不真誠的「懂」，還叫人好受些。……有了真誠，才會有虛心。……藝術家一定要比別人更真誠，更敏感，更虛心，更勇敢，更堅忍，總而言之，要比任何人都 less imperfect！㊲

假如一個人永遠能開墾自己心中的園地，了解任何藝術品都不應該有問題的。㊳

比較傅氏和林氏的家書，可發現許多相類之處：

1.同樣勉勵子女誠懇謙遜。

2.同樣勉勵子女博學多識，拓寬眼界。

3.同樣勉勵子女要有高尚的品格、情操和純誠愛心（因此不會踩在別人的頭上來力爭上游，而有普遍的人間性）。

再者，傅雷告訴兒子寫信要 neat 一點（傅雷在一方比信封還要小的紙上，照樣能寫得很寬綽），林文月告訴女兒要用純正的中文來寫家書（林文月提醒女兒：正因爲在國外求學，日常多用英文；所以才要以寫純正的中文信，以提醒自己不要忘了中文）。無論是涵養人品、情操，或是研究學問、藝術，甚至於生活的小事，寫信的細節，傅、林二氏都對於子女殷殷告語，祥和勸喻，體現眞實深厚的親子之情，傳達成龍成鳳的無限期盼。以上所述，都是林文月摹擬傳雷撰寫家書給兒女的「擬古」之跡與文章之印，謹加以析述，以見其情實。

五、散文陸則 賞物懷人

蘇軾《東坡志林》有〈記承天寺夜遊〉一文，是林文月在「閱讀經驗裡最喜愛的一篇」㊴。林氏的《擬古》文集中，有〈散文陸則——擬東坡志林〉，就是以蘇軾的筆記文學名作《東坡志林》為「擬古」的對象所寫的散文。這陸則散文分別是〈共賞與獨賞〉、〈記黃石公園枯林〉、〈記臺府夜賞曇花〉、〈記臺先生的夢〉、〈鄭先生談鬼〉、〈舊宅的四季桂〉。所摹擬的對象則為《東坡志林》裡的〈記遊松江〉、〈遊白水書付過〉、〈記承天夜遊〉、〈遊沙湖〉、〈記夢〉、〈臨皋閒題〉六篇短文。仔細翫味林文月這陸則「擬古」之作，雖然可以尋繹出摹擬蘇軾〈記遊松江〉等文的文脈文風；然而林文月文中所寫的，或為相類的情懷、情境，或屬相類的人物觀點；在寫作的手眼和精神上，師法蘇軾，自成「慮周而藻密，理得而神契」的摹擬高境。試舉數例，以為析述之資。

林文月〈共賞與獨賞〉一文首先自陳愛賞蘇軾的〈記承天夜遊〉一文，並且加以引錄，以開啟中幅「此文共八十三字，記一次月下與友同遊之美感經驗……景色與心境俱澄明如水如月，平靜祥和，絲毫未染宦途失意之挫折愁怨……是何等胸襟與修養，始能寫出如此文章」等感懷。

蘇軾〈記遊松江〉前幅敘述自杭州移官高密時，與楊元素、陳令舉、張子野、劉孝叔俱至松江，

「夜半月出，置酒垂虹亭」。接著就引錄張子野席中所作〈定風波令〉詞的幾句：「見說賢人聚吳分，試問，也應傍有老人星。」以開啓後幅人物俱非的唏噓。兩相對照，可見林文月摹擬蘇軾之跡。這是第一點結論。

林文月〈共賞與獨賞〉的前幅敘寫蘇軾偕張夢得「共賞景物的趣味情境」；後幅引錄謝靈運〈石門巖上宿〉詩，及陳胤倩《采菽堂詩選》對這首詩所作箋語「東坡幸有兩人，康樂終身一我」云云，寫下「獨賞亦自有其淒涼兀傲不足爲外人道的境界」的感思。再者，蘇軾的〈遊白水書付過〉也屬親子共賞景物之作。

其第二、第六則散文，記遊黃石公園，和對舊宅四季桂的珍惜之情，都屬「獨賞」；第三則記臺府夜賞曇花，則屬「共賞」。至於〈記臺先生的夢〉寫道：

臺先生說話帶著皖北口音；那腔調，那聲音，以及他講話時的神情，我不會忘記。⑩

〈鄭先生談鬼〉寫道：

往昔上鄭先生的課，無論詩詞曲，他總愛穿插一些自己家居瑣事，或親身體驗。因此從他那裡，我們不僅學習到文字的世界，也往往悟得做人處事之道理。鄭先生講話幽默而有深理。⑪

這兩段則是對於臺靜農、鄭因百兩位老師的欽仰慕賞之辭了。由此可見林文月這則「擬古」散文並非只是摹擬某單一對象，其共賞擬自蘇東坡，其獨賞出於謝康樂，綜合兩篇前人作品，作爲摹擬之資。若考之《東坡志林》，則可於〈遊沙湖〉敘龐安常的文句「安常雖聾，而穎悟絕人，以紙畫字，書不數字，輒深了人意」，彷彿林文月恭寫臺、鄭二師的「擬古」之跡了。如此擬古，應是前所未有的。這是第二點結論。

一九八九年，黃石公園曾遭大火，林木焚燬相當慘重。一九九二年暑假，林文月到黃石公園遊覽，寫了〈記黃石公園枯林〉一文。有如下的文字：

> 枝葉雖已焚盡，主幹亦已枯死焦黑，卻仍舊仡仡乎偉偉然挺立於原生地，如永不屈服的烈士們。夕陽薄暮之中做一次枯林的巡禮，衷心十分感動。寄語朋友：黃石公園雖歷大火，枯林傲岸，甚有尊嚴。㊷

這是摹擬蘇軾〈記遊松江〉、〈遊白水書付過〉而寫的。〈記遊松江〉前幅記蘇軾與張子野等人月夜置酒垂虹亭之樂。後幅云：

> 今七年耳，子野、孝叔、令舉皆為異物；而松江橋亭，今歲七月九日海風架潮，平地丈餘，蕩盡無復孑遺矣。追思曩時，真一夢耳。

黃石公園的枯林，亦猶松江橋亭的蕩盡。蘇軾之於後者，有「追思曩時，眞一夢耳」的唏噓感慨；林文月的摹擬之作之於前者，則有「枯林傲岸，甚有尊嚴」的體會。再者，林文月〈記黃石公園枯林〉的「寄語朋友」云云，亦猶蘇軾〈遊白水書付過〉的「書以付過」。這是第三點結論。

再看林文月的〈記臺府夜賞曇花〉，其中有兩段文字可與蘇軾的文章相較：

> 許多年前的一個夏夜，臺先生和師母邀約……豫倫與我……去觀賞庭中曇花。……有頃，月光

破雲，澄輝照白中庭。廊邊一棵樹並不高大，居然次第綻開曇花，大者如巴掌，小者似握掌顏色粉白清雅，約莫有十餘朵。

今晚月色亦正佳，靜坐書房，忽憶起往事歷歷：然而師母和老師已經先後作古，溫周街十八巷的日式木屋以改建為高樓大廈，曇花草樹亦不知去向。友朋離散，子女亦各長大成人。追思曩時，真一夢耳。㊸

所謂「月光破雲，澄輝照白中庭……」云云，描寫庭月空明，曇影空靈，正是和蘇軾〈記承天寺夜遊〉的「庭下如積水空明，水中藻荇交橫，蓋竹柏影也」的風韻異曲同工！而「今晚月色亦正佳……追思曩時，眞一夢耳」又幾乎是蘇軾〈記遊松江〉後幅「今七年耳，子野、孝叔、令舉皆爲異物；而松江橋亭，今歲七月九日海風架潮，平地丈餘，蕩盡無復孑遺矣。追思曩時，眞一夢耳。」的翻版！這是第四點結論。

〈散文陸則〉還有記臺先生說夢、鄭先生談鬼之作。頗亦取資東坡，加以摹擬：

有一次，在臺先生的書房閒談。臺先生忽然說道：「我昨晚作了一個怪夢……我站在玄關外，頭雙手捧一個罈子，是裝我骨灰的。我小心翼翼，深怕摔破就糟糕了。心裡猶豫著，不知是把他擺在房子裡好呢？還是擺在院子裡好。」……接著又說：「我分明記得，那罈子的顏色是赭色。足見夢是有彩色的。」語氣像是做考證的學問。㊹

對於夢境，還那麼認眞，「像是做考證的學問」！蘇軾的〈記夢〉，或許就是源頭：

予在黃州，夢至西湖上，夢中亦知其為夢也。湖上有大殿三重，其東一殿題其額云：「彌勒下生」夢中云：「是僕昔年所書」……既覺，亡之。明日得芝上人信，乃復理前夢，因書以寄之。㊺

蘇軾對於已然忘懷的夢境，又因收到友人的書札而「復理前夢，因書以寄之」，不也「像是做考證的學問」嗎？根據《續世說》記載「蘇子瞻在黃州，客與遊，詼諧放蕩，有不能談者，則強之使說鬼。」〈鄭先生談鬼〉一則，寫於鄭老師逝世兩個多月之後。文中敘寫鄭老師因百講解李賀詩而提出不必怕鬼之說；又徵引鄭老師〈宗教與生死〉、〈送鬼〉二詩的內容，以爲談助。篇末說：「追憶前時，不禁潸泫淚落。」山陽鄰笛之哀，溢於楮墨！這是第五點結論。

《東坡志林》〈臨皋閒題〉一則說：「臨皋亭下八十數步，便是大江，其半是峨嵋雪水，吾飲食沐浴皆取焉，何必歸鄉哉！江山風月本無常主，閒者便是主人。」所謂「閒者」，除了悠閒自得之外，還必須懂得江山風月的雄秀俊逸和藝術精神，必須是江山風月的知音，才可成爲江山風月的主人。推而擴之，對於花卉禽魚的賞翫，又何嘗不然呢？前述林文月〈記臺府夜賞曇花〉文中，臺老師靜農、臺師母、林文月伉儷等宇內勝流，於臺府飲酒閒談賞花，可謂曇花知音，自然是那十餘朵「大者如巴掌，小者似握掌，顏色粉白清雅」曇花的主人。至於〈舊宅的四季桂〉，敘寫林文月「十九年前（約爲西元一九七三年）移居舊宅時種植於大門右側」的四季桂，由幼苗而成長而易主的種切。字裡行間，寄寓著濃摯的情意。那株四季桂有知，自應有相感相契的情懷吧。茲從下列引文，推考林氏摹擬〈臨不久後，捷運系統將在那一帶建設車站。我們搬離舊宅，移入踩不到泥土的公寓，桂樹只好讓它與空屋相伴。

我和妹妹商量，把桂樹移植到她住的公家宿舍庭內。有泥土、有水和陽光和關愛，桂樹必能在另一個庭園內四季開花，散播清香的罷。

我想起日本平安時代，菅原道真在貶謫離鄉時，曾對庭中煤樹詠成一首和歌：「東風吹習習，猶未見梅放。莫謂主人離，等閒把春忘。」他日懷念舊宅的四季桂，我或者也會有這樣的心情罷。㊻

由於捷運系統的興建，林文月不得不搬離住了許久的舊宅，而且與手植的四季桂離別。其無奈之情就如同東坡的闊別西蜀，游宦四方。（也如同菅原道眞遭貶謫不的不辭別故鄉一般。）此為林文月摹擬〈臨皋閒題〉之跡的第一項。

從「桂樹只好讓它與空屋相伴」的不捨，到「把桂樹移植到她（林氏的妹妹）住的公家宿舍庭內」，預期桂樹依舊能「四季開花」，「散播清香」；以至於設身處地，擬想四季桂因主人相離而遲不開花的癡情殷殷。情感層層深摯，腕底彌增悽傷！東坡謫宦黃州，在臨皋亭畔，飲食沐浴，都取資於長江清水。而此長江清水「其半是峨嵋雪水」！因而有「何必歸鄉哉！」如此聊勝於無的慰藉和「江山風月……閒者便是主人」的體會。蘇軾詩：「我家江水初發源，宦游直送江入海。」㊼融著一半「峨嵋雪水」的長江水，對於蘇軾這個「主人」，眞是「南北東西永遠相隨無別離」呀！桂樹、江水，俱懷深情於「主人」。此爲林文月摹擬〈臨皋閒題〉之跡的第二項。

東坡〈臨皋閒題〉還有「聞范子豐新第園池，與此（黃州臨皋亭畔的江山風月之景）孰勝」的比較，林文月則擬古而不泥於古，進而以菅原道眞的情契庭梅喻說自家懷念舊宅四季桂的情感。眞是近於擬古而無跡可尋了。此爲林文月摹擬〈臨皋閒題〉之跡的第三項。上述三項摹擬之跡，可綜合而成本節的第六點結論。

六、冷熱筆觸　妙擬衒之

林文月精擅於六朝文學，嫻熟並重視北朝楊衒之的《洛陽伽藍記》。她曾撰寫〈洛陽伽藍記的冷筆與熱筆〉一文，揭示《洛陽伽藍記》的寫作特色，頗多獨到之見。撮舉要點，摘述如後：

1.《洛陽伽藍記》可視為以空間為經，時間為緯，時空交織，又羼合其他極豐饒的人文因素而成的一部奇書。

2.關於地理空間方面的記錄，常常保持客觀冷靜的筆調（冷筆）；至於歷史文物的敘述，則時時不免於主觀熱烈的筆調（熱筆）。

3.記錄建築物物，總以井然有序的文字呈現清晰的空間感。

4.駢文麗句，處處間起，文才卓絕，風格清雅，文辭風彩之流動，饒富趣味。

5.敘事之際，偶然流露濃郁的感傷氣氛。

6.楊衒之的熱筆導源於善善惡惡，是非黑白分明的性格；也導源於熱愛北朝文物的出發點。㊽

洪範版，林文月撰《擬古》文集中，有〈平泉伽藍記〉和〈羅斯保教堂〉兩篇文章，都是摹擬《洛陽伽藍記》的「擬古」散文。林文月並附錄《洛陽伽藍記》所記〈景明寺〉、〈龍華寺〉二則，以供參照。請以〈平泉伽藍記〉爲例，參考上列《洛陽伽藍記》的寫作特色，試加論述。

〈平泉伽藍記〉分別敘寫日本的名寺中尊寺、中尊寺的金色堂，與毛越寺；一如《洛陽伽藍記》之敘寫洛陽名寺。敘寫對象同屬名寺，這是第一點。〈平泉伽藍記〉每寫一寺一堂，必先寫其所在地、建造者命名緣由；然後寫其規模、風習、寺鐘、造庭藝術，及相關傳說等文化遺產。敘寫內容及布局方式與《洛陽伽藍記》相彷彿，這是第二點。〈平泉伽藍記〉所記歷史人物的身世際遇和楊衒之的〈景明寺〉、〈龍華寺〉所記的，不乏相類之處，而且往往以添寫「子注」的體例加以補敘，這是第三點。運用「冷筆」來寫地理空間，詳載文獻；馳騁「熱筆」來寫歷史文物，抒發感懷。所用的筆調、筆觸，步趨楊衒之，這是第四點。比方說，林文月記中尊寺，發端便寫道：

中尊寺是日本東北地區的佛教聖區，位於本州東北部岩首縣平泉鄉之東北。（所在地）相傳為日本第五十四代天皇仁明帝嘉祥三年（西元八五〇），由天臺宗座主慈覺大師所設置。（建造者）慈覺和尚……在平泉覓得此一靈地而建造了弘臺壽院，由於山臨衣川之關路，所以又稱為關山。……清和帝貞觀元年（西元八五九），始蒙賜「中尊寺」的賜號。（命名緣由）㊾

這都是運用「冷筆」敘寫地理空間，詳載文物的寫法。接著以「崛川帝長治二年（西元一一〇五）詔令藤原清衡經營中尊寺，費時二十數年而建造堂塔四十餘、僧房三百多，規模更形壯大，此寺遂成爲奥羽地方第一大寺」來寫其規模；以「歷代天皇祈祭國泰民安，都指定在此舉行」來述其傳統風習。用的還是「冷筆」。其後寫金色堂的鐘與鐘聲有云：

金色堂東南的小丘上，有一鐘樓……由於長年累月的使用，龍頭已毀，撞座已磨損，蓮花座似有若無，但鐘聲依然宏亮。至今，每年除夕夜晚，仍代表著此寺梵鐘，透過無線電臺的播放，日本全國的人民都會聽到這個位於東北地區山麓的古老鐘聲。儘管物換星移，幾度勝衰榮枯變化，老鐘看盡人間歡愁歌哭，繼續傳播著宗教的和平與博愛精神。㊿

「老鐘看盡人間歡愁歌哭」云云，用擬人的手法寫出對人類和平無限的期盼嚮往之情。這是使用「熱筆」。至於對築山造亭藝術的摹寫，楊衒之〈景明寺〉的正文是這樣寫的：

房簷之外，皆是山池，竹松蘭芷，垂列階墀，含風團露，流香吐馥（總敘）……寺有三池，佳蒲菱藕，水物生焉。或黃甲紫鱗，出沒於蘩藻；或青鳧白雁，浮沉於綠水。磁磑舂簸，皆用水功。51

這是典麗清雅的駢文，屬於典型的「熱筆」。林文月加以擬，寫入〈毛越寺〉的正文和「子注」：「毛越寺……境內的『大泉池』卻幾乎完整地保留至今，而以大泉池爲中心的庭園，更爲平安時代淨土庭園的唯一遺跡，所以彌足珍貴」接著添寫「子注」：

佛教的淨土曼荼羅，是將極樂淨土繪畫表現而成；淨土庭園，則是將淨土曼荼羅的三尊阿彌陀及其餘菩薩像略去，而用構圖表現出來的造庭藝術。㊾

寫到這裡，仍用「冷筆」。然而繼之以「池面水量豐沛，碧綠澄靜，映現優美的塔山姿色，春夏以繁花野草；秋季以滿山紅葉欲燃；而冬天則白雪覆蓋，呈現素靜，池上倒影隨四季推移而各異其趣，至於晨昏陰晴，則又增益變化，故而時時可賞覽。」等句，則是輕揮彩筆，渲染出池面四時絢爛醉人的景物，雖非駢文，卻也是典麗清雅的「熱筆」。她又續寫大泉池東南角，有仿海灣製成的石組，點綴其間，形如引伸入海的磯岸。於是再撰「子注」：

這一組亂中有序的石組排列，充分說明了江戶時代盛行的築山造庭藝術，其實已肇始於平安時代。㊿

林文月行文之際，如此留心築山造庭藝術，應是取法於楊衒之著書之際，熱愛佛剎屋宇庭園等藝術的緣故。

至於〈平泉伽藍記〉所添注的歷史人物藤原清衡與源義經，身世際遇，和楊衒之〈龍華寺〉「子注」所記齊蕭寶卷之子蕭綜的遭遇，頗多相類之處。蓋前二者皆於年幼之時，父親敗亡於強敵之手，後者甚至為遺腹子，而其父先已敗亡；三人之母，皆被迫改嫁於仇敵。此其一。其後獲知身世，皆奮厲自強，而蕭綜較之前二人，稍覺遜色。此其二。然而藤原清衡移館於平泉，大興佛寺，宏揚象教，使平泉地區浸成佛教文化重鎮，其德業貢獻遠非源義經、蕭綜所可及。此其三。源義經年卅一，為敵人所襲，先刃殺妻子幼女，而後自刎。風骨凜然！蕭綜授齊州刺史，後兵敗而逃。其妻壽陽公主當時在洛陽，爲爾朱世隆所逼，不屈，罵賊而縊死。三人際遇，頗多相類，造化之弄人，有如此者！此其四。壽陽公主的義烈，令人欽仰，所以楊衒之用「熱筆」記之，體現其人格節操之美。林文月的擬作，也用「熱筆」，而出藍勝藍，更是動人心目：

（文治五年）六月十三日，（藤原）秀衡的四男高平護送義經的首級到鎌倉。義經的首級以烈酒浸泡，裝在墨漆的櫃盒中。當時見到的人，無論知與不知，皆淚下沾衣袖，天空爲之晦暗。半個世紀後，俳聖松尾芭蕉走訪平泉，悼念義經……寫下名作：「夏草兮鬱鬱，徒留士兵殘夢痕。」爲此地恨史平添文學的同情與慨嘆。54

在奧羽地區統治三十三年期間，藤原清衡回顧自己青少年時代所經歷的戰亂，遂發願要在平泉營建佛教寺院，希望以宗教力量實行和平的理想。在建立中尊寺之際的供養文中有句：「敵我戰亡甚夥，輕死如鳥羽魚鱗者不計其數。願此中尊寺鐘鳴響震大地時，彼不幸以無辜之罪未得超升之靈魂，得蒙佛恩拯救，導入極樂淨土。」……當時以關山中尊寺為中心，共有大小堂塔伽藍三百四十餘所。平泉終於成為奧羽地方的行政首都，同時又兼為佛教文化的重鎮了。55

源義經被襲敗死，重於泰山！草木風雲尚且爲之傷悲愁怨，何況世人！而其一門節烈，又與壽陽公主同科。至於藤原清衡的願力志行，度盡衆生，更是值得大書特書，表彰於世。以上所述，是林文月〈平泉伽藍記〉摹擬《洛陽伽藍記》的犖犖大者。至於各項統計數字的精細列舉，如「堂方一丈七尺」、

「兩側各置佛像十一尊」、「所藏經卷中，以紺紙金字一切經為最具特色……在五千餘帖經文中，有三十一帖曾參考中國的宋版一切經校合」、「池面東西寬約七十尺，南北長近三十五尺」……等，所在多有。此一寫作特色，也是取法於楊衒之的。

總之，無論空間方位的精確安排，或是時間先後的精卻敘寫，以及各種名物數量的陳述，林文月在行文之際，都是非常冷靜地運用「冷筆」來處理；一旦涉及四時景物的渲染、庭園藝術的刻畫、佛教文化的宏闡、節烈人物的推崇……等歷史文化的內容時，林文月立即腕底有神地馳騁「熱筆」，從容揮灑起來。

林文月曾自《洛陽伽藍記》「書中不經意流露出的筆調」，覘知楊衒之是個「是非善惡分明，相信天理人倫秩序的熱血男兒」56，林文月腕底有神地馳騁「熱筆」之際，應當也是熱血滔滔沸騰吧！

七、結論

林文月《擬古》文集中，每篇擬作都附錄所摹擬的對象，以資參照。本文經過較詳細的比對，由「跡」追溯「所以跡」，發現作者摹擬的手眼度越前賢，相當高明。她絕不字摹句擬，呆板地步趨前人之作。而是擬古而不囿於古，擬古而通變出新，甚至於是擬古而無跡可尋，融鑄前人的優點，自創新格。林文月不但一掃陳衍、吳曾祺、薛雪等「自尋拘苦」、「誤盡蒼生」的消極狹隘之論；還進而經由繁密精緻的文筆，經年累月的實踐，以她特有的才華與文風，超越擬古或摹擬的傳統，寫出面貌一新，迴異流俗的雋上之作。這樣的創意，誠然值得效法，令人欽仰。

閱讀林文月的散文，我們發現她擬古有成，通變創新，原是其來有自的。她曾有以下的說明：

當年作筆記，是把古典作品改寫為短篇的小品文。鄭師因百評曰：「不失原意。有時參以己見，作適當之發揮，尤為可喜。」（因百師側記）[57]

我有另一種轉換心境的方法，便即是翻譯。倘若一篇論文剛完成，又無甚創作意念，或者自覺近來所寫的作品重複太多，令已生厭，不如去找別人的文章來閱讀，研究他人如何構思經營。我讀文章的速度極緩慢，常常是一邊讀一邊揣摩作者運筆布局的道理。（我的三種文筆）[58]

研讀別人的作品而揣摩運筆布局之道，加以改寫，或不失原意，或參以己見，作適當發揮。這樣的寫作習慣，對於「擬古」是很有助益的。林文月又說：「讀古人之書，若永遠保持一雙冷淡有距離的眼睛，恐怕不易產生共鳴而眞正領會個中況味。」[59]因此她的每一篇「擬古」之作都是除了在形式章法上與前人之作有某種關聯之外，還能在寫作手法，體察萬物、觀照人情，抒發情致、寄託旨趣等各方面，往往能深刻取法前人，而又獨具心裁，推陳出新，屢創新格。她摹擬清少納言的「簡勁陽剛之氣」，掌握語言氣氛，而寫出〈香港八日草〉；她認眞觀察書本以外的世界，認眞蒐羅相關資料，充分消化之後，才著手寫作散文，《京都一年》是如此完成的，〈平泉伽藍記〉也是這樣完成的。其餘的許多擬古之作，也是在相類的情形下完成的。

另有一點値得說明的，那就是林文月寫作「擬古」散文，充分發揮了側向思考，她認爲所謂

「古」，不必局限於〈古詩十九首〉這一種典範之作。世間各種不同文類，古今中外，儘多雋上之作；因此「擬古」不妨打破文類的藩籬，打破古今中外的藩籬，以側向思考，為出位之作。因此散文可以摹擬古體詩和六朝賦，譬如〈你終於走了，孩子〉；現代散文可以摹擬古代散文，如〈散文六則〉……等。《擬古》文集獲得聯合報讀書人一九九三年度最佳書獎，可見林文月以散文「擬古」而自創新格，實已受到高度的肯定。

林文月在〈陸機的擬古詩〉論文中，曾探討陸機何以選擇〈古詩十九首〉中的作品作為擬作的對象。她認為要從陸機〈文賦〉中找答案：

1.陸機認為寫作的根本修養在於「佇中區以玄覽，頤情志於典墳。」作者處悠悠時空中深思遠覽，有賴於高尚的古典來頤養情志。

2.〈文賦〉說：「收百世之闕文，採千載之遺韻。謝朝華於已披，啟夕秀於未振。」強調文學創作貴在創新。古人已用之意，謝而去之。古人未述之旨，開而用之。

3.〈文賦〉說：「俯貽則於來葉，仰觀象乎古人。」標明文章的功用價值在承先啟後。㊵

林文月對於陸機的〈擬古詩十二首〉，有專精研究；對於「擬古」之道，也有精闢的闡釋(見本文〈前言〉所引)；對「擬古」散文的創作，更有質精量豐的成果。可以這麼說，她為「頤情志於典墳」，「俯貽則於來葉」作了良好而可貴的示範。

【附註】

①見梁蕭統編、唐李善注《文選》（正中書局，民國六十年十月版）卷三〇，頁二三至二九

②見韋應物撰《韋蘇州集》（臺灣商務印書館《四部叢刊正編》，民國六八年十一月版）卷一，頁三。

③林文月《擬古、自序》（洪範書店，一九九一年九月初版）

④同注③

⑤陳衍《石遺室詩話》（臺灣商務印書館，民國六五年十一月版）卷一，頁一六。

⑥吳曾祺《涵芬樓文談、仿古》（臺灣商務印書館）：『擬體則一切出之古人，古人所謂非者，吾不得以爲是也；古人所謂是者，吾不得以爲非也。即其氣體所近，亦必以所擬之人爲斷，一有不似，雖有佳語，無所用之……行文本樂事，何爲自尋拘苦如此！』

⑦清薛雪《一瓢詩話》頁八：「『擬古』二字，誤盡蒼生。聲調字句，若不一一擬之，何爲擬古？聲調字句，若必一一擬之，則仍是古人之詩，非我之古詩也。輕言擬古，是一思之。」

⑧劉知幾《史通、摹擬》（九思出版有限公司，民國六七年十月版）頁二一九至二二二。

⑨魏泰《臨漢隱居詩話》（宏道文化事業公司《詩話叢刊》，民國六十年三月版）頁四。

⑩黃子雲《野鴻詩的》頁一

⑪王闓運《湘綺樓論唐詩》（《國粹學報》第一期）

⑫崔成宗《韋蘇州及其詩之研究》（國立臺灣師範大學國文研究所碩士論文，民國六九年六月），頁一八五。
⑬曹丕〈代劉勳妻王氏雜詩〉。見逯欽立編《先秦漢魏晉南北朝詩》（木鐸出版社，民國七二年九月初版），頁四〇二。
⑭曹植〈代劉勳妻王氏雜詩〉。同注⑬，頁四五五。
⑮曹丕〈寡婦詩〉同注⑬，頁四〇三
⑯王粲〈寡婦賦〉。見嚴可均《全後漢文》（中文出版社）卷九〇，頁三。
⑰同注③，頁二〇〇至二〇一。
⑱同注③。
⑲同注③。
⑳傅雷撰《傅雷家書》（聯合文學出版社，民國七七年九月版），頁九七。
㉑同注⑳。
㉒同注③，頁五－頁六。
㉓同注③，頁一四。
㉔同注③，頁三七。
㉕同注③，頁二二。
㉖同注③，頁二二。

㉗同注③，頁三九—頁四〇。
㉘同注③，頁一一八。
㉙同注③，頁一一九。
㉚同注③，頁三九。
㉛同注③，頁三六。
㉜同注③，頁三四。
㉝同注③，頁一一五。
㉞金聖華《傅雷家書・出版説明》，同注⑳，頁三。
㉟同注⑳。
㊱同注⑳。
㊲同注⑳。
㊳同注⑳。
㊴同注③。
㊵同注③，頁一四九。
㊶同注③，頁一五〇。
㊷同注③，頁一四七。

㊸同注③，頁一四八。
㊹同注③，頁一四九。
㊺同注③，頁一五六。
㊻同注③，頁一五一。
㊼蘇軾〈游金山寺〉詩，見王文誥《蘇文忠公詩編註集成》（臺灣學生書局，民國六八年八月版）卷七，頁一。
㊽見林文月撰《中古文學論叢》（大安出版社，民國七八年六月初版），頁二五三—二九九。
㊾同注③，頁一一九。
㊿同注③，頁一二四。
51同注③，頁一二九。
52同注③，頁一二五—頁一二六。
53同注③，頁一二六。
54同注③，頁一二五。
55同注③，頁一二〇—一二一。
56同注㊽，頁二九八。
57林文月《交談》（九歌出版社，民國七七年二月版），頁六四。
58同注57，頁一一八—頁一一九。

⑲ 林文月〈我的三種文筆〉，同注㊲，頁一一四。

⑳ 同注㊽，頁一五七。

形象

——藝術的本源、美感的體現

杜松柏

提要

一、板橋論畫竹，有「眼中之竹」、「胸中之竹」、「手中之竹」，乃心物交感之下，才形成主、客體合一，物我一如的統一或統合。而其基本乃形象的認知和再現。

二、形象是外物和內感統合的結果，名之為形象，乃有別於理性認知的概念，如名詞中的牛是概念，而中國文字象形字的牛，則是形象。

三、形象包括了無具體形象的事物形象——無形感覺形象，如雷聲、雨聲等，以至香、味、觸的感官認識結果，而以目見之色，耳聞之聲為主。乃藝術形成的根本。

四、形象認識是直感的、經驗的、對待的、不定而雜多的，惟藝術家最能掌握形象的明確及變化，而生動地表現，創造，以成為藝術品。

五、形象經由認識形成經驗和貯為形象，及形象表現，是人類離求生存的環境認知，而邁入藝術創造的關鍵，才能「形立則章成矣，聲發則文生矣」。

六、形象的形成在「體物」的工夫上，要「全形足味」，要「鉅細靡遺」，要「生動傳神」。能盡動靜、新奇、變化之態。

七、基於形象認識，由記憶而形成貯象作用，由回憶等進而完成形象再現，進而形成形象思維，得出形象表現和形式創造，才有藝術作品。

八、所附之圖：可見形象之無可取代。由工具的形象，進入工藝、藝術品，層級甚為明顯。

九、美感即形象的合情感性，藝術創造或表現，即藝術家能表現或創造內涵結合形象的合情感性的美感。

鄭板橋畫竹，謂有「眼中之竹」，「胸中之竹」，「手中之竹」，毫無疑義，眼中之竹，乃所見之竹，有自然界之實物的存在；胸中之竹，乃眼中所見之竹的形象的再現，而又由板橋經過情感的投射和藝術修養等所構成的臆想，而有了改變；而手中之竹，則係命筆伸紙後所完成的作品，是板橋的創作。板橋又云：「胸中之竹，不同於眼中之竹；手中之竹，又不同於胸中之竹。」因爲眼中之竹，是自然界實有之物，是衆人之所共見。於板橋除了引起畫竹的動機之外，這一自然的竹的形象，正是其畫竹的藍本；然而板橋作畫竹時，於自然之竹，必有取有舍，有增有減，至少經過他合情感的「臆構」活動，予以統一，賦予形式，予以表現，決不是如實表現。如眼見之竹而照之全收，則不是藝術家。所以胸中之竹，不同於眼見之竹；畫竹之時，受臨時的隨手之變的影響，不能全如臆構時的胸中之竹，通常是「意翻空而易奇，言徵實而難巧」。除了靈感來時的「迷狂」情況外，必然不符臆構時的完美。板橋所云，是由藝術創作時的原委實際而提出的精粹見解，不惟從實際出發，避免了許多形而上的玄想，節外生枝的妄論，而且可從其言之所未及，意之所未足，得到更多的探索空間和問題。

依板橋的揭露，無論是眼中之竹、胸中之竹、手中之竹，最基本而不能脫離的是竹的形象。以眼能見竹而言，竹只是存在於自然界中的外物，是客觀的事物；人和動物有能見的視覺神經，依之而起視覺作用，在時空等條件配合之下，而起見竹的作用。動物見竹，只起求生存的環境認識和能食用的辨別，而人類乃以其合情感性而產生美的欣賞，並形成審美經驗，而成為藝術創作的基本。何以如此斷言？因為美感的顯示必然是形象的，藝術的開創和表現，亦必是形象的，自然事物的形象由自然的，經由目見認識，形成「胸中之竹」——形象的再現之後，而成為經驗的，包括審美經驗，更是藝術創造和表現的本源。因為眼中之竹，不能「進入」胸中而成為「胸中之竹」，則板橋與竹，仍是分離狀態，竹是竹，板橋是板橋；所以「胸中之竹」，代表了內感。外物經過人能「內感」的複雜作用，不是外物進入了胸中，實際上也不能胸中有竹，而是心靈之中，有了竹的抽離了實有形象，完成了貯象作用。竹所顯現的形象，不但進入心靈，而且經過回憶，會產生「再現形象」的作用，而且經過主體的聯想、思考，經過「臆構」之後段予以統一、整合，而且可以改變、虛擬，成為藝術家寄托情意，完成表現和創作的「編造世界」。故而似眞實而不全然眞實，不眞實而又感覺其如眞實，捨形象之外，便無此可能。因為任何的概念敘說和判斷，都不能達成上述的目的。可見形象於藝術和美感的重要。

形象能由形象認識，進而成爲形象記憶，而形象重現，是極複雜的生理和心理上的問題。簡單地說，人有感官神經系統和腦部相應的感應區，尤其是中樞神經系統，發生奇妙的反應、統合作用；加上情緒、慾望等的心理作用的影響，首先對外物產生有意識、無意識的形象認識；因爲注意不注意的關係，而有形象認識上程度的不同。由於感官活動之時，中樞神經系統是主體的，隨之運作的，因而產生了俱意作用。如在人群之中，能認出熟人；在鱔群之中，能辨出蛇和泥鰍，可爲證明。這些在往日是難解之謎，今日因科學和醫學的發達，已成爲普通的常識。但何以能由形象認識而完成貯象記憶，以至形象再現的問題，仍非今日的科學和醫學所能解決。因爲中樞神經雖然有自主的功能，但是顯然不具備主體性。例如中樞神經即使具有能思和所思的功能，但卻不是主宰能思，所司的主體；外物的感心，因而有外物的形象，進入心靈，完成貯象作用。但如何能「變現」，而使形象再現？筆者以爲惟有唯識宗的種子識思想，才能解決疑難。

中樞神經的重要功能，能統一感官，完成對外物不同形象的認識，並進行思考，辨別、補強其正確性、判斷其對錯和是非，已不成問題。但人在此中樞神經系之外，尙有個體的主宰作用，例如「視而不見，聽而不聞」，或者「不見不聞」，應有主體性的存在，昔人以爲係靈魂，或神而明之、與肉體相對的精神的存在。唯識宗則有「阿賴耶識」——心識的提出。「阿賴耶識」，有諸多的功能和作用，但筆者只取其種子識的道理，因爲種子識才有「主體性」，而又有「生起性」，此一種子不是另外的物體，而是與「思識」一樣，具藏於中樞神經系統之中，待生理、心理、認知、認識諸多條件的具足和成熟。而使「種子識」產生自主的主體作用，人由出生以至成年，可爲證明，即生理、心理、認識、思想等的成熟所致。於幼兒期則無自主能力，基於種子未生起成長成熟之故。而種子識的生起意義，則是使認識的形象，在完成貯象之後，而如種子般，有再生起的力量，即貯存的形象，在主體決定要追溯、回憶等等之時，即可產生形象重現。雖然有淡化、鈍化的情況，但不會忘記。尤其現在的醫學，在腦中的官能感應區中，證實了這一點。即感官的認識結果，如眼能見竹，產生了竹的形象認識；並如攝影機的按下快門，攝得影像，保存於記憶區中。經過「變現」作用之後，隨時可以使竹的形象重現，於是才有「胸中之竹」。而「變現」作用，恰如攝影後的底片沖洗，能使影像再現一樣；這一「變現」作用是奇妙的，因爲並無眞正的底片，也沒有沖洗設施，而是種子識的奇妙作用，產生所謂的識能變。筆者認爲這種能變的力量，即在中樞神經、或其他的生理組織之中，正在拓展而飛速進步的遺傳基因研究，也許將來可以明其究竟，所以不用「阿賴耶識」這一名詞，因爲在唯識的思想中，「阿賴耶識」是生死流轉的根本，既可以轉識成智而悟大道，也可以纏蓋而墮入無明，是宗教的主張，可相信而難於論證。而其種子識的主張，理證具足，是可採納的。否則無以在官能認識上，完成主客合一，情景交融的體現。每一個體的生理組織不同，官能認識的功能也不相同，在視覺上我們已經知道了有天盲、色盲、近視、遠視、弱視的不同，單以形象認識而論，其結果及影響極爲巨大，以天盲而言，決無成爲畫家的可能，因爲除了「茫然」、「空洞」之外，無任何的形象、形體、色彩的認識，瞎子摸象的故事，已足說明。連帶所及，天盲也不能看樂譜，恐怕也不能成音樂演奏的藝術家。簡而言之，形象認識能力的強弱，決定了藝術家的走向和發展。

形象認識自然不及攝影的能如實反應事物的本來形象，而且形象認識只及事物的外觀、外表。但是完成形象認識之後，一方面是語言文字的基本，更是藝術的本原，因爲認識形象，改造形象，形成臆構，非以形象爲基本不可；而理性思維的概念，也不能脫離形象認識，如無牛的形象，能有牛的辨別，而有牛的概念嗎？白馬非馬命題，是概念的，但基礎是建立在形象認識之上。所以形象是理性思維和形象思維的基本。其重要性如此。板橋的「眼中之竹」、「胸中之竹」、「手中之竹」，是包括了上述的諸多因素才能形成。

經由上文的論述，形象是經由外物和內感之後而產生的直覺認識的結果，所謂形象的意義，是每一主體的個人，經由外在事物的經歷和刺激，產生事物形狀的外表認識。其範圍包括了一花一葉、一顰一笑；也可平沙萬里，驚濤萬丈；也可一言一行，故事曲折；更可色聲味觸俱來，形成綜合的感覺。而且無具體形象者，也有其無形的感覺形象，如雷聲、雨聲、鳥語蟲鳴、老朋友的笑語聲，除了無視覺感覺的形狀外，仍有聲音上的認識形象，同樣可以產生聲音上的貯象和再現作用。千里外的電話，仍可辨識爲某人；數十年的離別，可聞聲知人，所謂「音容宛在」，可見聲音有與視覺與形象相同的特質。故而能發展爲音樂和歌唱藝術，所謂「餘音繞樑，三日不絕」，當然不是指聲波的不消失，而是聲質、聲色、聲律等的聲音形象的貯象與再現，使人能不忘記。可見形象的多樣性，複雜性；又能刻骨銘心，可見其歷久不忘、入人之深。

形象是直感的，即事物的表象形狀，外觀式樣—凡事物、聲音、氣味、感情、危險等均有可見可覺的形狀，而經由感覺，形成形象認識者。是以形象是表象的、外觀的，因爲往往不涉及事物的實質、內涵，例如草色青青，並不辨其何以青，甚至不問是什麼草？何以能青？是什麼草？何以能青？這是理性的判斷，是科學上的問題。事物的表象與外觀，往往只有大小、多寡、色彩、形狀、氣味、音響、動靜、神態、語言、發生、過程、結果等，可以顯現者，才易直感而成形象；而且以能顯現而易被直覺感知認識的，則往往表象、外觀有其特殊性、刺激性、變化性，才能容易被感覺而形成形象認識，例如「如雷貫耳」的雷聲，「月明千里」的月色，「春風又綠江南岸」的節候，「楊柳依依」的動態，「有吏夜捉人」的酷暴，「麻鞋見天子」的狼狽，「寒光照鐵衣」的戰場，「一笑傾人城」的美貌，「曾經滄海難爲水」的經歷，這類的證例不勝枚舉。雖然這是文字表達，但若無此事物的形象認識，則不能道出，而且係其特殊性、刺激性、變化性，幾使人人都有此形相認識，引發出「共識」、「共鳴」，而欣賞此類的形象表達。形象直感更有難能而可貴的，是既無上述的特殊性、刺激性、變化性的表象和外觀，但由於觀察者器官功能的特別，加上感覺時的細膩入微，形成形象的獨具，和形象的幽微，如「春眠不覺曉，處處聞啼鳥」的平常而眞切；「木欣欣以向榮，泉涓涓而始流」的初春景物；「綠樹村邊合，青山郭外斜」的農村遠眺；「回眸一笑百媚生」的細膩經歷；「此情可待成追憶，只是當時已惘然」的深情追悔；「來是空言去絕跡，月斜樓上五更鐘」的枯候與無奈；「人跡板橋霜」的清晨旅人；「松際露微月」的月上景況；都是注意力感覺到平常事物和細微之處，於是得以顯現出形象突出的效果。有時這種人人感覺認識中所有，而卻不能形成形象，待詩人和藝術家表現之後，方嘆服稱道，除了表現才能之外，即係未曾仔細觀察，使直覺的認識，未曾入乎耳目，而著乎心胸，即眼中之竹，未能成爲胸中之竹。前人也瞭然於這些道理，但囿於科學知識未有足夠的進步，不能明其原委，例如石濤著畫譜，即以「審時度候」，以成事物表象、外觀的直感認識：

凡寫四時之景，風味不同，陰晴各異，審時度候為之。古人寄景於詩，其春曰：每同沙草發，長共水雲連；其夏曰：樹下地常陰，水邊風最涼；其秋曰：寒城一以眺，平楚正愴懷；其冬曰：路渺筆先到，池寒墨更圓。……予拈詩意以為畫意，未有景不隨時者。……（畫譜．四時章第十五）

石濤引詩入四季景物變化的不同，而表象、外觀的形象就隨之不同，以明畫家的畫意亦復如此。其「審時度候」，即直感認識隨季節之變而得形象之意。而且由事物的表象、外觀，不僅要得其概要，而且要得其變化。事物變化無盡，變化後的表象、外觀亦復不同，感覺入微，即使常見的事物，亦在變化中。以宋人的工筆畫爲例，畫人物眉髮可數，畫花而葉、花蕊、葉脈畢現，歐洲文藝復興時期的畫作亦復如此。一篇〈核舟記〉敘說一枚小小的桃核，雕刻成舟之後，刻有舟子、乘客、几案、茶具、火爐，而風帆之上，刻有〈赤壁賦〉全文，有形體的雕刻細微如此，無形體的形象，更能感識而無礙了。雖然這一雕刻，借助了精巧的工具，但無礙於直覺中形象的建立，現代的藝術家，藉顯微鏡、放大鏡等，眼能覺識以前肉眼無法見識到的形象，而見之於畫作，是印象派畫家主要形象根源，可見直覺認識的入微，無可限制，但是畢竟有一分水嶺、或底線，如木蘭辭所云：

雄兔腳撲朔，雌兔眼迷離。兩兔傍地走，安能辨我是雄雌。

這四句詩，可借以顯示形象直感的細微，雄兔雌兔的形象不同，雄兔的腳不同，雌兔的眼有異，兩兔在行進之間，分不出眼和足的不同，而雌雄不辨。另一層的意義，就形象的認識而言，從表面可直感認識上分辨雌雄，已夠入微的了，如果眞正從生理構造上，確實認知兔的雌雄，不是無此必要，而是那已屬於理性判斷，科學求證的層面了。因直覺的形象認識，只能限定在表象和外觀上。

在外物的刺激和經驗下，發生的形象認識，可以說龐雜衆多，如劉勰《文心雕龍・物色》所云：

是以詩人感物，聯類不窮。流連萬象之際，沉吟視聽之區。

「聯類不窮。」是指形象刺激的紛至沓來。耳目等有時可能目不暇接，但是由於直感器官和中樞神經對於形象的認識，以至貯象的完成，如照相機的快門，可以剎那完成拍攝，又剎那推移，故可不停地完成形象認識和貯象作用。所以視聽二感官，即使「流連萬象」，仍不減此類作用。惟較難直感認識的，是事物剎那間動的狀況或情態，尤其是突起忽滅，無具體表象、外觀的聲音、觸覺等，更爲困難。所以破涕爲笑，似嗔似喜，欲惱還羞，浪起波停，雪花飄落，荷葉田田裊裊，山嵐霧氣的隱若，非有敏銳的直覺力，不能得其彷彿，因爲快如電光石火，欲觀已杳，未聞已消。尤有甚者，是靜態事物能見其動態，動態能見其靜態，例如雲爲動態之物，風起雲湧，只見動態之形相，而白雲蒼狗，則動而見靜的形相了，故石濤論山之動，海之靜云：

山有層巒疊嶂，邃谷深崖，巑岏突兀，嵐氣霧露，煙雲畢至，猶如海之洪流，海之吞吐，此非海之薦靈，亦山之自居於海也。海亦自居於山也，海之汪洋，海之含泓，海之激笑，海之蜃樓雉氣，海之鯨躍龍騰，海潮如峰，海汐如嶺，此海之自居於山也。（畫譜．海濤章第十三）

山是山，海是海，石濤將二者擬人化了，故而山可自居於海，海可自居於山，這當然是唯心論者的說法，但是表明靜態的山，有海的動態，山的層巒疊嶂，邃谷深崖等，正如海之洪流；畢至的煙雲、嵐氣、霧露，即海之吞吐；而海潮如山峰，海汐如山嶺，海的動態，即是山的靜態，並不是海眞正能以山自居，也不是山眞能以海自居。惟有靜態之物，能見其動的形象，表現時才會活了起來，不會死硬僵持，比之於板橋的「煙光、日影、霧氣，皆浮動於疏枝密葉間」，又有不同，板橋是以所見動的形象之物，陪襯靜的形態之竹，形成動與靜的搭配，而靜的形相有動感。石濤則於靜的形相見其動，動的形相見其靜，則其畫山之時，將雄渾而靈動，畫海之時，渴望浩蕩而沉凝。才能達到事物皆活的地步。也許已經不是單純的、常人的直覺器官所可認識，而是有了慧眼、慧識，以偉大藝術家的特具本能，才能臻此地步。

無形的聲音，旋生旋滅的動象，最難直感認識，已形成經驗、或貯爲形象。然而此乃人類脫離動物求生存的環境認知，而邁入藝術創造的關鍵境界。以音樂爲例，大自然的天籟之音，是音樂的起源，更是語言的基本發展爲詩的聲韻，樂器的演奏，以及男女聲的歌唱，現在以音樂爲配音，更無往而不在。求其初始，實出於天籟，劉勰論之最得其妙：

至於林籟結響，調如竽瑟；泉石激韻，和若球鍠；故形立則章成矣，聲發則文生矣。（《文心雕

龍‧原道》）

可見音樂上的「形立章成」、「聲發文生」，是天籟之聲的啓發、助成。試加探究，天籟之音，能發生上述的作用，不是雜音、噪音，而是有起伏、有持續、有洪細、有振動、有節奏的聲音，形成生動的律動感，其次則係音量、音色的特質，形成聲音的形象感覺，而譜成樂章，發爲歌唱。所謂動感，既是韻律的持續聲音，亦是有規律的持續動作。最足以代表的是音樂指揮者依節拍揮動的手勢或指揮棒，有律動感的聲音，是音樂的基本，有律動感的動作，也是舞蹈的基本。而且有律動感的動作形象，才不致雜亂散漫，如一波波的浪潮，起伏的山峰，裊裊的楊柳，冉冉的白雲，蟲蛇的蠕動，甚至鷹隼的盤空下擊，獅虎的蹲伏搏攫，都有律動感。人類在脫出鷹虎等的殺害恐懼，而圖畫其形像時，要把握這種律動感的形象，才能靈動而有動態的表現。顯然動態表現，有其技術性，但仍然要以律動感的貯象作爲根本。

凡事物的道理、經歷，如果知道不清楚，便難於用語言文字述說明白。同理，形象認識明確，鹿即鹿、馬即馬，才不致產生鹿是馬的混淆，進一步可免於幻覺、錯覺，尤其「模山範水」時，無論是山水畫，或者是紀遊文章，都必對所繪所寫，有明確的形象認識，才能作貯象後的形象再現，如劉勰所說：

> 體物為妙，功在密附。故巧言切狀，如印之印泥，不加雕削，而曲寫毫芥。（《文心雕龍‧物色》）

在形象不能切實地切其形狀，則任何「巧言」，均將落空，成爲「子虛」、「烏有」的讕言。至於形象認識，當然「密附」程度愈深愈好，「如印之印泥」，才能「曲寫毫芥」，形象認識明確到這種程度，是常人之所難，在先天器官稟賦極佳，後天著意訓練之下，是可能的，例如蒙娜利莎的微笑，這舉世雋賞的不朽名作，眞達「如印印泥」的程度；當然不能，也不必對事事物物認識明確到這種程度，但對所描繪的對象，則非認識及明確不可，「如印印泥」，是最高要求；如有不能，可以寫生，拍實物圖片，請模特兒，以資補救。相傳一位畫蟲魚人物的畫家，把螳螂前腿的鋸齒形鉤狀結構畫倒反了，某位名家觀賞後道：「這隻螳螂非餓死不可！」因爲前腿已失去了捕食的功能。可見自然事物的生理結構，其眞實性是表現在表象、外觀的形象上，不認識明確，不但達不到「畢肖」的效果，而且將造成如上述的笑話。至於聲音、觸覺等，雖無表象、外觀的形象可認識，然亦有可明確認識者在，如特殊的體味、習慣了的香氣、熟悉的腳步聲，都有認識明確的特質。

《莊子・養生主》，有庖丁解牛，目無全牛的寓言，有由大至小的形象認識的寓意；在目無全牛之前，必然有目有全牛的階段，如板橋的看竹，在眼的視覺接觸到竹的時候，必然集中注意力在竹的全部完整的形象上，所謂「全形足味」，不得其全形，則何以知其是竹是牛？惟有熟知其全牛之後，有了明確的形象認識，才能「以少總多」，從表象、外觀上，認識林林總總的竹，在任何時候，任何地方見到竹時，一方面會引發竹的貯象的再現，一方面會作貯象和現在所見形象的對比，加深貯象記憶，或修改、增加貯象記憶。例如以往見到的竹都是圓竹，忽然見到方竹時，自然會增加竹的形象認識。所以形象認識不但要認識明確，而且要認識完整，惟有認識完整，才能無雜亂、錯誤的部份滲雜其間，目有全牛、全竹，才是確實的牛、竹的形象認識，否則將有以馬作牛，以柳作竹的可能；而且有了這完整的「全牛」、「全竹」認識之後，方能進一步確認牛和竹的細部，牛的頭角、軀幹、肢體，以至骨骸經絡的所在，然後剖肌分裏，遊刃有餘；板橋完成了竹的全部形象認識之後，才能進一步認識到枝葉節幹的細密處，以至竹外的煙光、日影、露氣，而凝成畫竹的完整形象。再就藝術和文學作品而言，形象不是單一的，所謂有賓有主，有陪從，有襯托，如「萬山磅礴，必有主峰。」這是以同類事物的大小相陪襯，其他如綠葉襯紅花，櫝之襯珠，方免於單調，方能形成藝術上的完美形象。姑以繪畫的靜態寫生爲例，一隻蘋果，一串香蕉，一維納斯的頭像，是完整的，單一的形象，飛鷹而襯以雲霞岩石，獅虎而襯以山崗草木，竹而襯以雪，菊而襯以霜，荷花沾露珠，荷葉坐青蛙等，是完成主從陪襯的常見景物，因而得到構圖時的完整形象。此外完整的形象，尚包括事物的層級，和事物發生的歷程，如山應有三疊，及山峰、山腰、山腳，而且因氣候之殊，高處風的勁厲，只能有針葉樹林，山腰以下有闊葉樹，山腳處多雜樹；這種層級性，事物多有，樹之有梢、幹、根，蛇之有頭、腹、尾；河之有源、脈、委，這種層級形象，爲自然性的；但也是事物適合環境，求得生存的和目的性的，因爲很多事物是上尖、中豐、下大的層級，如果倒反，便不能生存；這種有層級的完整形象，也是繪畫構形的基本。至於人類社會中的「事故」，則很少是片面、片斷、或偶然的，如人的一生，必有生、老、病、死的歷程，物必有成、住、壞、滅，縮而小之，每一「事故」有完整的形象認識，才能知原委，明因果，得變化，曉得失，在求生存方面而言，得到前事不忘，後事之師的教訓。然而就小說、戲劇、詩歌而言，不但是情節故事的「本事」，也是資料、故實之所資，如劉勰所云：

事類者，蓋文章之外，據事以類義，援古以證今者也。(《文心雕龍·事類》)

「事故」雖然有人有事，有言行舉止，但是就其根本要素而言，仍然是形象的，如山川景物的展現，其成爲認識或經驗，也是出於器官的直覺認識，也許在「事故」的暗面，有了理性思考等影響，但就每一「事故」的經過而論，則是屬形象認識的範圍，以《史記·項羽本紀》的鴻門之宴爲例，有時間、有地點，項羽集團在范增的密謀下欲在筵席間擒殺劉邦；而劉邦集團則在張良的策劃下，一一破解；雙方的人物一一登場，其位置、動作、言說和事件經過，可拍攝成有戲劇效果的電影，故可作「事故」形象的代表。可見社會「事故」的發生、展延、變化，結束，這種完整的歷程，一方面可成爲紀實的歷史記載，一方面是小說、戲劇的腳本。如果歷程不完整、有始無終，或缺乏展延和變化，則將成爲片斷、零碎，而不能產生完整的形象效果和顯示出明白的歷程。

人類的進入文明，脫出了物種進化的界境之後，不以求能生存爲滿足，逐漸有藝術文學作品的產生，自然係經過長時間之演進。其表現在直覺器官的直感認識上的，直感認識的對象，遂由平常的自然環境、社會「事故」，提升到好新尙奇的形象上，所謂「好奇心」，即係指此而言。劉勰論〈離騷〉的奇異內容云：

至於託雲龍，說迂怪，(駕)豐隆，求宓妃，(憑)鴆鳥，媒娀女，詭異之辭也；康回傾地，夷羿彈日，木夫九首，土伯三目，譎怪之談也。(《文心雕龍·辨騷》)

是評述〈離騷〉內容的奇異，屈原作〈離騷〉，採用當時楚國江漢之間的大量神話傳說，例如〈離騷〉的末段云：

> 朝發軔於天津兮，夕余至乎西極；鳳凰翼其承旂兮，高翱翔之翼翼。忽吾行此流沙兮，遵赤水而容與；麾蛟龍使梁津兮，詔西皇使涉予。路脩遠以多艱兮，騰眾車使徑待；路不周以左轉兮，指西海以為期。屯余車其千乘兮，齊玉軑而並馳，駕八龍之婉婉兮，載雲旗之委蛇，抑志而弭節兮，神高馳之邈邈；奏九歌而舞韶兮，聊假日以媮樂。

是屈原自己已化身進入了神話之中，超脫了現實，自然不是耳目之所到。可是何以有此意念和材料呢？則係來源於神話傳說，而神話傳說，乃因人類的好奇心而來，我國其後的筆記小說，神怪小說，成了一系列的發展。在人類的直感器官，不太需要辨認危害生命的天敵之後，於是特別注意新奇的事物形象上，平原沃野看慣了，對平林旭日，平川日落，霰雪千里，才有新奇的形象滿足，畫家永遠是畫鳳凰、孔雀、龍虎獅豹，多於牛羊雞犬，即使畫雞，也是形象雄偉、冠羽雄神的，美女俊男，隱士方外，童稚老者，均係其形象有其新奇的一方面，才能有勃然的畫意。因爲新才能一新耳目，因爲奇才能聳動聽聞，虎豹毛的斑爛，孔雀羽的亮麗，才是存其毛翎的原因，也是入畫的形象條件，否則「虎豹無文，則鞹同犬羊」，而不受珍異保存了。

總之，形象認識，是一切藝術發生和創作的根本；有了形象認識，完成了貯象作用，到達隨時可因記憶而使主象重現，則意象、想像因之而起，形成形象思維，以致得出表達形式。

由形象的呈現，得到形象認識，不但是環境和事物認識的根本，在藝術的形成和表現上，有無可替代的重要，附圖的工具形狀，能由語言表出嗎？老虎鉗的寫生，已具有工藝性質，銅鏡上的鹿，已是工藝品而有藝術意味，肖像已是藝術品了，由這四類形象的顯示可見形象的重要，才能體現合情感性的美感，而有藝術作品和創作。

附圖：無可取代的象現表現(圖一至圖四)

說明：這是一組凸版用的工具，每件工具不用圖片作形象顯示，能用語言文字表達其形象嗎？(取材自《平版構成》一書)

圖一　凹版用具

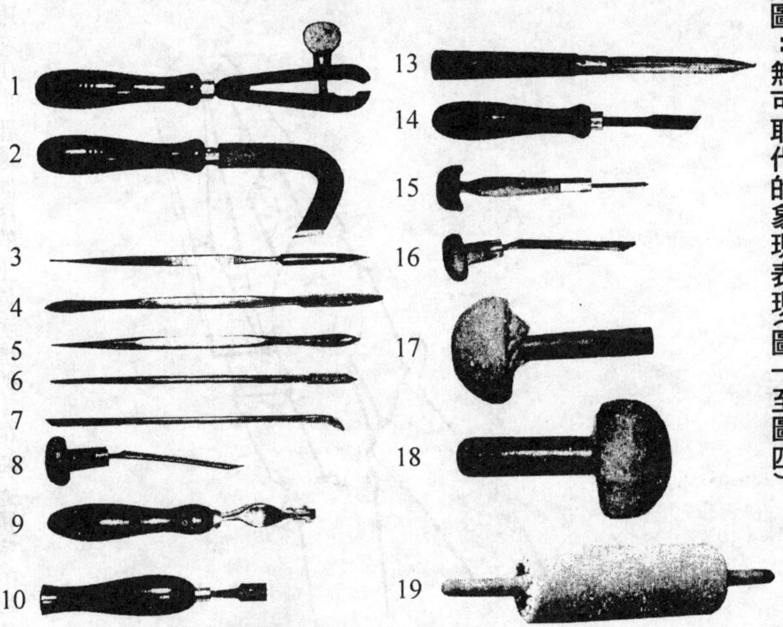
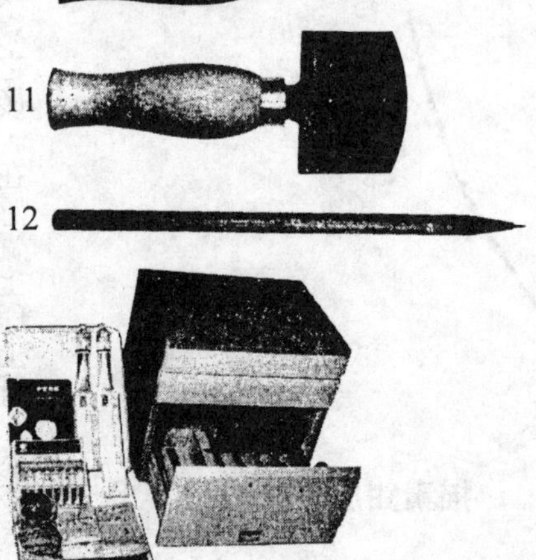

1	夾版器	11	鏟刀
2	切銅板器	12	針
3	刮針	13	三稜刀
4	播刮針	14	乾點刀
5	雙頭播針	15	三角推刀
6	一般刮刀	16	連發推刀
7	一般播刀	17	鹿皮墨球
8	推削刀	18	絹布團
9	播點器	19	皮輥
10	推線器	20	版面刀具套

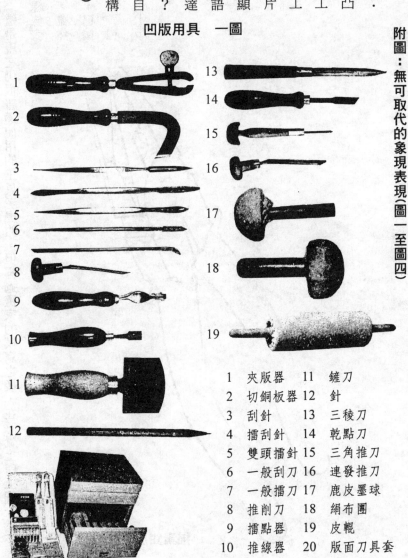

說明：這是現在仍很普通使用的工具老虎鉗，但經過畫家的模寫之後，在感覺上與上圖全然不同，因爲有了線條表現的美感，雖然是工藝的，已接近藝術表現了。（取材自《平版構成》。）

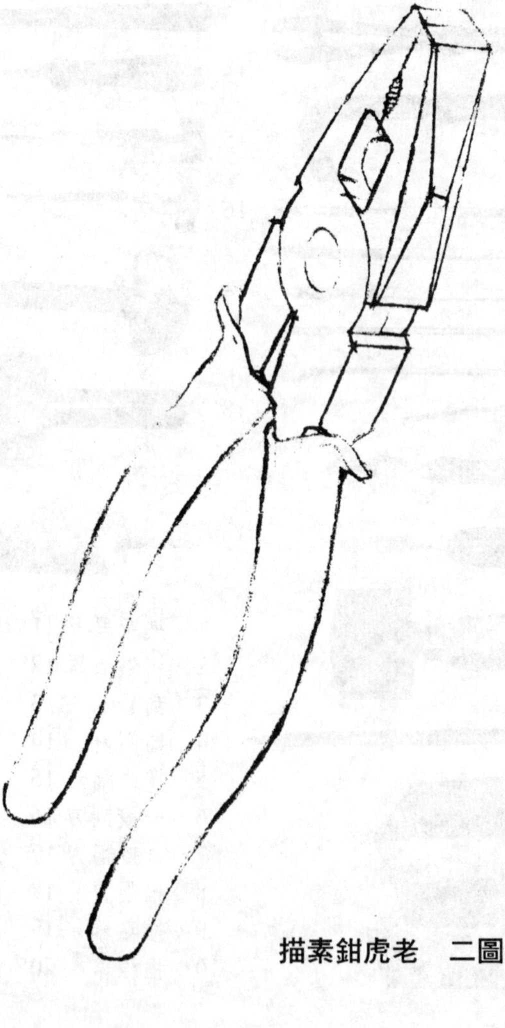

圖二　老虎鉗素描

說明：這是隨秦俑在台灣展出的漢奔鹿瓦當，凸出的奔馳鹿紋，雖簡單而明晰、生動、已由工藝品快接近藝術品了（取材自《兵馬俑探密》。）

圖三　奔鹿紋瓦當

肖像大多不是藝術品，但這幅肖像，形態生動，面部含情而莊重，已是成功的藝術表現。除了畫家的形象表達之外，任何的文字均不能眞切地傳達形態。足見形象表達的重要。（取材自馮作民《西洋繪畫史》）

圖四　淮頓　肖像

詩詞美學與現代禪畫

——以曉雲法師的禪畫爲例

華梵大學人文教育研究中心講師　陳娟珠

提　要

中國詩書畫本然一體，畫原為寫意，故云：「詩為心聲，畫即心畫」。但畫者，多以畫為畫學，而詩者亦多以詩為詩學，而未知畫「非為畫作」，而乃靈氣之所鍾，斯文之所託。詩詞美學範圍至廣，涉及至多，本文謹取詩詞美學與禪畫有關之論題為例，加以探討。

曉雲法師畫藝精湛，筆底有神；詩意禪情洋溢，蘊含人生哲理，向重視文化、藝術教育，深入佛法，結合生活教育，以文化藝術美育，其有助於淨化人心，社會安寧。榮獲國家最高榮譽，八十六年行政院文化獎得主。法師秉持「藝通乎道，道與藝合」之藝術創作理念。是以彼能游刃於禪教各宗，佛儒瀚海，以及文學美學，而遂得常透現其妙智慧，而使其識見志行，均可供文學美學以至整個人文教育之參考與取法。

禪畫不只是藝術，而以禪融於藝，藝術貴乎新意，禪畫還須貴乎淨意，發揮生命之智趣，提升生命之意義，使智慧活現生命中，則畫是用，禪是體，體用相彰。

關鍵詞：華梵、禪、禪畫、心靈開拓。

一、詩情畫意與心靈開拓

中國山水畫之作，「得山水情」，「讀萬卷書行萬里路」，又謂「不爲物役」等修善工夫，都是爲了陶冶人的胸襟脫俗，進而發揮人性的美與眞善。這在禪畫中謂之「眞源流露」，更是人類的一體同觀，此觀念源於悲智之平等觀所湧現。①

獨坐長松下，悠然太古心，高山流水意，誰復是知音。
日月如飛鳥，乾坤似轉丸，浮生忙裡度，誰向靜中看。(憨山禪師山居詩)

讀詩既可養心又可愉意，更可抒懷解怨，對大自然產生親切感，覺得人生世界寬敞。

清晨入古寺，初日照高林。曲徑通幽處，禪房花木深。
山光悅鳥性，潭影空人心。萬籟此俱寂，惟聞鐘磬聲。(常　建)

曉雲法師認爲中國的書畫美是中國文化美的精髓，中國書畫：「志於道，據於德，依於仁，遊於藝」這是論語所根據之傳統美學，藝術哲學。詩要遊觀於心，而發乎心語，畫更要遊戲於筆墨色彩，而表心畫；音樂也是遊音韻而譜出聲音，中國藝術哲學在於心中有道，道中有德，有仁，所以這遊，是「遊必有方」，有方向得活動自如，故云寫、寫心中逸意。②

中國之藝術哲學，在高層心靈運行的境界時，雖不假言論之引發，然而，文以載道，故文學之詩詞中含蘊許多藝術美，那是心靈美表於文詞，因詩爲有聲畫，畫是無聲詩。中國論美術教育也應多據人生哲理與詩詞文采，引發吾人心靈美好的共鳴。③

大自然菁蒼翠綠，藍天白雲，樹木花草青綠影響我們心境欣欣和平，心境淨化，流水淙淙，古詩云：「流水長鳴太古琴」，禪詩更說：「溪聲便是廣長舌，山色無非清淨身」，是大地向我們無言說法。

忙中有主宰，閒中有把柄，每一種創作都要有心靈空間，有空間才有好活動。有活動才有創作，有創意心中歡喜。創作，不只寫文章、音樂、繪畫……等等；而行爲語言都有創意，例如：很緊張的事，能夠輕鬆的應付，很嚴重的問題，能平淡處理，都是一種創意，多多欣賞大自然，多多吸取大自然的無聲教化，無聲啓示。所謂聲塵、色塵、識塵，讓人應接不暇，因此我們更需要有主宰、閒中把柄能觀賞無聲啓示。中國唐宋詩人，極懂欣賞自然，故有花解語、鳥迎人詩句，東坡之「江上清風，山澗明月，耳得之而爲聲，目寓之而成色，取之無盡，用之不竭」，都是藝術氣氛，更豐富人生之世界。

碧水清瑩，湛然似鏡，微風飄送，幾點殘紅，落花水面，天然圖畫。禪機撥動，遍地詩材。詩畫無心成妙諦，客以不約便奇逢。禪師得識此三昧，山居氤氳養靈源。那分生涯平懷似水，這般涵養，處處天眞。於是讓渠風幡隨風動，仁者當機未扣弦。所謂：「著意求眞眞轉遠，擬心斷妄妄猶多，道人一樣平懷處，月在青天影在波。」（石屋禪師〈山居詩〉）。

中國詩書畫本然一體，而詩之性情本屬天眞，刻意裡求工便成堆砌。畫原爲寫意，假筆墨以爲殊形衆象，故云：「詩爲心聲，畫即心畫。」。

但畫者，多以畫爲畫學，而詩者亦多以詩爲詩學，而未知畫「非爲畫作」，而乃靈氣之所鍾，斯文之所託。④

領悟「流水不是聲，明月元非色」（憨山禪師〈山居詩〉句），即超越一切聲色語言。又「風從何處來，衆響動巖穴；靜聽本無聲，如何有起滅。」（憨山禪師〈山居詩〉），花沒有落，水沒有流，文章非文章，依然一片禪機活潑；雪裡梅花陣陣香，詩人便披起雪袍，攜帶手杖，踏雪尋梅去了。然而禪人別有天地，對境忘懷，身心脫落豁然，肩挑日月、腳踏乾坤，透視宇宙，隨口說來，透露了消息。

詩爲人之心聲，發乎內在言簡義深，似有不能已於言者，言語文字仍不能表乎心之所欲言，則謂詩之意在字裡行間，李白詩云：

問余何事棲碧山，笑而不答心自閑；
桃花流水杳然去，別有天地非人間。

笑而不答就是語言不能代表心中想要答的話，故笑而不答。一篇文章，可以詳論人事物，乃至時、地、人，而詩僅寥寥數十字，表達所欲言的一切，那不止精簡而且需重在詩心之如海復如潮，那心中湧起的潮流，詩人在他熟練與精簡的字句中，只提揭出點到的意思，但必也是點即面的事理、人理、物理；詩之可貴，當然是詩人忘境的含蓄，散發意境的巧妙，那一種微言之音，然而也要有所深入才能體會得到詩中的意境，正如畫、音樂，乃至雕刻，知音人自能會心領悟，如伯牙彈高山，鍾子期曰「巍巍乎如高山」；彈流水，則曰「洋洋乎如流水」，故曰「高山流水是知音」的故事。其實音樂本身就是詩，而詩的本身也是畫，故謂「有聲詩（畫），無聲畫（詩）」；畫若欠缺於詩意，當然就不會有畫意（所謂逸境），音樂的歌詞，所帶出的音韻，如果沒有詩意，如何能形容出某種境界，不管詩畫音樂，不能離開大自然的描寫，在中國山水畫中，意境高妙則稱爲「得山水情」，而大自然的描寫，不單只是寫山、寫水、寫樹、寫石而已，若祇得其形，不過是造象，蘇東坡就曾這麼說：「畫如形似，見與兒童論。」所以中國山水畫不祇要求形似，且要描寫宇宙自然之神韻；最偉大的藝術家是大自然，最偉大的音樂家也是大自然。⑤

詩畫的表現——是相生的，音樂與詩也是相生的。曉雲法師（民國三十五年）遊學印度前，經廣西龍州，任教國立華僑三中，夜步左江橋不覺沈吟：

水聲風聲天籟，畫情詩情道情；

若斷若續似夢，是真是幻無名。

大自然的景物，境也、幻也。又在左江灘畔，自語沈吟：「灘聲知水力。」形容水拍沙岸之聲音，令人知道水力的多少，透過大自然的聲色，詩心有語。

詩情畫意，天眞無邪，在宇宙褓母懷抱中，是天之驕子，讓詩人畫家，盡情傾吐，純乎自然！這可引說「周禮春官詩六義：曰風、曰賦、曰比、曰興、曰雅、曰頌」，故曰詩之爲言，或詩之分體，皆不離乎此。何以周禮又言詩教，把詩之風、賦、比、興、雅、頌，拿禮樂以調心境平淨。《詩詞欣賞》書中提到「詩調平情感，也就是節制情感，詩裡的喜、怒、哀、樂，跟實際生活裡的喜怒哀樂不同」，「讀詩所欣賞的，便是平靜了的那些情感」。其實詩詞何止供予欣賞，《論語》謂：「小子！何莫學夫詩？詩可以興，可以觀，可以群，可以怨。」如此周禮之言詩，容於禮教。當然就另一方面而說，詩人可能不同意將詩納入禮教，而只認爲詩乃純乎欣賞之藝術境界亦非無不可；但不妨略論詩對人心之調和、平順，對於爲人本質也有很大的幫助。例如孔子論藝術謂：「志於道，據於德，依於仁，游於藝。」奠定了中國藝術之既高超且平實。因爲「游必有方」，不至於流連忘返，誤入歧途，此對現世實在相當重要，尤其現代教育偏重知識、科技，一般人所學未能歸於人生要義，甚至對人生方向有些玩世不恭，其次則是浪漫、狂囂。所謂禮、樂、射、御、書、數（《周禮》），都循乎禮義，當然也有關係到教育範疇。教育若欠缺了藝術，是不完美的；教育若缺於哲學，也是不完整的，因爲中國論哲學生命、性情、人格、倫理，融匯相通，不只屬於學術，而且屬於心靈生命的根源：

人事有代謝，往來無古今；江上留勝跡，我輩復登臨。
水落魚梁淺，天寒夢澤深；羊公碑尚在，讀罷淚沾巾。（〈與諸子登峴山〉）

這是孟浩然描寫心情之沈重，然而沒有悽悽的可憐狀態，祇是形容他生命中的遭遇，沒有人瞭解，這是詩人的可貴。人文教育之提昇，人文思想之詩教、禮教、樂教應適度提倡，希望對現世過度之物質追求，生活狀態之過度緊張，能有所沖淡，而令我們的社會，漸趨於安寧福祉！

王維中年後奉佛茹素，簡淡生涯，詩情畫意，當然大自然是最賞心的良伴，如此心胸開朗，與自然爲友。

獨坐幽篁裏，彈琴復長嘯；

深林人不知，明月來相照。（王維〈竹里館〉）

空山不見人，但聞人語響；

返景入深林，復照青苔上。（王維〈鹿柴〉）

王維的詩意，當然有許多是在輞川隱居時的情景，而詩中的動靜，令人感到一片清虛，絕非一般於名利追逐中人所能得知的意境。中國的藝術、文學，當然以詩畫而至音樂，最爲有識者所重視，詩不是人人能學，音樂不能人人懂得彈唱，書畫也不是人人能揮毫寫意，不過若能有此高雅的嗜好，進而聯想到大自然的教育，總會在生活中多添光彩，猶如清風明月、朝霞暮色，乃至風晴雨露（多有一番情趣）：

春至時和，花尚鋪一段好色，鳥且囀幾句好看，士君子幸値清時，復遇溫飽，不思立好言，行好

事，雖是在世百年，恰似未生一日。（《菜根譚》）

白居易之〈放魚詩〉，由於詩人自然清虛，雖然不是佛家的茹素戒殺，由於心境清瑩，悲心湧現，看到新鮮活魚也不忍烹用，曉雲法師曾謂：「詩不能助人了脫生死，但可助人明心見性。」〈放魚詩〉云：

曉日提竹籃，家僮買春蔬；青青芹蕨下，疊臥雙白魚。
無聲但呀呀，以氣相呴濡；傾籃瀉地上，潑剌長尺餘。
豈唯刀俎憂，坐見螻蟻圖；脫泉雖已久，得水猶可蘇。
放之小池中，且用救乾沽；水小池窄狹，動尾觸四隅。
憐其不得所，移放於南湖；南湖連西江，好去勿躊躇。
施恩即望報，吾非斯人徒；不須泥沙底，辛苦覓明珠。（白居易〈放魚詩〉）

釋氏謂人人有佛性，就是人人有悲心，祇要不被物役，開拓心路的康莊坦途，白居易描寫詩人心中的無求不貪，謂「不須泥沙底，辛苦覓明珠」。至如陳子昂對生命之諦視，登幽州臺：

前不見古人，後不見來者；
念天地之悠悠，獨愴然而淚下。

描寫對生命之慨歎，不過詩人祇有藝術之境界，對生命之無常，依然感到茫然，若有宗教情操，生命歸宿得不迷途。如白居易答客說：

吾學空門非學仙，恐君此說是虛傳；
海山不是吾歸處，歸即應歸兜率天。

宗教情操與詩人的藝術境界，應該是有路相通的，這些人類生命境界的天地，是何等的光輝自在，清風明月無人管，詩畫藝術對心靈培養的幫助，實在是人生智慧不可或缺的。

由來學道似彈琴，清濁高低自在心；
聲太促時弦又斷，指纔停處韻還沈。
一塵不到山當戶，萬籟俱消月滿林；
拋卻絲桐勸念佛，子期未必是知音。（楚石禪師〈勸琴者〉）

凍雨乍收陰晴半，霜葉從風飛歷亂；
岑樓兀兀坐跏趺，妙香寂寂聞鼻觀。
山禽不斷響鉤輈，俗客無緣乘款段；
巖畔梅花冷看人，一任流年暗中換。（雪峰禪師〈雨後〉）

古寺楊梅山一半，檻外峛崺群峰亂；
官田人去已陳跡，佛閣年深猶壯觀。

霜酣紅樹錦千層，溪帶平蕪練一段；
人事往來成古今，山體如如那曾換。（雪峰禪師〈佛閣追步何鏡山原韻〉）

我自將心與我安，從他迷悟不相干；
養來木馬追風急，放去泥牛飲海乾。
念起萬途皆有礙，理窮千聖透應難；
紅爐談上看飛雪，剎剎塵塵海嶽寒。（楫堂禪師）

心安理得，不衹是學問知識便可，要心中無疢染，自在清瑩，這心靈教化的善導，禪詩禪師的意境，也值得中國詩教進一步的探尋。⑥

二、曉雲法師之禪畫意境

禪，梵文爲dhyana，漢譯定、靜慮、思維修，而禪是禪畫的思源，藝術家用睿理利的眼光，觀察以冷靜的頭腦，思慮對宇宙萬惡物之奧祕探微索隱，融合禪理觸動禪機，而後借紙墨表現。曉雲法師的禪畫，注重畫題，多以禪詩入畫，禪句爲題，主要表現禪境，引發人生深義，禪心畫意兩不分，禪境心境成一體。

禪師禪詩：「雪裡梅花初放，暗香深夜飛來；正對寒燈寂靜，忽將鼻孔衝開。」（憨山禪師〈山居詩〉），幽香撲鼻，而禪師便悟到鼻孔衝開；那不是詩人所領會之境界；正如落花水面，無限風光，也不一定是文人的文章。所謂消息透得來，落花不是花，流水不是水，大好文章，天地吾心，了然無間。即所謂方寸乾坤，盡在一念中之妙悟。提昇生命、慧命。⑦

1.雪夜梅花初放，Plum blossoms in winter，

梅表堅忍自強的耐力。

「迎風皎健，酌雪精神」是中國人以梅花之堅貞矯勁，不屈不撓之冰雪精神，寓孤高獨突，不同凡響的脫俗境界。「尋常一樣窗前月，才有梅花便不同」，是詩人對優雅清逸之超脫感受。還有「疏影橫斜水清淺，暗香浮動月黃昏」，是詩情畫意的藝術境界。「不經一番寒徹骨，怎得梅花撲鼻香」，這是禪人的砥礪心志，探尋生命領域之源，又何祇幽逸之情趣。我國以梅花爲表徵，寓能欺風雪而兀立之不朽精神。⑧

2.一道神光自古今

石屋禪師之機趣空前，深契默識那「一道神光」之勝境。

百鳥不來山寂寂，萬松常在碧沈沈；
分明空劫那邊事，一道神光自古今。

3.風雨中共説無生話⑨

作者偶然地站在風雨窗前，眼看著狂風驟雨，樹枝傾倒，並且雲霧風飄中，山色淒然，行人倉卒，心中便逼眞地想像了風雨中的景色，那時「風雨中共說無生話」的畫中事物，朗然心中，思惟風雨途中而不狼狽，而能共話，共說無生話。在這種情景下，我怎麼不思來得得？而更使我強調那風雨窗前濡墨揮灑成圖的心境，豈是言中無物，而畫中無心耶？

詩爲心聲，畫亦爲心畫，古云「士無故不鼓琴」，又曰「詩以言志」，其實畫何嘗不言志？而且是更具形象地言時世呢！如今正是風雨載道的時候，我人豈得無風雨之憂？而風雨之憂，又豈得不知風雨中能站住腳？能言能行？能操能守？是則風雨中能共說無生話。人能堅穩腳步，於事無畏無懼，所謂「處變不驚」，亦可謂「莊敬自強」之道是也。

4. 浮萍幾點隨波去

一入重緯客渺然　無情天地自綿綿　浮萍幾點隨波去　不改蒼茫海色玄

5. 三舟觀月⑩ Men on three boats look at the moon

南北分馳逐去流，各自隨波水上浮，江心兀坐停觀月，明鏡生輝一葉舟。

「三舟觀月」乃佛教禪宗的觀心境界，以「三舟共觀，一舟停住，二舟南北，南者見月千里隨南，北者見月千里隨北，停者見月不移，是謂此月不依中流而南北。設百千並觀，八方各去，則百千月各隨其去」（《宗鏡錄》）。比喻吾人心識之攀緣，情隨境遷，故心不自由。禪定智慧，乃自心作主，不爲物擾，偈曰：「南北分馳逐去流，各自隨波水上浮；江心兀坐停觀月，明鏡生輝一葉舟。」「三舟觀月」，乃示兀然不動之境界，而使生命頓然生光。所謂「萬物靜觀皆自得，四時佳興與人同」。

儒曰：「居之安，則左右逢源。」義可通途。⑪

6. 言師採藥去⑫y master went gathering herbs

唐詩：松下問童子，言師採藥去，只云身在此山中，雲深不知處。

7. 高山仰止 The reverence

若無高山可仰，如何依止。

8. 一切應作如是觀

敬題金剛經一切有爲法，如夢幻泡影，如露亦如電，應作如是觀。

9. 雪夜梅花初放 Plum blossoms in winter**（曉雲法師，一九九二）**

題字：雪夜梅花初放，暗香深夜飛來，正對寒燈寂靜，忽將鼻孔衝開。

10. 三人行必有我師（曉雲法師，）

One among three persons walking together may be my teacher

在人中學，在各種環境中學，凡能啓發我向上者，便是吾師。

所謂「見賢思齊，見不賢而內自省」也。

11. 好向清涼地歇腳（曉雲法師，一九七八）

Keep the faith towards the silent land of wisdom

好向清涼地歇腳，莫將名利酒添杯。（雲門祖師雪峰禪師〈山居詩〉句），也是現世熱惱人間的一幅清涼濟。

12. 橋流水不流 Flowing bridge, but still water.（曉雲法師，一九八三）

空手把鋤頭 步行騎水牛 牛在橋上過 橋流水不流（傅大士偈語）

14. 一度神光照古今 A shaft of immortality light（曉雲法師，一九九二）

山鳥不來空寂寂，萬松影落碧沈沈，分明空劫那邊事，一度神光照古今。

15. 黑林雪霽 The snowcapped Black Forest（曉雲法師，一九五八）

聖瑪高嗹山上乃黑林風景之勝，拔海未及千尺，冬春之際雪與人齊亦為常事。

戊戌孟春因緣善導得寓德友別業，山色茂林煙迷遠樹，每於暝色日盡之分，端坐室中，白雪窗前肅然淨界，心身脫落，大有何勞彈指到西方之概耳！致因念天地勝境宜人，中土之亞聖所謂善養浩然之氣者，亦當挹宇宙之元，啓發人心之靈，斯為乃一無限境界也。攜杖出門尋蹟徑，撥開浮雪慢行吟，此晨間行散之即景也，右眉間掛雪涼如許，素日殘冰結石階，唐人詩云：「日暮詩成天又雪，與梅并作十分春」，西土歐陸無古梅、怪木、蒼松以佐風雪高曠之忱，長於行散雪深中頗引以為憾，遂於寒宵雪窗下以冰研粉，大寫梅花盛放壁間。古詩云：「梅雪爭春未肯降，詩人品質費評章，梅雖遜雪三分白，雪卻輸梅一段香。」洒者擬未定稿二絕云：「窗外雪花飛滿天，亭亭縞素對燈前，如今遜雪三分白，未放寒香紙上妍，招得花魂向雪開，枝枝招展紙中栽，昨夜羅浮消息訊，月明風送下凡來。」

嶺南雲山并識時客西德佛城，寒夜筆墨文章，松風吹亂草。

16.問余何事棲碧山

問余何事棲碧山　笑而不答心自閒　桃花流水杳然去　別有天地非人間

另有雪夜梅花初放、寒香月色湛禪心、水月圖、直向千山萬去、且向有人行處行好向清涼地歇腳、萬里任教湖海闊、月輪圖、不動如山智如海、江畔何人初見月等。

結　語

中國詩與禪詩，文人畫與禪畫實可影響塵俗機心而清涼，更是提醒回心一念，「好向清涼地歇腳，莫將名利酒添杯」（雪峰禪師〈山居詩〉句），詩書禮樂之重新重視，也是現世熱惱人間的一服清涼散。本文謹以詩情畫意與心靈開拓及曉雲法師之禪畫意境略加述明，以就教於方家。

【附　註】

① 曉雲法師，〈山中話〉，《語絲》，台北，原泉出版社，民國八八年一月，頁三四。

② 曉雲法師，〈大自在與大自然〉，《語絲》，台北，原泉出版社，民國八八年一月，頁七六。

③ 曉雲法師，〈大自在與大自然〉，《語絲》，台北，原泉出版社，民國八八年一月，頁七五。

④ 曉雲法師，〈花飛水面無限風光〉，《語絲》，台北，原泉出版社，民國八八年一月，頁二四。

⑤ 曉雲法師，〈中國人生哲學另一意境——詩人國度之境界〉，《語絲》，台北，原泉出版社，民國八八年一月，

頁二一八—二二四。

⑥　曉雲法師，〈中國人生哲學另一意境——詩人國度之境界〉，《語絲》，台北，原泉出版社，民國八八年一月，頁二一八—二二四。

⑦　曉雲法師，〈花飛水面無限風光〉，《語絲》，台北，原泉出版社，民國八八年一月，頁二四。

⑧　曉雲法師，目錄頁禪畫說明，《覺之教育講話》，台北，原泉出版社，民國八三年七月再版，頁一二五。

⑨　見曉雲法師，〈風雨中共說無生話〉，《語絲》，台北，原泉出版社，民國八八年一月，頁一七七—一七八。此畫創作於一九七三年十月二四日，

⑩　曉雲法師，《曉雲山人六十四畫齡回顧展專輯》，台北，原泉出版社，民國八三年七月再版，頁九六。及蘇啓明主編，《曉覺禪心——曉雲法師書畫集》，台北，國立歷史博物館，民國八十七年六月，頁八二。

⑪　曉雲法師，〈三舟觀月〉，《語絲》，台北，原泉出版社，民國八八年一月，頁一一〇。

⑫　曉雲法師，《曉雲山人五十九畫齡回顧展專輯》，台北，原泉出版社，民國七七年五月，頁一六九。

「…者…也」與S是P

——中西文論詩學的斷言式及譜系相關性

四川大學　吳興明

提　要

本文是對中國傳統文論的斷言式「…者…也」和西方詩學的本質論斷言式「S是P」之間的差異性的探討。鑒於兩種斷言在邏輯形式上的「仿佛同質」，本文分析了在表面的同質性掩蓋下的兩種斷言在中西兩種知識形態中迥然不同的功能、質態和關涉背景的差異，它們作為知識陳述的基本性質的差異。經由此分析，本文進而論證了學界習焉已久的用西方詩學的本質論方式闡釋中國傳統文論的誤置和偏差。

關鍵字：「…者…也」結構　「S是P」　本質論　斷言　知識譜系

一

知識必有其斷言，但中國文論與西方詩學各有自己的斷言方式。

詩者，志之所之也，在心為志，發言為詩。（《毛詩序》）

詩與文，特言語之別稱耳，有所記述之謂文，吟詠情性之謂詩。（元好問：《遺山先生文集》卷三十六《楊叔能小亨集序》）

道者，文之根本，文者，道之枝葉。（朱熹：《朱子語類》卷一百三十九）

詩者，人心之樂也，不以世之隆而存亡。（鄭樵：《通志》卷四十九《樂略．正聲序論》）

文也者，禮之見於外者也；禮也者，文之存於中者也。（王守仁：《王文成公全書》卷七《文錄．博約說》）

琴者心也，琴者吟也，所以吟其心也。（李贄：《焚書》卷五《讀史．琴賦》）

這是中國文論的斷言，其基本語式爲「…者…也」。

史詩和悲劇、喜劇和酒神頌以及大部分雙管簫樂和豎琴樂——這一切實際上是摹仿，只是有三點差異，即摹仿所用的媒介不同，所取的物件不同，所採用的方式不同。①

藝術是對美的自然的摹仿。②

藝術是情感的審美表現。③

藝術是生產性的審美活動。④

藝術是情感的符號。⑤

這是西方詩學的斷言，它的基本語式是「S(Subjectum)是 P(Praedictum)」。

如果嚴格按照形式邏輯所確認的「直言判斷」的範圍，那麼，一切描述性判斷、情感（價値）判斷和規範性理論判斷，一句話，只要有判斷結構的主項、謂項、聯項的肯定或否定判斷都顯示其邏輯形式爲「S是／不是P」。因此，中國傳統文論中的「…者…也」仍然是「S是P」。但是我們知道，居於西方詩學知識建構核心的是規範性理論判斷，即康得所說的規定性判斷，亞裏斯多德在《形而上學》中反復重申的那種能斷定事物「基本之是」的、可以「成爲科學知識」的本質性判斷（詳後）。前述所引的那些判斷都是西方詩學關於藝術本質（essence）的核心斷言，它居於西方詩學本質論的核心位置，也居於西方詩學整個理論體系結構的核心位置。本文所論的西方詩學中的「S是P」即是指這一類判斷。事實上，要回答詩或者文是什麼，或者要對詩與非詩、文與非文作出區分，中國文論也慣常使用「…者…也」的語式。「…者…也」就是關於「…是…」的直接斷言。這樣，中國傳統文論對詩、文、藝作正面斷定的「…者…也」仿佛就同質於西方詩學本質論斷言的「S是P」。——顯然，二者之間的區別不能從判斷的邏輯形式上去得到確認。實際情形恰恰相反，正是由於兩者在邏輯形式上仿佛一致，它們之間的實質性區別被掩蓋起來。

我們看到，正是此「仿佛同質」使許多研究者據中國文論中的「…者…也」大談傳統文論的「文學本質論」、「藝術本質論」、「審美本質論」乃至「文學本體論」，並據此推演中國文論博大精深的理論系統。在這些談法，仿佛中國傳統文論的知識?事已經是西方詩學式的規範性理論?事，仿佛中西文論詩學是共同從屬於同一個知識譜系背景。最後，這種在二十世紀的中國文論界、海外漢學界和比較文學界大行其道的談法，終於完全掩蓋了中西文論詩學從知識內涵、知識質態、知識譜系背景到整個文化傳統之間不可通約的結構性差異。

因此，本文想透視中國文論之「…者…也」和西方詩學本質判斷之「S是P」的異質性。鑒於兩種斷言在邏輯形式上的「仿佛同質」，本文不是想透視它們之間邏輯形式上的差異，而是想透視它們在兩種知識形態中功能、質態和關涉背景的差異；它們作爲知識陳述的基本性質的差異。因此，本文的探討不是邏輯學、語言學上的探討，而是初淺的知識學上的探討。

二

先說西方詩學的本質判斷。

亞裏斯多德說：詩是對自然的摹仿（mimesis）。這個「詩」不是指歷史形態的詩歌作品，而是指「詩的藝術本身」。而「詩的藝術本身」⑥又不是僅僅指那個作爲「理念」(ideal)的詩，而是「指的藝術這個屬，即詩的藝術的整體」⑦。因此，亞裏斯多德是在爲藝術的本質下定義。

他怎麼能夠下定義？或者說他據何以爲藝術下定義？答曰：「種」和「屬」的分類。先要有對世界現象之種屬系統的嚴密的邏輯分類，而後在「S是P」的外延歸屬關係中確認「藝術這個屬」。由於「藝術這個屬」已經在更大的種屬系統中通過分類學的系統劃分得到了「基本之是」的斷定，因此，他可以說「藝術」（S，種）是「摹仿」（P，已被前提性斷定了的屬）。這樣，「定義」之爲「屬概念+種屬差」在邏輯上才會有效。

如此看來，定義可不是一件簡單的事。它關涉知識體系之整個分類域系統的形成。這裏包括三個層面：一、分類背景的系統論證；二、被定義物件的分析性確認；三、學科理論體系的分析性展開。關於分類背景，亞裏斯多德從三個方面去揭示和確認：A、人性基礎——在《尼可馬可倫理學》中，亞裏斯多德指出：人的行動的內在基礎是心靈（Psukhe），而心靈由三部分組成：感覺（Aisthesis）欲望（Orexis）和理智（Nous）。理智的功能是「思想」（Dianoia），它是心靈中最高貴的部分。B、活動類型——亞裏斯多德將由內而外的人類活動分爲三大類型：研究活動、行爲活動與生產活動。其中生產活動又分爲兩大類：非技藝性生產和技藝性生產。非技藝性生產是指憑習慣、本能和經驗而進行的生產，技藝性生產則是人憑藉理性知識、按人所理解的普遍規律而進行的生產。藝術活動屬於技藝性生產勞動，因此它在基本性質上屬於人的理性活動範圍。C、知識類型——按亞裏斯多德的理解，知識是理性的事業，藝術活動之所以可以建立一門學科來研究之，正是因爲它是屬於理性的技藝性活動的範圍。亞裏斯多德將「知識」分爲三大類型：科學或系統研究的知識（episteme）、生產或製作的知識(tekhne)、實踐或行爲的知識(phronesis)。詩學屬於生產或製作知識的範疇。「從經驗所得許多要點使人產生對一類事物的普遍判斷，而技藝就由此興起。」⑧這便是詩學知識的性質。從人性基礎、活動類型到知識類型的歸屬，亞裏斯多德已非常嚴密地規定了詩學知識的分類學背景。由於如此，才可能按詩（藝術）在此分類背景中的邏輯位置並循其上下左右的邏輯關連來建構

「…者…也」與S是P

系統的「詩學」。而正是在這樣的背景系統中，亞氏才能說詩（藝術）是什麼。

在西方詩學（poetics）中，如此探討分類學背景的當然不止是亞裏斯多德。凡是要對藝術的本質提出不同於前人的論斷，你就必須重新設定論斷的根據，即分類學背景，並且要經受住事實和邏輯的考驗。比如藝術的邏輯歸位元從古希臘的「摹仿」到現代的「審美」乃是經歷了極爲漫長的歷史演化，「美學」（Aesthetics）視野的系統確立貫穿了從十七世紀到十九世紀的整個歐洲哲學史。因此，在西學知識史上分類背景的系統揭示又進而關涉整個知識體系之分類域系統的歷史完成。簡單地說，我們知道，在邏輯上分類體現爲「劃分」，但邏輯學上的劃分並不就是知識學上的分類。由劃分而得到的種概念、屬概念得以成爲知識之科目類別的言域，乃是因爲此種劃分及其意義的展開得到了知識界、文化界即業界的認同，乃至形成了某種「分類學」傳統。西方詩學從古希臘的「摹仿」論到現代的美學（藝術論）視野都一直背靠著自身的「論域」，論域之所言則背靠著對一般世界現象的層層遞進的分類：自然現象與人文現象的區分，人類活動之精神活動與物質活動的區分，精神活動之知、情、意的區分，技藝生產和非技藝生產的區分，摹仿自然和補充自然的區分，審美活動與非審美活動的區分，等等，等等。在這些從上到下、從一般到局部的層層推進的分類學傳統之中，詩學確定了自己的「所說」，就是說，它確定了自身求知意向的所指、根據、層次和界線。系統而層層展開的分類域通過區分而獲得了「所論」的特殊內涵。「區分」就是對「所論」之特殊內涵的邏輯確認。這樣，系統分類域的形成就是西方詩學知識之有效視野的系統展現，而所謂知識的探求就是對區分之業已顯現、含納的特殊意向的再行揭示。在此，我們可以理解，爲什麼從柏拉圖、亞裏斯多德一直到現代西方的美學、哲學對分類域系統的形成、修訂、完善、更改會傾注如此重大的思辯力。

關於被定義物件的分析性確認，這當然是對「科學」之揭示物件的前提性要求，也是根本的要求。亞裏斯多德所謂「詩的藝術本身」即「藝術這個屬」，是要在概念含義上將被定義物件的本質性和事實性(經驗性)區別開來。因此，他之所謂「詩」是指的「詩性」，正如文學理論研究的「文學」是「文學性」，美學研究的「審美」是「審美性」。在這一層面上要求分析性確定：物件究竟是什麼，它有何種內在規定，此規定的縱深根據何在。所謂「詩性」是意指詩意性活動的根本性質，因此詩學首先是對詩性活動的根本性質的探討，而不是對具體作品的經驗描述。

這裏關涉所謂「科學」的知識信念，也關涉「S是P」之「是」的意謂。科學是什麼？按亞裏斯多德的說法，科學就是研究「事物之所是」。關於「事物之所是」亞氏說得很複雜：

一事物被稱爲「是」，含義甚多，但所有「正是」就關涉到一個中心點，一個確定的事物，這所謂「是」全不模糊。……這樣，一事物在許多含義上統是關涉著一個原理(起點)；有些事物被稱爲「是」者，因爲它們是本體，有的因爲是本體的演變，有的因爲是完成本體的過程，或是本體的滅壞或闕失或是質，或是本體的製造或創生，或是與本體相關係的事物，又或是對這些事物的否定，以及對本體自身的否定。……於是，這既可以有一門學術專管一切有關健康的事物，[9]同樣其他事物也可以有各個專門學術。不但事物之屬於一名稱者其研究應歸之一門學術，凡事物之涉及一性質者亦可歸之一門，性質相通的事物名稱當相通。那麼這就明白了，研究事物之所以成爲事物也該是學術工作的一門。——學術總是在尋求事物所據的基本，事物也憑這些基本性質題取它們的名詞。所以既說這是本體之學，哲學家們就得去捉摸本體的原理與原因。

每一級事物出於一類感覺，爲之建立一門學術，例如語法這一門學術研究所有言語。因此，研究所有實是諸品種，在科屬上論其所以爲實是的原因與原理這一任務，歸之一門綜合性學術，而各個專門性學術的任務則分別研究實是的各個品種。⑩

有「本體之是」，有「科屬之是」。「本體之是」又叫「底層之是」，它「是這樣一種事物，其他一切事物皆爲之雲謂，而它自己則不爲其他事物的雲謂。作爲事物的原始底層，這就被認爲是最眞切的本體。」⑪研究「本體之是」以及對「科屬之是」「在科屬上論其所以爲是的原因與原理」⑫的是「形而上學」；在「原理與原因」已然確定的情況下進而具體研究「科屬」之「怎是」的是具體的學科。因而亞裏斯多德斷言：僅抓住「屬性之是」是「作不成科學研究的」。⑬科學之爲科學要以本質性斷定爲前提。這就是本質論。所以本質論之爲「S是P」是對「S」之根本性質的斷定：S在本質上究竟是什麼，直至追蹤到它作爲「屬性之是」與「本體之是」的邏輯聯繫。由於每一個「屬性之是」都關涉到「屬內之種差」，因此對判斷物件的分析性確認又須在層層分類的分類學背景中去系統展開。

而有了本質斷定的「S是P」，就進而有了整個學科理論系統展開的邏輯根據。因此，亞裏斯多德一當斷定了藝術是「摹仿」，他就可以以此「首要的原理」爲據按「摹仿所用的媒介不同，所取的物件不同，所採用的方式不同」，「依自然的順序」討論「這門研究所有的其他問題」。在西方詩學中本質論的核心是要確認文學（藝術）的本質之所是，學科理論系統的展開則是由此本質之規定演繹推論出作品論、創作論、發展論、批評論等等。這種推演我們是太熟悉了：先有本質論談「所是」者何，然後作品論是要談該「所是」如何被構成，創作論是要談該「所是」如何被建造和發生，發展論是要談該「所是」如何在歷史中顯現、演變和完善，批評論是要談該「所是」如何去分析、評價和鑒賞。一言以蔽之，本質之「所是」規定著其他各論的意指，理論家由「所是」規範性推演出整個詩學的知識體系。因此，不僅亞裏斯多德的《詩學》如此，科林伍德的《藝術原理》也是如此，韋勒克、沃倫的《文學理論》仍是如此，大凡正面系統的詩學理論著作都是如此。

這樣，在西方詩學中作爲本質斷定的「S是P」關係著整個文化的知識譜系背景。分類背景——本質斷定——知識推演成爲西方詩學知識譜系的「構型三部曲」。惟本質斷定的「S是P」，能將此三部曲「收攝」於一個簡單的直言判斷之中，它上承分類學背景、形而上學，下連學科各部分的具體知識，其中奧妙盡在於「S」作爲「種」與「P」作爲「屬」之通過「是」（判斷）的邏輯聯繫。而這樣「自上而下」的知識建構，注定了西方詩學的知識性質是典型的規範性理論，其知識展開的基本法則是演繹推理。

中國傳統文論有這種「S是P」嗎?沒有。「…者…也」之缺少係詞「是」事實上是意味深長的。它表明對種(S)屬(P)之邏輯關係的明確斷定——它們的「包含於」和「被包含於」以及「外延相等」之類在中國傳統知識的陳述中沒有明確地形式化。從更深層次的意義上講,實際上它表徵著中國文論具有與西方詩學完全不同的知識譜系系統。

三

首先,中國文論沒有嚴密的學科分類背景。西方詩學中的三級分類學概念——審美、藝術、文學在中國文論中均付闕如。在分類學意義上甚至中國文論究竟研究什麼都是未明確規定的。「文」似乎可以勉強說得上是中國文論的研究論域,但是「文」者何謂?「文」之內外有哪些層次的邏輯區分?這些在分類學上的關鍵問題從來沒有人去作系統的研究探討,更不用說在「文論界」達成共識。《文心雕龍·原道》、《淮南子·天文訓》、《周易·系辭上傳》等有「天文」、「地文」、「人文」之說,文論之論文章也被劉勰確認爲「言之文」,但是,這些說法並不是嚴整的邏輯分類,而只是一種實用性、語境性的分疏。關鍵是,對「文」之各類,中國文論向來是著重關注它們之間的相同和相通,而不關心它們之間的區別與差異。換言之,「區分」在邏輯層次上的相通/相異沒有成爲支撐中國文論知識體系建構的邏輯根據,文論言域的轉換、推進和展開不是從「分類」之邏輯涵蓋推導而來。

中國文論對言說物件的區分主要有兩種方式:一種是以文類、文體爲核心的實用性分類。詩、詞、曲、賦、文，銘、誄、贊、祝、頌等等，這是典型的根據用途——格式而對文類作出的區分。這一方面的區分非常繁紛複雜，以至《文心雕龍》有一半的篇目都是對這些文類、文體的研討。二種是對文章風貌、格調、樣態的品鑒式區分。所謂「詩品」之「二十四」（司空圖《詩品》）、「詞品」之「一十二」（楊夔生《續詞品》），或「詩品」之「三十六」（袁枚的《續詩品》）、「字品」之一百零八（竇蒙《語例字格》）等等，完全是從審美感受的角度對藝、文各類作出的品鑒式分疏。不管是文類的實用性分疏還是審美的品鑒式區分都不是理論的邏輯分類。這決定了中國文論沒有歷史地形成西學式分類域系統的邏輯構型。

其次，沒有嚴密的分類學背景，實際上意味著本質斷定的「S是P」無法成立。因爲按西學的知識體系，對具體學科物件的本質斷定是以嚴格的分類學系統爲根據的。如前已言，本質陳述的邏輯形式爲：種概念=屬概念+種屬差。即使是對本體論意義上的最大類概念，其定義形式亦爲：最大類概念=全部種概念-全部種差。定義一事物的本質，前提是種、屬關係的邏輯劃分。種屬系統的嚴密確定是確認一物件本質的根據。「凡在定義中『什麼』所包括的基本組成要素即是『屬』，屬內的差異就成爲品種之質別。」⑭而事物的「什麼」就是事物的基本之「是」。本質斷定之所以成爲可靠的斷定，必然的斷定，是因爲「品種之質別」已含納在「屬」的外延之中，而被「屬」之外延已全部含納了的「屬內的差異」又清晰地揭示了被定義概念的內涵與外延。換言之，我們相信「S是P」這一本質陳述是可靠而必然的，是因爲S的外延已被全部包含在P之中。種和屬之間外延關係的含納是S之被斷定的根據所從出。這是一種可以從理論上、邏輯上嚴密論證的必然，因而也是可以被普遍理解和普遍接受的必然。沒有種屬系統的分類學區分，本質斷定就沒有賴以支撐的邏輯根據。因而，在知識學上，沒有以種屬系統之嚴密劃分爲根據的判斷就是獨斷。

獨斷可以爲語詞性定義，例如「琴者禁也」，「德者得也」；可以爲感覺判斷或所謂「感悟」式斷定，例如「道通天地有形外，思入風雲變態中」⑮；可以爲經驗陳述，例如「詩之至處，妙在含蓄無垠，……引人於冥漠恍惚之境，所以爲至也」⑯；甚至可以爲經驗描述中對局部事實的語境性分疏，例如「詩者志之所之也，在心爲志，發言爲詩」等等。但是由於此類判斷沒有對所判斷物件究竟屬何種「實是」作分析性規定，並在系統的邏輯分類中層層確認，因此它「不能作成科學研究」，沒有判斷西學所要求的那種事物的「本質」。

按亞裏斯多德和西學本質論的標準，中國文論的基本斷言式顯然不是本質判斷。乾脆說，由於無嚴密劃分的種屬系統即分類學傳統，中國文論斷言的基本形式就是獨斷。從「詩／文者（S）…也（P）」之類對詩、文、詞、曲、樂、書等等的斷言到對各種詩、文的風神品位的斷言，到對寫詩作文的各類方法技巧的確認，「…者…也」結構是中國文論基本的斷言語式。關鍵是，在「…者」（S）和「也」（P）之間並無嚴格的科學分類意義上的種屬關係，「…也」（P）作爲對「…者」(S)內涵的揭示更無層層分類背景上的「屬內之種差」。「…者…也」是獨斷的，是因爲它不是從種屬關係的邏輯劃分中分析而來，而是直接說：S就是P。由於對P之內涵、P的分類、P與S之間的種屬差無清晰的邏輯說明，傳統文論的「…者…也」判斷式只能呈現爲獨斷。在此意義上可以說，獨斷就是沒有前提的判斷，說「文者，道之枝葉」，說「詩者，人心之樂也」之類作爲知識陳述的形式是獨斷，是因爲它不是從某一更廣闊的分類學前提中推導而來，而是某種洞穿性的直接斷言。

當然，獨斷並非無效，更非無據。傳統文論的獨斷也只是獨斷的一種，在更大的意義上，西學式的本質判斷是更根本的獨斷。關於獨斷的根據、效力以及邏輯獨斷與非邏輯獨斷的區分需專題討論，此不贅述。

再次，關於學科理論系統的展開，十分明顯，既然中國文論沒有作爲本質斷定的「S是P」，它就沒有本質論，更沒有以本質論斷爲核心的對理論系統的分析性展開。中國文論知識譜系的基本構型模式從來就不是分析性建構的，而是經驗知識的自然集結。對此集結樣式和知識性質的研討已非常之多，在此仍不贅述。需要指出的是：中國文論作爲經驗知識的自然集結樣式實際上從另一個側面反證了傳統文論的「…者…也」完全沒有本質論斷之「S是P」在西方詩學中的那種知識建構的邏輯功能。

四

本質論斷言的「S是P」與中國文論的「…者…也」是中西兩種知識形態最觸目的表徵。對西方詩學而言，可能很難有什麼別的表述形式比「S是P」更能夠直接了當地表明這種知識的形態特徵：它在知識質態上的分析性，論述程式和性質上的規範性，在體系結構上的形式化與邏輯性，在推導理據上的演繹性以及由此而必然關涉的系統化、體系化傾向。一言以蔽之，沒有什麼東西比本質論的「S是P」讓西方詩學的邏各斯中心主義更加昭然若揭。同樣，也很難有什麼別的表述式比「…者…也」更能顯示中國文論知識斷言的零散、感覺化、經驗性、隨意和獨斷。

問題是，在反邏各斯中心主義的當代論述背景下，作爲切身處於中與西二元文化結構、知識結構中的現代中國人，我們在知識論述上究竟作何取捨是一個沒法回避的問題。「…者…也」不過是一個古漢語的判斷表述式，去掉「者」、「也」（該表述式），換成「…是…」的現代漢語判斷式，並不能夠克服我們在文論知識表述上無所適從的尷尬：要麼我們完全移植西學，讓本質判斷滿天飛，而且比西人來得更觀念化、形式化，更系統、更規範，因而就更空洞，更與文學經驗和現實生存渺不相干——比如現代通行的文論教科書式的語述；要麼我們承續傳統，不顧斷言的邏輯域系統和切實有效的學理根據，來得比古人更自由、更隨意、更感覺化和主觀化，以至理論的學術言述快要成爲散文式的情緒表達和自戀式的意志擴張，比如橫貫新時期的此起彼伏的種種「主義」論述。因此我們必須審愼面對中西知識陳述的差異，並從中尋求路徑。

那麼，既要規避邏各斯中心主義，又要走出詩學言述之「主義」論說的泥沼，究竟路在何方？此問題已非本文所能探討。本文只是想說：哪怕一個簡單的判斷式，也不能不看到這其中的重大干系和糾結，並將此糾結帶回我們的文化處境，去「愼思之，明辨之」——這就是本文最後想說的。

【附註】

①亞裏斯多德：《詩學》，羅念生譯，人民文學出版社，一九八四，第三頁。

②巴托：《簡化成一個原理的美的藝術》，轉引自克羅齊：《作為表現的科學和一般語言學的美學的歷史》，王天清譯，中國社會科學出版社，一九八四，第一〇〇頁。

③羅賓·喬治·科林伍德：《藝術原理》，王至元、陳中華譯，中國社會科學出版社，一九八五，第六章。

④阿諾·理德：《藝術作品》，《美學譯文》（二），中國社會科學出版社，一九八〇，第八八頁。

⑤蘇珊·朗格：《藝術問題》，騰守堯、朱疆源譯，第一二二頁。

⑥亞裏斯多德：《詩學》，人民文學出版社，一九八四，第三頁。

⑦羅念生關於「詩的藝術本身」的注，同上書，第三頁。

⑧亞裏斯多德：《形而上學》，吳壽彭譯，商務印書館，一九九六，第二頁。

⑨在這段文字前，亞裏斯多德曾舉「健康」為例。

⑩同上書，第五六—五七頁。

⑪同上書，第一二七頁。

⑫同上書，第五六—五七頁。

⑬同上書，第一二〇頁。

「…者…也」與S是P

⑭ 同上書，第一一四頁。

⑮ 程顥：《二程全書·文集》卷三 明道文三《秋日偶成二首》。

⑯ 葉燮：《原詩》內篇。

禪詩的美感經驗及其治療意義

淡江大學
中文系教授　高柏園

一、問題的提出與範圍之限定

詩是人類文字表達的極致表現，它以最爲精粹之語言，表達至爲深刻之意義。正是因爲詩在表達上顯然已臻化境，是以詩本身也隱含著一種自我否定。所謂自我否定，乃是就詩一方面要通過靜態之文字加以敘述，但另一方面詩又試圖突破文字的靜態性與空間性，進一步表現出動態性與時間性。而意境之爲意境，亦正說明詩之空間性與時間性之相融爲一的情境。

然而，無論詩是如何突破時空之限制而試圖表現意義之當下與永恆，我們仍然可以暫時以知、情、意三分的方式來說明詩的不同型態。詩是爲表達人的存在內容，此中包含人對生活世界的事實描述，此中當屬眞與敘事之範疇；其次，則包含人對此生活世界之價值取捨，此則屬於善與言志之範疇；第三，則是人既可對世界不採取求眞或描述的態度，也可以不採取價值判斷的取捨，而單就此世界做爲一審美對象而加以美感的直觀與品鑑，此即爲美與抒情的範疇。當然，這三種意義之間並非排斥關係，一首詩可以既表示情感，同時也表達價值的判斷與美感的品味。《易傳》以「寂然不動，感而遂通」

說明易道之周流不息，然此「寂然不動，感而遂通」之義，亦正是吾人生命之寫眞。蓋吾人之生命既有寂然不動之時，亦有感而遂通之際。此一如陰陽之義，由寂然不動之陰，說明生命之凝聚含藏，由感而遂通之陽，呈現生命之開發創造，必合此二義，乃見「一陰一陽之謂道」之義，亦所謂「生生之謂易」也。今若將吾人之知情意等之生命內容，放置在一表達感通之世界之中，則知、情、意皆為生命不可或缺之內容，而須予以平等之對待。當吾人偏取某義而失之整全之時，生命便會有種種意義之扭曲與不完整，並由此造成生命之種種失位與病痛。環顧廿一世紀吾人所處之時代及其相對之病痛，亦大多在此生命之偏執失位中，承受種種精神之失調與病痛。由此看來，當吾人謂詩之表達乃是表達吾人生命之種種內容，今吾人之生命既有此寂然不動，感而遂通之義，又有知、情、意等三大內容，則如何兼及此諸多內容而使之各安其位，亦正是所謂古典詩詞在現代生活中可有之重大意義所在也。易言之，古典詩詞的美學意義是毋庸置疑的，但是，此中也同時包含著眞與善的成份，三者顯然是一整體，只是吾人在表達過程及形式上有所偏重罷了。同時，生命的整全亦是生命健康之基礎，現代生活之精神病痛即在此中種種內容之脫序與失位。此義既明，則吾人在論及古典詩詞與現代生活之時，至少有二義可說，其一是重申古典詩詞之美感經驗及其與眞、善之整全性；其二則是透過此整全性之掌握，去除因種種偏執而生起之種種失位與病痛，此即有一意義治療之發展在其中。

本文之主要目標，便是試圖通過美感經驗與眞、善之整全性，說明古典詩詞與現代生活之關係。此中，本文尤其以禪宗之詩偈為主要討論對象。之所以選擇禪詩，吾人可有以下之理由：首先，除了個人之主觀興趣之外，禪宗乃是以一宗教型態展現在吾人面前。佛教以解脫為終極要求，是以並不以其美感之經驗為優先之考量。然而，吾人在現有的禪詩中不難發現，其不但有強烈的境界暗示，同時也呈現出十足的美感。何以以解脫為主之禪詩，最後仍不免其美感經驗呢？此則有待討論。其次，所謂之解脫即是一種意義之治療，也就是經由般若智之明照，去除生命之偏執與無明，由是免除煩惱痛苦，此由去病下手，自然是一種治療了。禪詩既有美感經驗之內容，又兼及眞與善的問題，同時其中之解脫又充分表現一治療義，對現代生活而言，無疑是一盞智慧之明燈，值得吾人深入討論。此外，由於禪詩範圍龐大，是以本文即暫以業師吳經熊先生之《禪學的黃金時代》一書中所引論之禪詩為抽樣內容，以逐步展示禪詩之種種發展也。①

二、禪宗的分別說與非分別說

相傳釋迦牟尼佛在靈山法會中上拈花示衆，唯大迦葉會心一笑，於是佛陀傳法大迦葉，並謂：

吾有正法眼藏，涅槃妙心，實相無相，微妙法門，不立文字，教外別傳，付囑摩訶迦葉。

吳經熊先生在此段文字之後，便有如下的回應：

因此禪便在一朵花和一個微笑之間誕生了。你也許以為這故事太美了，可能不是真的；而我卻認為正因為它太美了，不可能是假的。禪的生命並不依靠歷史的事實。無論是誰創造了這個故事，顯然他已把握住禪的精神——因花微笑，由笑花開。②

這的確是個充滿詩意的解法，也是十分禪味的解法。吳先生在此不但不由美而懷疑否定其眞，反而由美而肯定此中之無虛。可說正是突顯了禪宗之精神，禪宗之眞並非一寡頭之眞或抽象之眞，而是一生活之眞與全體之眞，由是而必有其美感之內容。今既是因花而笑，此中自是默而無語，而佛陀所謂之不立文字，亦正是爲此做了印證。然此「正法眼藏，涅槃妙心，實相無相，微妙法門」果不可說乎？

依佛教，世間本是一大緣起，此中初無所謂之種種相及其分別，此中之相乃是由吾心識之執而成，唯此心識之如此執、如彼執，此中並無一必然之理由，而且此中之執取分別亦非緣起內容之所有，是以可知此執之虛而不實，所謂妄執也。此中之妄執並非否定此執之意義，唯是要指出此執之偶然而無常也。今世間既是一大緣起，初無種種分別，此即實相而又無世間妄執之種種相也，所謂「實相無相」。既是無世間妄執之種種相，而吾人之語言文字又是預設種種妄執而後有者，是以吾人之語言文字一開始便與實相是不相應的，當然亦無法如實地表述實相無相之理了。就此而言，不立文字可說是十分必然而合理之發展。然而，即使釋迦默而不語，迦葉笑而不答，此果眞避免了語言文字之不相應，然而默與笑就與實相相應嗎？答案顯然是否定的。

一如前論，世間只是緣起，此中無種種分別，亦無默與笑，是以默與笑當爲增益之見，非實相之內容也。此所以言說分別固與實相不相應，默與笑亦與實相不相應也。果如此，則靈山法會之釋迦與迦葉豈不是虛妄一場？其實，默與笑之與實相不相應，卻不表示默與笑不能做爲一種方便，藉此方便烘托一意義或境界，使人當下有省也。吳經熊先生在說明禪與莊子之關係時，曾引日本學者鈴木大拙博士之語：

禪師的最明顯的特質是在於強調內心的自證。這種自證，和莊子的坐忘，心齋，和朝徹是如出一轍的。③

如果禪的精神是強調內心的自證，則無論吾人如何表達，無論是言語、是默、是笑，其實都只是一種方便，藉以使吾人能自證本心。至於「不立文字」並非是對文字表達之否定，而是要求吾人對此方便有充分之自覺而已。同理，吾人也可以類比地說：不默、不笑，此皆是可有之論也。值得說明的是，既然文字、言語、默然、笑容皆是形式之方便而不可執，爲什麼禪宗只重不立文字呢？爲什麼不對其他形式之否定或批評呢？此中之理由當是：畢竟吾人在佛教傳承之內容表現上，仍是以文字語言爲主要內容及形式也，而吾人亦正易執於此「主要形式」而誤認爲「唯一形式」，是以問題尤其明顯而常見，這也就說明了雖然文字、言語、默然、笑容皆爲形式，而禪宗大德又何以特別著力於語言文字之破執了。然而，當吾人以「不立文字」破除對此形式之執，吾人仍必須有一表達之形式，此時即可默、可笑、可棒、可喝，只是此時之默、笑、棒、喝依然是一形式，它們相對於語言文字並沒有價值上的優先性。因此，默、笑、棒、喝之形式，只是用以否定對語言文字之執之方便策略而已。果如此，則禪宗之不立文字，並不表示棒喝便更重要或更具優先性。同時，當吾人能理解此中之策略性與方便性，則無論是文字或棒喝，也都可以活用無礙了。問題是，我們是否有一種表達形式，是既顯策略而又不失其原意呢？易言之，無論是用文字或棒喝，似乎都必須在了解了策略性之後才見其無礙與方便。現在，是否有一種形式是可以無須預設對策略性之了解，也可以達到方便表達呢？或是在表達的同時，也令當事人能了解此中之策略性呢？答案其實是肯定的。

無論是文字語言或是棒喝，都是一種正面的表達形式，今有所說必有所預設，因而也就有所不盡意之處，此義可謂之爲一分析命題。所有的分解說、分別說，都在一預設下展開，也因此都有其限制。現在，我們不妨製造一些表面的矛盾來消解這樣的限制。例如「佛說般若即非般若，是名般若」，此中「說般若即非般若」似乎有一表面之矛盾，其實不然。蓋所謂之般若即是一自覺之智慧，而當佛「說般若」也就是通過一預設或形式加以表達時，便已然限制了般若之自覺義與無執義，是以即非般若。若吾人能明白此中「說般若」與「非般若」之關係，便能如實掌握般若之智慧。由此看來，此段話其中一方面有所說，一方面又能同時掃除此說可能隱含之執病，此即是通過一表面性的矛盾，進而逼顯一超越之精神也。今此超越精神不落二邊，是以由矛盾中逼使吾人放棄此種平面性的二元思維，進而進入超越的立體思維世界也。若用牟宗三先生的話來說，則所有正面之表述皆是相對一預設而展開，是以爲分解說、分別說；相對而言，則此中正反同時兼容看似矛盾之表達，則是不預設任何角度的產物，此所謂非分解說、非分別說也。④而凡是觸及圓教，皆不外此圓融之非分解說、非分別說之範疇。

有趣的是，此種非分解說、非分別說，其目的固在突顯一圓境、圓教之不可思議，唯此中之種種說又皆爲一重表眞之說，如「佛說般若即非般若，是名般若」，此中重點既不重在表情之美，亦不重在顯意之善，而在顯一知之眞。然而，是否所有的非分解說、非分別說，皆只是受限如此呢？其實不然，本文所論之禪詩，正是其中甚有趣之代表之一。

三、禪詩——美與解脫的合一

前文所論之「佛說般若即非般若，是名般若」一義，雖可說是非分別說之例，然此說畢竟仍重在就理上說，是以尤重眞實義之呈現，對美及善之引申發揮又有未及。今禪詩則不然，蓋此禪詩已不再是偏在理上之說明，而重在一實存情境之描述，此情境乃是活生生之當下，此當下既有眞、有善亦有美，並不單顯理，亦因此無前義之單薄而更見完備周延也。試觀以下禪師所鍾愛之詩偈：

行到水窮處，坐看雲起時。

有禪師又加上四字：

未能行到水窮處，難解坐看雲起時。⑤

對禪師而言，得悟與否乃生死大事，怎能不盡全力以赴之？所謂「踏破鐵鞋」亦正是「行到水窮處」之轉語也。所謂悟並非一客觀之了解知見，而是一種生命態度與意義的異質轉換。這種異質之轉換往往是經由一種形式之窮進而逼顯，當我們已然窮盡某種形式之時，才逼使我們完全放棄此種形式，此時有二種可能之發展：其一是繼續尋找新的形式加以取代，由是而落入一無限後退之可能，因爲我們總能找到新的形式，是以亦永遠無法窮盡，它不過是在另外的形式中輪迴罷了。其二，則是放棄同層次形式之尋覓，因爲這種同層次之形式依然無法滿足吾人之表達，而是推向一異質性之層次，更正確地說是放棄任何形式，而是徹底顯現一活潑自由之心靈，此即是開悟的境界，亦即是所謂「坐看雲起時」。若以上所論無誤，則「行到水窮處」正是「坐看雲起時」的必要條件，卻非充分條件。蓋吾人「行到水窮處」可能另覓一形式而無限後退，是以要能「坐看雲起時」，此中便要有一不可說之神祕直觀或反省，使人選擇異質之超越與自覺，而不落入另一形式之輪迴也。

王維這首詩之有過於「佛說般若即非般若，是名般若」一義者，當在此詩並不以一論說之形式表達，由是而單顯一理之圓融。此詩並不必以一形式上之矛盾衝突引發人之自覺，而是以一美感直觀的當下感受，引領吾人無形中放棄形式之限制，而體證一活潑無執之心境，顯一理事圓融無礙之境也。我們也可以說，這是通過美的形式來表達一不可說之圓融之境也。正因爲是通過美加以表達，從而在根本上取消吾人對形式之重視與執著，進而十分自然地融入此無分別、無彼此、無人我之化境。再看王之渙之詩：

欲窮千里目，更上一層樓。

登樓望遠，自然是以更上一層爲佳，當可更寬闊吾人之視野。然而此詩在禪師們看來則未必如此簡單。蓋所謂「欲窮千里目」並非是在一量上之增多，反之，它根本是試圖克服、超越此量上之無限，而進入另一嶄新之視野與範疇。一如前詩，此詩並非果眞落在窮盡形式，而是超越形式，「更上一層樓」亦並非只是更高一層，而是一完全開放而無執之寫眞也。「道二，仁與不仁而已矣」，我們也可以說，「更上一層樓」者無他，悟與不悟而已。又如「百尺竿頭，更進一步」，亦是同一義理之引申發揮。再看靈雲志勤禪師的詩偈：

三十年來尋劍客，幾回落葉又抽枝；
自從一見桃花後，直至如今更不疑。

在三十年來的修養歲月中，不斷地參訪大德以期自我精進，每次都有新的體會與領悟，此中劍客即象徵參訪之大德，而落葉抽枝正是說明不斷自我否定、成長之歷程。至於一見桃花以象徵開悟，直至如今一切如如，更無可疑者也。吳經熊先生則如是解此詩：

當然，他以前也曾看過桃花，不過只有這一次，他看得最為真切，這也是他第一次面對著永恆的虛空，好像這些桃花都來自於活潑潑的心靈。以前，他只是夢中看花，而這一次，由於他內在精神的開悟，使桃花的形象，打開了他的心眼，看到美的源泉。這時，他所看到的桃花，不是孤立的物體，而是整個宇宙的活泉。⑥

其「一見桃花」頗有趣味，蓋吾人見桃花多矣，而唯此今日一見而悟，則此一見亦非輕易可致，而是三十年來之經營使然也。試觀以下二詩：

春天月夜一聲蛙，撞破乾坤共一家。

又，

諸法從本來，皆自寂滅相；

春至百花開，黃鶯啼柳上。⑦

月夜一聲蛙與黃鶯一聲啼，都帶來無限之可能，亦即是由此象而悟及諸法無我而畢竟空寂也。此中之蛙聲鶯啼皆是存在之事實，而吾人即自此事實之緣起，而知一切法之無我寂滅也。

以上諸詩皆是說明禪詩之用心，並不在爲美感之營造或追求，而是以美之方式來達到逼顯自覺之目的。也因此，一切說、一切詩也都只是意外之言、指月之指，亦皆應蕩相遣執，同登寂靜也。這在五祖法演所引用之艷詩中可見一斑：

頻呼小玉元無事，祇要檀郎認識聲。⑧

吳經熊先生對此詩之解釋如下：

這裡我們需要略為解釋一下：「小玉」是新娘的婢女的名字。在古代中國，一個有錢人家的小姐出嫁時，在頭幾天，常需要婢女幫她穿衣打扮。通常，在婚禮之前，新郎和新娘都未曾見過面，但他們一見面，便一見鍾情。這時，她雖然愛上了新郎，但又難以啟口，而且新郎也像她一樣的害羞。因此為了使新郎知道她的聲音，她便一再地喊婢女。當婢女問她要些什麼時，她又茫茫然的說：「啊！沒有什麼」。但這與禪又有什麼關係呢？新郎正像「無位真人」，是不可思議的，你不能喚他，因為他「無名」。然而儘管如此，你卻不能否認已深深的愛上了他，所以即使你喚別人的名字，也表示出你對他的愛心。他是你所有舉動和談話的真正目的，雖然你的舉動和談話不是直接對準他，但卻是幫助你表達了說不盡的情意。⑨

吳先生是將重點放在新郎如同無位眞人之不可思議。此自是可有之義，然而筆者卻更願將重點放在一切言說皆爲方便之意上。易言之，禪師大德們之種種說、種種默、種種棒喝機峰，其實都只是一虛的方便形式罷了，千千萬萬不嫌多，單只一個亦不嫌少，此中之理由無他，一切呼喚都無事，不過要吾人當下自識本心本性之空寂罷了。此中之頻呼者當即禪師大德，而小玉便是種種之形式，至於檀郎也就是每個人自己了。此義既明，則圜悟之詩亦可相應得解：

金鴨香銷錦繡幃，笙歌叢裡醉扶歸；

少年一段風流事，祇許佳人獨自知。⑩

少年一段風流事，正是一生種種努力精進所獲悟之內容，此自不足爲外人道，而「祇許佳人獨自知」矣。當然，悟道並非對某一形式之執著，而是一自由超越之心靈，我們也可以由以下之詩見此義：

高坡平頂上，盡是採樵翁；

人人盡懷刀斧意，不見山花映水紅。⑪

採樵翁正是一般人，心中執於固有之形式，一如樵翁之懷刀斧意，而無法超越此限制，自然也無法欣賞刀斧之外的「山花映水紅」之美境了。由此可見一般之執見，正是所以成爲悟道之大障礙所在也。反之，只要我們當下放開執見，則當下便見種種山光水色之無盡妙義，此雲門所謂「日日是好日」，試觀無門和尚之詩：

春有百花秋有月，夏有涼風冬有雪；

若無閒事掛心頭，便是人間好時節。⑫

吳經熊先生解釋此詩如下：

最大的曲成之道，是一個人不關心自己的生命，反能真正享受生命之樂。只有不關心，才能真正照顧別人。⑬

吳先生是就「既以與人己欲多」之曲成之道上說，唯筆者認爲此詩更重在當下即是、日日是好日之引申發揮上。一般人只是爲閒事忙，完全不能觸及生命深刻之自覺與自由。既是爲閒事所縛，自然與一切相隔，而好時節也只是可遇不可求的隨緣認命了。反之，當我們既能開悟，則人間閒事自不會影響我心之開放與靈明，由是而能「萬物靜觀皆自得」，享受「日日是好日」了。至於此時，時間空間似乎也化爲一體，一切無分別，一切如此，這當是張繼「楓橋夜泊」之意境：

月落烏啼霜滿天，江楓漁火對愁眠；
姑蘇城外寒山寺，夜半鐘聲到客船。

「這首詩洋溢著禪的芳香，突然的使我們觸及了時間的永恆。」⑭誠然如是，此詩正是突破了時間的流動與空間的靜止，從而突破了我們對時空及一切之執見，進而能體會「實相無相」之理，並在一當下之情境中，將美與解脫之智慧、境界融合爲一。

根據以上所論，吾人可引申出以下諸義：

㈠美感經驗的後起性與必然性

當禪師們引用詩人的詩句，來表達自身之悟道境界之時，此中的美學意義是十分明顯的。蓋詩人之詩句容或有言志的意味，然畢竟是以一種美學的形式加以表達，更不用說那些純然寫情的艷詩了。對詩人而言，美感經驗的意義誠然是十分明確而重要的。現在，禪師們在世間無量種表達可能中選擇了詩，我們不能不說禪師們也是對美的一種選擇，因而也就證成了禪詩的美感經驗意義。然而，我們又如何區分詩人與禪師呢？兩者對美感經驗之掌握果有差別乎？

即就美感經驗本身而言，詩人與禪師之美感經驗可以無別，然而兩者對美感經驗之所重卻有差異。簡言之，詩人可以以美感經驗做爲首要之追求目標，至於道德、解脫、敘事等，雖不必否定，卻也不必以之爲第一義也。然對禪師而言，則解脫畢竟是第一義諦，其爲首要之目標固無可疑，至於美感經驗並非禪師一開始之用心所在。況且，一切法如是如是，此中並無眞、善、美之問題，所謂解脫、所謂見實相之無相，亦正在掃除此中人爲之增益見與減損見，由是而能見一切法爾如是，一切放下也。既放下一切，則美感經驗亦當在此放下之列。果如此，則禪師豈不應謝絕所有之詩文，又何以處處引詩以論呢？此中，我們應該留意的是，所謂「放下一切」，並非「否定一切」，而更是對一切有如實之掌握，能如實掌握，便能方便運用一切而無礙。華嚴宗有理無礙、事無礙、理事無礙、事事無礙之說，天台宗有一念三千之說，皆非主張對一切法之否定，而是對一切法之另類證成也。所謂「除病不除法」，此中亦無須去除詩文及其美感經驗也。尤有進者，當吾人果眞進入解脫之境，則一切無分別，而此一切無分別之心亦正是美感經驗所以可能之重要根據。宋儒明道先生有詩曰：萬物靜觀皆自得，四時佳興與人同。此中之四時之所以能與人相融無間，亦端在吾心之能靜觀自得也。而所謂靜觀，亦正是一種無分別心，藝術與美之表現，或所謂美學心靈之表現，亦正是此種無執無礙之心之表現也。此在孔子有「勿意，勿必，勿固，勿我」，亦間接證成孔子「從心所欲，不踰矩」及「吾與點也」之美感境界也。

行文至此，吾人已能充分說明美感經驗對禪師而言的後起性，當吾人有此解脫之境時，當可有此美感經驗之呈現也。更進一步，則美感經驗對禪師而言又有其必然性，此乃是就禪師之智慧果然無礙且無量的話，則其不但不會排斥美感經驗，反而會充分證成此美感經驗，並以此美感經驗來做為表達悟境的重要法門。蓋此美感經驗最能免除吾人之執，是以又最適宜說此不可說、不可執之境界也。依上所論，則解脫之境根本就是一種無執之境界，也正是美學心靈之境界，而美感經驗又正是此無執之境之具體呈現也。

(二)禪詩的美學義與治療義

禪詩的美學義已如上述，然而，此種美學義又何以有治療義呢？此中核心觀念依然在無執、無分別心上。很顯然，依佛家之說，病的產生並非因爲人之有種種差別觀、種種分別執，而在此對此差別觀、分別執缺乏一正確之了解與掌握也。易言之，一切法如是如是，人之種種分別執亦只是如是如是，此中初無病可說，之所以有病，端在吾人誤將此種種分別執見逕然視之爲世間之唯一眞實，進而產生顚倒與無明也。今欲去此顚倒所產生之種種病，並非以另一種顚倒執見取代之，此只是一無限後退的惡性發展罷了。反之，我們必須以一種無執、無分別心，去釐清所有分別心之可能定位，由是而保住一切而不執一切，不因一切而起顛倒煩惱。果如此，則顛倒不起而病自去，此即爲一明顯之治療也。

即就佛教而言，人間之生老病死只是一現象耳，此中初無所謂種種苦之存在。今吾人一念不覺，執此現象，樂生惡死，顛倒頓時產生，煩惱痛苦亦翩然而至，是以吾人才需般若智以照破此一切無明也。細而分之，則此無明可化爲種種相，如三毒之貪、嗔、癡者即是一例。此三毒是病，而亦待戒、定、慧三學有以治療之也。而此三學亦非三物，當只是此無分別心之三相而已。由此看來，無明之相無盡，而無分別心之相亦無量，由是轉識成智而具足無量功德聚而成佛也。今禪詩既是禪師爲表達解脫之無分別心所做，是以此禪詩正可破除人間之種種執，而能治療人間之種種病也，禪詩之治療義在此亦昭然若揭了。值得一提的是，此由無分別境所證成之治療義，不獨爲中國儒、釋、道三教所共契，且亦爲西方人本主義心理學者所同知。人本心理學者提出種種臨床之實例，印證了無分別心之治療效果及其治療意義，正可爲中國直觀之禪詩之治療智慧，提供了極佳之佐證。⑮

四、禪詩與現代生活

所謂現代生活可由二義加以說明，首先，我們可以說現代生活乃是相對於上古或中世之生活，此即爲一時間之界定。然而，吾人明知現代生活並非只是一時間之差異問題，而兼涉其內容，此即爲第二種說法。所謂現代生活，是在工業革命之後，資訊革命之後所提供之生活方式與內容也。一如前論，現代生活與非現代生活俱爲一現象，此中並無優劣之差別，除非吾人預設某種觀點或立場，而後有種種之差別判斷也。今暫不論此比較差別，單就現代生活中諸多存在之困境，便可滿足吾人討論禪詩與現代生活之關係。

簡言之，如果人的存在必包含著人與超越義的天、人與自然、人與人文社會、人與自我等四個面向的話，我們便能簡單地說明現代生活的可能困境。首先，在人類科技的長足發展之下，人類已然逐步解開自然之謎，甚至包括生物創造之謎，此時，人對超越義之天便缺乏較直接的感動與敬畏。一般人總以爲科學已爲世界解除魔咒，一切皆可手到擒來，美麗新世界指日可待。其次，人對自然亦只是將之視爲對象，是一提供無限資源之對象，此中既毋需愛護，也不必珍惜，使用之可也。君不見環境生態之破壞失衡，早已到了危機的程度。第三，社會分工及都市化的結果，人類表面上似乎更爲親密，相互依賴性更高，頗有親愛精誠之意味。然細觀其間則知，人與人並非親密，而只是接觸頻繁，而相互依賴亦只是功能性的、實用性的關係，本質上人與人仍是冷漠而疏離的，這也造成現代社會心理病大量產生的根源之一。第四，當人與天、人與自然、人與人皆出現種種病，試問：人與自己又如何健康呢？這或許也正是現代生活亟需治療的病痛所在。

一如前論，現代生活之種種病痛乃是一整體文化發展下之產物，此中涉及科學技術、社會發展、自我評價等問題，因此，要解決此中之問題，亦應就此諸多內容下手。果如此，則禪詩對現代生活之最主要之貢獻，當即在其對人之自我評價、自我設計、自我覺醒之層面上。當此問題能獲善解，則當可做為科技問題、社會問題解決之根本動力，由是而使現代生活之病痛得以治療也。易言之，禪詩對現代生活病痛之解除，擔任一必要條件之角色，而非一充分條件之地位。我們不該認為只是人心自覺，一切的問題便解決了，因為此中仍有許多客觀問題，非主觀態度之轉變便能充分解決者。然而，如果我們缺乏禪詩中所隱含之深刻之智慧，則對現代社會的種種努力，都可能是片面的、暫時的，甚至是顛倒的，極可能造成更可怕的危機。因此，此中地位之確立是十分重要的。

五、結　論

本文之主要目的，在展示禪詩的美感經驗及治療意義，並以吳經熊先生所引之禪詩為主要討論對象。此中，我們分別說明了禪的分別說與非分別說、美與解脫的合一以及禪詩與現代生活的關係。或許現代人對古典詩詞的欣賞能力不如從前，但是現代人仍然需要美感經驗的滋潤與治療。如果我們能找出恰當之詩詞，仍然可以對現代社會產生重大之影響，同時，我們也可以試著為古典詩詞找尋與現代生活結合之路，凡此皆是本文所論之外之可有之發展，此則有待與讀者諸君共同努力了。

【附　註】

① 參見吳經熊著，吳怡譯：《禪學的黃金時代》（台北：商務印書館，民國七十八年五月版）。譯者前言，頁三－四：「在脫稿時，吳博士曾囑筆者寫一篇導言附於書中，但筆者深感『游夏不能措一辭』！這一斧大好的羹湯，

豈容筆者投下鼠矢！因此特地引證邢光祖先生在〈禪與詩畫〉文中的一段讚評：『吳先生所著英文的《禪學的黃金時代》一書，據管見所及，也許是政府播遷寶島臺灣以來，學術界所出版的第一册好書，同時也是吳先生所著諸書中對中國學術最大的貢獻，筆者敢於預料該書將成爲國人對於禪學的代表作，吳先生是中國的鈴木居士，該書廣證博采，斄析入微，並能融和各家，包羅萬象，非深下功夫，不能有此成就。吳先生在該書內非僅以詩論禪，抑且文筆有詩之美，尤爲難得，其中甚多係鈴木大拙所未能抉發者。』」吳先生之作誠然有詩文之美，再加上其對中西文化會通之功力，實宜爲本文討論之參考點也。又，吳先生爲筆者之業師，今爲此文，亦有回報業師恩情之意也。

② 同註①，頁一。

③ 同註①，頁三。

④ 見牟宗三：《中國哲學十九講》第十六講〈分別說與非分別說以及「表達圓教」之模式〉（台北：台灣學生書局，民國八十年十二月，四刷）。

⑤ 參見同註一，頁二八五。

⑥ 同註①，頁二九九。

⑦ 同註①，頁二九八。

⑧ 同註①，頁二八六。

⑨ 同註①，頁二八六。

⑩ 同註①，頁二八六。
⑪ 同註①，頁二九六。
⑫ 同註①，頁三〇一。
⑬ 同註①，頁三〇一。
⑭ 同註①，頁二九一。
⑮ 參見筆者相關治療學之專文。

橘子的果語

陽明大學通識中心副教授 張曉風

提　要

人類的語言，如果運用成熟的話，都應該有其表層和具象背後的象徵意義。橘子是簡單的現實世界的食物，根據植物學家的說法，橘子原產地在印度阿薩密一帶，中國橘則有四千年歷史，中國人是世界上最早著手栽培橘子的民族。本文在一一列舉歷代文學中提及橘子的部分之餘，得簡單的結論如下：

生活在黃河流域的漢民族，他們雖也創造了講道理、務實際的主流文化，但遙遠的南方（包括楚文化、越文化、巴蜀文化……）不免仍是他們浪漫夢想之所寄，橘子便是這種夢想具體而微的代表。橘子是南方經冬不凋的佳果。她美麗，她芳香，她甜蜜，她有藥效，她神秘不可測。

「文化南進」是民族的宿命，當北方寤寐以求南方的時候，橘子，恰好便是指引夢境前行的指針。

我希望年輕的一代在生活中，即使吃一片橘子，也能聯想起五、六個跟橘子有關的典故，並且能繼承下綿綿的橘子情。限於篇幅，本文暫時只寫到唐朝為止，宋代以後的資料容後再贅。

【關鍵字】　橘子、柑橙、南方、象徵、芳香

一、果語是從「花語」轉借而來的字彙

「果語」這個詞是從英文「花語」（flower language）轉借而來的。

中文不但沒有「果語」這樣的詞，就連「花語」也沒有。唐人詩詞裡有如下的句子：

㈠桃花欲共梨花語，黃鳥時兼白鳥飛。（杜甫 曲江對酒）

㈡停杯替花語，不醉擬如何。（白居易 同諸客攜酒早看櫻桃花）

㈢雲解有情花解語，窣地繡羅金縷。（韋莊 清平樂）

但上述例句中第一例勉強算它是「兩花對語」，第二例是「人替花語」，第三例用唐明皇典，解語之花其實指的是美麗的女子。

中文裡面如果出現「花語」，指的是「花在說話」或「花會說話」，但英文的 flower language 卻別有所指，此詞雖也翻成「花語」，指的卻是「人藉著花傳遞了某種不言而喻的訊息」。例如紅玫瑰是愛情的代言花，康乃馨則象徵母愛等。如果循著這個路線思索，則中國文化中雖然沒有明確的「花語」密碼，但群花各有所喻所指，其實也是十分清楚的，例如：

萱草—即金針花—與母愛互爲聯想。（附帶一提的是，父親，用椿樹象徵）

桂花，如果說成折桂，便指功名。

紅杏，若是開向牆外，代表有婚外情的女子。

蓮花，是出污泥而不染的君子。

菊花，是隱者，是村野人家。

梨花帶雨，描繪的是哭泣卻仍然美麗動人的女子。

梅花，可指高潔芬香的人品。

蘭蕙，因其幽遠馨香而代表君子。

以上的「換算表」當然不等同於西方的花語。西方花語更明確，更有「商用價值」。可以在花店裡像拍電報一樣去訂貨。老中的這一套也許只能說是「花喻」、「花暗示」、「花聯想」。事實上，這種體系，大致言之，在每個文化和語言裡都存在，例如：

玫瑰，在西方令人想起聖母瑪利亞。

蓮花，在亞洲令人想起佛的寶座。

百合花，在基督教的國家裡，令人想起耶穌的復活。而法國王朝，從六世紀開始，以百合爲皇家紋飾，百合又因側看像白鴿，也被看作從天而降的聖靈象徵。

櫻花，令人想起日本武士精神以及同榮同死的決絕美學。

相較之下，「果實」的語彙好像不那麼豐富，果實也許比較隸屬於現實生活，所以不太被人拿來作象徵之用。一個人在吃柿子、芒果或芭樂的時候，似乎不會覺得其中有什麼玄虛的象徵意義。但，事實上，果眞如此嗎？在這裡，我想要以「橘子」爲例，並循歷史的縱剖面而探知它的果語，或者說它的象徵意義。

二、在先秦時代，「橘」這個字如何出現？

「探知橘子」這句話的受詞如果是橘子，則它的主詞又是誰呢？誰來看待橘子呢？美國加州有橘郡（Orange County），當地之人豈不也自有其可以評賞橘子，定義橘子的權利？古希臘人視橘子爲神話中的金蘋果，可以說未必不是一種極堪玩味的觀點。

而本文中要分析的其實是自周代在黃河流域一帶（亦即中國主流文化形成的時間和空間）到魏晉到晚唐五代這大約一千五百年來的漢人對橘子的看法。

橘這個字，以及和橘有關的親屬字眼（如橙、柚、桔、枳、柑、棖），在甲骨文裡都不曾現身，但在「說文解字」裡，它們都以小篆的面目出現了。

甲骨文中沒有橘，可能有兩種理由：

第一、三代以上，其文化和地理的版圖裡都沒有見過這種水果。

第二、甲骨文紀錄的主要的內容在戰爭祭祀和狩獵，某些植物果類字彙比較少出現。

相較之下，典型的北方花果如「桃」，也不在其中，李和杏倒是出現較早（前者出現在金文，後者在甲骨文）。

但「橘」字第一次出現在書中並不算晚，它在最古老的尚書（禹貢）裡已經出現了。尚書的性質包括歷史和政治，書中提到橘子其實是要提自楊州來的貢品（包括貢品的審愼包裝）「厥包橘柚，錫貢」，楊州的地理位置在淮之南，海之西，恰巧便是周禮考工記上所說「橘踰淮而北為枳，…此地氣也。」的淮南位置，這句話後來成爲一句大家耳熟能詳的格言諺語。淮南子的原道訓：「今夫徙樹者，失其陰陽之性，則莫不枯槁。故橘樹之江北則化為枳，鴝鵒不過濟，貈渡汶而死。」兩者說的是同一件事。

其二是《周禮・冬官・考工記》中另有一條有關橘木的記載（不是橘子），重點在討論製弓的適宜植材。

凡取幹之道七：柘為上、檍次之、桑次之、橘次之、木瓜次之、荊次之、竹為下。

原來橘木也算中等的弓才。

在《論語》、《孟子》儒家系統的書中，不見孔孟提到橘子。孟子常提的樹則是桑樹（桑樹的意義是紡織業）。屬於道家系統的《莊子・天運篇》中倒是以橘爲喻，說了這樣一番話：

「故譬三皇五帝之禮義法度，其猶柤梨橘柚邪，其味相反而皆可於口。」

《莊子・人間世》也提到橘子，其辭如下：

「夫柤梨橘柚果蓏之屬，實熟則剝，剝則辱；大枝折，小枝泄。」

對橘子這遠方的異果，道家系統的言論，其接受和欣賞的態度，顯然高於儒家。同屬道家系統的《淮南子》一書，除了剛才引用淮枳之喻的那一條外，其實另有一條（見〈說林訓〉）：

「橘柚有鄉，雈葦有叢。」

列子（楊朱第七）也算道家作品，文中也提到橘子：

「一朝處以柔毛綈幕，薦以粱肉蘭橘，心痟體煩，內熱生病矣。」

此處的橘子指的是豪門的盛饌。就連刻苦的墨家，在《墨子・經說下》也言及橘子：「橘茅，食與招也。」此外，頗喜歡馳外交才令的晏子春秋也兩度以橘設諭：

王視晏子曰：「齊人固善盜乎？」晏子避席對曰：「嬰聞之，橘生淮南則為橘，生於淮北則為枳，葉徒相似，其實味不同。所以然者何？水土異也。今民生長於齊不盜，入楚則盜，得無楚之水土使民善盜耶？」

景公使晏子于楚，楚不進橘，置削，晏子不剖而並食之。楚王曰：「橘當去剖。」晏子對曰：「臣聞之，賜人主之前者，瓜桃不削，橘柚不剖。今者萬乘之主無教令，臣故不敢剖，臣非不知也。」

除了上述的資料，呂氏春秋本味亦提到：

「果之美者，江浦之橘，雲夢之柚。」

相較於先前引述的四條資料，橘子終於在呂氏春秋中回到它水果本身的美好上來了。在尚書中它是貢品，代表楊州對中央的臣服。在周禮攷工記和淮南子、晏子中它是例子，用以說明神秘的地氣。但在呂氏春秋，這號稱「雜家」的著述中，它第一次被人當作「果後」一般來舉來稱美來品評（也許呂不韋的商人性格使他的門人正視了橘柚的果品本質）。

江浦指的是長江之濱，雲夢則指的是兩湖一帶的沼澤地區，兩處並盛產橘柚。

此外，屬於法家系統的《韓非子》（〈外儲說左下〉第三十三）也以橘為喻：

「（趙簡）主俛而笑曰，樹橘柚者，食之則甘，嗅之則香，樹枳棘者，成而刺人，故君子慎所樹。」

這位口才不佳的韓非在寓寫橘子的時候，實在出奇的精準。他把橘子的嗅覺、味覺形容得如此完美，也把它在園藝方面經濟價值分析得如此簡單精闢。又兼以橘和棘為喻，談到所樹非人的難堪，可算是先秦諸子中用橘子用得最好的一位了。

被視為屬於小說家言的《山海經》(至少《四庫全書》是這樣分類的)，其實也一度身兼國際地理圖鑑，當然也不會在這檔資料上缺席，《山海經．中山經》上有如下記載：

東北百里曰荊山，其陰多鐵，其陽多赤金，其中多犛牛、多豹虎，其木多松柏，其草多竹多橘櫾（櫾通柚）。又東北三百五十里曰綸山，其木多梓枏多桃枝，多柤栗橘櫾。

這種多橘多柚的山在中山經中還一再出現，例如銅山、葛山、賈超之山……。

有趣的是，在神話系統中，桃和橘會兼存並茂在一座山上結實。

橘子在先秦經書、史書、子書和小說裏出現，而在周代最重要的一部文學作品，也就是孔子認為可藉之以「多識乎鳥獸草木之名」的《詩經》又如何呢？

沒有，《詩經》裏並沒有橘子，倒是在小雅〈南山有臺〉裏有句：

「南山有枸。」

傳曰，枸，枳枸。

這樣看來，在《詩經》——這部以黃河流域為舞臺的詠謠演出大陣中，橘子是無法分配到一席角色的。勉強說，也只能讓枳枸來表現一下。

那麼，橘子第一次在文學性的作品裏呈現又是在何時何地呢？那一次其實倒是很風光的，它出現在屈原的作品〈九章〉裏，題目叫〈橘頌〉。（當然，至於橘頌的作者是否確為屈原，也有學者持質疑態度。）

屈原是楚人，楚國正處「橘子區」，由屈原來寫〈橘頌〉，當然是很合適的。中國古代歌謠，多半是由無名無姓的歌者提供的。有名有姓的詩人，非常專業的詩人，當首推屈原。屈原寫〈橘頌〉，橘子也算極有面子了。

而所謂「橘子區」主要是指華南，如以今日省份言，則包括皖南、蘇南和浙江、湖南、湖北、江西、四川、廣西、廣東以及福建（雲貴地區的緯度雖相若，但一方面海拔稍高，二方面因橘子是一種高難度園藝作物，比較適合漢民族克勤克儉，代代相傳的精緻農耕方式來種植，所以未必南方諸省皆能栽種。）

屈原的〈橘頌〉除了是第一篇傾全力來描述橘子的作品之外，它也是文學史上第一篇「詠物詩」。屈原寫橘和《詩經》草木不同的地方是：《詩經》的草木常是一個潦草的藉口，詩人很快便跳到自己要說的話上去了。那些轉眼凋零的「夭夭桃花」，那些不能常駐枝頭的青梅，都是個「話引子」，一但完成功能，就不再提它了。而〈橘頌〉全篇三十六句，全部一以貫之的在認眞歌詠橘子的外在形貌或內在的精神。這種寫法，後來成爲詩創作上一項特別的競技。到清代康熙年間編纂《佩文齋詠物詩選》爲止，詠物詩可以說累積了一段光榮的總成績。

三、漢代有那些重要的文章提到橘子？

說到漢代，我們應該很快便會想到《說文解字》。但《說文》是字典，我們姑且不予討論。其實在《爾雅》（一部更早的字典）中，橘字已經出現，但奇怪的是，在《爾雅．釋木》中出現的是柚而不是橘，「橘」字也有，卻出現在月令的名稱上。但無論如何，《爾雅》、《說文》都是字典書，我們還是把重點放在一般文章上。

在漢代，讓人驚艷的文學經典中有一部是司馬遷的《史記》（雖然它本是史書）：《史記．蘇秦列傳》提到蘇秦說趙王：

君誠能聽臣，燕必致旃裘狗馬之地，齊必致魚鹽之海，楚必致橘柚之地，韓、魏、中山皆可致湯沐之奉。

這一席話雖是說客的廣告慣技，卻也剛好表現出當時一般人最艷羨的地方特產。

〈司馬相如列傳〉有一段是司馬相如借楚使使齊，誇稱雲夢大澤的豐饒華美，並一一言及「其山則…其石則…其東則…其南則…其西則…其北則有桂椒木蘭，薜離朱楊，盧利梬栗，橘柚芬芳。」司馬相如是蜀人，子虛賦中的雲夢大澤是被他當作半個故鄉來盛讚、來認同的，這也就是後人所稱羨的〈子虛賦〉。值得注意的是，司馬相如在談論別的植物的時候，用的都是平實的名詞（名詞也是漢賦中最常見的，畢竟漢賦有其報導文學的特質。）唯獨在寫到橘柚的時候，忍不住要加上形容詞「芬芳」。這一加，非同小可，在此後的兩千年，所有詠橘柚的詩都幾乎沾惹上那恍兮惚兮的鬱烈香氣。

司馬相如另有〈上林賦〉，可視爲〈子虛賦〉的「系列作品」，在其恣肆華茂的盛言中，有一句：

於是乎，盧橘夏熟，黃甘橙楱。

這條資料特別的是，他提到一種「夏天成熟的早橘」，以及橙子、柑子等橘族家譜。

和《史記》相埒的資料，見於《漢書》，《漢書》中除了部份資料與《史記》重疊外，也有些特殊的紀錄。如列傳六十一：「秦漢之制，列侯封君食租稅……安邑千樹棗，燕、秦千樹栗。蜀、漢、江陵千樹橘……。」

這條資料記錄了當時大江南北的農業分佈和賦稅狀況。

和漢賦相似的是晉代左思寫〈三都賦〉(洛陽紙貴的典故，指的便是此三篇文章)其中〈蜀都賦〉有句如下：

家有鹽泉之井，戶有橘柚之園。

橘柚到了左太沖的筆下已經變成重要的經濟作物了。蜀國是天府之國，居民富庶，家家有鹽，戶戶種橘。當然相對於中原文化而言，蜀國和它擁有的神奇園藝作物，對閱讀者應該已勾劃出一幅令人心嚮往之的遠方世界。

漢代文人又每仿效《楚辭》，如東方朔寫〈七諫〉，其「初放」部份有句如下：

斬伐橘柚兮，列樹苦桃。

把橘柚和桃並列，是北方桃和南方橘的大對決。斬橘而樹桃(並且是苦桃)，已被看成是對南方的不尊重。

提到漢代，其實還有一項與文學無關，卻非常有意思的資料，那就是70年代開始發掘的長沙馬王堆漢墓的資料。這座古墓幾乎是一間保存完好的「漢代貴族社會生活樣品屋」。這座墓裡因爲某種迷信，也備有極多生的或熟的食物，以供墓主食用。其中如禽類、穀類、肉類、魚類、藥類、蔬菜類、菜籽類、果實類、辛香料類無不兼具。

在馬王堆漢墓中和橘子有關的陪葬品一是香橙，一是橘皮，可見這些東西在漢代是日常的必需品

①。當然更準確一點說，是漢代湖南地區的生活必需品。

四、魏晉南北朝時期，有那些重要的文章提到橘子？

漢代政權分崩離析之後，無論是三國時代，兩晉和南北朝時代，漢人的文化中心都已漸行南移。而南移和橘子當然會產生關聯，橘子逐漸成爲一般人更熟知的水果了。

在整個南朝文學裡，劉孝標的〈送橘啓〉，也許是最美麗動人的「橘之歌詠」了。劉孝標所描述的橘子比屈原的更純粹。屈原的〈橘頌〉猶不能免去道德主義的正經面目，劉孝標的文字卻充滿六朝時期駢文中所慣見的感官主義。其文雖短，卻包含下面四種意義：

㈠〈送橘啓〉，這題目顯示橘子在當年是佳果，是可以慎重的互餽的禮物。

㈡「南中橙甘，青鳥所食」這一句，一方面顯示了南方人對自己農產品的自豪，一方面也把橘子提昇成爲「仙界食品」。漢族文化中的標準仙果其實一向是桃子。桃子如果有「果語」則應該是「長壽」或「長生」。道教系統的女神王母娘娘一向令人和仙桃聯想在一起。但劉孝標卻強調橘子也是仙鳥的食物，企圖令橘子升格。

㈢「始霜之旦采之，風味照座，劈（擘）之，香霧噀人」，中國文學裡一向重視視覺的經營，但嗅覺的發展則極遲緩，一切和浪漫感官有關的事務都不發達。而北方本來也就不是香料作物盛產的地區。中文的「香」字，在甲骨文時代，是結合黍與口的會意字。換言之，漢人所想到的香是非常樸素的穀類的香。而且，和「口」結合。漢字的香一向和「美味好吃」不太區分，換言之，香字並不專指鼻腔的嗅覺享受。（純指嗅覺香味的字應該是「馥」字）。嗅覺的感官描述從來不是傳統文學的重要部分。

漢族的嗅覺也許是慢慢才甦醒過來的，從司馬相如的漢賦，到蘇東坡指爲很「衰」的「八代」，其實剛好是「香的意識」抬頭的時代。劉孝標是梁朝人，原籍山東，在浙江金華一帶講學。藉著橘子，他把他所生活的南國的香氣釋放了出來。「香霧噀人」四字用得眞好，橘子的香，已經香到噴人的程度了。

㈣文章結尾的句子是「氈鄉之果，寧有此耶？」劉孝標的本意原來只在強調橘子是南方美果，卻又不知不覺向北狄開了火：「你們那些住在北方氈包裡的狄人啊！你們哪能擁有橘子這種好東西呢？」南方人的驕傲自豪全部都濃縮在一枚完美的土產裡了。

與劉峻同時代的女子劉令嫻在她哀婉動人的〈祭夫文〉末段中也提到橘子，其辭曰：「嗚呼哀哉，生死雖殊，情親猶一，敢遵先好，手調薑橘。」薑橘，如果根據《齊民要術》這部書的食譜是「木耳煮而細切之，和以薑橘，可為菹，滑美。」聽起來像是滑潤的甜羹，那木耳似乎也應該軟膩接近銀耳才對。丈夫平生愛薑橘，所以他的妻子以此物爲祭，想來這是當日文人雅愛的一道素樸而風味獨具的清香點心。

同樣屬於「八代」的重要文人謝靈運在他的〈山居賦〉裡有如下的句子：

「至若鳳叢二臺，雲夢青丘，漳渠淇園，橘林長洲……」

謝氏家族本是河南人，南渡之後在浙江一帶活動，當時王謝二家望族其實都很投入南方的生活。他們似乎也擁有橘林，所以王羲之才能在某個初秋送了朋友三百個橘子。那三百個橘子當然早就吃掉了，但這份禮物的附屬品，一張便箋，卻成了今日故宮博物院的鎮館重寶。一般人稱它爲「奉橘帖」，「奉橘帖」內容如下：

「奉橘三百枚，霜未降，未可多得。」

王字勁媚，玩帖之際，令人想見當日贈橘的情致而思慕不已。

南朝文人，不論是帝王、是貴族、是平民，對於「物」每有一種簡單平實的愛悅，發而爲詩文，也清新可喜。下面且錄三首跟橘有關的詩：

1. 葳蕤映庭樹，枝葉凌秋芳，故條雜新實，金翠共含霜。攀枝折縹幹，甘旨若瓊漿，無假存雕飾，玉盤餘自嘗。（梁・簡文帝・詠橘）

2. 麗樹標江浦，結翠似芳蘭。焜煌玉衡散，照曜金衣丹。愧以無雕飾，徒然登玉盤。（梁・徐摛・詠橘）

3. 朱實挺江南，苞品擅珍淑。上林雜嘉樹，江潭間脩竹。萬室擬封侯，千株挺荊國。綠葉萋以布，素榮芬且鬱。得陳終宴歡，良垂雲雨育。（陳・徐陵・詠柑）

此外，像沈約有「園橘」，范雲有「園橘」，虞義有「橘詩」，他們都是沒有大企圖的文人，只是存著簡單歡喜的心在記錄生活。不欣賞的讀者，會認爲他們格局小，欣賞的人會認爲此中自有佳趣。

除了比較正式的資料，苻秦方士王嘉所撰小說《拾遺記》亦頗可細繹：

「條陽山中有白橘花，色翠而實白，大如瓜，香聞數里。」

《拾遺記》語多荒誕，但不失爲一部想像力豐富的故事集，橘花雖香，甚至也眞的能香聞數里。但，其實是倚多爲勝。在產橘地區滿山滿谷皆爲橘林，綿延不絕數十公里甚至上百公里，不足爲奇，因此香聞數里當然並非難事。但絕不是《拾遺記》中所記載的其花大如瓜所造成的。

當然，神話自有神話的誇飾語言，「花大如瓜」這句話如果從神話語言翻成現實生活語言，便是：

「那橘子的花非常香，非常非常香，不像是一朶小花的香味（一般橘花的直徑大約二、三公分）。那香味十分強烈驚人，讓人會以爲那朶花竟有一顆瓜那麼大呢！」

這怪誕的神話，其實反而更能說明，一直到晉代（苻秦時代相等於晉代）某些作者和橘子之間仍然保持著美麗神秘的一段朦朧距離。

除了《拾遺記》之外，下面三則和橘子有關的小說更富於情節性：其一是葛洪的《神仙傳》中蘇仙公的橘井故事，其事如下：

「蘇仙公者，桂楊人也，漢文帝時得道，先生早喪所怙，鄉中以仁孝聞……。乃跪白母，曰某受命當僊，被召有期，儀衛已至，當違色養，即便拜辭。母子歔欷。母曰：『汝去之後，使我如何存活？』先生曰：『明年天下疾疫，庭中井水，簷邊橘樹，可以代養。井水一升，橘葉一枚，可療一人。』

以常理推之，橘子加井水未必有如此療效（特別是針對至今十分棘手的流行病）但「枇杷黃，醫者忙（指初夏時節），橘子黃，醫者藏（指中秋時節）」（見《續世說》卻是民間深信的諺語。李伯珍「與醫帖」中有「白金一挺奉納，以備橘黃之需。」橘黃竟成了「醫生不景氣救濟金」的意思了。富含維他命C的橘子，根據經驗，食之的確使人具有較好的抗病力。

其次是《幽怪錄》中的「巴邛人」，即「橘叟」典故之所本，其事如下：

「有巴邛人，不知姓名，家有橘園，因霜後諸橘盡收，餘有兩大橘，如三斗盎。巴人異之，即令舉橘下，輕重亦如常橘。開每橘有二老叟。鬢眉皤然。肌體紅明。皆相對象戲，身長尺餘，談笑自若。剖開後亦不驚怖，但相與決賭。……又有一叟曰：『橘中之樂不減商山。但不得深根固蒂。為愚人摘下耳。』……化為一龍，四叟共乘之。足下泄泄雲起，須臾風雨晦冥，不知所在。巴人相傳云，百五十年來如此，似在陳隋之間，但不知的年號耳。」

後世有「橘中祕」一書，（內容係象棋譜），其典即出此。

「果生神話」在全世界中不算少見，但有趣的是日本的桃太郎，係剖桃而得，（桃在中國亦算仙界水果，前文已言之）而桃太郎很快就長大，並且攜帶飯糰（軍糧）前去鬼島打鬼（軍事行動，天朝之人前來君臨），整個故事充滿積極進取的攻擊性。而中國的橘中四叟（故事中他們又像商山四皓）

在橘子遭人剝開後，大概因爲閱世多矣，故能處變不驚，依然照常下棋。（其勝負有賭博性質，雖然賭的是有趣的仙界物品）對他們而言最重要的事是閒適、是遊戲、是友誼、而不是去攻擊征伐。

另外一則神話見《後搜神記》，《茶經》後來也引用過這則故事，一般人總把搜神系列（包括搜神記、搜神後記、續搜神記）看作神怪故事，但此則故事我卻認爲它十分像事實：

「晉孝武世，宣城人秦精，常入武昌山中採茗。忽遇一人，身長丈餘，遍體皆毛，從山北來。精見之，大怖，自謂必死。毛人徑牽其臂，將至山曲，入大叢茗處，放之便去。精因採茗。須臾復來，乃探懷中二十枚橘與精，甘美異常。精甚怪，負茗而歸。」②

根據中國大陸的記錄，湖北神農架一帶，至今仍有「野人」足跡偶現。野人是不是人？或是某種高大的靈長類？我們不得而知。但其足跡巨大，傳說中，見過的人也都亟稱其高大（以今日之尺度之，應已超過兩公尺）。這種生物如果採摘橘子，應該非常方便。看來這位「野人」對這位驚恐的採茶人十分友善，臨行還以二十枚橘子相贈。人類對他們而言是「小寵物」，語言既不能溝通，只好用禮物來表情達意了。可惜一千五百年來看懂這份「朱橘野人情」的人太少了。

三國，兩晉加上南北朝是中國人不以統一大帝國的方式活著的時代。舊說頗以爲這是衰世，是離亂遷徙不穩定的局面。以現在來看，它的文學藝術和各種創造力並沒有衰竭的跡象，就生活本身的活潑多元而論，也仍然該算個盛世。

在這番盛世中，因爲遷徙，整個文化的脈動活絡起來。北方的勢力南侵，一方面對漢族的生存造成痛苦的壓力，但漢民族的南移另方面卻讓他們分享了南方世界的新資源，吸收了南方的新營養。他們凝視了最幽邃秀麗的山水（如桐廬、富春江一帶的勝景），聆聽吳桂越女的婉轉歌謠，品嚐了足以喚回千里宦遊人的蓴菜鱸魚，領略了暮春三月，江南草長，雜花生樹，群鶯亂飛的良辰……。漢民族的南遷多少有點「因禍得福」的意味。而在衆多福祉中，得以親炙橘子，應該也算一項。

五、唐人的詩文如何描述橘子？

提到唐朝，第一件令人想到的便是那時代盛產詩。第二點則是經過長期政局不安，此際終於恢復到大帝國的統一局面——而這兩點加在一起，讓人印象深刻的是許多詩人好像都成了旅行家，他們在廣大的版圖上四處遊走。當然，也許只爲了戍邊，也許爲了赴任，也許爲了送別，也許爲了散心。總之，他們有資格來題詠這廣袤無邊的大好山河。因爲，經過常期的戰亂，終於有一天，他們可以說，這是「我家江山」了。

在這番題詠裡面，當然會包括橘子，而唐詩三百首的第二首（張九齡的〈感遇〉之二可看作一個南方政治家（張九齡是廣東人）引橘自喻的感傷：

江南有丹橘，經冬猶綠林。
豈伊地氣暖，自有歲寒心。
可以薦嘉客，奈何阻重深。

運命惟所遇，循環不可尋。
徒言樹桃李，此木豈無陰。

這首五古裡面，清楚的把代表南方的丹橘和代表北方的桃李作了一番對比。一方面是繼承屈原以來的古老傳統，一方面是因作者被貶荊州（也是產橘區），對桃李的特權感到不滿——而他所不喜歡的政治對手，也是繼他爲相的李林甫，恐怕就是詩中所說的桃李吧？張九齡在寫這組詩（十二首）之後三年便鬱鬱下世了。

張九齡另有一首「別鄉人南還」，有句如下：

橘柚南中暖，桑榆北地陰。
何言榮落異，因見別離心。
……

詩中不忘強調溫暖的南方，和無盡的歸思。

根據上述資料，我們其實還可以看到一個很特別的現象，那就是詩人每每不自覺的仍將「橘柚」並列。橘子第一次出現在《尚書》中的時候，的確「橘柚」並列。《尚書》的注說：「小曰橘，大曰柚」，疏文中卻引「正義」對注提出修正意見：「橘柚二果，其種本別」。《尚書》的注多少暴露一般人對南方佳果的無知。

橘柚並列，當然未必是橘柚不分，也許是爲了行文的方便，下面略舉數例說明唐代詩人愛將橘柚並列的現象：

1.橘柚在南國，鴻雁遺秋音。（顧況・雜曲歌辭）
2.夢裡蒹葭渚，天邊橘柚林。（李頎・臨別送張諲入蜀）
3.醉別江樓橘柚香，江風引雨入舟涼。（王昌齡・送魏二）
4.人煙寒橘柚，秋色老梧桐。（李白・秋登宣城謝朓北樓）
5.青惜峰巒過，黃知橘柚來。（杜甫・放船）
6.萬嶺岷峨雪，千家橘柚川。（皇甫冉・送夔州班使君）
7.橘柚吳洲遠，蘆花楚水長。（武元衡・送陸書還吳）
8.橘柚懷貞質，受命此炎方。（柳宗元・南山桑橘柚）
9.岸闊鳧鷺小，林垂橘柚繁。（鄭穀・遠遊）
10.園林紅橘柚，窗戶碧瀟湘。（齊己・秋夕寄諸姪）

這些詩人寫橘柚時不分，一方面是由於常人對不熟悉的事務，每每籠統命名。二方面也因爲橘柚是一個概念，不必細分（如例句8）。三方面是因他們在旅行，橘柚是模糊的遠景，混然難分。（如例句7.、10.）

唐代詩人不太有興趣寫平面的，像〈橘頌〉那樣的詩，他們昂首疾行不事停留，橘子是他們旅途上的風景。像岑參便是這樣的詩人，下面且舉四例：

1.雨滴芭蕉赤，霜摧橘子黃。（尋陽七郎中宅即事）

2.庭樹純栽橘，園畦半種茶。（郡齋平望江山）

3.山店橘花發，江城楓葉新。（送周子落第遊荆南）

4.新橘香官舍，征帆拂縣樓。（送江陵黎少府）

「橘柚」除了是唐人詩歌裡面的旅途箚記，它也溶入日常生活，納入制度和管理。

說到橘子的管理，其實遠在漢武帝時代就已經有了。在一本名爲《南方草木狀》的晉代著作中有如下的資料：

「橘，白華，赤實，皮馨香有美味，自漢武帝，交趾有橘官長一人，秩二百石，主貢禦橘。」

同一條資料中，也強調：

「吳（國名）黃武（年號）中，交趾太守士燮，獻實十七實同一蒂，以為瑞異，群臣畢賀。」

在《漢書》（志八）中，提到一處叫「魚復」的地方，特別也強調當地有「橘官」。

和漢代不同的是，唐代的「民間寫作力量」大於「官方寫作力量」，每一個詩人都用詩來寫生活。而這種瑣碎的記載湊成了歷史的面貌，遠比《漢書》那樣的史書更爲傳神。唐代詩人韓翃「送江陵元司錄」一詩便有下面二句：

「江城竹使待，山路橘官扶。」

看來漢代，和漢之後的年代，地方對中央，都設有「橘官」，並且都有「貢橘」的行爲。唐代大帝國水陸的交通網比以前更四通八達，貢橘之舉，當然也就更為方便。其中最值得一述的是白居易和他的從屬官員所留下來的詩：

洞庭貢橘揀宜精，太守勤王請自行。珠顆形容隨日長，瓊漿氣味得霜成。登山敢惜駑駘力，望闕難伸螻蟻情。疏賤無由親跪獻，願憑朱實表丹誠。（揀貢橘書情）

和詩有二首，其一是張彤所和：

淩霜遠涉太湖深，雙卷朱旗望橘林。樹樹籠煙疑帶火，山山照日似懸金。行看採掇方盈手，暗覺馨香已滿襟。揀選封題皆盡力，無人不感近臣心。（奉和白太守揀橘）

其二是周元範所和：

離離朱實綠叢中，似火燒山處處紅。影下寒林沈綠水，光搖高樹照晴空。銀章自竭人臣力，玉液誰知造化功。看取明朝船發後，餘香猶尚逐仁風。（和白太守揀貢橘）

上述資料，有些值得注意的地方：

㈠張彤和周元範在《全唐詩》中都是「一首詩人」，換言之，他們除了這首詩外，並無其他詩作（周元範有零星句子二句）。他們不算是什麼重要詩人，但這兩首詩的水準卻並不在大詩人白居易之下。白詩因為刻意取悅聖上，頗不自然。這兩首詩很可能是應白的要求寫的，甚至很可能是經白潤飾過的。

白居易另有一首〈宿湖中〉，雖未明言，但看來是同一件事的作品，其詩如下：

水天向晚碧沈沈，樹影霞光重疊深。浸月冷波千頃練，苞霜新橘萬株金。

幸無案牘何妨醉，縱有笙歌不廢吟。十隻畫船何處宿，洞庭山腳太湖心。

㈡這四首詩顯示：橘園在太湖附近的山區（太湖亦名洞庭湖），應該是白居易仕吳時期的作品。橘子很紅，可能是特好的品種，但還是要經過挑揀才算取精。而且，橘子循水路進京。

既有這麼複雜的規矩制度，唐人的「橘子文學」看來已不只是描繪浪漫的或令人心嚮往之的夢寐果實了。像白居易這樣的詩人便用他一貫主張的寫實手法，記錄了這種很實際的作業過程。（這制度在《尚書》裡其實已提到，不過卻沒有細節陳述）。

以北方爲活動中心的文人，和橘子之間的關係，仿若男子戀慕一位遠方女子，不斷聽人提到她的美麗芬芳。起先，心中不免充滿敻遠的想像和憧憬，但此刻他們已訂婚，愛意仍濃，情感卻變得比較篤定踏實，故多平靜質實的記錄。

這種平靜質實的與橘子相處的方式可從下面四類詩作裡獲得證實：

第一、詩人將橘子和其他南方植物相提並論

這一點，和前文所提到的「橘柚並提」不同。橘柚是同類，此處所說的是異類並現。茲舉下列七

首詩作爲例：

1.橘岸舟間罾網挂，茶坡日暖鷓鴣啼。（司空圖〈武陵路〉）

此詩將橘與漁網、茶坡並提。

2.細雨蓮塘晚，疏蟬橘岸秋。（方幹〈送鏡空上人遊江南〉）

此詩將橘和蓮田並提。

3.鱸魚斫鱠輸張翰，橘樹呼奴羨李衡。（鄭穀〈漂泊〉）

此詩將橘樹和鱸魚並提。

4.楓樹隱茅屋，橘林繫漁舟。（岑參〈送許拾遺恩歸江寧拜親〉）

此詩將橘林和楓林、漁舟並提。

5.砧淨紅鱠落，柚香朱橘團。（岑參〈送李翥遊江外〉）

此詩將橘子和紅鱠鮮魚並提。

6.露浴梧楸白，霜催橘柚黃。（李白〈秋日登揚州西靈塔〉）

此詩將橘子和梧楸並提。

7.鱣魴宜入貢，橘柚亦成蹊。（盧綸〈送渾別駕赴舒州〉）

此詩將橘和魚鮮並提。

以上諸詩，都在寫江南景緻，而橘子，只是江南的「許多勝景之一」。曾經是「唯一」的，現在已變成「之一」，其原因有二：其一是詩人在旅行中知道更多的江南風景，描述就不肯十分固著在橘子一項上了。其二是唐詩喜對偶，相提並論本來就是他們敘事的乃至思考的方式。從「唯一」到「之一」，其實正是情感上由浪漫歸於質實的表現。

第二、詩人開始批評橘子的缺點

曾經被視作人間美味的橘子，一旦落入生活，也不能免於褒貶，且舉三詩爲例：

1.杏俗難爲對，桃頑詎可倫。肉嫌盧橘厚，皮笑荔枝皴。（白居易〈與沈楊二舍人閣老同食敕賜櫻桃玩物感恩因成十四韻〉）

此詩作者白居易，因爲要讚美上方所賜的櫻桃，竟順便批評了好幾種水果，其中包括盧橘（橘子的一種，夏熟）。

2.老去齒衰嫌橘醋，病來肺渴覺茶香。（白居易〈東院〉）

此詩中白居易亦因牙齒的神經問題而怕橘酸，認爲茶比較適合老人食用。

3.綠粽新菱實，金丸小木奴。（巴橘酸澀，大如彈丸。）（元稹〈酬樂天東南行詩一百韻並序〉）

此詩中元微之不愧爲白居易的好友，他也抱怨巴地（四川）一帶的橘子又小又酸。

誠如上文所舉之喻，男女之間，不以對方爲「唯一」，且又抱怨嫌棄。我們一方面可以把這種關係解釋爲不浪漫，一方面也可以視爲更正常更實際的現世相處。

第三、唐人食橘治病

橘子治病，原來是神話中的傳說，唐人卻實際服食，茲舉二例：

1.憐君臥病思新橘，試摘猶酸亦未黃。（韋應物〈答鄭騎曹青橘絕句〉）

此詩中韋應物因急於供應病人橘子，故未黃而採贈。

2.病起乍嘗新橘柚，秋深初換舊衣裳。（韓偓〈秋深閒興〉）

以上二詩看來服食者都非重病，很可能是求取橘子的開胃功能。

相較之下元稹的「感夢」一詩便對「橘丸」治感冒（頭痛、多痰等症）的神效有更詳細的記錄：

問我何病痛，又歎何棲棲。答云痰滯久，與世復相暌。

重云痰小疾，良藥固易擠。前時奉橘丸，攻疾有神功。

何不善和療，豈獨頭有風。（予頃患痰，頭風踰月不差。裴公教服橘皮樸硝丸，數月而愈。今夢中復徵前說，故盡記往復之詞。）般勤平生事，款曲無不終。

第四、詩人每談種橘、橘病和治橘蠹之事

橘子既已不是遙不可及之物，詩人有機會便親手栽種，下面且舉貶謫柳州的柳宗元的二首詩：

手種黃柑二百株，春來新葉遍城隅。方同楚客憐皇樹，不學荊州利木奴。

幾歲開花聞噴雪，何人摘實見垂珠。若教坐待成林日，滋味還堪養老夫。（柳州城西北隅種柑樹）

既然種了橘子，就有可能產生病橘，杜甫有詩道之甚詳：

群橘少生意，雖多亦奚為。惜哉結實小，酸澀如棠梨。
剖之盡蠹蝕，采掇爽其宜。紛然不適口，豈只存其皮。
蕭蕭半死葉，未忍別故枝。……（病橘）

杜甫是文人，所以對生病的橘樹只有感傷和氣惱。但貫休的詩中卻有比較完整的種樹和護樹的方法，貫休是僧人，七歲即出家，下面且引三條資料說明貫休如何經營橘樹：

高步南山南，高歌北山北。數載買柑橘，山資近又足。（陶種柑橙令山童買之。）

「陶種柑橙」不知是何種柑橘，但看得出來貫休刻意選購的佳種。並藉著一年一年購進而累積了果園的規模，終於可以使寺廟基金充足。中國佛教放棄了印度僧侶的托缽方式，改用叢林制，故僧侶必需籌劃廟產，經營果園不失為一種不太打擾清修生活的圖利方式。貫休在另一首詩裡幾乎把同樣的話又講了一遍：

數載賣柑橙，山貲近雲足。（書陳處士屋壁二首之二）

依此看來，貫休對於自己能「借柑橘之力以修道」，是頗自豪的。但貫休的橘子如何可以健康生長且獲利呢？且看下面這首詩：

蟻踏金苞四五株，洞庭山上味何殊。（庭橘）

橘子走入生活，便不能不現實起來，橘子竟和螞蟻掛鉤了。原來橘子雖有百般好，卻容易生蟲，俗謂橘蠹，橘蠹據陸龜蒙〈蠹化篇〉記載：

> 橘之蠹，大如小指，嚙葉如蠶，蛻為蝴蝶。

橘生南方，南方本因氣暖而多蟲，加上橘子又已成爲經濟作物，種植起來連山帶嶺，林相單純，極利於蠹蟲來食。但中國古代農人亦自有其聰明的解決之道，在《南方草木狀》（卷下）中記其事如下：

> 交趾人以席囊貯蟻，鬻於市者，其窠如薄絮，囊皆連枝葉，蟻在其中，並窠而賣。蟻赤黃色，大於常蟻。南方柑樹，若無此蟻，則其實皆為群蠹所傷，無復一完者矣。

貫休的另一首詩〈秋末懷舊山〉中，敘述更爲清楚：

> 昔住匡廬北，無人知姓名，侵雲收穀粟，引蟻上柑橙。

這種「以一物剋一物」的觀念來保全橘子的方法，比使用農藥要好太多了。貫休詠橘而言及螞蟻，手法寫實，是崇尚華美的浪漫詩人所不能想像的。

貫休既是僧人，「引蟻食蠹」頗有間接殺生的意味，但貫休可能以生態視之，也就沒什麼不安了。

此上四點所言，都是唐代詩人和橘子間的「現實層面」。難道詩人和橘子之間再沒有前朝的浪漫層面了嗎？不然，還是有的，下面另從四方面來觀察這個現象：

第二、唐人將橘子寫入「宮詞」，並且成爲一種和美麗女子有關的果實

有一位由晚唐而入五代的詩人和凝，曾作「宮詞百首」。和凝晚期因位高而自焚詞集，反而被人稱爲「曲子相公」。他的「宮詞」應該視作早期所寫的唐宮。百首之中的第二十八首，其內容如下：

貢橘香勻𩈋㦬容，星光初滿小金籠。近臣押賜諸王宅，拜了方開敕字封。

這首詩採取的觀點很特別，是從宮人的角度來看事的。而「𩈋㦬」兩字是專用於形容「橘皮」的詞彙，究竟是形容其顏色或是形狀則不得而知，（𩈋，有黑意）。在整個貢橘的行動中，皇宮當然是受惠享用的一方，但其實必須也要顧到上下利益均霑。而群臣（或宮人）皆須跪拜以謝主隆恩，然後才開封領用。

此外唐人王建亦有宮詞百首，其中第四十五首記載宮女和拋接橘子的嬉戲，小小橘子竟和幸運的承恩有關。

叢叢洗手遶金盆，旋拭紅巾入殿門。衆裡搖拋新摘（一作橘）子，在前收得便承恩。

至於花蕊夫人，因爲地處南方，宮女自己就能種起橘子來。她們不是享受君恩，承受橘子，她們竟打算自己來「貢橘」了，其間主動和被動的情趣，頗可玩味。（花蕊夫人當然也可以看作五代時期的人，但因全唐詩收入此項資料，此處亦從之）：

內人承寵賜新房，紅紙泥窗遶畫廊。種得海柑纔結子，乞求自送與君王。

以上所述的「宮詞」中的宮中女子當然是身份特殊的女子，但除了她們，宮門之外亦有些身份特殊的女子，如薛濤，也是屬於有緣親近橘子的。她有一首「酬郭簡州寄柑子」，其詞如下：

霜規不讓金黃色，圓質仍含御史香。何處同聲情最異，臨州太守謝家郎。

郭簡州何以寄她柑子？當然是傾慕她的才慧和美貌，柑橘或贈美女，或贈宮女，顯然是一派浪漫行逕。

唐代另有一位豔名頗熾與薛濤相埒的女詩人魚玄機，她的詩作中也有一首是和「橘林」有關的六言詩，其詞如下：

江南江北愁望，相思相憶空吟。鴛鴦暖臥沙浦，鸂鶒閒飛橘林。
煙裡歌聲隱隱，渡頭月色沈沈。含情咫尺千里，況聽家家還砧。〈隔漢江寄子安〉

六言詩慣用的節奏是2-2-2，有點「硬碰硬」的利落。六言詩中二字一組的「詞組」便特見重要。此詩中鴛鴦、鸂鶒、沙浦、橘林等也就各有其重要性。

魚玄機的詩雖沒有被動性的接受贈橘，但卻有主動性的「贈人之詩」。鴛鴦和鸂鶒都是華麗而與愛情相聯想的禽鳥，此詩整體而言充滿浪漫情懷，鸂鶒飛向橘林，應該也是比飛向「楓林」或「松林」更爲華美，更容易引起浪漫聯想的畫面。

第二，唐人橘子文學和僧道遊仙題材有關連

在中國文化的體系裡面，儒家一向代表「君君臣臣」的理性常態，而僧道卻是思想遊離的浪漫空間。如果我們觀察文人的「本名」和「字號」，或者會有一些體會。例如：白居易和蘇軾的本名是「儒家意味的」。但「香山居士」和「東坡居士」就有點逃身於禪的意味了。

橘子，一方面因其山林性格，二方面因宜於在低海拔的山間生長，（平地當然也可以，但漢人一般喜將平地作農田。）所以跟僧廟、道觀十分親近。而且橘子極香，而「香」和「宗教」都屬於神祕經驗，天生互相投緣。因此，「僧道種橘」或「僧道接受贈橘」都有某種程度的宗教浪漫，茲舉五例：

㈠在出名的僧人寒山三百零三首的第六首有二句：

靈瓜夢裏受，神橘座中收。

橘子竟成了「神橘」，由於香味和耐放，橘子當然是極好的供果。後人有以「佛手」（正式的名字是枸櫞，柑類）供佛，其好處亦在香味和耐放。

㈡僧人靈一，（居餘杭宜豐寺，與詩人朱放、張繼、皇甫曾爲「塵外友」）有詩「秋題劉逸人林泉」，劉逸人不知何許人，「逸人」應該是字號而不是正名，字號反應一個人的心志，此人對照全詩，應是個隱逸君子，靈一贈他的詩，有一句是讚美他的橘樹的：

涼飆亂黃葉，遲客橘陰清。

僧人與隱逸之人往還，在逸士山居的橘陰下談話，就僧人和儒生言，彼此都有「小小出軌」，但不失爲一種浪漫情境。

㈢僧無可（賈島之堂弟）亦有一首「送邵錫及第歸湖州**」，無可的朋友既是俗人，又因俗務（及第）歸鄉，本來也許無話可贈，無可除了賀他之外，也不免要勉勵他：**

春關烏罷啼（一作啼罷），歸慶浙煙西。郡守招（一作邀）延重，鄉人慕仰（一作羨）齊。橘青逃（一作陶）暑寺，茶長（一作綠）隔湖西。乘暇知高眺，為應辨會稽。

此詩的意思是：親愛的朋友，雖然你功成名就，但當你回到故鄉，當你偶然有空登高，當你遠望，在夏秋交錯的橙黃橘綠茶樹茂美的季節，請也憶想一下遠方的故友吧！

無可爲什麼選擇的植物是茶和橘樹？應該說，茶橘和寺廟都是山林中的一部份生命吧！

㈣僧人皎然有一首「別（一作送**）洞啼維諒上人」，其中有句云：**

情（一作憶）著春風生橘樹，歸心不怕洞庭波。

皎然爲這位（上人）朋友另寫了一首「洞庭山維諒上人院階前孤生橘樹歌」，其詞如下：

洞庭仙山但生橘，不生凡木與梨栗。真子無私（一作松）自不栽，感得一株階下出。

細葉繁枝委露新，四時常綠不關春，若言此物無道性，何意孤生來就（一作就來）人。

二月三月山初暖，最愛低簷數枝短。白花不用烏（一作鳥）銜來，自有風吹手中滿。九月十月爭破顏，金實離離色般般（一作顏色殷）。一夜天晴香滿山，天（一作山）生珍木異於俗。……。

在這首長歌裡皎然把橘子視爲身在「凡木」和「梨栗」之上的「仙山作物」是一夜天晴可以香滿山的「天生異於俗」的珍木。歷來僧人讚美橘子似乎以這首最爲情溢於辭，其間甚至並沒有經濟利益的考量，（因爲是「孤生」之橘，不像大片橘林可以獲利）純粹是感官的和心靈的喜悅。

皎然另一首詩題名爲「郭北尋徐主簿別業」：

近依城北住，幽遠少人知。積雪行深巷，閒雲繞古籬。竹花冬更發，橙實晚仍垂。還共巖中鶴，今朝下淥池。

內容也是一貫的幽棲者尋幽探勝的浪漫行逕。

㈤僧人齊己，寫橘的作品很多，涉及的層面也很廣，下面且一一列舉：

1. 老隱洞庭西，漁樵共一溪。琴前孤鶴影，石上遠僧題。橘柚園林熟，蒹葭徑路迷。君能許鄰並，分藥劚春畦。（湖西逸人）
2. 柳少沙洲缺，苔多古岸存。禽巢依橘柚，獺逕入蘭蓀。……（瀟湘二十韻）
3. 春日上芳洲，經春蘭杜幽。此時尋橘岸，昨日在城樓。

鷺立青楓杪，沙沈白浪頭。漁家好生計，簷底繫扁舟。（遊橘洲）

4.每到秋殘夜，燈前憶故鄉。園林紅橘柚，窗戶碧瀟湘。離別身垂老，艱難路去長。弟兄應健在，兵火裏耕桑。（秋夕寄諸姪）

5.洞庭栽種似瀟湘，綠遶人家帶夕陽。霜裛露蒸千樹熟，浪圍風撼一洲香。洪崖遣後名何遠，陸績懷來事更長。藏貯待供賓客好，石榴宜稱映舟光。（謝橘洲人寄橘）

6.幸無名利路相迷，雙履尋山上柏梯。衣缽祖辭梅嶺外，香燈社別橘洲西。雲中石壁青侵漢，樹下苔錢綠繞溪。我愛遠遊君愛住，此心他約與誰攜。（行次宜春寄湘西諸友）

7.麓山南面橘洲西，別搆新齋與竹齊。野客已聞將鶴贈，江僧未說有詩題。窗臨杳靄寒千嶂，枕遍潺湲月一溪。可想乍移禪（一作吟）榻處，松陰冷濕壁新泥。（聞尚顏上人刱居有寄）

8.仲宣樓上望重湖，君到瀟湘得健無。病遇何人分藥餌，詩逢誰子論功夫。杉蘿寺裏尋秋早，橘柚洲邊度日晡。許送自身歸華嶽，待來朝暮拂缾盂。（懷體休上人）

其中3.、4.、5.、6.雖重點放在「橘洲」，但橘洲既成爲僧人齊己的生活美感經驗來源的一部份，則其中橘和橘洲也就不必細分了。換言之，寫橘洲也就是寫橘子。

相對的，其實不僅僧道詩人自己愛寫橘子，世俗之人在和僧道來往時或提到寺廟時也愛提及橘子，茲舉數例如下：

1.谿寺黃橙熟，沙田紫芋肥。……（張藉〈送閩僧〉）

閩地亦屬「柑橘帶」，張藉送僧時便不忘提此特點。當然，僧人和文人本有相通之處，其中一項是對山林的依歸，其二便是對淡雅的食物的欣賞。（此詩也被認爲是呂溫的作品，題目是「送僧歸漳洲」）。

2.……報恩兼報德，寺與山爭鮮。橙橘金蓋檻，竹蕉綠凝禪。……（孟郊〈送淡公〉）

詩中的「淡公」身著袈裟，卻分明更醉心詩的事業。孟郊送他時所想到的「未來情境」當然離不開竹和橘。

3.琵琶峽口月溪邊，浴亂頭佗憶舊川。一錫冷涵蘭徑路，片帆香挂橘州煙。……（譚用之〈送僧中孚南歸〉）

中孚僧人南歸，詩中便以蘭徑橘洲來擬想他的行蹤。以上所述是跟僧人有關的部份。可惜比丘尼的交際圈比較小，詩人也比較少，這方面的資料竟找不到。下面再引用二則跟道人有關的資料：

1.五雲遙指海中央，金鼎曾傳肘後方。三島路岐空有月，十洲花木不知霜。

因攜竹杖聞龍氣，為使仙童帶橘香。應笑我曹身是夢，白頭猶自學詩狂。（韋莊〈王道者〉）

僧道之間，當然有其截然不同的教義，但對文人而言，他們同是「方外」之人，其意義略等於今日之人「交個外國朋友」，其基本出發點皆源於某種逃逸和浪漫，故韋莊寫道者，也是如此。詩中提到的小童，身帶橘香，小童的存在，一般而言是爲了「處理冗雜事務」（如挑水劈柴），以便主人可以「專心浪漫」。但此詩中的小童居然身帶橘香，橘香何由而來？是由於「庭橘低攀嗅」（江南秋懷寄華陽山人　陸龜蒙）吸收了橘香造成內部肺腑的清香呢？還是「行看採掇方盈手，暗覺馨香已滿襟。」（張彤　奉和白太守揀橘）因經常採橘而造成的外在薰染呢？

2.青錦縫裳綠玉璫，滿身新帶五雲香。

閒依碧海攀鸞駕，笑就蘇君覓橘嘗。（曹唐〈小遊仙〉詩九十八首之30）

此詩中在談橘之際提到蘇君，（即神仙傳中的蘇仙公），蘇君之橘亦即橘井之橘，一般被認為是有健康療效的果類。在基督教的傳統中，葡萄榨成汁以後，便可以用來象徵耶穌受難之血，信徒飲之，不但是「一脈相承」，而且是血脈相通相貫。葡萄這種水果和基督教之間便有其固定的象徵意義。同樣的，上引詩作中的橘子也便有其宗教上延年益壽的意義。

第三、橘子被唐人認為是美食和華筵上品

一般而言，美食和華筵上品這兩件事並非完全交集。有些食物，雖是美食，但上不了臺盤，不配入華筵。也有些東西，得入華筵，卻又未必是美味。橘子卻是二者兼具的。下面先舉幾首詩，來看詩人如何盛讚它的鮮美。

1.越浦黃柑嫩，吳溪紫蟹肥。（杜牧〈新轉南曹未敘朝散初秋暑退出守吳興書此篇以自見志〉）

柑橘的季節和螃蟹相同，因此有不少詩作歌詠這兩種美食。

2.蟹因霜重金膏溢，橘為風多玉腦鮮。（皮日休〈寒夜文宴得泉字〉）

此詩也極言秋日這兩種美味並陳時的盛況。

3.紅膾黃橙香稻飯。飽食濃妝倚柁樓（白居易〈新樂府〉〈鹽商婦〉〈惡幸人也〉）

黃橙加上新收的秋日香稻，被認爲是富有人家（鹽商）才得享的美食。這項組合跟前面橙、蟹並陳略有不同。

4.溪寺黃橙熟，沙田紫芋肥。（呂溫〈送僧歸漳州〉）（此詩或引爲張籍作品見前文）

豐收的秋日，橙柑經常和其他美食一起登場，其中另一個組合是跟土氣的芋頭一起出場，這些都是山鄉野嶺最簡單可取的自然恩惠。

5.充盤煮熟堆琳琅，橙膏醬渫調堪嚐（唐彥謙〈蟹〉）

此詩所述重點是螃蟹的美味，橙在此詩中的意義是沾醬，是調味料。「橙膏」想來和今日客家人仍在製作的「桔醬」應是一物（此物色橙黃，濃度略等於蕃茄醬，置紹興酒方瓶中出售，一般用以沾食客家土雞）。

6.我來禦魑魅，自宜味南烹。調以鹹與酸，芼以椒與橙。
腥臊始發越，咀吞面汗騂。……（韓愈〈初南食貽元十八協律〉）

這首詩是韓愈詩作中十分特殊的一首，描述韓愈在理智上頗自以爲身為南方的地方官，應該試嚐「鄉土食物」。但這些食物腥羶恐怖，並不合他的飲食習慣，他只好用大量的調味料。其中看來包括鹽、醋、橙、椒，不過，他最後還是放走了粵人以爲極美味的蛇。

7.靈味薦魴鱮，金花屑橙齏（孟郊〈與王二十一員外涯遊坊口柳溪〉）

齏指一切細切或爛搗的食物，「橙齏」應該等同於前面所說的「橘子醬」。一般而言，吃某類食物便搭配某一種醬料，可算是高度飲食文化的表現。（如美國感恩節的烤火雞必搭配「小紅莓醬」粵人食烤鵝，必配「梅醬」），但這種搭配又常有「促銷」意味，古人沒有冷藏設備，秋日橘橙季來時，便就時就地取材，而橙齏配魚鮮也的確是天作之合。

以上所引是人人可得而嚐之的美味，下面所引的則是比較盛大的宴會：

1.冬夜傷（一作觴）離在五溪，青魚雪落鱠橙齏。（王昌齡〈送程六〉）

王昌齡送友人設宴，雖不敢說是華筵，畢竟也是一桌正式送別酒席。橙子在本詩中和上詩同樣已製成齏醬，但在此詩中似乎不是沾醬，而是用來煮魚的調味品。

2.勸客駝蹄羹，霜橙壓香橘。朱門酒肉臭，路有凍死骨。……（杜甫〈自京赴奉先縣詠懷〉五百字）

「朱門酒肉臭，路有凍死骨。」是杜詩中十分膾炙人口的句子，但詩中有百句之長，一般人未必熟知。甚至在此句之前的兩句，「勸客駝蹄羹，霜橙壓香橘」也很少人聽過。其實這兩句極力描述宴會的盛況，「駝蹄羹」是厚腴之味，有橙橘果品來調整一下口腔的感覺當然是絕妙的設計。

由於詩人各有其性向和意識型態，杜甫一向不是一個擅長描述「感官世界」的詩人，他也不太去描述「美食」。像（麗人行）一詩本來可以就食物大寫特寫的，但杜甫著墨亦不多。

紫駝之峰出翠釜，水精之盤行素鱗，犀筋饜飫久未下，鸞刀縷切空紛綸。

也許由於詩人地位不高，只能遠遠觀望那些麗人。而他們的華筵，詩人寫出來的食物竟無「香」「味」，只有「色」、「狀」。讀者只能看到翠玉大盤或剔透晶亮的水精大盤兩種食具，以及醬紫色（紅燒）和素白色（清蒸）的色調，附帶也描述了廚房的忙碌和貴族對食物的挑剔冷漠。《麗人行》寫的是三月三日的春遊，橘子當然不能登場。而《詠懷》卻自注是天寶十四年十一、二月，能夠看到「香橘」「霜橙」倒並非意外。但經「霜」意味著「甜度」，「香」又是嗅覺方面的字眼，如此清清楚楚描寫嗅覺和味覺的官能在杜甫而言算是有點難得了。

第四、從唐代詩人的文辭中仍可看到某種程度的浪漫，茲舉七例：

1.越艷誰家女，朝遊江岸傍。青春猶未嫁，紅粉舊來娼。
錦袖盛朱橘，銀鉤摘紫房。見人羞不語，回艇入溪藏。（屈同仙（亦作屈同）〈烏江女〉）

把橘子說成是越地美女藏在錦袖中的「體己物」。可謂是一種浪漫的豔情。

2.露變蒹葭浦，星懸橘柚村。（劉禹錫〈武陵書懷五十韻（並序）〉）

作者劉禹錫是詩人中特別喜歡強調旅遊經驗的。此詩記武陵，已屬浪漫情懷。至於其詩句中記載「那些以橘柚為特產的村落，此刻都正懸著一顆顆星星般燦美的果實」，更是旅人的浪漫情懷。

3.湖山處處好淹留，最愛東灣北塢頭。掩映橘林千點火，泓澄潭水一盆油。

龍頭畫舸銜明月，鵲腳紅旗蘸碧流。為報茶山崔太守，與君各是一家遊。（嘗羨吳興每春茶山之遊，泊入太湖，羨意減矣。故云。）（白居易〈夜泛陽塢入明月灣即事寄崔湖州〉）

白居易雖然也有抱怨橘子的詩，但當他泛舟太湖，橘林中的果實燦燦如千點火光，此時他的心情竟覺得從前所羨慕的茶山已沒有那麼值得羨慕了。

4.桃須曼倩催方熟，橘待洪崖遣始行。（羅隱〈出試後投所知〉）

把桃和神話中偷桃小兒東方朔聯想，把橘和神仙洪涯掛鉤，可說是神仙浪漫世界中的奇想。

5.爨動曉煙烹紫蕨，露和香蒂摘黃柑。他年卻棹扁舟去，終傍蘆花結一庵。（韋莊〈西塞山下作〉）

西塞山是張志和修仙之處，蕨是傳說中幽隱之人的食物。和露連枝摘柑橘也就沿承雅士的浪漫高懷。

6.聞說江陵府，雲沙靜眇然。白魚如切玉，朱橘不論錢。（杜甫〈峽隘〉）

這樣的句子，幾乎成了江上風物的觀光廣告，把價廉物美的橘子和江魚並提，可謂十分生活化。這當然和中原詩人的蜀國之行的新經驗有關，遠方異味美食，當然是最方便的浪漫事件。

7.放筐當午際，洗剝相蒙冪。登床半生熟，下箸還小益。加點瓜薤間，依稀橘奴跡。（杜甫〈驅豎子採蒼耳〉）

從杜詩這條資料看來，橘子是和野菜共同混合來作生菜沙拉的材料，是山蔬野果，是鄉居人家浪漫的一饌。

以上七例，應該可以幫助我們瞭解，雖然時至唐代，南方的橘子已經融入中原生活而變得「平常」，但她在詩人心目中某種程度的浪漫感還是存在的。

以上所述，都是詩歌文學中的例子。下面擬提出詩歌以外的兩項資料，來作另一方面的探討。

第一項資料是李瀚的《蒙求》，李瀚是介乎晚唐和五代之間的人物。他的《蒙求》一作後世仿者甚多，多至十本左右，但當然還是以「李氏蒙求」影響力最大。

李氏蒙求被選入《全唐詩》，顯然編者是將之視為「詩」的。但此書三卷，七十五章，採對偶及押韻方式述寫中國歷代典故，視之為「四言韻語」比較公平。

此書題名《蒙求》，非常明顯的是企圖成為一部兒童教科書的「補充教材」。他所提供的典故當然不及四書五經正經。但這部書的價值在於標出一些民族共有的記憶，讓兒童能從小是「聽同一堆故事長大的」「同故事族群」。《蒙求》所收典故共五百九十二則，其中也包括像「孫壽折腰」或「飛燕體輕」的負面教材。書中第一百四十條便是「陸績懷橘」。此事原記於三國志吳書，長期以來，已是一則大家熟悉的典故，而李瀚將之放入蒙求，便立刻加強了這故事的道德意義，使之成為孝子懿行。這也影響到元代以後的二十四孝，亦沿例收入陸績的故事。二十四孝在流傳中產生不同的名單，但各種版本的名單中都含有陸績懷橘的故事。其直接間接的影響力不可謂不大。四書五經因為是科舉考試出題的「標準本」，當然會列為塾校的必然第一教材。但《蒙求》的 592 則故事卻以實例來探討現世中的「人格美學」或「大是大非之判」，幾乎可以用「倫理學」來看待這本書。但 592 則故事是它的優點（資料豐富）卻也是它的缺點（龐雜難蹤，不是一般教師所能勝任的）。事實上，李瀚所列舉的592則資料，一般人熟知的大約只有一百則左右，其中「陸績懷橘」算是最廣爲人知的故事了。唐代詩人引陸績典故的也不少。

歷代橘詩中並沒有詩人提到橘子的大小，陸績的故事卻供給我們一個合理的推測，亦即當時在江西九江的橘子，其直徑大約不超過五公分，否則很難連塞三個藏進一個小孩的襟懷裡。

第二個和橘子有關的文學作品是唐人傳奇「柳毅傳」。這篇小說表面看和橘子沒什麼關係，因爲一般讀者都會把重點放在柳毅的義行上。他不辭勞苦，不怕是非，去爲受婚姻之苦的龍女傳信，給了她最即時的救援。少許的讀者會注意到龍宮中的排場以及每個龍王之間的性格差異。但像下面這段對話則恐怕未必存在讀者的記憶中：

> 毅請聞之。女曰：「洞庭之陰，有大橘樹焉，鄉人謂之『社橘』。君當解去茲帶，束以他物，然後扣樹三發，當有應者。因而隨之，無有礙矣。幸君子書敘之外，悉以心誠之話倚托，千萬無渝。」毅曰：「敬聞命矣。」……還家，乃訪於洞庭。洞庭之陰，果有社橘。遂易帶向樹，三擊而止。俄有武夫出於波間，再拜請曰：「貴客將自何所至也？」毅不告其實，曰：「走謁大王耳。」武夫揭水指路，引毅以進。

人龍異類，水陸異途，人類如何找到「洞庭龍君」，告以「涇川次子」的婚姻暴力，當然有其實際困難。不料一旦說穿了通關密語，原來也跟「芝麻！開門！」一樣簡單，只須找到一株社橘，扣擊三下，便可接通水府線路。路上也不須護照度牒，只需換一根腰帶，這篇小說裡有幾點可以注意思考的：

㈠橘樹在一般果園中，並非極大的樹，它先天上既非遮天巨樹，後天上栽入果園裡，每顆樹之間的間距大約是三公尺。種得太疏，並不符合經濟效益。橘子的樹幹大約一般也不超過30公分。這種應「農藝要求」而成形的橘樹當然不夠壯觀，沒有資格代表大地接受人類膜拜。我們有理由相信故事中這棵作為「地標」的社橘必然是反乎常情而十分高大的。

社有社木，但社木應是什麼樹？也無限制。因為緯度不同，土質各異，但總以壯觀為要求，例如櫟樹。以橘為社木，的確很少聽到。我們也許可以這樣推測，這棵橘子是原生橘或野生橘類，它長得高大異常，而且結實纍纍，所以被認作是值得崇拜的社橘。

㈡女主角故鄉的社木為什麼是橘樹呢？這當然涉及她的身分，她是龍女，龍當然要以水為根據地，此女之父是洞庭龍君，（她的叔叔則是錢塘君）洞庭湖（或太湖亦名洞庭）畔當然不妨以橘子為社木，這裡本是有名的產橘區。

附帶一提的是，「柳毅傳」這個篇目是以人名為故事名，簡單樸素，而不具情節暗示。這一點，在唐人傳奇小說而言是「常態」，類似的例子如「李娃傳」、「霍小玉傳」「白猿傳」皆屢見不鮮。

這種寫法，比較凸顯主角，企圖以主角的人格特質爲主要吸引力。但一旦改爲戲劇，則不免在題目中透漏一些情節方面的端倪。換言之，題目中除了名詞還有動詞。這部小說在元代尙仲賢的筆下便成了「柳毅傳書」（同樣的，元人王實甫也把陸績故事命名爲「陸績懷橘」）這種加了動詞的命名方法，強調的是情節發展。

這個故事到了明代另有許自昌將之編爲「橘浦記」。明代戲曲的命名每採「地名」或「物名」，例如：「牡丹亭」、「西樓記」、「明珠記」、「紫釵記」（當然，這也並不代表當時不用「事名」，例如「牡丹亭」也叫「還魂記」）有趣的是，一旦改爲「地名」，這個地理因緣便會變得十分重要。橘浦記較之唐人小說和元雜劇爲遜色，文字蕪雜，好弄典故，文人對它的評價不高。但這部戲卻非常喜歡一再強調橘子和橘浦，似乎作者不但急於表述一個故事，更想帶讀者一觀江浦之橘的優美。雖然古典戲劇不是電影，不能把橘浦之美一一納入鏡頭，但藉著敘述，作者已極力介紹了橘浦之美（這一點，或許和作者許自昌的籍貫有關，他是吳縣人，吳縣是盛產橘子的地方）。

今人拍電影，有時亦不免反賓爲主，希望觀衆去看影片中的峇裏島海景或蒙古草原，故事和人物反而不是賣點。「橘浦記」的情況很像。無論是劇名或內容，都有這種意味。都強調背景環境的藝術性。（今年度極流行的電視劇「橘子紅了」，亦儘力把橘紅用到極致）

其實就算元雜劇「柳毅傳書」，其中寫橘樹的部分也寫得比唐人原著複雜細膩，這當然和「舞臺更重視道具」有關。此處且引第一折和第二折中原文如下：

〔正旦出書金釵科雲〕既蒙先生許諾。我自有路徑指引。你去俺那洞庭湖口上。有一座廟宇，香案邊有一株金橙樹。裏人稱為社橘。你可將我這一根金釵兒擊響其樹。俺那裡自有人出來。

〔唱〕

【么篇】則俺那裡近沙浦有廟宇。到廟前將定金釵股。香案邊擊響金橙樹。覷水中閃出金沙路。走將那巡海的夜叉來。敢背將你個寄信的先生去。

……………

〔柳毅上雲〕小生柳毅。自離了龍女三娘。可早來到這洞庭湖也。元來這湖口上果然有一座廟宇。廟前有一株金橙樹。這等看起來。那龍女所雲。真不虛矣。我如今取出這金釵兒擊響此樹咱。〔做擊科〕〔淨扮夜叉上詩雲〕湖上顯神通。作浪與興風。不識蝦元帥。唯言鱉相公。小聖乃巡海夜叉是也。不知甚人擊響金橙樹。小聖分開水面。我試看咱。兀那廝。你是何人。為甚麼擊響這金橙樹。

和原小說相比，雜劇中多了龍女的信物金釵，用金釵敲金橙，通訊調頻似乎更爲良好。而且水府中也因有例常巡邏活動，所以能夠頗具效率的「馬上辦」，書信因而得以用最快速度捷遞到龍君之手。

《橘浦記》裡的巡邏員白鼉便有如下之詞：

自家白鼉的便是，通體傳星，周行背月，足慣持舟。脂堪燃鐵。熒熒兩眼若丹霞，皎皎一身如皓雪。度法僧，西土移來一座銀山。觸聖王，東吳牽出九重晶闕。……近日為洞庭君把守橘浦，凡有那要到洞庭去的，只把這社橘連扣三聲，我便出來接應，把船渡他到洞庭去。因此特在這湖口潛身。只見那金衣霜潤，綠葉露滋。朱實懸金，布影臨丹地。白華霰雪飛，香度玉岑巫陰之嘉樹。扶疏上林之移根。盤據德陽殿中。分香浦口。守歲寒之心。建春山裡，接種灘頭。有淩冬之質。璿星散自淮北。錫貢不必楊州。

許氏文字，雖是一隻白黿，也會不斷的掉書袋，他把尙書和屈賦的典故都用到了。其目的無非是要營造一個橘浦的氛圍，完成一套南國美學。

前面提到柳毅故事中的龍女既是龍族，自須隸屬於一方水域。而水域定在洞庭湖，當然和橘子有關聯。但問題是這位龍女本來可以屬於任何水域，天下之大，湖海江流，都有龍王在，何必非洞庭不可呢？其實，橘樹和南方的湖泊之美才是柳毅傳作者李朝威所鎖定的美感吧？文學中的浪漫本來就常和遠方、異域、異類牽連在一起，從「柳毅傳」到「柳毅傳書」到「橘浦記」，這種嚮往遠方的浪漫精神倒是一以貫之的。

結　論

從《尙書》時代到唐詩和唐人小說的時代，整個一千多年的歷史裡，橘子，從遠方的夢果成爲家園中的果實。橘子到了五代和宋代當然仍舊承擔著某種文學催化劑的功能，但此文先在此處暫停。

最後，且引傅玄的《菊賦》作爲本文的結束：

詩人睹黃雎而詠后妃之德

屈平見朱橘而申忠臣之志

曾經，雎鳩鳥代表某種意涵，橘子，也代表某種意涵。傅玄所舉的例子恰恰好是「黃河流域」和「長江流域」兩種文化中的文學喻表。但雎鳥的「詮釋權」被儒家專櫝專賣了，它的意義也因而窄化了。但橘子比較幸運，它由屈原的忠悃演化成北方文人對南方風物的浪漫情懷，它代表中國文化重心一路南移的宿命。

【附註】

① 參《神奇的馬王堆》（侯良編著）中山大學出版一九九〇年五月

② 本條見《藝文類聚》八二，亦見《太平禦覽》四八、八七六、九六六，以及《太平寰宇記》一一二，《茶經》引時作《續搜神記》，《藝文類聚》八六則引作《搜神記》，但本條年代爲「晉孝武世」，據此，當爲《續搜神記》。

唐宋煎茶詩與詩人寫實本能之考察

國立中山大學
中文系教授 簡錦松

一、前言

從唐至宋，以煎茶爲主題的詩篇不少，這些詩篇有著明顯的相似性，如果把這些相似之處僅僅視作前後期詩人的傳承與因襲，或者只當作後人用典現象的話，不僅會錯失了瞭解唐宋茶法的契機，也無法看到詩人寫作的正法眼藏。本文將對白居易、劉禹錫、盧仝、皮日休、陸龜蒙、蘇軾、黃庭堅等多人的煎茶詩句，逐步予以重現，以考察這個隱含在茶詩中的祕密。

唐至北宋的茶法，主要是「煎茶」和「點茶」兩種，舊式茶書的記載，常常被人誤讀，以致混淆不清，近年廖寶秀所著《宋代喫茶法與茶器之研究》一書出版，①有比較清楚的描述，這本書還附有許多圖版，相當實用。不過，廖書由於體例的關係，對這兩種茶法本身著墨有限。本文以詩句實驗的方法，經過親手實作，可對這兩種茶法，作更明晰的解說，也使讀者更容易看到各個詩篇的寫實性格。

古典詩的寫實問題，一直是鑒賞工作的盲點。受到近現代文學理論衝擊的大衆，有人過度強調詩是出於創作靈感，而忽略它對眞實再現的需求，也有人認爲作者可能樂於爲情造景，更甚於對眞實的描記。

在我二十餘年古典詩的創作教學研究經驗中，常以爲神思雖然是創作之源，而對眞實的摹寫，則是詩人落筆時常有的習慣，換言之，寫實是一種本能，無形中在支配詩篇的運行。透過這次實驗的考察，也可以看到煎茶詩篇所呈露出來的寫實本能。

本文主體分爲三節，第一節，以九步驟敘述蘇黃所提倡的煎茶法；第二節，敘述北宋另一種流行的點茶法；第三節，分析諸家煎茶詩的語句順序，進而解釋它的寫實問題。

二、唐宋煎茶詩的實境再現

煎茶法是中唐相傳至北宋的茗飲古法。在唐宋詩人中，最早以較多詩篇介紹煎茶法的詩人乃爲白居易（772-846），而最早詳述煎茶法者應爲白氏友人劉禹錫（772-842），在他的〈西山蘭若試茶歌〉一詩寫道：

山僧後簷茶數叢，春來映竹抽新茸。宛然為客振衣起，自傍芳叢摘鷹觜。斯須炒成滿室香，便酌砌下金沙水。驟雨松聲入鼎來，白雲滿碗花徘徊。悠揚噴鼻宿酲散，清峭徹骨煩襟開。陽崖陰嶺各殊氣，未若竹下莓苔地。炎帝雖嘗未解煎，桐君有籙那知味。新芽連拳半未舒，自摘至煎俄頃餘。木蘭霑（一作墜）露香微似，瑤草臨波色不如。僧言靈味宜幽寂，採採翹英為嘉客。不辭緘封寄郡齋，磚井銅爐損標格。何況蒙山顧渚春，白泥赤印走風塵。欲知花乳清冷味，須是眠雲跂石人。

詩中從寺後茶樹數叢、寺僧爲客摘茶、即時炒培、酌水、以鼎煎水、水沸松聲、滿碗可飲，可謂色香橫流。②詩中兩用煎字，成爲唐宋茶法通用數百年名稱的來源。詩中沒有談到碾的過程，對於煎水或煎茶也沒有明示，應是詩句安排時，爲了詳略的考量，一時簡省了。至於茶葉現摘、現炒、現煎飲，只與其他茶詩略有不同。

至於各詩中標示最清楚，內容也清晰明白的，莫過於黃庭堅的〈奉同六舅尙書詠茶碾煎烹三首〉③：

要及新香碾一盃，不應傳寶到雲來。碎身粉骨方餘味，莫厭聲喧萬壑雷。（之一碾）

風爐小鼎不須催，魚眼長隨蟹眼來。深注寒泉收第一，亦防枵腹爆乾雷。（之二煎）

乳粥瓊糜霧腳回，色香味觸映根來。睡魔有耳不及掩，直拂繩床過疾雷。（之三烹）

這三首詩以碾茶、煎水、烹茶三個步驟解說了煮茶的全部過程，兼具事實與形象，可說已經將北宋煎茶的方法具體呈現了。到了南宋，此種茶法與山谷詩句成爲詩人們學習的對象，如楊萬里〈以六一泉煮雙井茶〉：「鷹爪新茶蟹眼湯，松風鳴雪兔毫霜。細參六一泉中味，故有涪翁句子香。日鑄建溪當退舍，落霞秋水夢還鄉。何時歸上滕王閣，自看風鑪自煮嘗。」④詩中談到涪翁詩句，固然是因爲雙井茶乃黃氏家族產銷的緣故，但新茶、蟹眼、風鑪、自煮等詞彙，處處沿用，應與此次煮茶採用黃庭堅煎茶方式有關。

下文將以黃氏〈奉同六舅尚書詠茶碾煎烹三首〉爲底本，配合著其他的唐宋煎茶詩，將煮茶的過程，分爲九項來寫，第九項飲茶已經是在茶成之後，不過，古人習慣上把飲茶當作煎茶過程的最後一步，我也不例外：

第一，求茶取水。第二，碾茶。第三，生火。第四，煎水。第五，添水。第六，下末。第七，攪轉。第八，倒出。第九，分飲。

第一，求茶取水。

茶葉必須求精求好，煎茶的水，也必須取自精潔，以清輕甘潔爲美，這兩點的重要性本不待言。茶葉的采擇，從唐陸羽《茶經》到宋人丁謂《北苑茶錄》、無名氏《北苑別錄》、于安《試茶錄》、熊蕃《宣和北苑貢茶錄》、趙汝礪《北苑別錄》，言之詳矣。⑤水的別擇，也從陸羽《茶經》、張又新《煎茶水記》、歐陽修《大明水記》等，一直到現在都受到講求。⑥《茶經．五之煮》雖然題爲煮，其實多討論取水原則，張又新《煎茶水記》則敘述他將劉伯芻所分析的與茶相宜七水，分別裝瓶比較；又對嚴子瀨水及永嘉仙嚴瀑布水，用茶試飲；又記錄了陸羽爲李季卿所分析的二十水，對於水的取用相當用心。歐陽修對陸、張二人的敘述也有所補充與批判。

實際煮茶的時候，如果恰好到名泉的產地，固然是令人欣喜的事，所謂「泉過惠山應試茶」（王禹偁〈送晁監丞赴婺州關市之役〉）⑦便是。不過，這樣的機會並不多，想得到好泉水，不免要向友人求乞，宋代都市經濟發達，有名的泉水，可能會被裝瓶遠售。以深受宋人喜愛的惠山泉來說，就可能有這項服務。蘇軾〈試院煎茶〉詩說：「銀瓶瀉湯誇第二，未識古人煎水意。」⑧句中的「誇第二」，就是指陸羽和張又新二人同列第二泉的無錫縣惠山寺石泉水，作此詩時，蘇氏在杭州通判任，因擔任鄉試入闈工作而鎖院二十餘日，詩人當時在試院中煎茶同飲，一邊發出議論，嘲笑當時那些煮茶喜歡誇耀名泉的人。據此詩，則杭州城內講究用惠山泉煮茶的人，應該不少，才會引發蘇軾的批評，杭州距惠山泉所在的無錫縣二百四十七公里（今杭州至蘇州及蘇州至無錫高速公路里程），若非派專人取用，必是有人販售。

有趣的是，蘇軾雖然批評別人未識古人煎水意，但就在寫這首詩之前不久，他也曾以「故人憐解病，蒻籠寄新馥。……精品厭凡泉，願子致一斛」爲理由，特別寫詩向主管惠山泉所在的無錫知縣焦千之求水，他同時描寫當時貴人喝到仿冒惠山泉水的窘態：

> 茲山定空中，乳水滿其腹。……瓶罌走千里，真僞半相瀆。貴人高宴罷，醉眼亂紅綠。赤泥開方印，紫餅截圓玉。傾甌共歡賞，竊語笑僮僕。……（求焦千之惠山泉詩，蘇軾詩集，8:361-362）

詩中說一些富貴人家得到外表封緘良好的假惠泉，拿來招待賓客，無人能覺，竟爲童僕所笑。這些假惠泉，可能是市售的產品，也可能是饋贈的禮物。比如晏殊有「稽山新茗綠如煙，靜挈都藍煮惠泉。」（煮茶，全宋詩，171:1942）之句，他一生居官之地與惠泉都有相當的距離，惠泉二字如果不是被當作典故來借用，就一定是從產地以裝運方式送來的。

其實，對大多數人來說，只要有清潔的水也就可以了，蘇軾在海南島時作〈汲江煎茶〉詩，起二句即說：「活水還須活火烹，自臨釣石取深清。」（蘇軾詩集，43:2362）所取的水，也就是海南島儋州當地的江水。陸游〈雪後煎茶〉詩：「雪液清甘漲井泉，自攜茶灶就烹煎。一毫無復關心事，不枉人間住百年。」⑨也是趁雪後井漲，就近取水。

第二，碾茶

唐宋茶葉分為片茶和散茶，片茶在製作過程中，先壓製成茶餅，烹煮前先切取小塊待用。圓形的茶餅就稱團茶，如著名的鳳團及大小龍團，詩中常見。至於更詳細的名目，請參見廖寶秀所著《宋代喫茶法與茶器之研究》一書。所有茶葉都須加以碾碎，碾碎茶葉的唯一條件就是要做到碎身粉骨的程度，至於用什麼工具去碾，並不是問題。

碾茶之法，自唐世已然，白居易〈游寶稱寺〉：「酒嫩傾金液。茶新碾玉塵。」⑩，成彥雄〈煎茶〉：「蜀茶倩個雲僧碾，自拾枯松三四枝。」（全唐詩，759:8626e），齊己〈嘗茶〉：「石屋晚煙生，松窗鐵碾聲。」（全唐詩，838:9450b），及〈謝灉湖茶〉：「碾聲通一室。烹色帶殘陽。」（全唐詩，840:9476b），都談到茶必須先碾才入烹煮，而且都強調碾聲不可厭。依白居易之意，還必須碾得如玉塵，那是極細極微了。到宋時黃庭堅「碎身粉骨方餘味，莫厭聲喧萬壑雷。」完全融化了各家之說，而且更進一步確定了碾的粉碎程度。⑪

關於碾茶粉碎程度這一點，我曾經以實物仔細比較過，把一斤台灣常見的高山烏龍茶葉分爲十個等分，分別磨成九種不同程度的茶末樣本，最後一種完全不磨，保持當初買來的茶葉原樣。在相同的煎水條件及烹煮過程下，完全粉碎成塵的茶樣甘潤芳香；顆粒越粗，效果越差；完全未磨過的茶葉，煮過後根本不能下咽。即使不論烹煮這一道過程，我們也可以發現，研磨越細，茶末色澤越輕越美，細到成塵的時候，原本墨綠色的茶葉會變化爲淡淡的金黃而白的粉末，這時候，即使不經烹煮，也會一室生香。

碾茶所用的工具，也並無限定，平推的碾車和圓轉的磨具，乃至像臼一樣的器具都有。平推的碾車，以金銅打造的居多，陝西鳳翔法門寺地宮出土的唐代茶碾，可爲代表，其他各地出土或古畫中的茶碾，形製都與此相似，不一一備述。⑫

至於宋詩中常見的往往是圓轉的磨具，如梅堯臣〈茶磨二首之二〉所載：「欲將雀舌成雲末，三尺蠻童一臂旋。」⑬，從童子的動作是一臂迴旋來看，顯然是圓形的磨，再說，三尺只有不到一百公分，三尺童子都可以一臂迴旋，也證明茶磨的體積不大。又如黃庭堅〈雙井茶送子瞻〉詩所說：「我家江南摘雲腴，落磑霏霏雪不如。」「磑」字的本義就是磨具，由磨具研磨後，從上端的磑飄落到下方盛盆裡的景象，也正符合這首詩的情景。

另外，也有使用名爲茶臼的器具，柳宗元（773-819）〈夏晝偶作〉說：「南州溽暑醉如酒，隱几熟眠開北牖。日午獨覺無餘聲，山童隔竹敲茶臼。」⑭可見此物由來甚早。秦觀〈茶臼〉詩對此有較多描寫⑮：

幽人耽茗飲，刳木事擣撞。巧制合臼形，雅音侔柷椌。靈室困亭午，松然明鼎窗。呼奴碎圓月，搔首聞錚鏦。茶仙賴君得，睡魔資爾降。所宜玉兔擣，不必力士扛。願偕黃金碾，自比白玉缸。彼美制作妙，俗物難與雙。

首先挖去木頭的內實，形成碗狀，內部空虛，可以容茶。至於碾的方式，也改為自上而下的搗撞動作。

臼、碾、磨三者，究竟那一樣好用？我認為碾茶的工具，或用碾車，或用磑磨，或用茶臼都可以，而且，通常只用一種工具就可以了。蘇軾曾經在〈次韻黃夷仲茶磨〉一詩中提倡石磨，並對其他茶碾、茶臼兩物提出批評：

前人初用茗飲時，煮之無問葉與骨。浸窮厥味臼始用，復計其初碾方出。計盡功極至于磨，信哉智者能創物。破槽折杵向牆角，亦其遭遇有伸屈。歲久講求知處所，佳者出自衡山窟。巴蜀石工強鐫鑿，理疏性軟良可咄。予家江陽遠莫致，塵土何人為披拂。（蘇軾詩集，47：2544）

他說自從石磨一出，茶碾被棄，殘破的碾槽就在牆角；茶臼也不用了，臼杵斷折，也拋在牆角，不論眼前是否眞有破槽折杵被拋棄，這些詩句當然是遊戲之言，不過，也說明了只用一種工具，便可以碾好茶。我也做過多次碾茶實驗，在實驗過程中，多數人只用一個碗加上木杵，代替茶臼，首先把茶葉搗碎，然後加以精搗，就成粉塵；也有人先把茶葉大略搗碎後，將它平放在桌面，再以木杵壓碾成粉，摹仿碾車的動作，兩人的研磨效果和速度，都令人滿意。現代還有人把茶葉放進咖啡研磨機，磨出來的細粉成塵，更勝古人，其實也沒什麼不好，只是無趣罷了。

碾茶完成前，還有一道工作，就是羅茶，使用的工具，蔡襄《茶錄》稱爲茶羅，《茶經》稱爲羅合。羅茶的目的是檢驗碾茶工夫是不是到家，所以越細越好，現在用市售最細的篩羅，也可以替代。《茶錄》所說，「羅細則茶浮，麤則沫浮。」雖然是對點茶而言（點茶講究茶水交融，茶易浮才能維持這個效果），但在煎茶法而言，也是很有用的信條。

至於所碾的茶是不是要立即烹煮，《茶錄》說：「碾茶……其大要旋碾則色白，或經宿則色已昏矣。」即說碾後要即用，不可經宿。但是陸游〈夜汲井水煮茶〉詩云：「四鄰悄無語，燈火正淒冷。山童亦睡熟，汲水自煎茗。」（劍南詩稿校注，3：1100）這時是自己汲水自己煎茶來吃，並沒有說到碾茶，而碾茶的聲音太響，也不適合在四鄰都熟睡後爲之，可能有事先碾好的茶末，這就可能會造成經日或經宿之茶末，而不是即碾即吃了。

至於習慣上茶由本人自碾或童子代碾，均無不可，如黃庭堅〈和知命招晁道夫叔姪〉：「茶須親碾試」（全宋詩，1021：11675）、陸游〈飯罷碾茶戲書〉：「江風吹雨暗衡門，手碾新茶破睡昏。」（劍南詩稿校注，2：595）是親手自碾之例，而同一人所作〈晝臥聞碾茶〉詩：「小醉初消日未晡，幽窗催破紫雲腴。玉川七碗何須爾，銅碾聲中睡已無。」（劍南詩稿校注，2：901）則是本人醉臥而童子代碾。蘇軾的〈魯直以詩饋雙井茶，次其韻爲謝〉詩：「江夏無雙種奇茗，汝陰六一誇新書。磨成不敢付僮僕，自看雪湯生璣珠。」（劍南詩稿校注，2：595）可見磨茶可由僮僕爲之，磨成之後，煎水的水聲火候，才由詩人親自處理。

碾茶之法應不限何種茶葉，雙井茶、顧渚茶固然要碾而烹之，建茶也先用碾法，由黃庭堅〈碾建溪第一奉邀徐天隱奉議幷效建除體，山谷外集，17：1983〉、楊萬里〈夢作碾試館中所送建茶絕句〉詩題即可見之。

最後，有一個問題附帶提出來，蔡襄《茶錄》曾說：「砧、椎蓋以砧茶，砧以木爲之；椎或金或鐵，取於便用。」砧就是搥打之意，應是在碾、磨、臼之外，還有這種工具及打碎茶葉的方法；根據，蔡襄《茶錄》另一段話說到：「碾茶先以淨紙密裹，搥碎，然後熟碾。」用茶碾和茶磨時，包紙毫無意義；至於茶臼，我曾經實驗過，如果用茶臼搥擊，用紙包裹之後，施力時茶葉不會在臼中散轉，效果較好，但蔡襄並沒有介紹茶臼，所以，這似乎不是蔡襄的說話本意。至於「熟碾」一詞，乃指相對於初碾的二度精工密碾之意，但熟碾的方法，有可能是在原來茶器中就地細磨成粉，也有可能是大略將茶搥碎，然後再倒入另一種碾器中，再仔細研磨成粉。由於原文簡略，不易斷言。廖寶秀認爲砧椎碎茶爲碾茶的第一步驟，舉南宋審安老人《茶具圖贊》中的「木待制」，認爲蔡襄「砧椎」的就是「木待制」，她又舉出，在京都大德寺所藏「周季常、林庭珪等繪南宋五百羅漢圖」爲證，圖中有一小鬼正用茶碾在碾茶，腳邊就有一組「木待制」，兩物並用，看來是符合蔡襄的說法，⑯只是這種兩段式的碾法，不見於詩人記載，姑附載於此。

第三，生火。

煎茶之火，以活火爲優。何謂活火？唐溫庭筠《採茶錄》說：「李約，汧公子也。一生不近粉黛，性辨茶，嘗曰：茶須緩火炙，活火煎。活火謂炭之有焰者。……三沸之法，非活火不能至也。」所謂「茶須緩火炙」是指茶葉炒焙過程⑰，非本文所討論的範圍。「活火煎」則唐宋人多言之。生火的材料，以松枝爲上，如此書所說，以炭來燒，也在情理之中。

講究煎茶的人，連拾取松枝及生火都親自爲之。劉言史〈與孟郊洛北野泉上煎茶〉：「恐乖靈草性，觸事皆手親。敲石取鮮火，撇泉避腥鱗。熒熒爨風鐺，拾得墜巢薪。」（全唐詩，468．5321b）從敲石取火到汲水、拾薪、煎水都親自動手，理由只是「恐乖靈草性」。至於蘇轍（1039-1112）〈和子瞻煎茶〉：「何時茅檐歸去炙背讀文字，遣兒折取枯竹女煎湯。」⑱使兒喚女，表現父慈子孝的一面，又是另一番景象了。

第四，煎水。

煎水就是煮水。

煎字的義訓，與台灣現在使用的國、台語音義形成有趣的對比。目前我們所使用的國語「煎」字，有煎炒煎藥兩種用法，讀音相同，煎藥與煎水意思相近。台灣閩南語「煎」字如果讀成「煎」本音（讀如口語「煎魚」之煎），也只有煎炒之義，但是，「煎」字在台灣閩南語還有一個讀音，很多人都忽略了，那正是訓解爲煮水的意思，在討論這個字音之前，請先回頭看北宋「煎」字的用法。

首先請看蘇軾使用「煎」字的情形，蘇軾詩中用了十八次煎字，除了「甲煎粉相和」是香料名，另三例是借用莊子「膏火自煎」典故，形容人世的煎熬之外，實際用於煎烹食物者十四次，這十四例中，兩例是運用孟蜀李昊以牡丹花謝時煎食典故，這種煎法與現代台灣使用的煎炒之煎相似。除此之外，共有十二次都與煮水有關。

這十二次與煮水有關的「煎」字，七個例子是煎茶，一例是煎冬飲子，一例是煎鶯粟湯，二者分別是以冬飲子及鶯子粟槌碎烹煎，都與煎茶類似。另有三例與「烹」連舉作「烹煎」，都是廣意的烹煮之義。

蘇轍詩中二十三次用煎字，除了三例用於人世煎熬，無關飲食外，其餘二十例中，有十二次用於煎茶，三次用於煎蜜，一次用於煎藥，都是廣義的煎水。另有四例分別是記錄「酥煎」、「鷓鴣煎」（煎鷓鴣）⑲、「煎煮黃魚」、「煎葉家白（魚名）」，與台灣習慣的「煎」字本音用法相同。

黃庭堅二十一次用到煎字，有八次用於膏火煎熬的意思，無關飲食。在與飲食相關的十三例中，八例用於煎茶，一例用於造酢，一例用於煎膠，一例與「烹」連用，泛指烹煮，只有一例「庖蛙煎鱔」是用於煎魚。

從三人使用「煎」字來看，煎的字義有用於煎水（煎茶）與用於煎煮禽魚餅餌兩種。用於煎茶的例子較多，固然因為煎茶之事較文雅，符合作詩需求，而多被運用，但也可以證明煮水是煎字重要的本來義。

現代國語中已經不把煎字用於煮水，現代台灣閩南語則把「煎」分讀二音，讀本音「tsien」的時候，定位為「煎炒」之義，對於煮水的行為則用「tsuann」音來表達，台北人現在還有「tsuann de」（煎茶）待客的口語。

從台灣閩南語古今變化的軌跡來看，en韻母的字（詩韻十四寒、十五刪及一先的部份字）轉化為uann韻母，非常普遍，如在朝為官的「官」字與作官的「官」字、單獨的「單」字與孤單的「單」字、山中的「山」字與山頂的「山」字、平安的「安」字與同安的「安」字、寒流的「寒」字與身上會冷的「寒」字，其讀音變化的情形，適與此相同。不過，此處五個例子，雖然讀音有了變化，字義並沒有因而產生分歧，「煎」字用法則隨字音古今變化而起了意義上的分歧，接近古代讀書音的本音「tsien」音，承襲了煎魚煎粿的用法，而變化的口語音「tsuann」，則接收了煮水的字義。所以，了然於語音的變化規則之後，便會知道現在台灣人對於煮水還是使用了「煎」字。

以鍋鼎煮水，是人類共有的普通經驗，茶人只是更加注意火候而已。前文舉過的《採茶錄．活火》一段還有三沸之說：

始則魚目散布，微微有聲；中則四邊泉湧，纍纍連珠。終則騰波鼓浪，水氣全消，謂之老湯。三沸之法，非活火不能至也。

這裡描寫水沸之時的情形，凡有煮水經驗的人，應有同感。詩人談煎水，以皮日休、蘇軾與黃庭堅說得最好：

香泉一合乳，煎作連珠沸。時看蟹目濺，乍見魚鱗起。（皮日休，茶中雜詠.煮茶，全唐詩，611．7055）

蟹眼已過魚眼生，颼颼欲作松風鳴。（蘇軾，試院煎茶）

魚眼長隨蟹眼來。（黃庭堅，奉同六舅尚書詠茶碾煎烹三首之二）

蘇、黃之句比起皮日休詩，顯然更爲清晰。皮日休於前兩句是敘述句，寫將水入鼎煎煮的動作。三四句才是針對沸時景象所作的描狀，具體來說，應該是蟹目升濺爲魚眼，魚眼既過，而後水浪如魚鱗翻起，寫五言律詩時必須簡省及對仗，所以不如蘇、黃只寫由蟹眼到魚眼來得生動而精確。何謂魚眼？何謂蟹眼？只要實際去煎一次水，便可以了解。我在實驗時，採取透明玻璃材質的鍋寶爲煮器，以便觀察煎水過程中的細微變化。在加熱之初，泉水會在鍋身結成許多小氣泡，大小彷彿蟹眼，然後把鍋寶放在快火中加熱，隨著熱度增加，小氣泡逐一離開鍋壁，加熱到第一次煮沸時，小氣泡會變大，產生一串由小到大的氣泡，從鍋底升上水面，這時逐漸變大的氣泡，就形如魚眼，對照黃庭堅所說的「長隨」與蘇東坡所說的「已過」，便很生動。二沸、三沸以後，魚鱗四起，與皮日休及《採茶錄》所說的也相同。

爲什麼從唐人煎茶詩開始就注意到蟹眼、魚眼的變化呢？原因是，煎水必須注意火候水聲，而且用茶鼎煎水，可以注視水面變化。⑳再說，茶人都將煎水視作煎茶中最重要的工夫，強調要親自煎水，蘇軾的〈試院煎茶〉說：「銀瓶瀉湯誇第二，未識古人煎水意。君不見昔時李生好客手自煎，貴從活火發新泉。」〈魯直以詩饋雙井茶，次其韻爲謝〉詩也說：「磨成不敢付僮僕，自看雪湯生璣珠。」蘇轍的〈和子瞻煎茶〉還說：「煎茶舊法出西蜀，水聲火候猶能諳。相傳煎茶只煎水，茶性仍存偏有味。」都傳達同樣的訊息。茶的優劣，取決於煎水工夫，而不在倚仗名泉，煎水一定要親自觀看，所以詳細描寫水沸過程，便是理所當然之事了。

不過，煎茶畢竟是休閒活動，有時也未必親自看煎水，以白居易來說，他雖然在〈山泉煎茶有懷〉一詩中說：「坐酌泠泠水，看煎瑟瑟塵。無由持一碗，寄與愛茶人。」（全唐詩，443：4950）顯然他也親自煎水，並且欣賞茶末入鼎烹煎的風景，但是，換一個時間場景，他也曾把煎水工作由侍兒處理：

> 窗間睡足休高枕，水畔閑（一作行）來上小船。櫂遣禿頭奴子撥，茶教纖手侍兒煎。（池上逐涼二首，全唐詩，456：5169）

第五，添水。

煎水已沸到放下茶末之前，要注入冷水。白居易〈謝李六郎中寄新蜀茶〉詩說：「湯添勺水煎魚眼，末下刀圭攪麴塵。」（全唐詩，439：4893）與黃山谷：「深注寒泉收第一」說的應是同一件事。山谷把沸水中再注入冷水的步驟，稱爲可收第一之功，可見重視的程度。

第六，下末。

在「深注寒泉收第一」之後，就要下末，由於茶葉已經完全磨成輕粉，所以下末的動作就像下雨一樣，蘇軾〈汲江煎茶〉詩說：「茶雨已翻煎處脚」，〈試院煎茶〉詩說：「蒙茸出磨細珠落」，陸龜蒙〈奉和襲美茶具十詠．煮茶〉詩說：「時于浪花里，幷下藍英末。」（全唐詩，620：7145）在這些詩中，不論用「雨」、「落」、或是「下」都顯示了茶末進入水中，是由某種高度、成散狀地放下，不是整匙整勺倒進沸鼎。茶末入水之後，蘇黃詩中都用到「乳粥瓊糜霧脚回」「茶雨已翻煎處脚」之類句子來形容，應是指茶末進入煮器後，向水中伸展，其狀如人伸脚，再由於鼎中的水受熱翻滾，因而茶脚也隨著水的翻滾而不斷曲伸翻動。實驗中，我們從透明鍋寶外面，看得很清楚。

至於何時下茶末於沸鼎中？根據不同的記載，說法很難一致，這與詩人在表達時的語意輕重有關，也與每位茶人的體會不同有關，難以一概而論。比如〈試院煎茶〉說：「蟹眼已過魚眼生，颼颼欲作松風鳴。蒙茸出磨細珠落，眩轉遶甌飛雪輕。」是在魚眼初生、颼颼欲鳴時就下末，這是水初沸時。而皮日休〈茶中雜詠．煮茶〉：「時看蟹目濺，乍見魚鱗起。聲疑松帶（一作帶松）雨，餑恐生煙翠。」（全唐詩，611：7055）是在水面形成魚鱗之時才下末，比東坡的下末時間可能較遲，而在陸龜蒙〈奉和襲美茶具十詠．煮茶〉：「時于浪花裡，幷下藍英末。」（全唐詩，620：7145）水面已形成浪花才下末，與皮日休的時間相當。

至於《茶錄》或《大觀茶論》所說的都是點茶法，與此不同，對煮沸程度的需求，與此完全不同，不可援彼證此。

第七，攪轉。

以現代烏龍茶來做實驗，茶末在沸水中不宜太久，唐宋茶葉的品種及焙製方法一定和現代不同，在烹茶的需求上或有不同，依常理來推想，可能也是不宜太久。不煮太久又要能使茶的色香味盡出，所以唐宋的煎茶詩都強調要讓茶末在鼎中流轉：「碧雲引風吹不斷」（盧仝）「聲疑帶松雨，餑恐生煙翠。」（皮日休）「茶雨已翻煎處腳」（蘇軾）諸詩句中，都顯示茶末在烹煮過程中必須旋轉。經過我多次試作，包括加大火力等方法，想要使鍋中的茶末迴繞旋轉，效果都不好，據白居易〈謝李六郎中寄新蜀茶〉：「湯添勺水煎魚眼，末下刀圭攪麴塵。」（全唐詩，439：4893）在茶末放進鼎中之後，隨之以刀圭攪之，也許要讓茶末在鼎中流轉，用瓢匙協助也是一法。蘇轍〈和子瞻煎茶〉：「銅鐺得火蚯蚓叫，匙腳旋轉秋螢光。」說的也是使用茶匙，幫助茶末在鐺中旋轉。要注意的是，「點茶」法也用茶匙擊拂，不過，那是在碗中擊拂，與「煎茶」時在鼎中旋轉不同。

第八，倒出。

茶烹煮好之後，要從茶鼎倒出，分到碗中。蘇軾〈汲江煎茶〉曾說到：「茶雨已翻煎處腳，松風忽作瀉時聲。」瀉即是傾倒，可見茶煎好以後，必須倒入另一個容器裡。瀉時之聲，就是熱水接觸到茶鼎邊緣及承受的冷器時所發出來的聲音。至於是先把茶盛在另個大容器，然後用瓢勺分裝到各人的茶碗，或是直接傾瀉入各人茶碗，仍難以推斷。以本詩來說，雖然倒下去時有松風之聲，以先倒入另一個金屬容器的可能性較大，但也不能作爲確證。而且，蘇、黃所用的是小鼎，又必須時時防備鼎中的水燒乾，可見一次煎茶的分量並不多，直接傾瀉入各人茶碗，也有可能。至於盧仝所謂「白花浮光凝碗面。」是寫茶湯已經在碗中的情景，不能用來證明茶水倒出的過程。

第九，分飲。

茶已經倒入碗中，就得分飲他人。有時如元稹所說，在皇帝在延英殿引對時，由宮人分贈茶湯：「延英引對碧衣郎，江硯宣毫各別床。天子下簾親考試，宮人手裡過茶湯。」（自述，全唐詩，423：4647），有時也就是朋友同飲。至於像盧仝那樣「柴門反關無俗客，紗帽籠頭自煎吃。」不屑分飲俗客的人，也是有的。飲後的風味，當然還是以盧仝的「一碗喉吻潤，二碗破孤悶。三碗搜枯腸，惟有文字五千卷。四碗發輕汗，平生不平事，盡向毛孔散。五碗肌骨清，六碗通仙靈。七碗吃不得也，惟覺兩腋習習清風生。」最爲膾炙人口。

三、煎茶舊法不同於點茶新法

何謂點茶法

在煎茶法的多次實驗中，由於每個步驟都遵照唐宋詩句的記載，得到很好的結果，就如上節所述，它已經是可以實物重現的茶法。但是，我們也發現，二蘇的詩中都曾說「又不見今時潞公煎茶學西蜀」（蘇軾．試院煎茶）、「煎茶舊法出西蜀」（蘇轍．和子瞻煎茶），從實驗的過程中，我們知道蘇、黃詩中所描寫的煎茶方法，與唐人劉禹錫、白居易、盧仝、皮日休、陸龜蒙難以分別，若說這種茶法是「舊法」，倒也可以相信，但劉白盧陸皮無一人是西蜀人，也未到過西蜀，何以二蘇說這種茶法出於西蜀？甚至南宋陸游也有一首題為〈效蜀人煎茶戲作長句〉的律詩，以煎茶為蜀人之法。由於文獻不足，恐怕終究難以解釋。

其次，蘇轍既然說煎茶法是為「舊法」，那麼，有別於此者，當然還有「新法」存在，這是從詩的語意上可以察知的。為了解開此謎，我們從《茶錄》及《大觀茶論》這兩部與蘇黃生存年代一前一後的著作入手。

蔡襄（一〇一二—一〇六七），字君謨，福建興化仙遊人，曾兩度知福州、一度知泉州，又曾任福建路轉運使，主管茶葉的生產，對於閩茶，有極深的了解。所著《茶錄》，也見於《宋史．藝文志》著錄，㉑該書後序所云：

臣皇祐中修起居注，奏事仁宗皇帝，屢承天問以建安貢茶并所以試茶之狀。臣謂論茶雖禁中語，無事於密，造《茶錄》二篇上進。治平元年五月二十六日三司使給事中臣蔡襄謹記。

仁宗皇帝曾因蔡襄是閩人且精於茶事，向他問及建安貢茶及鬥試茶的情形，此書行文語氣，也時露答詢的口吻。至於題爲宋徽宗所著的《大觀茶論》，未見《宋史．藝文志》著錄，也未收入《四庫全書》，作者是否確爲宋徽宗，當然頗有疑慮，不過，此書格局似爲詮釋補充《茶錄》而作，內容亦頗有可采，作者問題既難以核實，姑從舊稱。

何謂點茶？請先看蔡襄《茶錄》的一段說明：

茶少湯多則雲腳散，湯少茶多則粥面聚。

鈔茶一錢匕，先注湯調令極勻，又添注入，環迴擊拂，湯上盞可四分則止。視其面色鮮白著盞無水痕為絕佳。

建安鬥試，以水痕先者負，耐久者為勝，故較勝負之說曰：相去一水兩水。

原書並無分段，自來不易解讀，現在將它分爲三小段，點茶方法主要在第二小段，試解譯如下：「事前用一錢大小的匕，舀起茶末，放進茶碗中，首先以少量沸水注入，調勻茶末，調到極勻，然後再注入沸水，並且環迴擊拂。」擊和拂是兩種相反的動作，環迴指兩種動作循環交替進行。這裡未說明注水需要分成幾次，不過，他明確說沸水加到距茶碗口四分就要停止，碗中的水只有六成滿。好茶的條件是碗面茶色鮮白，水與茶交融不離，沒有離開茶末而懸浮的水。建安茶的鬥試比賽時，茶水交融時間長者爲勝，茶末先下沈，茶與水先分離者爲負。

《大觀茶論》對此還有詳細的解說，可用來補充《茶錄》的說法：

點，茶不一而調膏繼刻，以湯注之。手重筅輕，無粟文、蟹眼者謂之靜面點。蓋擊拂無力，茶不發立，水乳未浹，又復傷湯，色澤不盡，英華渝散，茶無立作矣。有隨湯擊拂，手筅俱重，立文泛泛，謂之一發點。蓋用湯已故，指腕不圓，粥面未凝，茶力已盡，霧雲雖泛，水腳易生。妙於此者，量茶受湯，如調融膠，環注盞畔，勿使侵茶，勢不欲猛。先須攪動茶膏，漸加擊拂，手輕筅重，指遶腕旋（商務本作簇），上下透徹，如酵蘖之起麵，疏星皎月，燦然而生，則茶之（商務本作面）根本立矣。第二湯，自茶面注之，周回一線，急注急上（商務本作止），茶面（商務本作面）不動。擊拂既力，色澤漸開，珠璣磊落。三湯，多寘（商務本作寡）如前，擊拂漸貴輕勻，周環旋復（商務本無旋復），表裡洞徹。粟文、蟹眼，泛結雜起，茶之色十已得其六七。四湯，尚嗇。筅欲轉稍寬而勿速，其清真華彩，既已煥發（商務本作然），雲霧（商務本作輕雲）漸生。五湯，乃可少（商務本作稍）縱，筅欲輕勻（商務本作盈）而透達，如發立未盡，則擊以作之。

發立已（商務本作各）過，則拂以斂之。結浚靄，結凝雪（商務本作結靄凝雪），茶色（商務本作香氣）盡矣。

六湯，以觀立作。乳點勃結（商務本作然），則以筅著居（商務本作尸），緩繞拂動而已。

七湯，以分輕清重濁，相稀稠得中可欲則止。乳霧洶湧，溢盞而起，周回欬（商務本作凝）而不動，謂之咬盞，宜匀（商務本作均）其輕清浮合者飲之。桐君錄曰：茗有餑，飲之宜人，雖多不為過也。（說郛一百二十匀，93:5-6，總 4254-4255）㉒

比較二書，《茶錄》所說較簡略，《大觀茶論》所言較詳，其實所說爲同一事。本段重點有二，一是注水，二是擊拂。

關於第一項注水，《茶錄》簡略，沒有說明注湯次數方式，《大觀茶論》詳分爲七次注湯，自「妙於此者至根本立矣」，應爲一湯，一湯只立基礎，即《茶錄》所謂：「鈔茶一錢匕，先注湯調令極匀」，接著第二次沖水爲二湯，第三次沖水爲三湯，至第六次沖水爲六湯，即《茶錄》所謂：「又添注入，環迴擊拂」，至第七湯爲沖水第七次，而後點茶過程才算完成，可以飲用，七湯所形容的茶面情況，與《茶錄》所謂：「視其面色鮮白著盞無水痕爲絕佳」爲同一件事，只不過易「著盞」爲「咬盞」而已。我曾以《大觀茶論》所述依樣實施，發現它把一碗茶分太多次沖水，每次水量太少，沖到後面，前面的二湯、三湯已經涼了，反覺得不便。或許作者將一碗茶的沖泡分爲七步驟，強調七次注湯，是想應和盧仝七碗茶的典故，倒也不必責其煩瑣。

第二項重點在擊拂。擊拂的工具，《茶錄》簡明地只說所用的是「茶匙」[23]，《大觀茶論》擊拂的工具稱爲「茶筅」，對茶筅的形製，也有說明：「以觔竹老者爲之，身欲厚重，筅欲疏勁。本欲壯而末必眇，當如劍脊之狀。蓋身厚重則操之有力而易於運用，筅疏勁如劍脊則擊拂雖過而浮沫不生。」筅本意爲筅帚，故此處所說筅疏勁，指筅末有分叉。關於茶筅的形製，廖寶秀所著《宋代喫茶法與茶器之研究》一書有附圖及說明，請自行參看。

擊拂的作用，是在沸水注入茶碗後，向碗中茶末作下擊、上拂的動作，使茶末與泉水充分融合。由於擊拂的需要，連茶碗的形製也受到影響，現在可見到的宋代茶碗，深度稍稍較今天常用的碗來得淺，而碗面的相對寬度卻大了許多。㉔

如上所述，二書所載的茶法，與唐人、蘇、黃所傳之法完全不同。蔡襄稱此法爲點茶，是將茶末置於碗中，以沸水沖泡；而蘇黃稱此法爲煎茶，是將茶末投入鼎中沸水裡烹煮，差異非常明顯。如果說點茶法是北宋當時流行的新法，則二蘇兄弟藉口復古所提倡的煎茶法，自稱爲「西蜀舊法」，也頗適當。煎茶之法自蘇、黃提倡後，流行很廣。南宋范、陸等人都曾經實踐這種茶法。不過，點茶法並不受煎茶流行而減小，也是事實。

．由詩句分辨煎茶法或點茶法

如果想在詩篇中辨識煎茶或點茶，可以藉由詩中對茶具及煮茶動作流程的描寫，加以分別。一般而言，若非原作者寫得太簡略，都不難辨明。

（甲）從茶具上鼎瓶之別，可分辨二種茶法。

煎茶使用鼎或鐺煎水烹末，點茶使用茶瓶煮水。因此，陸龜蒙〈奉和襲美茶具十詠〉列詠了茶灶、茶鼎、茶甌，並無茶瓶。他在詠「茶灶」一詩中說：

> 無突抱輕嵐，有煙映初旭。盈鍋玉泉沸，滿甑雲芽熟。（全唐詩，620：7145）

在灶上煎水的器具，他稱之爲「鍋甑」，而且說到茶末（雲芽）是正在鍋甑中煮。在詠「茶鼎」時，他更具體地指出茶是放入鼎中煮的：

> 新泉氣味良，古鐵形狀丑。……且共荐臯盧，何勞傾斗酒。（全唐詩，620：7145）

鼎的形製，無論如何是不同於瓶的，更明確地說，鼎的口寬腹闊，才適合在水正沸時散茶入鼎烹煮。所以，唐人茶詩，不言煮器則已，如言煮器，必用鼎鐺。㉕黃庭堅談煎茶時，也經常使用「鼎」字，如「風爐小鼎不須催」（奉同六舅尙書詠茶碾煎烹三首）、「思公煮茗共湯鼎，蚯蚓竅生魚眼水。」（山谷內集，卷6，頁402，省中烹茶懷子瞻用前韻）、「不嫌水厄幸來辱，寒泉湯鼎聽松風。」（答黃冕仲索煎雙井并簡揚休，山谷內集，8：510）㉖，山谷是煎茶代表，舉此一家，其餘就不必列舉了。

至於點茶之法，不可用鼎，而獨任茶瓶。原因是點茶法強調注水，注水必須有力，因而特別重視茶瓶口嘴的出水結構，在《茶錄．湯瓶》條中，蔡襄雖然只簡短地說：

瓶要小者易候湯，又點茶注湯有準。

沒有直接描寫瓶的形貌，但是以他所開列的瓶小易候、注湯有準兩點需求來說，與唐宋以來慣用的茶鼎就完全不能使用了。《大觀茶論》對茶瓶的描寫更翔實：

瓶宜金銀，小大之制，惟所裁給。注湯利害，獨瓶之口嘴而已。嘴之口（口嘴的連接瓶身部位）差大而宛直則注湯力緊而不散，嘴之末（口嘴的注的部位）欲圓小而峻削，則用湯有節而不滴瀝。蓋湯力緊則發速，有節不滴瀝則茶面不破。

全部的注意力都只針對注湯一項而已，更把茶鼎用於點茶的可能性完全掃除了。

在蘇軾的詩中使用了五十五處「瓶」字，其中十九例，「瓶」是用來盛水，二十例是用來盛酒的，十例是用於井中汲水，其餘五例雜用，也不關涉到茶。五十五例中，比較有疑義的是：

……大瓢貯月歸春甕，小杓分江入夜瓶。茶雨已翻煎處腳，松風忽作瀉時聲。……（蘇軾，汲江煎茶）

詩的第四句，他以小杓自甕中分水入瓶，之後並沒有明確說到另用煮器，可能會造成誤解，假定他並沒有換盛器而直接以此瓶煎水，則當天的茶法應是點茶法，廖寶秀君便持此說[27]，但因第五句「茶雨已翻煎處腳」，「茶雨」二字乃是煎茶法中將茶末散入鼎中的既定方式，可見當天仍是使用煎茶法而不是點茶法。至於詩中這個瓶子，只用於盛水供進一步使用，而不是直接拿去煮水，與兩茶書所說的瓶不相干，其形製也可能不同。此外，蘇軾曾有一首題爲〈豆粥〉，便有「沙瓶煮豆軟如酥」之句，此瓶如果能用來煮豆粥，它的形制也應與茶瓶不同。

至於黃庭堅使用瓶字較少，大約十六個例子中，七例是盛水之用，四例是盛酒，一例用於汲井，一例爲其他類，與茶有關者只有三例。其中明確是詠茶瓶的，有〈謝曹子方惠二物二首之二煎茶餅〉詩：

短喙可候煎，枵腹不停塵。蟹眼時探穴，龍文已碎身。茗碗有何好，煮餅被寵珍。石交諒如此，湔袚長日新。（山谷外集，16:1937）

從「蟹眼時探穴，龍文已碎身」句看來，穴字指瓶頂的口，在蟹眼探穴時，茶末已準備好了，以此看來，再加上題目是「煎茶餅」，此瓶應用於煎茶。

至於另一首〈以椰子茶缾寄德孺二首之一〉：

碩果實林梢，可以代懸匏。攜持二十年，煮茗當酒肴。（山谷內集，20:1052）

從「煮茗」二字看來，似乎是茶末在瓶中烹煮的煎茶之法，但這兩個字虛用成典的性質也很高，在沒有其他的詞語爲佐證下，暫時不去作判別。㉘然而，黃庭堅在本詩題上用了「椰子茶瓶」，就在同一卷裡的〈答許覺之惠桂花椰子茶盂〉一詩，他又說：「故人相見各貧病，且可烹茶當酒肴。」與前詩情境完全相同，又同爲椰子所造，究竟是「茶盂」還是「茶瓶」呢？恐怕不是我們從一般經驗可以下定論的。

黃庭堅這三首詩例，和前舉蘇東坡詩例，都可以從瓶的形製上來解釋。蘇東坡煮豆的瓶和黃庭堅煎茶的瓶，應該是開口在頂上而且沒有流（口嘴）的一種，在《古今圖書集成》著錄的「漢鱗瓶」（圖一）㉙，瓶上有把手，可以提攜或繫上繩子汲水，開口的口徑較大，放進豆類或倒出豆粥都方便，從開口處放入茶末煎烹，當然也可以。至於用椰子做成的瓶，椰子本身形狀就是腰腹空大，黃庭堅還形容其中一瓶爲嘴口甚短，可見與兩茶書所載的點茶之瓶，並不相同；現存的宋代實物或古畫所見點茶瓶（圖二）㉚，基本上與兩茶書所載相合，由此可見，蘇黃詩中即使有「茶瓶」字樣，只可作特例來處理，而且他們詩中都還有線索，讓人分辨煎茶與點茶。所以，從「鼎鐺」與「茶瓶」兩種不同的茶器來分別「煎茶」與「點茶」，基本上還是非常明確的。

其次便是：

（乙）從煮茶動作及詩句排列順位，可分辨二種茶法。

凡是寫煎茶法的茶詩，常會連帶強調磨碾、烹煮，而寫點茶法的詩，常會把茶甌（茶碗）與茶葉放在連續的文字位置。

以蔡襄〈北苑十詠．試茶〉一詩爲例：

兔毫紫甌新，蟹眼青泉煮。雪凍作成花，雲間未垂縷。願爾池中滲，去作人間雨。（蔡襄集，2:32-33）

詩共六句，起首就以「茶」（兔毫）與「碗」（紫甌）連用，其次談煮水（蟹眼青泉煮）時，強調所煮的只是水。三四句說碗中之茶，茶面至此，已可飲用，結用感懷。這種寫法，與前節曾見過的煎茶詩作法，大相逕庭，並不是因爲作者筆法不同使然，其實是因爲所詠實境不同而異。在點茶的過程中，茶末是預先放在茶碗（甌）中，所以詩人先寫茶葉，同時必定連寫到茶碗。

再以南宋陸游爲證。陸游好茶，又生於煎茶與點茶二法流行之後，對於兩種茶法，都常享用，當然也分辨得極清楚的，在他的詩中，寫煎茶與點茶的時候，內容明顯不同。首先舉出他以點茶法試茶以後所作的〈試茶〉詩：

北窗高臥鼾如雷，誰遣香茶挽夢回？綠地毫甌雪花乳，不妨也道入閩來。

由於點茶法是由閩地流傳出來的，所以本詩不說「點茶」而用「試茶」，乃是同一件事，詩的第三句，寫到綠地毫甌的茶碗裡，浮著雪花之乳，正是茶碗與茶連寫的作法。陸游不止一次用之，他在〈對食戲詠〉詩中用「瘦榼傾桑落，毫杯點雨前。」（劍南詩稿校注，6：2936）在動詞「點」字的前後，各用茶碗與茶葉連舉，也是相同的敘述方式。

相對的，他寫煎茶的時候，就完全不同，據〈效蜀人煎茶戲作長句〉一詩：

午枕初回夢蝶床，紅絲小磑破旗槍。正須山石龍頭鼎，一試風爐蟹眼湯。

巖電已能開倦眼，春雷不許殷枯腸。飯囊酒甕紛紛是，誰賞蒙山紫筍香？

第二句先寫小磑磨碎茶葉，三四句再寫石鼎在風爐上煎水，五六句是飲茶後的效應和感覺，七八句則以議論作結。若以此詩與蘇黃的煎茶法諸作比對，便知若合符節。

後人誤解之由

由前文可知，「煎茶」與「點茶」並不難分別，即使加上煮茶、烹茶、鬥茶、分茶等諸多稱謂，也還是容易區別的，更簡單來說，從詩句中就可以分別，但事實上，從宋至今，很多人分不清兩種茶法。後人之所以混淆不清，一方面固然是由於讀詩的人不注意，自己弄混亂了；但是宋朝人同時以「煎茶」與「點茶」二種茶法從事飲茶的現象，也是造成後人容易誤解的主因。

譬如說，二蘇與黃庭堅主張煎茶法，但是他們並非就完全排斥而不用點茶法。

蔡襄與二蘇生卒年歲相接，蘇軾還曾經上書給他。㉛，蔡襄工書法，蘇軾曾說：「余評近歲書，以君謨爲第一。」（跋君謨書賦，蘇軾文集，69:2182）而且再三再四言及，《稗海》本《志林》還記載蘇軾說：「蔡君謨嗜茶，老病不能飲，則把玩而已。」（蘇軾文集，佚文彙編，6:2577）可見蘇軾對蔡襄的傾倒之情。若說他對蔡襄所談的點茶法，並無所悉，實爲不可能。實際上，蘇軾在〈送南屏謙師幷序〉一詩即說過：

> 道人曉出南屏山，來試點茶三昧手。忽驚午盞兔毛斑，打作春甕鵝兒酒。
>
> 天台乳花世不見，玉川風腋今安有。先生有意續茶經，會使老謙名不朽。（蘇軾詩集，31：1668）

據詩序，南屏山謙師妙於茶事，設茶相待，此詩第二句明確使用「點茶」二字，第三句以碗（午盞）茶（兔毛斑）連寫，符合點茶法詩篇的習慣，因此，不可以說蘇軾不知道點茶之法。至於蘇轍，則在〈和子瞻煎茶〉詩已說到：「君不見閩中茶品天下高，傾身事茶不知勞。又不見北方俚人茗飲無不有，鹽酪椒薑誇滿口。我今倦遊思故鄉，不學南方與北方。」他自言不學南人與北人，而願守西蜀舊法，其實對南人之法，豈曰不知。況且他在〈次前韻〉詩中曾指出「龍鸞僅比閩團釅，鹽酪應嫌北俗粗。採愧吳僧身似腊，點須越女手如酥。……」（蘇轍集，9：163）明確用了點字；他所次的前韻，即本人所作〈宋城宰韓秉文惠日鑄茶〉詩，中有句云：「磨轉春雷飛白雪，甌傾錫水散凝酥。」（蘇轍集，9：163）兩句仍用「茶葉／茶碗」連寫方式，而且甌中受水、點散凝酥的方法，正是點茶之法，因此，蘇轍自然也知道點茶法。至於黃庭堅，《山谷內集》中載黃氏以雙井茶送孔常父之後，常父以詩答謝，中有「煎點徑須煩綠珠」之句，（山谷內集，6：405-406）可見黃庭堅也是知道點茶的。在他們的詩集中，有時寫的是點茶，有時寫的是煎茶，無怪乎讀者一不留神就會誤解。

另一方面，由於傳統文人的用語，常有沿襲典故及詞彙的習慣，也會因而產生誤解。明代以後的詩篇不必說了，以宋代來說，點茶法雖然與煎茶法不同，但是點茶法的解說文書中，仍然大量承受了唐以來煎茶詩的語彙，造成了字面相同而意義各異的嚴重分歧現象。以《大觀茶論》爲例，「結浚靄，結凝雪」、「粥面光凝」等語，彷彿盧仝的「白花浮光凝碗面」，「茗有餑」一語，出自皮日休「餑恐生煙翠」，「乳霧洶湧，溢盞而起，周回欸（商務本作凝）而不動」和「茶少湯多則雲腳散，湯少茶多則粥面聚。」二語，與黃山谷「乳粥瓊糜霧腳回」字面極其相似。「触眼」一詞的用法，也有分歧。㉜總之，由於彼此的用字遣詞近似，後世讀者一不小心，便如墮迷霧。

四、以煎茶詩的敘事流程看唐宋詩的寫實本質

為詩之道，自古及今，作者以萬數，如果要肯定那一種作法才是詩的正法眼藏，不論怎麼說，都很難令衆人滿意。對作者而言，寫詩究竟是要忠實於情境，並且著力寫出情境中的景物；或者只是藉事發揮，展現學力，述說心境；或者心有所注，擬題憑虛，鬥詞用典；種種的寫作態度，不僅因各人的創作理念而有所差異，也有時代的風尙存焉。不過，像蘇軾〈臘日遊孤山訪惠勤惠思二僧〉詩所云：

天欲雪，雲滿湖，樓臺明滅山有無。水清石出魚可數，林深無人鳥相呼。臘日不歸對妻孥，名尋道人實自娛。道人之居在何許？寶雲山前路盤紆。孤山孤絕誰肯廬，道人有道山不孤。紙窗竹屋深自暖，擁褐坐睡依團蒲。天寒路遠愁僕夫，整駕催歸及未晡。出山迴望雲木合，但見野鶻盤浮圖。茲遊淡薄歡有餘，到家恍如夢蘧蘧。作詩火急追亡逋，清景一失後難摹。（蘇軾詩集，7：316）

「作詩火急追亡逋，清景一失後難摹。」可能是很多人都有的共同經驗。以「作詩火急追亡逋，清景一失後難摹。」來形容作者、作品與實境之間的關係，寫作者必須去捕捉實景，作品如果不能即時完成，作者也可能隨著時間而對實境印象模糊或興味減退。至於作品與實境的關係，蘇軾以摹寫來稱謂，這就是本節所提出的寫實本能的問題。

本文不擬從理論面探討，希望通過眞實樣本的分析研究，觀察寫實本能存在的現象。在這裡，我

們檢驗的對象是十首主要的煎茶詩。

由於是從多個檢體來作比較，我們可以檢驗詩句的順序，詩句順序本是詩人整理自己的思緒之後表現出來的結論，詩句順序也將會展現詩人在作品中親身動作的過程，顯示詩人對該事件進程或景物出現先後的逐步觀察，因此，分析詩句對於被摹寫對象的描述順序是否具有一致性，將是有意義的。如果不具一致性，則被摹寫客體的形象，會相對地模糊，寫實性降低；反之，如果一致性強烈，則被摹寫客體的形象，會相對地清晰，寫實性提高。

在所見的唐至北宋煎茶詩中，並不是全部都記錄著煮茶的完整過程，由於各詩題的著重點不一，有的只記錄部份煮茶過程，有的只是輕輕帶過煮茶動作，就將重點放在飲茶之樂或其他議論。下面將取十首記錄較詳細的詩篇來作分析：

例一：劉言史（？-812），〈與孟郊洛北野泉上煎茶〉：

粉細越筍芽，野煎寒溪濱。恐乖靈草性，觸事皆手親。敲石取鮮火，撇泉避腥鱗。熒熒爨風鐺，拾得墜巢薪。潔色既爽別，浮氳亦殷勤。以茲委曲靜，求得正味真。……。」（全唐詩，468：5321b）

一至四句綜合敘述（先言茶之美，並以親手形容對茶的重視），接著寫取火苗／取水／拾薪生火（以拾得強調薪之野淨而可貴，倒裝）／茶色（潔色，烹初成）／茶香（浮氳，烹初成）／以下述懷兼敘飲用景況。

例二，盧仝（775-835），〈走筆謝孟諫議寄新茶〉：

日高丈五睡正濃，軍將打門驚周公。口云諫議送書信，白絹斜封三道印。開緘宛見諫議面，手閱月團三百片。…柴門反關無俗客，紗帽籠頭自煎吃。碧雲引風吹不斷，白花浮光凝碗面。一碗喉吻潤，二碗破孤悶。三碗搜枯腸，惟有文字五千卷。…（全唐詩，387：4379）

得茶／獨處／煎水烹末（碧雲爲茶末，引風不斷謂水沸不已）／勻茶入碗／飲用／感懷。

例三：白居易（772-846），〈謝李六郎中寄新蜀茶〉

故情周匝向交親，新茗分張及病身。紅紙一封書後信，綠芽十片火前春。湯添勺水煎魚眼，末下刀圭攪麴塵。不寄他人先寄我，應緣我是別茶人。（全唐詩，439：4893）

一至三句寫友人寄茶／得茶／煎水、注入冷水（湯添勺水）／水大沸（魚眼）／下末（末下）／攪動（刀圭攪麴塵）／後兩句以自己是飲茶能知味者暗示此茶已飲。

例四：白居易，〈山泉煎茶有懷〉

坐酌泠泠水，看煎瑟瑟塵。無由持一碗，寄與愛茶人。（全唐詩，443：4950）

取水／烹末（瑟瑟是茶之色）／烹好之茶倒入碗中／述懷。

例五：皮日休（?834-902），〈煮茶〉

香泉一合乳，煎作連珠沸。時看蟹目濺，乍見魚鱗起。聲疑帶松雨，餑恐生煙翠。倘把瀝中山，必無千日醉。（全唐詩，611：7055）

取水／煮水／水沸／水極沸／水沸聲兼寫下末／烹成／飲用有感

例六：陸龜蒙（?-881），〈煮茶〉

閑來松間坐，看煮松上雪。時于浪花里，并下藍英末。傾餘精爽健，忽似氛埃滅。不合別觀書，但宜窺玉札。（全唐詩，620：7145e）

煮水／水沸／下末／飲用／述懷

例七：蘇軾，〈試院煎茶〉

蟹眼已過魚眼生，颼颼欲作松風鳴。蒙茸出磨細珠落，眩轉遶甌飛雪輕。銀瓶瀉湯誇第二，未識古人煎水意。……但願一甌常及睡足日高時。

蟹眼（煎水初）／魚眼（煎水沸）／颼颼聲（水沸聲）／下茶末（先帶過碾磨過程，再寫下末）／瀉水入碗時茶末流動之狀㉝／以下議論（銀瓶二句以下，比較他人茶事）／自述已懷。

例八：蘇軾，〈汲江煎茶〉

活水還須活火烹，自臨釣石取深清。大瓢貯月歸春甕，小杓分江入夜瓶。茶雨已翻煎處腳，松風忽作瀉時聲。枯腸未易禁三碗，坐聽荒城長短更。

取水（三四句對入甕、分瓶的描寫，補充取水過程）／生火（活水烹）／下末（茶雨）／烹成（已翻煎處腳）／瀉水入碗（倒出已烹好之茶）／飲用

例九：黃庭堅，〈奉同六舅尚書詠茶碾煎烹三首〉

要及新香碾一盃，不應傳寶到雲來。碎身粉骨方餘味，莫厭聲喧萬壑雷。／風爐小鼎不須催，

魚眼長隨蟹眼來。深注寒泉收第一，亦防枵腹爆乾雷。／乳粥瓊糜霧腳回，色香味觸映根來。睡魔有耳不及掩，直拂繩床過疾雷。

碾（碎身粉骨）／風爐（生火）／小鼎（煎水）／蟹眼（煎水初）／魚眼（煎水沸）／再注冷水／烹末過程至烹成（乳粥瓊糜霧腳回）／飲用

例十：楊萬里，〈以六一泉煮雙井茶〉

鷹爪新茶蟹眼湯，松風鳴雪兔毫霜。細參六一泉中味，故有涪翁句子香。日鑄建溪當退舍，落霞秋水夢還鄉。何時歸上滕王閣，自看風鑪自煮嘗。（全宋詩，2294：26338）

得茶（鷹爪）／煎水（蟹眼湯）／茶末（兔毫霜）在沸水聲中煮（松風鳴雪）／飲茶（細參二句）／以下議論感懷。

以上共舉十例，詳略互有，依照作者時代先後排列。我在每首詩之後，都做了簡明的解說，以垂繩方式，串索排列，以便讀者易於比對。從這些例詩中，可以看到各個不同時代的詩人，對一件情境相似的對象，採取近乎一致的詩句排列順序。詩句的排列順序，本來就相當於作者的觀察、認知、思維的順序，因此，這樣高度的相似性，應可以解釋爲創作者在面對實境時，有原發性的寫實本能，並且在寫作實踐過程中充分運用了這項本能，不能只用擬古或是因襲等說法，輕輕看過。

五、結論

在過去的研究方法中，我們對於前人的詩作，只能有排比、分析、評論的作爲，因此，只能看到詩人和詩人之間彼此的影響，或是作品與作品之間的模擬與反模擬（翻案）關係。本文在寫作之初，即選取此一自中唐流傳至北宋的煎茶法，直接由詩句的實物模擬入手，依照詩人共有的詩句語順，逐字逐句地去驗證其可能性，終能近乎完整地實境再現。由於有了實境再現的實驗基礎，回顧這些詩作共有的寫實現象，更顯得意義重大。以下是本工作的簡要結論：

首先，本論文以唐宋流行的煎茶法爲研究素材作實物試驗，將煎茶法的實境重現，在本文第二節，有完整的步驟，讀者可據以覆驗。

其次，針對北宋新興的點茶法也做了討論，確認兩種茶法分屬不同的烹、注觀念，並介紹如何由茶具及詩中敘述順序差異，去判別二種茶法。

最後一節，經過逐詞、逐句的解讀，以線性的記錄方式，找出個別詩篇在對煎茶實境的摹寫時所呈現的語順，通過並列比較，得知他們彼此之間具有相同的語順，從而指出詩人在創作時對實境的尊重，這種尊重實境的能力，我認爲是詩人的寫實本能。

【附　註】

① 廖寶秀：《宋代喫茶法與茶器之研究》（台北：國立故宮博物院，1996年）。

② 見《劉禹錫集箋證》（上海：上海古籍出版社，1989年12月）25：773。此詩惟不及碾字，但從「白雲滿碗花

徘徊」及「欲知花乳清冷味」二語看來，非經碾碎不可能有此。詩中既未言及茶葉是否入鼎烹煮，也未說是倒水沖泡，依前後文及同時白居易等人詩例推論，應是將茶葉末入鼎烹煮。

③ 見《山谷外集》（台北：學海出版社。1979年10月），13:6下，總1872

④ 《全宋詩》（北京：北京大學出版社，1998年12月），2294:26338。第二次再引同詩時，不作注，第二次再引同書時，卷頁直接隨文標於詩後，不另作注。

⑤ 除丁謂書外，俱見《說郛一百二十弓》，第九十三弓，總頁4233-4268。

⑥ 陸羽《茶經》，見《說郛一百二十弓》（上海：上海古籍出版社，1987年），93:1-13，總頁4233-4245。張又新〈煎茶水記〉見《全唐文》（北京：中華書局，1988年），721:10上，總7420，歐陽修〈大明水記〉見《歐陽修全集．居士外集》（台北：華正書局，1975年4月），3:57，總471。

⑦ 見《全宋詩》，70：780。

⑧ 見《蘇軾詩集》（北京：中華書局，1982年2月），8:370。「銀瓶瀉湯誇第二」是說水瓶裡倒出第二泉之水來，此詩沒有說到烹煎的階段，不能判斷究竟是煎茶還是點茶。

⑨ 見《劍南詩稿》（上海：上海古籍出版社，1992年1月），8：4435。

⑩ 見《全唐詩》（北京：中華書局，1988年7月），439：4882b。以「玉塵」形容茶末，不僅粉碎的情況可想，茶色也合於尚白的要求。黃庭堅的〈催公靜碾茶〉詩：「睡魔正仰茶料理，急遣溪童碾玉塵。」也用了這個形容方式強調茶葉應碾碎而為塵。

⑪ 碎身二字，在黃氏〈謝曹子方惠二物二首之二煎茶餅〉詩中也曾出現：「蟹眼時探穴，龍文已碎身。」龍文指茶葉，已碎身是碾成粉碎的茶末。

⑫ 廖寶秀：《宋代喫茶法與茶器之研究》書中，收集了許多古書及古畫中的茶器，有些是出自故宮收藏有些是來自考古的報告，該書印刷精美，圖形清晰，請自行參考，本文不擬重複轉引。碾之圖見該書頁 45，磨之圖，見頁 60，惟書中以臼磨作爲一物，應不然，見同書頁 57。

⑬ 見《梅堯臣集編年校注》（台北：源流文化事業公司，1983 年 4 月）25：773-774。

⑭ 見《柳宗元集》（台北：華正書局，1990 年 3 月），43：1220。

⑮ 見《淮海集箋注・後集》（上海：上海古籍出版社，1994 年 10 月），1：1342，參註 12。

⑯ 廖說及附圖，見《宋代喫茶法與茶器之研究》頁 50-51、166-167。依我看來，廖寶秀的見解大體可信。不過，還是存有疑點，就是關於「木待制」的用法。由於對「木待制」的贊語中有：「摧折彊梗，使隨方逐圓之徒，不能保其身。」梗字必是茶葉之梗，所以「木待制」應與搥碎茶葉有關，沒有疑問。但依照它的形體看來，外表雖然像茶臼，卻沒有適合手握的臼杵，應不是像茶臼一樣，把茶葉放進裡面去搗搥。否則，如果把茶葉放進去，用旁邊小槌子去搥碎，究竟怎麼施力，實在難以解答。我還懷疑「木待制」的臼形本體是實心的，它的頂上就是受槌的部位，不過，由於沒有眞品，只從圖畫上看，無法斷定。

⑰ 蔡襄《茶錄・炙茶》見（說郛一百二十匀，匀九十三，總頁 4279），又收入《蔡襄集》（上海：上海古籍出版社，1996 年 8 月），35:638-644。關於炙茶，蔡襄指是處理經年陳茶的方法，新茶則不用。至於白居易〈北

亭招客〉：「疏散郡丞同野客。幽閑官舍抵山家。春風北戶千莖竹。晚日東園一樹花。小盞吹醅嘗冷酒。深爐敲火炙新茶。能來近日觀（一作宮）棋否。太守知慵放晚衙。」（全唐詩，439：4881f）連新茶也須炙，因時代不同，兩人所指的也可能是不同一件事，難以片辭解釋。有人認爲可能炙字可能還是煎字或煮字，因爲煎、烹二字不合平仄，煮字太沈，又承接在上聲「火」字之後，音節不響亮，不如用「炙」能暢發其句韻。另外，如果對照同時代劉禹錫〈西山蘭若試茶歌〉：「自傍芳叢摘鷹觜，斯須炒成滿室香。…自摘至煎俄頃餘。」等語，炙字也可能指炒焙新摘的茶葉供客。因炒焙二字不入詩，而以炙字代之，也不無可能。

⑱ 見《蘇轍集》（北京：中華書局，1990年8月），4：78。

⑲ 見《蘇轍集》，2：38，〈送家定國同年赴永康掾〉：「官閑幸可樂，記買鷓鴣煎。」自注：永康多鷓鴣。可知此「煎」字即煎煮鷓鴣鳥而食。

⑳ 蔡襄《茶錄·候湯》曾說：「候湯最難，未熟則沫浮，過熟則茶沈。前世謂之蟹眼者，過熟湯也。況瓶中煮水，不可辨，故曰候湯最難。」蔡襄所說的是點茶法，點茶講究沸水沖入茶碗（裝著茶末）的力道，所以煮水用瓶，而且要求瓶口小而有力。瓶頂較窄又有瓶蓋，所以蔡襄說「不可辨」。煎茶法用鼎，可一目了然觀察鼎面變化，二者不同。另外，此處「蟹眼」指水煮過熟，與煎茶詩指水未沸爲「蟹眼」，完全相反，務請注意。

㉑ 蔡襄生平，見《宋史》（北京，中華書局，1986年7月），320：10397。《茶錄》一卷，見《宋史》，205:5206，今本分上下二卷，收入《蔡襄集》（上海：上海古籍出版社，1996年8月）。

㉒ 本段文字多處不可解。如「點，茶不一而調膏繼刻」，爲本人所標點，因「點」爲此段之標題，而同列標題爲

「盞、筅、缾、杓、水、（點）、味」，如作「點茶不一，而調膏繼刻」表面上好讀，意義仍不可解。今標點作「點，茶不一而調膏繼刻」，雖繼刻二字仍不明其義，但「茶不一」三字與下文「妙於此者，量茶受湯」，似可呼應。其他如「三湯多寘（寡）」；「四湯尙嗇」均不可解。又，此段引文以《說郛一百二十匀》本爲底本，以《商務一百卷》本覆校。二書均收入《說郛三種》（上海：上海古籍出版社，1988年10月）。

㉓ 見《茶錄・茶匙》條。《茶錄》沒有指明茶匙形狀，但他說：「茶匙要重，擊拂有力。黃金爲上，人間以銀鐵爲之，竹者輕，建茶不取。」而《大觀茶論》所用的茶筅正是竹製者。

㉔ 《大觀茶論・盞》：「盞，…底必差深而微寬，底深則茶直立，而易於取乳；寬則運筅旋徹，不礙擊拂。」

㉕ 《全唐詩》中例子不少：如「驟雨松聲入鼎來」（劉禹錫・西山蘭若試茶歌）、「熟宜茶鼎裡」（姚合・病中辱諫議惠甘菊藥苗因以詩贈）、「竹筒斜引入茶鐺」（馬戴・題廬山寺）、「煮藥汙茶鐺」（姚合・送狄兼下第歸故山）皆是。

㉖ 詩人固然用「湯鼎」一詞來形容煎茶之鼎，但如黃庭堅〈吳執中有兩鵝爲余烹之戲贈〉詩：「學書池上一雙鵝，宛頸相追筆意多。皆爲涪翁赴湯鼎，主人言汝不能歌。」「湯鼎」也用來指烹鵝之鼎，其他寫煎藥的場合也不少。「湯鼎」有大有小，無足爲奇。

㉗ 廖寶秀：《宋代喫茶法與茶器之研究》頁37。

㉘ 如以「銅缾煮露華」（寄新茶與南禪師，山谷外集，13：1845）證之，似乎是茶末在瓶中烹煮，但此詩簡略，仍不足爲憑證。

㉙《古今圖書集成》（北京：中華書局，1988年），〈經濟彙編．考工典〉，卷192，頁97087。

㉚傳河南偃師出土，〈北宋烹茶畫像磚〉，現藏中國歷史博物館。自《宋代喫茶法與茶器之研究》，頁254轉引。松案：原圖名稱爲〈北宋烹茶畫像磚〉，宜改爲點茶，標名者不知二者分別而致誤用。風爐上正煮之瓶，與其他古器或古畫中所見極相似，可知茶瓶形製如此。

㉛蘇軾與蔡君謨尺牘一首，見《續資治通鑑長編》卷190，據《蘇軾文集》（北京：中華書局，1986年3月），佚文彙編，2:2451轉引。

㉜即使是在南宋時便爲《山谷內外集》作注的任淵、史容也陷於錯誤。他曾多次引用蔡襄《茶錄》注山谷煎茶詩篇，其尤誤者，是以《茶錄．候湯》條：「前世謂之蟹眼者，過熟湯也。」注山谷「湯作蟹眼煎」（次韻感春五首之五，山谷外集，5:21上，總1381）、「魚眼長隨蟹眼來」（奉同六舅尚書詠茶碾煎烹三首）。「蟹眼」一詞，蘇、黃詩中的「蟹眼」，指的是煎水過程裡的水中氣泡，蟹眼極小，是指初煮水所見，且在魚眼產生之前，蟹眼上升，就變成魚眼了。讓襄把過熟的水稱蟹眼湯，如非有誤，便是點茶人的稱法與唐人古法的稱謂有異。

㉝「眩轉遶甌飛雪輕」句用「甌」字較難解。眩轉本應指茶末灑入活火沸水之中，鼎面快速旋轉，但如寫「鼎」字，不僅因平仄不合，且讀音不順。借用「甌」字，將茶末的旋轉帶到下個步驟，指瀉水入碗時，碗中的流動情形。與盧仝「碧雲引風吹不斷」寫茶末入鼎之後，便接到碗中的「白花浮光凝碗面」，筆法相似。

論文人畫系統成立的中心思想

—以詩、畫融通爲基點

淡江大學中文系　馬銘浩

一、前言：

自明代董其昌在《畫禪室隨筆》中建立從唐．王維以來的文人畫譜系之後，文人畫就一直是後代論述中國繪畫的主流價值，然而對於文人畫的本質，歷來詮釋的角度各有所不同，也因此產生相當多的歧義：或從畫風上評論其文人風格，或從人格上討論其文人特質，或從其生活面向界定文人習性……等不一而足。事實上，董其昌建立文人畫譜系的思考過程本就值得再深入討論，而所謂的文人畫的概念，也不一定就盤據中古文化史成爲當時論畫的美學主流觀念。在討論文人畫的範疇時，其不同時代的文化背景，與相對應的創作行爲及思考，可能都是釐清文人畫之所以形成的重要因素。

在文人畫發展的過程中，宋代絕對居於主要的關鍵地位，因爲在北宋以前文人畫最大憑藉的山水畫並非中國繪畫的主流，相對應於人物畫的成熟，只能說山水畫在北宋時已引起很多畫家的重視，卻還不能說是繪畫的主要內容。而山水畫正是文人畫之所以成立的主要依據，所以北宋畫壇觀念的改變就是文人畫發展的關鍵所在。討論北宋山水畫成所以成型的中心思想，也就比較可能確認文人畫的思維本質，這其中，蘇東坡畫論的提出與實踐，也正居於主導性的地位，是以針對東坡畫論的反省與討論，尤其是詩、畫融通的概念，正是了解文人畫譜系之所以形成，與其內涵的主重要進路。

二、東坡在文人畫譜系中的地位：

董其昌在《容台別集・畫旨》中有二段話，說道：

禪家有南北二宗，唐時始分，畫之南北二宗，亦唐時分也；但其人非南北耳。北宗則李思訓父子著色山水，流傳而為宋之趙幹。趙伯駒、伯驌，以至馬、夏輩。南宗則王摩詰，始用渲淡，一變鉤斫之法，其傳為張璪、荊、關、董、巨、郭忠恕、米家父子，以至元之四大家……摩詰所謂雲峰石跡，迥出天機，筆意縱橫，參乎造化者。東坡贊吳道子、王維壁畫，亦云：「吾於維也無間然。」知言哉！

又

文人之畫自王右丞始，其後董源、巨然、范寬為嫡子，李龍眠、王晉卿、米南宮及虎兒（米友仁）皆從董巨得來，直至元四大家皆其正傳。

這也就是文人畫所以成立的譜系依據，然而審視這段繪畫南宗的譜系中，全是以繪畫而留名於後世的人，除米南宮外並不見所謂文人的蹤跡，更不見對蘇東坡在畫史上的任何記錄，可見蘇東坡當時並不以畫家而聞名，在繪畫技藝的領域中，也不必然具有舉足輕重的地位。在董其昌系聯的譜系中除了王維和米南宮之外，其餘皆以畫作聞名於當世。其中，王維畫作在畫史上的地位是有所變動的，尤其以畫藝爲主要思考時，唐宋畫家並不見得推尊王維的畫作，雖然部份人贊賞其作①，但稱其畫作爲山水畫之祖則必要到董其昌才開始②；至於米南宮則書法的評價可能高過繪畫，南宋鄧椿在《畫繼》裡說：「然公（米芾）字札流於四方，獨於丹青誠爲罕見。」宋趙希鵠的《洞天清錄集》也提到：

> 米南宮多遊江浙間，每卜居必擇山水明秀處。其初本不能作畫，後以目見日漸模仿之，遂得天趣，其作墨戲，不專用筆，或以紙筋子，或以蔗滓，或以蓮房，皆可為畫。

明．王世貞《藝苑卮言》更提到「此君（米芾）但有氣韻，不過一端之學，半日之功耳。」所以將米南宮繫於文人畫之正傳，在畫史上的思考應已將繪畫技藝置於次要地位，也因此其美學價值觀更不以五代以來的畫院系統爲考慮範圍。此譜系似乎是以米芾爲中心發展而來③，再依次上溯到風格相近的王維。然而米芾在工筆畫藝上卻又有值當代人得斟酌處，是以文人畫的思想核心就不再只是依繪事技藝來思考，繪畫變成只是其表達的形式，另外的內容才是重要的美學考核心，也因此繪畫美學的中心思想更不同於正統畫院體系。觀諸於米芾對譜系中諸人的看法時：李成、關仝、范寬、李公麟等人都知名於當時，但米芾卻對其評價甚低，如李成在《宣和畫譜》中說：「李成一出…，數子之法遂亦掃地無餘，如范寬、郭熙、王詵之流，固已各自名家，而皆得其一體，不足以窺其奧也。」但米芾在標榜自己的畫作時卻說「無一筆李成、關仝俗氣」，論范寬時說：「范寬勢雖雄偉，然深暗如暮夜晦暝，土石不分……」，對於當時比較不受重視的董源、巨然卻給予較高的評價，其《畫史》說：

董源平淡天真多，唐無此品，在畢宏上。近世神品格高，無與比也。峰巒出沒，雲霧顯晦，不裝巧趣，皆得天真。

又

巨然師董源，今世多有本，嵐氣清潤，布景得天真多。……老年平淡趣高。

可知「平淡天眞」是米芾的審美中心思想，僅管米芾畫作中基本的皴法和董、巨迥然不同，但平淡天眞的風格卻是共同追求的標的，所以米芾並不以繪事技法爲主要評論依據。

然而「平淡天眞」的追求也非米芾所獨創，北宋文人多以此爲其主要文藝思想，自歐陽修追求的「蕭條淡薄」④到蘇東坡的「蕭散簡遠」⑤無一不是對平淡風格的追求，這可說是北宋文藝普遍風潮。徐復觀先生認爲：「北宋以歐陽修爲中心的古文運動，與當時的山水畫，亦有其冥符默契，因而更易引起文人對畫的愛好；而文人無形中將文學觀點轉用到論畫上面，也規定了爾後繪畫發展的方向。」⑥姑不論畫論是否受到文論的單面向影響，還是交互感通，至少古文運動中所要求的樸素精神，與畫論中的平淡天眞，其審美風尙是相近的，而其中交集的人物則非蘇東坡莫屬。

蘇東坡爲有宋一代文人之冠冕已是無庸論辯的事實，其詩、詞、文在當時都起了極大的迴響，而其對藝文的中心思想，在東坡自述爲文之道時說：「大凡爲文當使氣象崢嶸，五色絢爛，漸老漸熟，乃造平淡」⑦此一類似藝術創作中「技進於道」的概念也是東坡爲文的觀念，而所謂的「道」在東坡的觀念中就是「平淡」的風格，是以證之於東坡的文藝作品，也大多以「平淡」、「樸素」、「簡古」、「澹泊」爲主，更不受形式的限制，希望超越形式規範走向表現作家風骨的創作，所以在宋詞上東坡跨越曲律音調與歌樓娛興的既定風格，開創文人詞的新典範；文論上則學古而不泥古，強調文章「當行於所當行，止於所得不止」；詩學上更擺落臺閣形式，自由抒發詩人的感情。此一以「平淡」爲中心的觀念影響及於有宋一代，與東坡交往的文學、藝術家多受此思想的感染，或承繼其觀念加以發揮；或接受此觀念據以實踐。其中米芾則是將東坡以文人旨趣爲抒發依歸的美學標的加以發揚，其《畫史》說道：「山水心匠，自得高處也。」評東坡畫則說其「作枯木枝幹，虯屈無端，石皴硬，亦怪怪奇奇無端，如其胸中盤鬱也。」同時米芾更是將東坡以文人趣味爲主的審美觀注入畫中，使得繪畫理論首次出現不求技法的，擺落形式的要求。所以在宋代文化史上，東坡是文藝作品文人化的標竿，米芾則是繼之將文人審美灌注於繪事的倡言者。在米芾以前畫家只以繪畫而知名於當世，在米芾之後畫家則必然要懂得爲文之道。是東坡開創了以文人審美趣爲主體的繪畫觀在前；米芾以其任職書畫學博士，及《畫史》理論的著述蹈之於後，方使董其昌有了建構了文人畫的譜系的基本架構，觀諸於董其昌崇尚「淡」、「天眞」的美學觀，及技法上重墨的表現，當可理解其受東坡、米芾影並響繼承其觀念的程度⑧。因此，在董其昌所繫聯的文人畫譜系中雖然沒有蘇東坡的名字，但卻是以蘇東坡的觀念和主張開展而來的，使文人的審美旨趣擴散到繪畫美學之中。

三、題畫詩在繪畫史上的意義

東坡對繪畫史上最大的影響就在於將詩的觀念帶入畫中，徹底改變了繪畫的審美觀，然而歷來研究者對此一論題都著眼於題畫詩的產生，並上溯到杜甫的題畫詩，認為題畫詩就是詩、畫結合的充要形式。其實無限擴大題畫詩的命題與範圍，並未能掌握詩、畫融通的要義，反而將會模糊了詩、畫融通的藝術本質。所謂題畫詩若從杜甫算起，只能說是藉觀畫以起比興的創作手法，其重點是在詩的表現，和繪畫藝術並沒有太密切的關係，還不至於達到詩畫融通的地步⑨，更何況從繪畫文獻上觀察，杜甫在畫史上並有特別的地位與成就，此時詩與畫的表現還是分離的，更不必故意要附會杜甫在繪畫美學上的成就。至於，認為將詩題在畫面上是詩畫匯通的標竿者，則是在形式上追求線索⑩。其實就算畫者能在畫面上自題詩作並形成統一的畫面，也不代表詩畫融通的成熟，更不足以表示文人畫的具體表現，以傳世宋徽宗的〈芙蓉錦雞圖〉（如附圖）⑪為例，該畫雖是有畫有詩，但其內容是標準的畫院內容與風格，與所謂的文人畫完全不同，趙佶以其詩書畫的修養，將不同藝術媒材表現在同一畫面上，就形式上而言，已能滿足文人畫對題畫詩的要求，但在實質上，卻和文人畫的本質南轅北徹，也絕不會有人說趙佶的院畫風格屬於文人畫，可知題畫詩雖然是由詩人率先創作，但卻不是文人畫所專有的表現形式。在詩學普及於當世和書畫同源的理念上，畫者在其畫面上加入題畫詩，其實並非特別、專有的現象。

題畫詩在東坡以前是藉圖以表現詩，就如後人所歸納的山水詩、邊塞詩、宮體詩等一般，只是寫詩的衆多題材之一，所不同的是其圖像性質接近於詩歌意象的概念，所以比較容易與詩歌相互感通。加以唐代以來文人地位的提升，和詩歌創作的普及，使得寫詩已不只是文人的專利，或許文人對詩有其特殊的創作目的，但詩卻也是一般應用的普遍手法，更何況有相當多的題畫詩是以議論爲主，或是對畫的品評；或是文人往來借閱的載錄，並不具有十足的感通意義。所以題畫詩可以提供繪畫者新的思考，以產生繪事本質上的改變，只是其形式意義仍大於實質意義。而題畫詩變成畫史上主流的表現方式，可能也要經歷宋、元後，到達明代才眞正的開展，尤其所謂畫壇浙派沈周、唐寅諸人才眞正體現此一形式與內涵的結合。雖然宋代已有很多的題畫詩作，包括數量最多的蘇東坡題畫詩，但其主要還是在詩歌的思考原則上創作，不必然在創作時就已含蓋了繪畫的要求。即如東坡有許多對繪畫的意見是藉由題畫詩來表現，但好議論可說是宋詩的基本典型，不必然因此而說東坡的題畫詩就已經具有詩畫合一的體現。

可知：題畫詩的產生主要是增加了詩歌的創作題材，在文人地位高漲的時代，詩是強勢藝術媒介，繪畫則居於弱勢地位。不管是詩歌或書法在宋代之前都已經有相當成熟的創作和理論體系，而象徵文人畫的山水畫在宋代都還只是新起的創作對象，更遑論有完密的理論架構。儘管題畫詩的主體是以詩爲主，但在無形中卻也撼動了繪畫的思考，刺激繪畫者援引詩學理論來強化繪畫的思考本質，同時藉由不斷的充實理論架構，和實踐創作風格，才開展出所謂的文人畫體系，並和文人地位相伴成爲中國繪畫的主流價值。

文學史或藝術史的轉變都必需出現天才性的大作家。要跨越不同藝術領域，提出超越性見解者，更需要兼具跨領域並具深度的天才創作者，而蘇東坡無疑是中國文化史上最具指標性的人物。東坡在中國文學史上的天才性與地位早有公論，在繪畫藝術上並不見得被當時畫壇所普遍接受，除了米芾之外，宋代畫家專論蘇軾的並不多，甚至曾與東坡交往甚密的李公麟，都未論及蘇軾之能畫。可是蘇東坡卻自以爲是知畫者，其〈次韻李端叔謝送牛戩鴛鴦竹石圖說〉謂：「知君論將口，似余識畫眼」。是知東坡所畫的內容並非當時的主流，並不是主流畫家，而對畫的評審上，東坡卻是相當自負。所以說東坡之不懂畫並非確論。其〈四菩薩閣記〉中有謂：

> 始吾先君（蘇洵）於物無所好，燕居如齋，言笑有時。顧嘗嗜畫，弟子門人無以悅之，則爭致其所嗜，庶幾一解其顏。故雖為布衣，而致畫與公卿等。

同時東坡與當時的大畫家文與可爲親戚，並有論畫著作傳世；而元祐朝東坡返京時與名畫家王詵、李公麟等人論畫所留「西園雅集」之盛事亦膾炙人口。所以姑不論東坡畫作之成熟與否，其知畫論畫則是可得之事實。然而東坡所作之畫不爲當世普遍所重，可能是在其所畫內容與風格的不合於當世。朱元晦在〈跋張以道家藏東坡枯石怪木〉一文中說道：

蘇公此紙，出於一時滑稽詼笑之餘，初不經意，而其傲風霆，閱古今之氣，猶足以想見其人也。

而蘇東坡在〈石氏畫苑記〉中亦說：「余亦善畫古木叢竹」。證之於北宋畫壇：畫精緻花鳥、人物是畫院主流，所謂在野的山水畫家也都以自然景物爲主軸，鮮少僅以石、竹主要對象，東坡此舉實開文人參與繪畫之新內容。而所畫之怪木枯石實亦有其深刻之寓意，爲文人言志之一貫傳統，並易爲當世畫家所理解，是以東坡之於宋代畫壇可說於新畫風、新觀念的實驗。

東坡對畫的基本理念大抵不脫離其對詩歌的基本觀點，他所提出的「詩畫本一律」⑫其實也就是以詩論來證畫論的根本思考。以詩的思考原型推出畫的創作理念，而詩歌在經歷六朝巧構形似的理論發展，唐以後詩人不斷試圖追尋詩歌中圖畫式的傳神與境界，尤其司空圖所論「離形得似」、「象外之象，景外之景」，其實就已經與繪畫中所談「傳神寫照」的觀念相近，是以宋代時以山水江山爲對象的境界與傳神論就成爲文人主要討論的對象，洪邁認爲：「江山登臨之美，泉石玩賞之勝，世間佳境也，觀者必曰『如畫』；至於丹青之妙，好事君子嗟嘆之不足者，則又以『逼眞』目之。」⑬如此，則詩、畫、山水就成了宋代文人寄意托志的主要對象與手法。所以東坡在評李公麟〈山莊圖〉時說：

或曰龍眠居士作〈山莊圖〉，使後來入山者，信足而行，自得道路，如見所夢，如悟前世，見山中泉石草木，不問而知其名，遇山中漁樵隱逸，不名而識其人。此豈強記而不忘者乎？曰：非也。畫日者常疑餅，非忘日也；醉中不以鼻飲，夢中以趾捉，天機之所合，不強而自記也。居士之在山也，不留於一物，故其神與萬物交，其智與百工通。雖然，有道有藝。有道而不藝，則物雖形於心，不形於手。吾嘗見居士作華嚴相，皆以意造而與佛合。佛，菩薩言之，居士畫之，若出一人，況自畫所見者乎？⑭

從創作者從事繪畫之前的修養過程來討論其作品，與詩人的養成是一樣的，所謂「天機」也就是作者的神思能通達於天，與他自己說的「詩畫本一律，天工與清新」中的「天工」相爲詮釋。將寫實的風格解釋爲作者神與天合所得來的成果，正是突破形似的模仿，通向神似、境界的過程。雖如此，東坡卻也不忘形理的基本概念，是以「成竹在胸」、「身與竹化」就成爲「技進於道」不可或缺的階段。東坡藉由常理的觀察與透析進而解構、突破外在的表象，以達到「天工與清新」的目的，所以在論畫時說道：

余嘗論畫，以為人禽宮室器用皆有常形，至於山石竹木，水波煙雲，雖無常形而有常理。常形之失，人皆知之；常理之不當，雖曉畫者有不知。故可以欺世而取名者，必託於無常形者也。雖然，常形之失，止於所失，而不能病其全。若常理之不當，則舉廢之矣。以其形之無常，是以其理不可不謹也。世之工人，或能曲畫其形，至於其理，非高人逸士不能辨。與可之於竹石枯木，真可謂得其理者矣。如是而生，如是而死，如是而攣拳瘠蹙，如是而條達遂茂，根莖節葉，牙角脈絡，千變萬化，未始相襲，而各當其處，合於天造，厭於人意，蓋達士之所寓也歟？⑮

透過「理」的參透以達到象外之意，所以才能得到「合於天造」的美學意識。而能參理之人必有高人逸士之修養，「離畫工之度數，得詩人之清新」⑯就成爲繪畫的審美標準。因爲畫工並未在精神上與山水融爲一體，是以只能掌握「常形」，而無法參透「常理」，只能就形似而無法達傳神，所表現出來的畫作當然就無法「合於天造」，因此「胸有丘壑」是文人繪畫之前的基本修養，李公麟雖善畫馬，但得到肯定也是因爲其畫馬「更爲佛道」⑰。而東坡所謂「意氣之所到」⑱的士人畫更非畫工之所能爲。在此士人就已經是文人的別稱，受過文人教化，能達高人逸士之修爲，方能將外在山水內化，變成具有生命感的形象，以體現「天機」，如此才是蘇軾所崇尚的審美標的。

至於「清新」的審美標準更是依詩歌理念而來。在此，所謂的「清新」事實上也就是依自我生命觀照，所形成的創造力的表現，也是創新的風格。亦即「出新意於法度之中，寄妙理於豪放之外，所謂游刃有餘，運斤成風」⑲在詩學中是得於象外的意境；在畫論上是「得其情而盡其性」⑳，突破第一自然的寫實，窮理盡性走向第二自然的創造力表現。東坡論文與可畫竹詩說：

> 與可畫竹時，見竹不見人。豈獨不見人，嗒然遺其身。其身與竹化，無窮出清新。莊周無世有，誰知此疑神。㉑

而清新的風格是在「千變萬化皆天機」㉒的美學意識下，流露而出的創作意識。東坡好畫枯木怪石也正是變化於清新風格的具體表現，藉由非正統山水的石竹題材，表現文人蕭疏淡泊的趣味，並合於詩學觀念中「蕭散簡遠」、「外枯而中膏，似澹而實美」㉓的風格論。因此詩風的超逸也是畫風的超逸，以詩論證畫論，以達到詩畫合一的境地。

五、結語

東坡提出詩畫本一律的觀念啓動了詩與畫兩種藝術媒材相互融合的契機，也使得中國繪畫的審美觀產生了根本的改變，將以畫院爲主導的發展規律，轉變爲以文人意識爲依歸的方向；使山水畫正式進入畫史的殿堂，成爲中國繪畫的主流。是以詩畫融通的結果，將文人的文化觀念導入畫史中，豐富了繪畫的文化內涵，而詩一向是中國文人表現自我的重要美學類型，也是了解、掌握中國文化內涵的鎖鑰，所以將詩的觀念帶入畫史，也正昭告著繪畫已正式成爲中國文化史中豐沛命脈的一環。

東坡在繪畫美學上的貢獻在於開啓了深度化的思考。而其對理的追求也間接的示人以繪畫技法中學習的門徑及其重要性，其〈篔簹谷偃竹記〉所說：

竹之始生，一寸之萌耳，而節葉具焉。自蜩腹蛇蚹，以至於劍拔十尋者，生而有之也。今畫者乃節節而為之，葉葉而累之，豈復有竹乎？故畫竹者必先成竹於胸中，執筆熟視，乃見其所欲畫者，急起從之，振筆直遂，以追其所見，如兔起鶻落，少縱則逝矣。與可之教予如此。余不能然也，而心識其所以然。夫既心識其所以然，而不能然者，內外不一，心手不相應，不學之過也。

一方面重視「成竹在胸」的概念，一方面又示人以學的重要，此一創作的過程，誠然已是莊周「技進於道」的呈現。而後世教人以習畫最重要的版畫畫譜，則襲此原則創製刊印㉔，最早以繪畫爲目的所製的版畫畫譜爲元代李衎的《竹譜》，至於如元‧吳鎮《竹譜》等後續以竹、石爲主要模習對象的畫譜，在一定程度上也都是受到蘇軾開啓新的繪畫觀念的影響㉕。所以東坡詩畫融通的提出與實踐在中國美學史上具有其劃時代的意義。

可知，明代董其昌所系聯的南宗文人畫系統，雖然在一定程度上是爲了反應明代的畫壇思維，然而，文人畫之所以成立的中心思想，實蹈因於東坡詩、畫融通的概念，而董其昌強調「淡」的美學觀與從「學」而於於「平淡天眞」的道的美學思維㉖更是東坡延伸而來的觀念，所以東坡雖然不以繪事而著稱於當世，其詩、畫融通的思維，卻成了文人畫之所以成立最重要的中心思想。因此，對於中國文化史上文人畫的掌握，也不應只單於繪藝系統來觀察，反而要以唐、宋以來的文人模式來思考，尤其是詩歌藝術的理解及其和繪畫之間的感通爲理解線索，可能比較容易掌握文化史的脈絡。

【附註】

① 如明‧沈括《夢溪筆談》卷十七〈書畫〉中有三條專論王維，都給予相當高的評價。

② 民國俞劍華著〈中國畫南北宗論〉謂：「王維在畫界的地位，在唐宋元以及明代中葉都不甚高，並無成宗作祖的資格，到了董其昌始尊爲南宗文人畫之祖。」

③ 徐復觀先生《中國藝術精神》一書已有此論點。

④ 歐陽修〈鑒畫〉曰：「蕭條淡薄，此難畫之意，畫者得之，覽者未必識也。故飛走遲速，意淺之物易見，而閒

和嚴靜趣遠之心難形，若乃高下嚮背，遠近重複，此畫工之藝耳，非精鑒者之事也。」

⑤ 蘇軾〈書黃子思詩集後〉曰：「予嘗論書，以爲鍾、王之跡，蕭散簡遠，妙在筆畫之外，至於詩亦然。……」

⑥ 引同註③，頁三五四。

⑦《歷代詩話・東坡詩話》。

⑧ 米芾父子所創的米氏山水，脫離了傳統繪畫技法，以墨色、墨法爲主要表手法。亦如《洞天清祿集》所謂：「墨淡模糊而無分曉」。

⑨ 李栖《題畫詩散論》等大多中文學者對此一主題的論述多強調杜詩的重要性。

⑩ 衣若芬《蘇軾題畫文學研究》即是以題畫詩爲詩畫通融的代表。

⑪ 關於宋徽宗的畫作有研究者認爲部份是畫院畫師所爲，而後再經其題字，只能說是御題畫。

⑫ 蘇軾〈書鄢陵王主簿所畫折枝〉。

⑬ 宋洪邁《容齋詩話》。

⑭ 蘇軾〈書李伯時山莊圖後〉。

⑮ 蘇軾〈淨因院畫記〉。

⑯ 蘇軾〈跋蒲傳正燕公山水〉。

⑰《宣和畫譜》論李公麟條謂：「公初喜畫馬，大率學韓幹，略有增損，有道人教以不可習，恐流入馬趣；公晤其旨，更爲佛道，尤佳。」

⑱ 蘇軾〈又跋漢杰畫山〉曰：「觀士人畫如閱天下馬，取其意氣所到。乃若畫工，往只取鞭策皮毛、槽櫪芻秣，無一點俊發，看數尺許便倦。」

⑲ 蘇軾〈書吳道子畫後〉。

⑳ 蘇軾〈墨君堂記〉。

㉑ 蘇軾〈書晁補之所藏與可畫竹〉三首之一。

㉒ 蘇軾〈戲詠子舟畫兩竹〉。

㉓ 蘇軾〈評韓柳詩〉曰：「柳子厚詩在陶淵明下，韋蘇州上，退之豪放奇險則過之，而溫麗靖深則不及。所貴乎枯澹者，謂其外枯而中膏，似澹而實美。」

㉔ 詳細論述詳見拙著《版畫畫譜文獻研究》及〈論版畫畫譜在繪史上的運用〉等相關論文。

㉕ 有關畫譜在中國畫史上的傳承與教功能，請參看拙著〈論版畫畫譜的教育價值〉，第二屆國際文獻學學術會議，二〇〇一年，山東大學。

㉖ 有關董其昌的繪畫思維，請參看拙著〈論董其昌禪筆與莊子精神之比較〉，中國文化月刊創刊號，民國八十二年。